histoire de
la France

PASCAL BALMAND

histoire de la France

Collection dirigée par
Serge Berstein et
Pierre Milza

HATIER

© HATIER 1992
I.S.B.N. 2-218-03170-1
Dépôt légal 92 01 20

Toute représentation, adaptation ou reproduction,
même partielle, en tous pays,
faite sans autorisation, est illicite
et exposerait le contrevenant à des poursuites.
Loi du 11 mars 1957.

Sommaire

Introduction : Une France plurielle aux histoires multiples ... 13
   Le cadre naturel et la formation du territoire français ... 15
   Les hommes ... 20
   Civilisation urbaine et civilisation rurale ... 23
   Structures d'encadrement et pratiques politiques ... 26
   La Nation et l'État ... 29

PREMIÈRE PARTIE : LA FRANCE DU TEMPS LENT ... 31

Chapitre I : La France avant la France ... 33
   Les temps préhistoriques ... 33
     La révolution néolithique ... 33
     De l'âge du bronze à l'âge du fer ... 35
   La Gaule celtique ... 37
   La Gaule romaine ... 40
     La conquête romaine ... 41
     La romanisation ... 44
   De l'effondrement de l'Empire romain
   à la constitution de l'Empire carolingien ... 52
     Les invasions du IIIe siècle ... 52
     La réorganisation fragile du Bas-Empire ... 54
     L'effondrement ... 56
     Les Francs ... 58
     La société mérovingienne ... 59
     Les Carolingiens ... 62

Chapitre II : La France médiévale ... 71
   Le sombre Xe siècle et le printemps de l'an mil ... 71
     La fragmentation du pouvoir politique ... 72
     L'émergence de la dynastie capétienne ... 73

Les premiers Capétiens : la naissance de la France	74
La politique d'affirmation du pouvoir royal	75
La mise en place de la société féodale	77
Le système vassalique	77
La seigneurie	80
L'Église et la christianisation du quotidien	81
Le développement de l'État monarchique	86
Le perfectionnement du fonctionnement de l'État	88
La prospérité	92
Les épreuves des XIVe et XVe siècles	96
La guerre de Cent Ans	97
La peste noire et le temps des troubles	100
L'ébauche d'un État moderne	102

Chapitre III : La France des temps modernes et de la monarchie absolutiste 107

La Renaissance et les guerres de Religion	107
Le « beau XVIe siècle »	107
Catholiques et huguenots	110
Henri IV et le retour à l'équilibre	114
Le renforcement du pouvoir central et le développement de la monarchie absolue	118
Le système ministériel	119
La Fronde	120
Louis XIV et le règne personnel	123
Louis XV et la montée des difficultés	131
L'affaiblissement du pouvoir	135
La crise de l'Ancien Régime	137
Enrichissement de la bourgeoisie et dépression des années 1770-1780	138
La conjonction des contestations et l'impact des Lumières	140

DEUXIÈME PARTIE : LA FRANCE DU TEMPS RAPIDE 145

Chapitre IV : 1789-1815 : la Révolution et l'Empire 147

La mort de l'Ancien Régime	147
1789, l'année des tournants décisifs	147
La guerre et la chute du roi	150
Les fondements idéologiques de la République	153

De la tourmente révolutionnaire
à la « normalisation » consulaire 154
*1792-1794, les années terribles
de la République montagnarde* 155
1794-1799, la République bourgeoise des Thermidoriens 158
Un bilan ?... 161
Le Consulat et l'Empire 164
*1799-1804, le Consulat : remise en ordre
et pouvoir personnel* 164
*1804-1815, entre le despotisme et le fracas des armes,
la monarchie impériale* 168

Chapitre V : 1815-1870, les rêves avortés 177
1815-1830, la Restauration ou l'échec
de la monarchie traditionnaliste 177
1830-1848, la monarchie de Juillet
ou l'échec de la monarchie libérale 181
1848-1851, la deuxième République
ou l'échec de l'illusion lyrique 184
1851-1870, le second Empire ou l'échec du césarisme 190
L'Empire autoritaire 191
L'Empire libéral 193

Chapitre VI : 1870-1914, la troisième République triomphante 197
1870-1879, la République sans les républicains 197
La Commune 198
La difficile mise en place des institutions républicaines 200
Vers la républicanisation de la République 202
1879-1899, la République opportuniste 204
Les lois républicaines 204
Les crises surmontées 205
1899-1914, la République radicale 207
L'affaire Dreyfus 208
La République en quête de nouveaux équilibres 211
La culture républicaine : consensus et oppositions 213
Marianne au combat 214
Les réfractaires 217

Chapitre VII : Une France nouvelle 219
L'avènement du capitalisme industriel 219
Les conditions du décollage 219
La croissance 223

De nouveaux cadres sociaux 226
*Une France de classes moyennes dominée par la bourgeoisie
des nouveaux notables* 226
Aux marges : ruraux et ouvriers 228
Une population malthusienne en cours d'urbanisation 231
Les transformations de la vie culturelle 233
La démocratisation d'une culture de masse naissante 236
Le recul du facteur religieux 239
L'affirmation de la puissance coloniale 241
L'apogée de l'empire français 243

Chapitre VIII : 1914-1945, la France d'une guerre à l'autre 247
1914-1919, la France dans la tourmente 247
L'Union sacrée et l'enlisement du conflit 247
Des difficultés de 1917 à la victoire de 1918 250
Le prix de la victoire 251
1919-1926, l'impossible retour à l'âge d'or
de la Belle Époque 254
Le Bloc national 254
Le Cartel des gauches 256
La France des années folles 257
1926-1939, la crise des années trente 260
La crise économique et sociale 261
La crise politique 262
Le Front populaire 265
La marche à la guerre 269
1939-1944, la France dans la Seconde Guerre mondiale 270
Du traumatisme militaire à l'effondrement politique 271
Vichy et la Révolution nationale 273
Collaborateurs et attentistes 279
Les résistances 283
La Libération 286

TROISIÈME PARTIE :
LA FRANCE DU TEMPS PRÉSENT 289

**Chapitre IX : De la Libération à la fin
des années soixante, la France des certitudes** 291
La reconstruction politique et économique 291

La mise en place de la IVe République	292
La reconstruction structurelle de l'économie française	294
La IVe République : une modernisation difficile	300
La France du baby-boom et de la croissance économique	300
Les difficultés politiques et l'échec de la IVe République	306
La crise algérienne et la naissance de la Ve République	319
La guerre et le retour du général de Gaulle	320
L'installation de la Ve République	324
Le règlement de la question coloniale et le renforcement de la République gaullienne	326
La France gaullienne, de l'apogée à la remise en question	332
L'âge d'or de l'expansion	333
Le triomphe politique du gaullisme	339
Le temps des difficultés	342

Chapitre X : De la fin des années 60 au début des années 90, la France des remises en cause 351

1969-1981, la République des successeurs	351
Georges Pompidou et le gaullisme sans de Gaulle	352
Valéry Giscard d'Estaing et le « libéralisme avancé » à l'épreuve de la crise économique	354
L'alternance de 1981	361
1981-1988, les expériences et les tournants du premier septennat Mitterrand	366
De l'« état de grâce » au changement de cap	366
La montée des difficultés	371
1986-1988 : l'expérience de la cohabitation	375
Le pouvoir et sa politique à la fin des années 80 et au début des années 90 : de Mitterrand à Mitterrand	380
L'élection présidentielle de 1988 et le gouvernement Rocard	381
Une politique économique peu à peu confrontée au retour de la question sociale	384
Un paysage et des enjeux politiques en cours de redéfinition ?	387
L'évolution des grandes familles politiques	387
Les transformations de la culture politique française et le déplacement des enjeux	393
Les Français au quotidien	396
Les déséquilibres démographiques	396
Société bloquée ou société uniformisée ?	399
Les enjeux de demain	409

Conclusion	415
Chronologie	417
Les rois de France	423
Les présidents de la République	427
Lexique	429
Éléments bibliographiques	433
Index	435

Avertissement

Dans le cadre d'une collection qui se donne pour objet l'histoire des différents pays de la Communauté européenne, cette histoire de la France et des Français ne constitue qu'un maillon de plus dans la longue chaîne de celles qui l'ont précédée, et dont elle a parfois pu s'inspirer, comme de celles qui la suivront. Aussi semble-t-il nécessaire d'en définir très brièvement la finalité et les spécificités.

Destinée à un large public, celui des citoyens soucieux de mieux connaître l'histoire collective dont ils sont les héritiers autant que les acteurs, celui d'étrangers souhaitant se faire une idée de l'histoire des Français pour mieux les comprendre, elle vise en particulier à mettre en lumière, parmi les nombreux éléments déposés par la sédimentation du temps, ceux qui contribuent le plus à faire de la France ce qu'elle est aujourd'hui, dans ses traits d'appartenance à l'ensemble européen comme dans ses singularités.

Parce qu'il s'attache à dégager du passé ce qui détermine et explique le présent, puis à présenter une sorte d'« état de la France » en cette dernière décennie du XXe siècle, ce livre s'autorise donc, dans l'esprit de la collection à laquelle il appartient, le choix de déséquilibres délibérés. Fondé sur la distinction de trois étapes successives, celle du temps lent, de la préhistoire à la fin du XVIIIe siècle, celle du temps rapide, de la Révolution à la fin de la Seconde Guerre mondiale, celle enfin du temps présent, de la Libération à nos jours, il consacre en effet à chacune d'entre elles un volume schématiquement analogue et s'attarde donc, par rapport à leur durée propre, sur la deuxième davantage que sur la première, et sur la troisième plus encore que sur la deuxième.

S'il permet en cela d'apporter au lecteur les points de repère et les éléments de compréhension qu'il attendait, et s'il suscite en lui le goût de lectures plus approfondies, il aura alors répondu à ses objectifs.

Une France plurielle
aux histoires multiples

Il est bien des manières d'écrire l'histoire d'un peuple et de son pays : ainsi, si les traditionnels récits linéaires de l'histoire de la France proposent une apparence d'intelligibilité maximale, ils présentent en revanche l'inconvénient majeur de décrire comme une série de données brutes, par exemple en ce qui concerne leur découpage chronologique, ce qui relève en fait d'une reconstruction de l'esprit d'autant plus arbitraire que, héritée de toute une tradition, elle demeure le plus souvent inconsciente d'elle-même. Mais en dépit de ses imperfections, c'est pourtant bien une démarche linéaire et synthétique qui sera adoptée dans ce livre soucieux de fournir avant tout une *introduction* à l'histoire de la France et des Français, et fondé à ce titre sur le parti-pris d'une narration classiquement ordonnée, jugée la plus à même de donner au lecteur, en même temps qu'une connaissance et qu'une compréhension globales, le goût de poursuivre plus avant.

Ce choix délibéré n'interdit pas toutefois de souligner les inévitables limites du genre, dans l'espérance que ses vertus éventuelles parleront d'elles-mêmes. Pour l'essentiel, ces limites peuvent se résumer à la question suivante : est-il possible, est-il pertinent, d'écrire *une* histoire de *la* France ?

Traditionnellement, c'est en effet la dimension politique qui détermine largement la vision du passé national, et, de fait, sans pour cela tout ramener à l'État ou aux luttes pour le pouvoir, les pages qui suivent font preuve elles aussi d'un intérêt marqué pour l'histoire politique, matrice essentielle, bien que nullement exclusive, de la conscience collective des Français. Mais cette histoire du politique obéit à un rythme qui lui est propre, et qui bien évidemment ne peut guère se superposer à celui de l'histoire démographique, économique, sociale, culturelle ou religieuse : pour n'en donner qu'une seule illustration, il est clair par exemple que si la date de 1958 correspond à un tournant non négligeable sur le plan du temps politique, avec le passage de la IVe à la Ve République, elle ne présente en revanche aucune signification majeure en ce qui concerne le temps des comportements démographiques, le temps des évolutions économiques ou encore celui des mutations culturelles. En d'autres termes, le temps d'une histoire nationale n'est jamais univoque et homogène, et il se définit bien au contraire comme un temps pluriel. Impossible à réaliser, du moins dans le cadre et selon les objectifs du présent ouvrage, l'histoire de France « idéale » serait ainsi celle qui, fonctionnant à la manière d'un vaste puzzle chronologique, analyserait *des* histoires aux temps distincts puis les rassemblerait, au carrefour des pulsations propres à chacune d'entre elles, en une sorte de synthèse à géométrie variable !

De surcroît, cette histoire « éclatée » devrait également prendre en compte la diversité longtemps affirmée *des* France(s), tant il est vrai que le passé des Français, mais aussi parfois encore leur présent, relève de structures et de traditions différentes. Remontant loin en arrière, l'historien peut notamment observer qu'un clivage très précoce sépare France méridionale largement romanisée et France septentrionale des Gaulois puis des Francs, et constater que par la suite cette division fondamentale continue à peser, telle une faille tectonique affectée de constants rejeux, dans nombre de domaines a priori aussi distincts que les attitudes devant la vie, les pratiques culturelles, le taux d'urbanisation ou encore le degré d'industrialisation... A ses côtés, l'anthropologue opposera de même un « système-Nord » de familles nucléaires aux comportements individualistes à un « système-Sud » de familles communautaires plus empreintes d'autoritarisme, et se risquera parfois à y voir un invariant fondamental capable de donner la clef de l'histoire démographique, culturelle ou politique du pays depuis ses origines jusque vers les années 1970-1980, qui voient voler en éclats ces structures immémoriales. Et que dire encore de tous ces multiples particularismes qui, par le langage, l'habitat, les traditions culinaires ou vestimentaires, les pratiques culturelles et les mille gestes du quotidien, ont nourri et nourrissent encore parfois des sentiments d'appartenance locale ou régionale si puissants que certains auteurs, tel Fernand Braudel, estiment que l'on ne peut raisonnablement parler de véritable conscience nationale qu'à partir de la seconde moitié du XIXe siècle ?... En toute rigueur, une histoire « nationale » relèverait donc partiellement de la fiction, et demanderait à être corrigée par une conjonction d'histoires ouvertes à la pluralité des manières d'être français, dans l'espace et dans le temps.

Toutefois, superposition des temps différents et conjugaison des spécificités spatiales et culturelles ne sauraient être raisonnablement envisagées qu'à partir d'une maîtrise préalable des grandes lignes de l'histoire française, qu'il semble donc plus approprié de présenter ici sous un aspect synthétique. Avant d'en lever le rideau, il n'est peut-être en revanche pas inutile de proposer un rapide aperçu, en forme de vue cavalière, de quelques unes des histoires dont les Français d'aujourd'hui sont les héritiers.

Le cadre naturel et la formation du territoire français

S'il est clair que l'histoire d'un peuple ne peut se lire à travers l'affirmation d'un déterminisme physique trop simpliste, il n'en demeure pas moins que son cadre naturel a doté la France de potentialités et de traits spécifiques : « La France est issue d'une accumulation d'histoire prodigieuse, c'est vrai, mais cette accumulation s'est faite en tel endroit, non en tel autre » (F. Braudel). Ainsi, la forme massive et schématiquement hexagonale du pays le plus vaste de toute l'Europe de l'Ouest, de même que l'organisation de son relief, ont contribué à une configuration spatiale propice aux

Le milieu naturel de la France

communications, cependant que l'ouverture de ses façades maritimes et la proximité des espaces densément peuplés puis, par la suite, fortement industrialisés de l'Europe rhénane ont stimulé chacune à leur manière la mise en valeur des ressources de la France.

Finistère de l'Europe, la France constitue à la fois un isthme et un promontoire du vieux continent, dont elle rassemble les différents types de reliefs. Elle présente ainsi, sur un territoire relativement ramassé de 551 000 kilomètres carrés (dans ses frontières actuelles), une grande variété de modelés, où les basses terres dominent et où les hautes montagnes tiennent une place d'autant plus réduite qu'elles se trouvent reléguées aux périphéries. Au nord et à l'ouest d'une diagonale imaginaire reliant Bayonne au Luxembourg, l'espace français se présente ainsi comme l'un des plus ouverts de toute l'Europe. L'emportent en effet des plaines, plateaux ou collines d'une altitude inférieure à 300 mètres, en une topographie qui s'organise en grands ensembles aux horizons plats, notamment le Bassin aquitain et le Bassin parisien. Si le Massif armoricain, le Limousin ou le Massif ardennais offrent des profils plus contrastés, ils ne représentent cependant pas un obstacle réel au mouvement des hommes et des biens, facilité de surcroît par la présence de seuils (Poitou, Lauraguais, Artois) qui favorisent les communications.

Au sud et à l'est de cette même diagonale, le relief devient en revanche plus compartimenté et plus différencié, en s'élevant progressivement vers des périphéries où alternent gradins montagnards et dépressions. Des Vosges à la Montagne Noire se succèdent ainsi des montagnes moyennes (Jura, Morvan, Massif central, chaînons provençaux) constituées de plateaux ondulés ou disséqués, coiffées par des sommets émoussés et arrondis et traversées par des vallées encaissées qui canalisent la circulation. Mais l'essentiel des communications entre Méditerranée et Europe du Nord se concentre toutefois dans des plaines ou dépressions étroites et allongées qui ont toujours constitué des axes de passage privilégiés, plaines du Rhin, de la Saône ou du Rhône en particulier. Plus au sud et plus à l'est se dessinent en effet les zones de haute montagne, allongées en chaînes rectilignes (les Pyrénées) ou arquées (les Alpes) dont les sommets élevés et acérés sont séparés des fonds de vallées par de considérables dénivellations. Si le relief peu aéré des Pyrénées impose de fortes contraintes à la circulation terrestre, les longues vallées alpines, pour la plupart d'origine glaciaire, permettent en revanche une pénétration et un franchissement facilités par de nombreux cols. Ainsi, l'organisation d'ensemble du relief français s'avère globalement accueillante aux communications, et constitue à ce titre l'un des facteurs, parmi certes bien d'autres, de l'unification précoce du pays.

La France bénéficie de même de l'ampleur et de la variété de ses façades maritimes, côtes rocheuses et découpées de Provence ou de Bretagne, littoraux sablonneux des Landes ou du Languedoc, falaises du pays de Caux, etc. Ouverte sur trois mers, la Méditerranée, l'Atlantique et le complexe Manche-mer du Nord, elle dispose ainsi de fenêtres tournées vers les grands courants d'échanges humains, culturels et économiques, qui contribuent en outre à déterminer son climat tempéré. Les influences océaniques déterminent en effet une harmonieuse répartition des pluies au cours de l'année, une succession de saisons sans ruptures brutales, des hivers en général peu rigoureux et des étés dépourvus de chaleur excessive, autant de données qui facilitent l'implantation humaine et qui assurent en particulier une longue période végétative, favorisant en cela la mise en valeur agricole du territoire.

De prime abord, ce territoire pourrait lui-même être considéré comme un legs de la réalité physique, tant l'hexagone semble, sous sa forme actuelle, s'appuyer sur des frontières naturelles aisément identifiables (hormis les frontières septentrionales), celles du littoral, celles des lignes de crête des Alpes et des Pyrénées, celles enfin que dessine le cours du Rhin... De fait, la trame naturelle sur laquelle s'est peu à peu édifié l'espace national a pu jouer un rôle historique considérable, les plaines du Nord favorisant les invasions, la façade méditerranéenne permettant un contact précoce avec la civilisation grecque, la disposition du relief guidant les grands courants d'échanges, etc. Pourtant, la France d'aujourd'hui résulte de l'histoire bien plus que de la géographie, elle procède de l'action des hommes davantage que du poids de la nature. Le tracé de ses frontières est avant tout en effet le fruit d'une longue sédimentation, le résultat de toute une série de moments successifs qui ont tour à tour dessiné, gommé, agrandi et retouché les bornes du territoire. Ainsi, si l'on peut observer une grossière et schématique superposition entre l'espace contrôlé par les tribus gauloises et la France contemporaine, ce n'est en fait qu'à compter des IXe et Xe siècles que commença à s'esquisser le territoire français, sur les bases du traité de Verdun, qui en 843 partageait l'héritage de Charlemagne entre ses trois petits-fils encore en vie : Charles le Chauve y recevait en effet la *Francia Occidentalis*, bornée par le Rhône, la Saône, la Meuse et l'Escaut. Puis cet espace naissant se différencie encore un peu plus en 962, lorsque l'empereur germanique Otton Ier proclame la renaissance de l'Empire romain d'Occident ; exclue de ce nouvel empire, la Francie occidentale se définit dès lors par contraste avec sa voisine germanique, et la Meuse s'en trouve appelée à jouer un rôle décisif de frontière linguistique et de ligne de contact entre ces deux foyers.

Ainsi, si Hugues Capet, élu roi des Francs en 987, ne contrôle encore qu'un modeste domaine, du fait de l'affirmation à ses marges de principautés territoriales largement autonomes, ses successeurs ne vont cesser par la suite de chercher à étendre le territoire sur lequel s'exerce leur autorité directe, en un processus aussi long que complexe qui fait notamment appel aux opérations guerrières et au jeu des alliances matrimoniales, la progression s'orientant en particulier en direction du sud au XIIIe siècle, vers l'ouest au XVe siècle, vers le nord et vers l'est au XVIIe siècle. Durant huit siècles environ, la France se présente donc comme un espace à géométrie variable, et ses frontières mouvantes sont alors faites d'enclaves, d'entailles ou de redans, résultats des échanges et des négociations de monarques qui considèrent le royaume comme leur propriété domestique. Ce n'est donc en fait qu'au début du XIXe siècle, après l'épisode d'un premier Empire qui aura dilaté l'espace français aux dimensions d'une Europe conquise par la force, que le territoire amorce sa fixation véritable, ne connaissant plus dès lors que des modifications transitoires (perte de l'Alsace-Lorraine entre 1871 et

1919) ou d'une envergure en elle-même non décisive (rattachement de Nice et de la Savoie en 1860). Les derniers réajustements, très mineurs, datent de 1947, quand l'Italie cède à la France deux communes alpines, Brigue et Tende.

Dans ces conditions, il y a bien évidemment une large part d'arbitraire à revendiquer comme « Français » toutes celles et tous ceux qui sont nés, qui ont vécu et qui sont morts dans les limites actuelles de l'hexagone ; mais l'on ne saurait toutefois négliger le fait que, Français ou non, ce sont bel et bien ces « quinze milliards d'ancêtres » (P. Chaunu) qui ont fait de la France ce qu'elle est aujourd'hui.

Les hommes

Si les fouilles les plus récentes font remonter à près de deux millions d'années les traces d'une présence humaine sur le territoire français, c'est en fait surtout lors des dernières périodes glaciaires que s'est vraiment développé le premier peuplement de la « France », alors largement épargnée par les grands glaciers : dans les grottes d'Aquitaine, l'homme de Cro-Magnon, environ 15 000 ans avant notre ère, s'initia à la peinture rupestre... Au deuxième millénaire avant J.-C., l'espace français actuel accueille sans doute environ cinq millions d'habitants qui, selon les travaux des anthropologues, présentent déjà les grands types physiques des Français d'aujourd'hui, et constituent la matrice du très considérable brassage ethnique dont est issue la population française. Dans le cadre de la lente mise en place d'une organisation rurale de plus en plus élaborée, des hommes en nombre croissant aménagent labours céréaliers et pâturages, en une occupation du sol parfois si dense que l'on peut encore observer les traces de certains villages néolithiques sur les photographies aériennes. Ce mouvement de croissance, nourri de surcroît par l'arrivée de vagues migratoires successives, se développe par la suite de manière vraisemblablement assez régulière et, à l'heure de la conquête par Jules César, le nombre des Gaulois peut être estimé à dix millions. Mais les troubles du début de l'ère chrétienne réduisent considérablement le peuplement, au point que l'on constate une chute à environ cinq millions vers le Ve siècle, pour ne retrouver le seuil des dix millions que, sans doute, vers la fin du XIe siècle...

Le Moyen Age commençant apporte en revanche une très sensible poussée démographique, qui culmine avec à peu près vingt millions d'individus dès les débuts du XIIIe siècle en constituant à la fois un facteur et une conséquence de la croissance économique. Dès lors, une sorte d'optimum semble atteint pour longtemps, et la population du royaume se stabilise autour de ce niveau d'équilibre adapté à ses potentialités productives, quand bien même peuvent survenir des accidents aux conséquences dramatiques, comme la grande épidémie de peste qui décime près de la moitié de la population au XIVe siècle... Il faut attendre les XVIIe et XVIIIe siècles pour enregistrer une nouvelle poussée, qui porte à quelque vingt-neuf millions d'habitants la population française à la fin de l'Ancien Régime ; la France s'affirme alors comme le pays le plus peuplé d'Europe, à l'heure où commence à se dessiner un peu partout le tournant décisif de la transition démographique.

Caractérisant le passage du régime démographique traditionnel de mortalité et de natalité non maîtrisées à un régime démographique moderne de mortalité et de natalité maîtrisées, cette transition se marque dans la plupart des pays d'Europe par la succession de deux phases distinctes. Une première phase voit la mortalité reculer de manière sensible, grâce notamment à la disparition des famines et des grandes épidémies, cependant que la fécondité demeure élevée et que par conséquent la population s'accroît fortement. La seconde phase se traduit par la diminution plus tardive de la fécondité, la croissance démographique retrouvant par là-même son point d'équilibre. Or la France présente à cet égard un particularisme majeur, dans la mesure où, si la mortalité y fléchit comme ailleurs à partir de la seconde moitié du XVIIIe siècle, sa fécondité s'affaiblit elle aussi en même temps, coupant court à la possibilité d'une explosion démographique analogue à celle que connaissent ses voisins. Qu'il faille y voir les effets d'un mouvement de déchristianisation plus précoce, l'impact des troubles apportés par les convulsions politiques et militaires de la Révolution et de l'Empire, ou encore l'autorégulation inconsciente d'un pays relativement surpeuplé par rapport à son potentiel, la question demeure encore largement débattue, mais il est clair en tout cas que cette spécificité française se marquera par la suite par une profonde et durable langueur démographique : si la population française représentait à peu près le tiers de la population européenne au milieu du XVIIIe siècle, elle n'en représente plus qu'un dixième au début du XXe siècle....

Bien plus : son malthusianisme se renforce après la saignée humaine de la Première Guerre mondiale, au point que dans les années 1930 il meurt davantage de Français qu'il n'en naît, seule l'immigration étrangère venant pallier les faiblesses natalistes d'une population dont elle assure une large part de l'accroissement total (en 1931, les immigrés, Italiens, Polonais, Espagnols, Belges, représentent près de 7 % de la population de la France). Pourtant, les années sombres de l'Occupation voient s'amorcer un mouvement de reprise qui atteint son apogée avec le « baby boom » de l'après-guerre, et en l'espace d'une trentaine d'années la population française augmentera autant qu'elle l'avait fait dans le siècle et demi précédent : désormais le profil français a perdu une large part de sa singularité, puisque le phénomène du baby boom est commun à la plupart des pays européens industrialisés. Paradoxalement, dans le cadre du fléchissement nataliste enregistré partout en Europe occidentale depuis la charnière de la fin des années 1960 et du début des années 1970, la France du XXe siècle finissant parvient même à maintenir une fécondité moins faible que celle de bon nombre de ses voisins... Peut-être les racines de telles évolutions sont-elles à rechercher dans les mutations, d'abord très lentes puis de plus en plus rapides, du cadre matériel et mental de l'existence quotidienne.

Civilisation urbaine et civilisation rurale

La France actuelle porte en effet encore les marques de sa longue tradition rurale, à laquelle elle demeura fidèle plus longtemps que, par exemple, l'Allemagne ou la Grande-Bretagne. Si les civilisations gauloise et, plus encore, gallo-romaine s'organisaient en fonction de leurs foyers de polarisation urbaine, l'effondrement des structures de l'Empire romain devait rapidement conduire à un retour en force de la ruralité, et la France de l'an mil par exemple présentait avant tout l'aspect d'une sorte d'immense forêt parsemée de clairières occupées par les villages. Étroitement tributaire de la nature, une agriculture vivrière encore primitive dans la plupart des régions retenait dans les campagnes une part largement majoritaire de la population, cependant que les cités se réduisaient à d'étroits noyaux regroupés autour de la cathédrale et de la résidence épiscopale ou autour d'un château seigneurial. C'est seulement avec le XIe siècle que s'esquisse un mouvement de renaissance urbaine, les villes se développant alors en fonction des axes de communications ou en relation avec les lieux d'exercice du pouvoir.

Sièges de l'autorité religieuse et politique en cours de réorganisation, elles affirment progressivement leur contrôle économique sur le plat-pays rural qui les environne, grâce en particulier à la vague de renouveau commercial et artisanal qui parcourt alors l'Europe, et fixent de manière durable un paysage urbain original, ceinturé de remparts et composé d'un enchevêtrement complexe de jardins et de rues tortueuses et obscures encadrées de bâtiments de bois et d'édifices religieux omniprésents. S'y met en place un univers social de plus en plus différencié, que caractérise le poids de ses structures collectives — corporations ou « jurandes » qui regroupent maîtres et compagnons d'une même profession et encadrent tous les aspects de leur activité, confréries religieuses qui rassemblent les membres d'un même métier ou les habitants d'un même quartier — en un phénomène de compensation partielle au creusement d'écarts sociaux marqués par la domination d'une oligarchie marchande de plus en plus soucieuse d'affirmer ses prérogatives. Soustraites

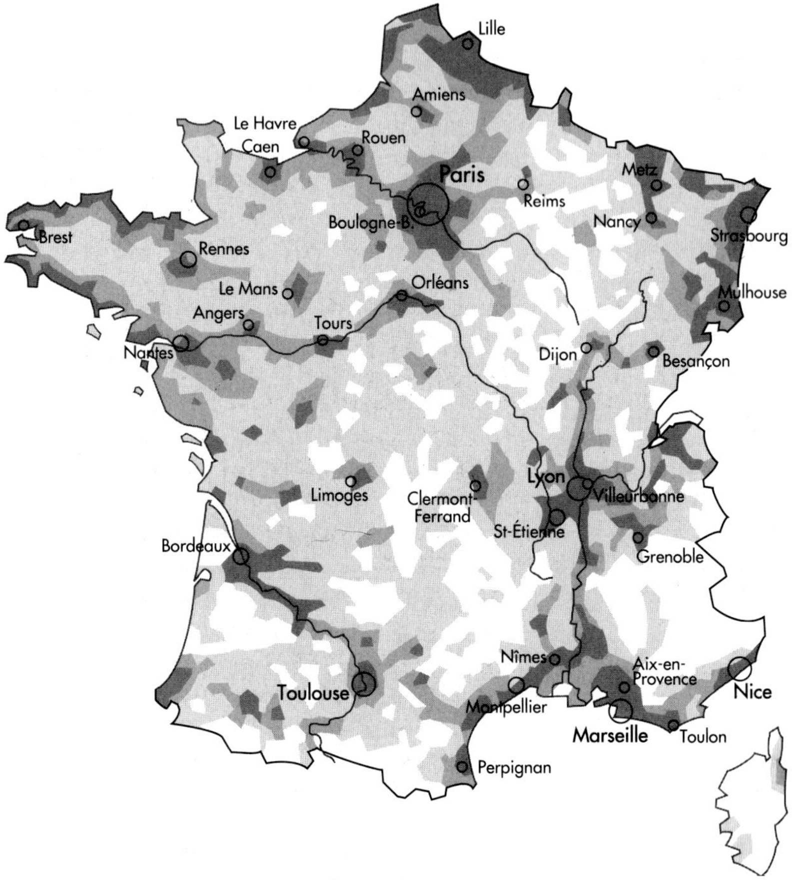

La répartition spatiale de la population

Nombre d'habitants au km²
- plus de 100
- 50 à 100
- 20 à 50
- 0 à 20

Villes de plus de 100 000 hab. en 1990
- plus de 1 000 000 h.
- 300 000 à 1 000 000 h.
- 200 000 à 300 000 h.
- 100 000 à 200 000 h.

au système seigneurial qui s'étend sur les campagnes dans le cadre de l'organisation féodale des pouvoirs, les villes manifestent ainsi une volonté précoce d'autonomie qui fait d'elles, en dépit de leur poids démographique longtemps dérisoire, les centres décisifs des mutations économiques, culturelles et politiques. C'est dès lors dans les villes que se concentre le mouvement d'essor du capitalisme marchand, ce sont les villes qui déterminent l'organisation de l'artisanat pré-industriel du XVIIIe siècle, les villes encore qui, enrichies par l'apport d'un exode rural toujours plus massif au XIXe siècle, polarisent l'industrialisation de l'économie française à partir, surtout, des années 1840-1850, les villes toujours qui constituent le cadre majeur de l'activité politique ou de l'innovation culturelle.

Quand bien même il faut attendre le début des années 1930 pour voir en France la population citadine devenir majoritaire, les grandes pulsations de l'histoire nationale résultent donc essentiellement des impulsions venues du monde urbain. A laisser dans l'ombre le poids des permanences et des continuités d'un temps qui fonctionnerait comme au ralenti, pour ne considérer de la trame historique que sa part de changement, voire de rupture, l'on pourrait ainsi en arriver au paradoxe d'une histoire de la France qui jusqu'au XXe siècle serait presque susceptible de se passer de la majeure partie des Français !... Mais l'on y perdrait de vue la réalité d'un pays précisément caractérisé à bien des égards par la place qu'y tiennent les héritages ruraux. Par exemple, l'individualisme si fréquemment évoqué lorsqu'il s'agit de définir l'identité française ne procède-t-il pas précisément de ces héritages ? Ou encore, et délibérément dans un tout autre domaine, le retard longtemps manifesté par la France du point de vue du développement d'un réseau bancaire moderne, capable de promouvoir la croissance au lieu de se contenter d'en tirer les bénéfices, ne tient-il pas lui aussi à certaines formes de méfiance, à un certain goût de la thésaurisation, directement issus des comportements ruraux ? Ou, enfin, le mélange ambigu de souci d'ordre et de stabilité, mais aussi de réceptivité aux courants contestataires, de même que la cohabitation complexe de respect des hiérarchies établies et d'esprit frondeur, qui bien souvent ont pu sembler caractériser les attitudes sociales et politiques des Français, ne peuvent-ils pas être rattachés aux racines rurales, lointaines mais longtemps présentes, de la société française ?

Structures d'encadrement et pratiques politiques

    Si les premières formes d'organisation sociale dont l'on retrouve la trace sur le territoire français relevaient de systèmes agro-pastoraux d'abord relativement peu différenciés, l'on observe néanmoins l'émergence progressive de structures ternaires déjà bien affirmées dans la société gauloise, qui voit se préciser les distinctions entre prêtres, guerriers et producteurs, principalement agriculteurs. Ce schéma fondamental se maintiendra durant des siècles, déterminant les structures de la société féodale, que caractérise le système de la seigneurie, laïque ou ecclésiastique, comme celles de la société d'Ancien Régime, définie par son organisation en trois « ordres », clergé, noblesse et tiers-état. Cet univers social traditionnel s'accompagne d'une organisation politique pyramidale, longtemps marquée par le morcellement de l'autorité au bénéfice des grands princes territoriaux qui règnent sur les dépouilles de l'Empire carolingien, puis par la difficile et progressive affirmation d'un pouvoir royal engagé dans une longue entreprise de centralisation et de contrôle effectif du royaume. Par le conflit séculaire qui l'oppose à la résistance des pouvoirs de l'aristocratie, la monarchie capétienne se trouve ainsi conduite à s'appuyer sur une théorie de l'État de plus en plus élaborée, qui fait du souverain, nanti d'une dignité de type sacerdotal, un lieutenant de Dieu chargé de veiller comme un père sur la France, « fille aînée de l'Église ».

    Du haut Moyen Age à la chute de l'Ancien Régime, le poids de l'Église constitue en effet l'un des traits les plus marquants de la société traditionnelle : structure d'encadrement primordiale, elle contrôle le temps par son calendrier liturgique, organise l'espace par la présence partout affirmée de ses édifices, régit les grandes étapes de l'existence individuelle, de la naissance jusqu'à la mort, détermine longtemps l'essentiel de l'activité artistique, marque de son empreinte les esprits et les comportements, tout en s'affirmant par ailleurs, notamment par le poids de ses prélèvements sur la richesse nationale et par l'ampleur de sa propriété foncière, comme un paramètre non négligeable de l'activité économique.

Cet édifice aux ramifications complexes va pourtant se lézarder peu à peu, puis s'effondrer à la fin du XVIIIe siècle avec la rupture révolutionnaire, dont la radicalité contribue à définir une nette spécificité française au regard de l'histoire européenne. Dans le cadre de la progressive montée d'un capitalisme marchand en plein essor, qui prélude à la timide émergence d'une esquisse de proto-industrialisation, la hiérarchie des ordres s'avère en effet de plus en plus inadaptée à l'essor des bourgeoisies urbaines, celle des détenteurs d'offices et des hommes de loi, celle des rentiers, celle des négociants, des armateurs et des financiers, celle enfin des franges supérieures du monde de la boutique et de l'atelier. Méprisées par une aristocratie qui souvent toise de haut les vulgaires roturiers et n'éprouve que dédain pour leur argent, elles exaltent des valeurs nouvelles qui remettent en cause les fondements mêmes des structures d'Ancien Régime, à l'heure où de surcroît la sourde contestation des privilégiés affaiblit le pouvoir monarchique et où une conjoncture de dépression économique renforce les difficultés et les rancœurs du petit peuple. De cette conjonction explosive résulte ainsi la Révolution française qui, en l'espace de quelques années, met définitivement à bas les traditionnelles structures d'encadrement politiques, sociales et religieuses de la France monarchique.

Le XIXe siècle de la révolution industrielle et de l'urbanisation verra donc se mettre en place de nouvelles formes d'organisation collective, à la société d'ordres se substituant une société de classes et au temps des communautés closes et rassurantes, celles de la famille, du village, du quartier, de la jurande, etc., succédant l'âge de l'individu, puis, avec le développement des moyens de communication, l'ébauche de l'ère des masses, dans un climat de recul des influences religieuses et de progressive sécularisation de la culture et de la société françaises. Au terme d'une période d'instabilité politique marquée, après la chute du premier Empire, par les échecs successifs de la Restauration, de la monarchie de Juillet, de la IIe République et du second Empire, la naissance en 1870 de la IIIe République ouvrira elle aussi une phase nouvelle, celle de l'installation de la démocratie parlementaire libérale, fondée sur le suffrage universel et marquée notamment à partir du début du XXe siècle par la création des premiers partis politiques de type moderne. Sans qu'il soit nécessaire de remonter à des affrontements plus anciens, comme la querelle des Armagnacs et des Bourguignons au XVe siècle ou comme les guerres de Religion du XVIe siècle, la logique d'affrontement héritée de la Révolution et de ses suites détermine alors et pour longtemps le fonctionnement de la vie politique française, que caractérise bien souvent aux yeux de l'observateur, surtout s'il est étranger, la « fièvre hexagonale » (M. Winock) de guerres franco-françaises aux accents manichéens : républicains anticléricaux contre catholiques conservateurs, dreyfusards contre antidreyfusards, anti-fascistes contre anti-parlementaires, collaborateurs contre résistants, communistes contre anti-communistes, etc.

En ces années du XXe siècle finissant, et peut-être même déjà achevé, si l'on considère qu'il s'est ouvert avec la Première Guerre mondiale et clos avec l'effondrement des régimes communistes en Europe centrale et dans l'ex-URSS, la violence des antagonismes politiques semble en revanche singulièrement émoussée, certains considérant à ce titre que les spécificités de la culture politique française disparaissent peu à peu. Mais la relative désaffection des citoyens à l'égard du débat politique s'intègre plus largement à un malaise global qui, issu de la crise économique des années 1970-1980 et, plus encore sans doute, des mutations sociologiques et culturelles entamées dès la fin des années 1960, se traduit par un certain « déficit identitaire » ou, en d'autres termes, par une sorte de perte des points de repère individuels et collectifs. N'est-ce pas d'ailleurs pour cette raison que se dessine aujourd'hui une résurgence diffuse de l'idée de nation ?...

La Nation et l'État

Issue d'une longue fermentation, l'affirmation de l'identité nationale française est difficile à dater avec précision. Si, selon la célèbre formule de Calonne, le ministre de Louis XVI, la France du XVIIIe siècle n'est encore qu'un « agrégat inconstitué de peuples désunis », les recherches des médiévistes tendent néanmoins à démontrer qu'un embryon de conscience nationale émerge de manière assez précoce, sans doute dès le haut Moyen Âge ; par exemple, à la fin du XIe siècle, le texte de la *Chanson de Roland* oppose ainsi les « païens » aux « Français ». A la charnière des XIIIe et XIVe siècles, la propagande des clercs et des légistes qui entourent le roi Philippe le Bel s'appuie clairement sur le sentiment national, mais l'étape décisive est vraisemblablement celle de la guerre de Cent Ans qui, à cheval sur les XIVe et XVe siècles, cristallise une identité nationale qui concerne désormais une large part de la population du royaume : à travers par exemple la figure emblématique de Jeanne d'Arc, la nation n'est plus seulement une solidarité de fait, elle devient aussi une valeur.

La constitution de l'identité nationale se trouve donc étroitement associée à la guerre et à l'essor d'un État monarchique centralisé : de manière révélatrice, l'on peut ainsi considérer que dès le XVIe siècle François Ier est le roi d'une « nation » française, alors qu'en revanche l'immense empire de son adversaire Charles Quint ne constitue rien d'autre qu'un ensemble disparate réuni par les aléas de la construction dynastique... Sur ces bases, l'articulation de la nation et de l'État se précise et se renforce à partir de la rupture révolutionnaire. En brisant l'idée d'un corps organique rassemblé autour de la personne du roi et en substituant son individualisme à tout l'édifice des corps intermédiaires et des structures d'encadrement traditionnelles, la Révolution doit en effet imaginer les moyens d'une nouvelle forme de cohésion du corps social : la réponse viendra alors de l'État jacobin puis napoléonien, elle résultera de l'action d'un État moderne qui se fait l'« instituteur du social » et le « producteur de la nation » (P. Rosanvallon). S'ouvre ainsi l'âge de l'État-nation qui, sur un axe horizontal, s'affirme en s'opposant à ses voisins et qui, sur un axe vertical, s'unifie en détachant ses élites de la culture européenne cosmopolite et en intégrant ses couches populaires, par le biais du système scolaire, à la culture nationale.

Cristallisée par la monarchie puis uniformisée par l'État moderne, l'identité nationale française atteindra donc son plus haut degré d'expression sous la IIIe République, notamment sous la forme quelque peu paradoxale d'un nationalisme « ouvert » qui, dans la tradition de Michelet, ne fonde pas l'idée de nation sur un quelconque inconscient biologique ou culturel, mais qui la fait bien au contraire reposer sur le volontarisme d'une décision d'appartenance. A ce nationalisme qui voit dans la France la terre de la Liberté et des Droits de l'Homme, lui attribuant donc volontiers une mission historique de portée universelle, s'oppose toutefois un nationalisme « fermé », celui de mouvements autoritaires, populistes, xénophobes et antisémites dont l'action culmine lors des périodes de crise de la régulation économique, sociale, politique et culturelle : hormis le thème de la grandeur nationale, le nationalisme qu'affirme par exemple un général de Gaulle ne relève absolument pas de la même logique que celui que défend, quelques décennies plus tard, le Front national de Jean-Marie Le Pen... Mais si, selon des modalités certes fort variables, le discours à résonance nationaliste refait partiellement surface aujourd'hui, et si l'année 1990 a été marquée par un large consensus autour de la commémoration du centième anniversaire de la naissance du général de Gaulle, dernier grand mythe national d'une France qui accepte encore difficilement de se trouver réduite au rang de puissance moyenne, ne faut-il pas y voir le signe du maintien d'un certain nombre d'héritages culturels façonnés par des siècles d'histoire ?

La France du temps lent

La France avant la France

Les temps préhistoriques

Les premiers signes de vie humaine sur le territoire de la France actuelle datent d'environ 1 800 000 années. Déterminées par la lente évolution d'un temps historique que façonnent de sévères contraintes climatiques, surtout durant les successives phases glaciaires, les premières communautés commencent à maîtriser l'usage du feu vers − 600 000, mais en fait c'est surtout entre − 35 000 et − 10 000, à l'époque du paléolithique supérieur, que s'accélère la définition d'une civilisation de plus en plus élaborée. En témoignent notamment les premières grandes réalisations artistiques connues, peintures rupestres des grottes de Lascaux ou statuettes, telle la Vénus de Brassempouy. D'ailleurs, à partir de − 10 000 à peu près, la pression climatique s'atténue progressivement avec le développement d'un climat plus tempéré, qui voit le mammouth disparaître et le renne migrer en direction du Nord, cependant qu'en revanche sont peu à peu domestiqués le mouton et la chèvre (vers − 6 000), puis le bœuf (vers − 5 000).

La révolution néolithique

A partir du VIe millénaire se trouvent donc ainsi réunies les conditions d'une mutation décisive : la « révolution néolithique » s'étend approximativement de − 6 000 à

− 1 800. C'est alors qu'en effet se constituent les premiers villages, au fur et à mesure que prend forme l'activité agricole, en un système de production où se combinent élevage, culture et artisanat (céramique notamment). Auparavant nomades, les groupes humains tendent dès lors à se sédentariser en se fixant sur un terroir bien précis et en se dotant de structures sociales de plus en plus clairement hiérarchisées.

Le phénomène concerne d'abord les régions les plus méridionales, soumises aux influences méditerranéennes. Mais les premières véritables civilisations agricoles apparaissent en fait dans les régions orientales de la France actuelle, là où prend corps la culture « rubannée », du nom des décors en spirales, volutes et méandres des poteries. Introduite par des groupes venus de l'Europe centrale et de la vallée du Danube, qui défrichent les bonnes terres de lœss et y installent de vastes demeures regroupées en villages, cette civilisation se consacre à la céréaliculture et à l'élevage des bovins et des porcs. Sans doute en va-t-il de même en ce qui concerne les espaces atlantiques dominés par la culture « mégalithique », celle des dolmens, des menhirs et des grands alignements (Carnac)...

Distinctes les unes des autres, ces grandes aires culturelles n'en sont pas moins touchées aux IVe et IIIe millénaires par une commune évolution, avec l'extension, surtout au sud et à l'ouest, de la culture du « chasséen » (du nom du site de Chassey, en Saône-et-Loire). L'on observe en effet alors un sensible accroissement démographique, en même temps qu'un progrès continu de l'agriculture, qui permet la multiplication et l'extension des sites habités. Les temps néolithiques connaissent ainsi, vers − 2 500, un apogée marqué par une implantation humaine de plus en plus dense et de mieux en mieux organisée ; la civilisation de Fontbouisse, dans l'actuelle région de Montpellier, offre ainsi l'exemple de villages nombreux (20 à 25 pour 100 km^2), contrôlant des terroirs où coexistent plaines et plateaux, zones d'élevage et zones de cultures. Et surtout, venue d'Orient où elle est apparue vers − 6 000, la maîtrise des métaux (or et cuivre) gagne alors les extrémités occidentales du continent...

La France avant la France

Les peintures rupestres des grottes de Lascaux

De l'âge du bronze à l'âge du fer

Au cours du IIe millénaire, propagées par les influences de l'espace méditerranéen et de l'Europe centrale, les techniques de la métallurgie se perfectionnent en effet peu à peu. L'élément décisif à cet égard réside dans la mise en valeur du bronze, dont la fabrication ouvre une ère nouvelle, celle de la « protohistoire ». La métallurgie connaît alors un essor de plus en plus sensible, qui conduit à une profonde mutation des anciennes communautés néolithiques. Forgerons et autres artisans occupent notamment une place croissante dans la vie économique et sociale, cependant que se creusent les écarts de richesse et que s'accentuent donc tensions et conflits... Les guerriers et les chefs exercent ainsi une fonction de plus en plus prépondérante, dont témoignent les grands tumulus funéraires où sont placés les objets symboliques du pouvoir et de la richesse, bijoux en or, colliers d'ambre ou de pâte de verre...

Cet âge du bronze, de −1 800 à −700, se caractérise certes par la définition de diversités régionales de plus en plus marquées. Mais partout s'observe une même tendance à la spécification des activités, et donc des hommes. L'Armorique, par exemple, enrichie par l'arrivée de groupes venant sans doute de l'Europe du Nord, voit se multiplier les sépultures circulaires destinées aux chefs de guerre, et développe des échanges actifs en se procurant du cuivre en provenance des îles Britanniques, des Alpes ou de la péninsule Ibérique. Ailleurs, comme en Corse du Sud, sont érigés de véritables camps fortifiés, les « castelli », dominés par des tours circulaires, les « torre ». L'outillage ne cesse de s'améliorer : dans le site du mont Bego (Alpes-Maritimes), autour de 2 500 mètres d'altitude, les schistes sont recouverts par plus de 100 000 gravures représentant des armes, mais aussi des bovidés attelés à des araires, et même des figurés que certains spécialistes interprètent comme les premières formes d'un relevé cadastral.

La fin de l'âge du bronze, de −1 200 à −700, confirme les progrès agricoles, favorisés par l'installation d'un climat plus humide et par la domestication du cheval, qui devient vers −1 200 un animal de trait. De nouveaux groupes venus d'Europe centrale, les peuples dits « des champs d'urnes » (ils placent dans des urnes les restes de leurs défunts incinérés), contribuent au développement et à la diversification des activités. Car, de même que le bronze avait succédé à la pierre, il se voit peu à peu supplanté par le fer, beaucoup plus résistant. Mise au point par les Hittites du plateau anatolien de Turquie vers −1 500, la technique du fer est diffusée par les peuples navigateurs, tels les Phéniciens, ainsi que par l'intermédiaire des peuples balkaniques. De −700 à −450 environ, l'âge du fer se marque par une accentuation de la domination des guerriers, désormais montés sur leurs chevaux et équipés de chars. La sépulture de Vix (Côte-d'Or), qui contenait le char d'une femme inhumée avec ses bijoux, son diadème en or et de nombreux vases, dont un vase grec en bronze de plus de 200 kg, illustre parfaitement la richesse des familles princières des peuples du fer. Les courants d'échange ne cessent de s'intensifier, et font du sud de la France actuelle un lieu de convoitise pour les principaux agents du commerce méditerranéen, Phéniciens, Grecs et Étrusques. C'est ainsi une cité grecque d'Asie Mineure, Phocée, qui fonde en −600 la ville de Massalia (Marseille), avec son port du Lacydon...

La Gaule celtique

A partir du Ve siècle avant notre ère, les colonies grecques dans les régions méridionales ne cessent dès lors d'affirmer leur essor. Mais, une fois de plus, à cette influence méditerranéenne s'ajoute celle de l'Europe centrale, marquée par l'arrivée des peuples celtes. D'origine indo-européenne, ceux-ci proviennent principalement du sud de l'espace germanique ; si certains d'entre eux ont ouvert la voie en s'installant dans la vallée du Rhône dès le premier âge du fer, comme les Ségobriges que les Phocéens rencontrent en fondant Marseille, le grand mouvement de migration des Celtes s'ébranle surtout au Ve siècle. Vraisemblablement motivé par une pression démographique de plus en plus forte et par le caractère répulsif d'un climat se dégradant, ce mouvement conduit les Celtes dans diverses directions, celle de l'Orient jusqu'à la Galatie, dans l'actuelle Turquie, celle de la péninsule italienne (prise de Rome vers 386 av. J.-C.), celle enfin de l'actuel territoire français.

Vers le IIIe siècle av. J-C., plusieurs zones distinctes se définissent ainsi en fonction de la plus ou moins grande implantation celtique. Celle-ci se concentre principalement entre la Seine et la Garonne, en un espace où se fixent de nombreux peuples le plus souvent fort soucieux de leur identité, Arvernes dans le Massif central, Éduens en Bourgogne, Séquanes dans le Jura, Pictons du Poitou, Carnutes dans la Beauce, Bituriges Cubes dans le Berry, etc. Autour de ce noyau celtique se trouve une périphérie de peuplement non exclusivement celte : l'Armorique des peuples « celto-armoricains » (Redons, Vénètes, etc.), l'Aquitaine des Tarbelles ou des Ausques, l'espace méridional des peuples « celto-ligures » ou « celtibères » (Allobroges, Volques, Salyens). Enfin, au nord de la Seine, la part des Celtes, arrivés plus tardivement, demeure minoritaire au sein de composantes plus spécifiquement germaniques (Ambiens de Picardie, Rèmes de Champagne, Nerviens et Éburons dans l'actuelle Belgique).

Connue avant tout par des sources gréco-latines, et notamment par *la Guerre des Gaules (De bello gallico)* de César, cette Gaule celtique se divise donc en une multitude d'espaces spécifiques, le plus souvent circonscrits par des frontières naturelles. Par exemple, le territoire des Parisii, centré sur Lutèce, se borne à l'ouest par l'Oise et par les forêts de Saint-Germain et de Marly, au sud par la Bièvre et par la forêt de Rambouillet, à l'est par la forêt d'Armainvilliers, et au nord enfin par la forêt de Chantilly. Ainsi assuré de la maîtrise d'un ensemble spatial bien précis, chaque peuple s'organise en structures politiques dominées initialement par un chef-roi, comme, au IIe siècle av. J.-C, le roi arverne Luern, assez puissant pour prétendre imposer son hégémonie à l'ensemble des peuples de la Gaule et dont le fils Bituit, grand-père de Vercingétorix, est battu par les Romains en 121 av. J.-C. Mais aux côtés de ces rois émerge peu à peu le monde des grandes familles aristocratiques et guerrières, qui contrôlent tout un réseau d'hommes d'armes et de clientélisme et qui s'imposent au fur et à mesure que déclinent les monarchies traditionnelles : César cite par exemple le cas de l'Helvète Orgétorix, à la tête d'une véritable armée d'environ dix mille hommes... De plus en plus affirmé, leur pouvoir doit néanmoins tenir compte du poids religieux des druides, d'ailleurs issus des mêmes familles nobles.

Ainsi organisées, les sociétés gauloises s'articulent, surtout à partir du IIe siècle av. J-C., autour des *oppida,* les vastes places fortes au sein desquelles se concentrent le pouvoir et l'activité économique, comme Gergovie chez les Arvernes, Bibracte chez les Éduens, Avaricum (Bourges) chez les Bituriges Cubes, ou encore Limonum (Poitiers) chez les Pictons... Enceintes de murailles de pierre et de bois, elles-mêmes protégées par un large fossé, ces cités gauloises

La France avant la France

L'art gaulois :
le dieu de Beuvray

rassemblent sanctuaires druidiques, marchés, résidences aristocratiques et quartiers d'artisans. Une véritable proto-urbanisation s'esquisse donc, avant même la conquête romaine, et se renforce au rythme des transformations économiques et sociales d'une Gaule de plus en plus ouverte aux échanges. Les marchands italiens procurent ainsi aux familles dominantes de nombreux produits de luxe, notamment le vin et la céramique, et le développement de ces flux nécessite de dégager des surplus de production dans l'espace contrôlé par chaque *oppidum,* occasionnant par là-même un accroissement de l'emprise urbaine sur les zones rurales, en même temps qu'un essor continu de la frappe monétaire, introduite par les colonies grecques du sud de la Gaule.

Ainsi la Gaule celtique présente-t-elle l'aspect d'un espace prospère, ouvert aux influences extérieures mais toutefois pourvu d'une culture spécifique, dont la richesse est illustrée par son goût des parures, des bijoux en or, des armes décorées et de l'ornementation fantastique. L'imagerie traditionnelle d'un peuple plus ou moins sauvage, vivant au cœur d'impénétrables forêts et s'occupant principalement à d'incessantes guerres intestines mérite donc d'être singulièrement nuancée : l'on comprendrait mal en effet en ce cas pourquoi César fit le choix de se lancer à sa conquête, à partir de la tête de pont que constituait une Gaule méridionale déjà romanisée.

La Gaule romaine

La Gaule du Sud avait en effet connu depuis le Ve siècle une évolution spécifique, déterminée par le développement des colonies grecques et par les influences méditerranéennes propices à l'essor de l'activité. Ainsi, Marseille joue un rôle essentiel comme centre de production, mais aussi et surtout comme carrefour commercial d'importation (huile, vin, céramique) et d'exportation (étain, cuivre, or, salaisons, fourrures). Son dynamisme rayonne notamment par le biais de sa monnaie, le drachme, qui sert de modèle à la plupart des monnaies de la Gaule celtique, mais il s'incarne plus encore par le mouvement de colonisation qui voit la cité phocéenne créer de multiples comptoirs, comme Antipolis (Antibes), Nikaia (Nice), Arles ou Agathè (Agde)... L'espace celto-ligure, avec ses nombreuses places fortes perchées, sa riche statuaire de pierre, sa culture de l'olivier et de la vigne, son urbanisation et sa différenciation sociale plus précoces encore que dans la Gaule celtique, constitue donc une zone de contact privilégiée avec l'univers gréco-latin.

La conquête romaine

Or, précisément à l'heure où les Celtes se fixaient en Gaule, Rome de son côté prenait le contrôle de la péninsule italienne, et se voyait dès lors conduite à tourner ses regards vers cette Gaule méridionale dont l'attrait économique se doublait d'un intérêt stratégique illustré avec éclat par le Carthaginois Hannibal lorsqu'en 218 av. J.-C., parti d'Espagne, il passa par la Gaule et les Alpes avant d'envahir l'Italie. Une fois Carthage écrasée après la victoire romaine de Zama, en 202 av. J.-C., les Romains s'installent dans la péninsule Ibérique, et la Gaule méridionale devient donc un point de passage décisif, en même temps que le marché gaulois s'ouvre de plus en plus aux marchands italiens. L'intérêt de Rome pour un espace aussi chargé d'enjeux ne peut donc que croître : dès 154 av. J.-C., les troupes romaines répondent à l'appel de Marseille, dont les colonies d'Antibes et de Nice sont alors assiégées par les pirates ligures. Puis, en 125 av. J.-C., c'est Marseille elle-même qui se trouve menacée par les Celtes Salyens et par les Ligures ; une fois de plus, Rome intervient, soumet les agresseurs et fonde, en 122, sa première colonie en Gaule, Aquae Sextiae (Aix-en-Provence). De plus en plus, la présence romaine en Gaule se précise ; en 121, les légions romaines battent les Allobroges du Dauphiné et les Arvernes du roi Bituit, puis en 118 elles installent une garnison à Toulouse et fondent la cité de Narbonne.

Ce site de Narbo Martius s'avère rapidement décisif pour l'entreprise de contrôle spatial développée par Rome ; il permet en effet l'installation de colons et, surtout, sert de point d'ancrage pour la construction de la *via Domitia*, nouvelle route reliant l'Italie à la péninsule Ibérique. « Observatoire et rempart du peuple romain » (Cicéron), Narbonne devient donc une plaque tournante du commerce romain, puis l'un des centres majeurs de la romanisation de la Gaule du Sud, avec la création, vers 74 av. J.-C., de la province romaine de « Gaule transalpine ».

Désormais solidement implantés en Gaule du Sud, les Romains subissent à ce titre les premiers effets de la pression des peuples germaniques, qui commence à se manifester vers la fin du IIe siècle av. J.-C. À partir de 109, les Cimbres et les Teutons ravagent la Gaule celtique et poursuivent leur progression jusqu'aux régions méridionales, avant d'être écrasés par le consul Caius Marius à Aix-en-Provence, en 102. Un instant écartée, la menace germanique n'en demeure pas moins constante, et pèse sur l'ensemble des peuples gaulois affaiblis par leurs multiples dissensions internes ; c'est précisément de cette situation que va savoir jouer Caius Julius Caesar, nommé gouverneur de la Gaule transalpine en 58 av. J.-C.

Entre 62 et 60 av. J.-C., le chef germain Arioviste et ses hommes s'installent en effet en haute Alsace, suscitant dès lors l'inquiétude des Helvètes. En 58, ces derniers décident alors d'émigrer vers l'ouest ; mais, César s'opposant à leur passage par le territoire des Allobroges, situé en Gaule transalpine, ils se trouvent contraints de traverser les régions contrôlées par les Séquanes et les Éduens. Or, face aux ravages qu'ils provoquent, les Éduens font appel à Rome pour assurer leur protection, ouvrant ainsi la porte à la pénétration romaine en Gaule celtique, la *Gallia comata* (« Gaule chevelue ») dont César lui-même, à qui l'on doit cette image, raconte la conquête dans le *De bello gallico*...

L'offensive romaine de 58 av. J.-C. se solde par la défaite des Helvètes près de Bibracte, puis par leur retour dans leur territoire d'origine. Mais les délégués des cités gauloises demandent alors à César de les soutenir contre Arioviste. S'engageant donc contre les Germains, César les bat dans la région de Mulhouse et les repousse au-delà du Rhin puis, au lieu de se retirer, installe ses quartiers d'hiver chez les Séquanes.

Dès lors, de 57 à 53 av. J.-C., la stratégie des Romains consiste à progressivement encercler la Gaule. En 57, les peuples « belges », situés dans le nord de la France actuelle, sont tour à tour défaits. En 56, Crassus parvient, non sans mal d'ailleurs, à soumettre les Vénètes et à contrôler ainsi l'Armorique, puis l'Aquitaine. En 55, une expédition au-delà du Rhin permet de contenir un peu plus encore la menace germaine, cependant qu'est tenté sans succès un débarquement dans l'île de Bretagne. En 54, César doit lutter contre la révolte des Carnutes et du chef éburon Ambiorix, avant de consacrer l'année 53 à la réorganisation de son armée et à la reprise en main du pays. Mais dans l'hiver 53-52 éclate une nouvelle révolte dont Vercingétorix, fils du noble arverne Celtill, prend rapidement la tête, soutenu par les druides et les détenteurs du pouvoir traditionnel menacés par la conquête romaine. Avec les peuples de l'ouest et du centre de la Gaule, Vercingétorix vient à bout des légions de César devant Gergovie, en plein cœur du pays arverne, puis, rejoint par les Éduens, il est confirmé comme chef de tous les Gaulois à Bibracte. Bousculé, César choisit de se replier vers le sud pour assurer la défense de la Gaule transalpine ; Vercingétorix lance alors la cavalerie gauloise contre l'armée romaine en marche, mais l'assaut échoue et les Gaulois sont contraints de se retirer dans l'*oppidum* d'Alésia. Au terme d'un long siège, les guerriers gaulois doivent finalement se rendre et Vercingétorix, emmené à Rome, prend place dans le cortège triomphal de César, en 46 av. J.-C., avant d'être mis à mort.

La défaite de Vercingétorix sonne le glas de l'indépendance gauloise, mais ne marque pas pour autant l'achèvement intégral de la conquête romaine. Au cours de son règne (de 31 av. J.-C. à 14 ap. J.-C.), l'empereur Auguste doit ainsi intervenir à plusieurs reprises en Gaule pour y réprimer des soulèvements, comme par exemple la révolte de l'Aquitaine en 28 av. J.-C. De 16 à 14 av. J.-C., il entreprend de même de soumettre les divers peuples alpins, dont l'assez large indépendance antérieure menaçait le bon ordre des relations entre l'Italie, la Gaule et l'Espagne. Et, surtout, Auguste projette d'écarter durablement la menace des Germains en étendant l'Empire jusqu'à l'Elbe, mais le chef germain Arminius anéantit en 9 ap. J.-C. les légions envoyées pour le combattre, et les régions du Rhin continuent donc à marquer les limites de l'Empire en même temps que celles de la Gaule.

La guerre contre les peuples germains coûte cher à Rome et Tibère, le successeur d'Auguste, est vite conduit pour la financer à renforcer la pression fiscale qui pèse sur la Gaule, notamment en mettant fin aux privilèges des cités exemptées d'impôts, telles celles des Éduens. Jointe à une nette hostilité du pouvoir romain à l'encontre des druides, cette situation nourrit des courants de mécontentement de plus en plus sensibles, qui se manifestent par une vague de révoltes en 21 ap. J.-C. Née dans les régions de la Loire, chez les Andécaves (Angers) et les Turons (Tours), la rébellion s'étend aux Trévires et surtout aux Éduens ; assez facilement écrasée, elle n'en manifeste pas moins le maintien d'une sourde résistance à la présence romaine.

Après la mort de l'empereur Néron (68 après J.-C.), la crise politique et les luttes pour le pouvoir à Rome favorisent à nouveau la montée des tensions en Gaule. Sur le territoire des Éduens se développe ainsi une révolte rurale menée par Maric, qui se proclame libérateur des Gaules avant d'être écrasé par l'alliance de la noblesse éduenne et des troupes romaines. Mais ces dernières contribuent elles-mêmes à nourrir l'anarchie politique, en proclamant empereur leur légat de légion Vitellius, cependant que des Gaulois romanisés en profitent pour créer en 70, dans la région du Rhin, un « empire des Gaules ». Réunis à Reims, les délégués des cités gauloises refusent toutefois de les suivre, affirmant au contraire leur fidélité à Rome et au nouvel empereur Vespasien, marquant ainsi leur préférence pour la paix romaine... Dès lors, mais dès lors seulement, la Gaule s'oriente vers une véritable et profonde intégration au monde romain.

La romanisation

Ce processus avait déjà commencé par un lent mouvement de romanisation de l'espace marqué par le développe-

La France avant la France

L'art gallo-romain : stèle funéraire.
Le défunt entre ses père et mère

ment d'un réseau de cités. Les vétérans de l'armée furent ainsi à l'origine de l'extension de Narbonne et de la fondation de Béziers, Fréjus ou Orange, cependant que le droit latin était concédé à certaines cités indigènes de la Gaule transalpine, comme Nîmes. En 43 av. J.-C. fut créée, au contact entre la Transalpine et les nouveaux territoires récemment conquis, la colonie de Lugdunum (Lyon), puis l'ancienne Gaule celtique vit à son tour se former de nombreuses cités romaines, Augustodunum (Autun), Juliomagus (Angers) ou Caesarodunum (Tours) par exemple. Un tel maillage urbain devait peu à peu permettre, sous la responsabilité d'Agrippa, le gendre d'Auguste, la constitution d'un réseau routier articulé principalement autour de Lyon, cependant que le contrôle romain se manifestait, à partir de 27 av. J.-C., par l'organisation de recensements des hommes et des biens.

Mais le réseau urbain ainsi mis en place pèse plus encore par son poids politique, dans la mesure en effet où la cité, composée du centre urbain et des territoires qu'il domine, constitue plus que jamais le lieu par excellence du pouvoir et de la vie politique. Toutes les cités fonctionnent ainsi selon le schéma administratif romain, dans chacune d'entre elles se constituant un conseil municipal ou curie, dont les membres, les décurions, sont désignés par les magistrats qui dressent la liste des citoyens selon leur richesse. Les fonctions exécutives relèvent des questeurs et des édiles, chargés des questions financières et du maintien de l'ordre sous la responsabilité des deux magistrats suprêmes, les *duumvirs*. Le plus souvent, ces postes échoient aux représentants des anciennes grandes familles gauloises, qui maintiennent ainsi sous des formes nouvelles leur pouvoir antérieur.

Mais l'intégration aux structures politiques de l'Empire leur offre des perspectives considérablement élargies, dans la mesure en effet où, au cours du Ier siècle, la noblesse gauloise bénéficie de plus en plus largement du droit d'accès aux magistratures romaines, le *ius honorum*. Elle peut ainsi passer de l'échelle de la cité à celle de la province, stade supérieur du système politico-administratif romain. Depuis 22 av.

J.-C., la Gaule transalpine, désormais appelée *Gallia Narbonensis*, Gaule narbonnaise, est administrée par le Sénat de Rome, représenté sur place par un gouverneur qui porte le titre officiel de proconsul. Pour sa part, l'ancienne « Gaule chevelue » a été entre 16 et 13 av. J.-C. divisée en trois provinces distinctes, dirigées chacune par un gouverneur choisi par l'Empereur et regroupées sous le terme générique de *Tres Galliae*, les Trois Gaules. Il s'agit d'une part de l'Aquitaine, *Aquitania*, qui s'étend des Pyrénées à la Loire et dont la capitale est d'abord Saintes, puis Poitiers (au IIe siècle) et enfin Bordeaux (à partir du IIIe siècle). D'autre part, les régions situées entre la Loire et la Seine constituent la province de Lyonnaise, *Gallia Lugdunensis*, centrée comme son nom l'indique sur Lyon. Enfin, la troisième province est la Belgique, *Belgica*, qui s'étend de la Seine au Rhin et a pour capitale Reims *(Durocortorum)*. Toutefois, la configuration de cette troisième province se trouve modifiée par l'empereur Domitien en 90 ap. J.-C. ; pour contenir la pression des Germains, celui-ci décide en effet de constituer deux provinces de Germanie, la Germanie inférieure autour de Cologne, et la Germanie supérieure autour de Mayence, cependant qu'entre Rhin et Danube est formée une zone de colonisation ouverte aux Gaulois, les champs Décumates. C'est dans ces espaces frontaliers, derrière le *limes,* la ligne fortifiée qui marque les limites de l'Empire, que se concentre la majeure partie des troupes.

L'édifice de la centralisation romaine parvient ainsi à l'efficacité d'un système qui sait s'appuyer sur la participation et l'intégration des élites indigènes dans le cadre d'une architecture politico-administrative rigoureusement ordonnée et hiérarchisée. Si la présence militaire de Rome s'avère en fait assez discrète, hormis bien sûr dans les régions frontalières, le contrôle des Gaules s'opère de façon plus essentielle par l'action des gouverneurs de provinces et de leurs services, dominés par les procurateurs, responsables des questions financières et fiscales en collaboration avec les notables urbains des curies municipales. Mais le pouvoir politique emprunte également les accents du culte impérial.

La France du temps lent

La Gaule romaine — Provinces sénatoriales / Provinces impériales — Principales voies romaines

A l'échelle des cités, le flamine, issu de l'élite locale, exerce la fonction enviée de prêtre de ce culte voué à la cohésion de l'Empire autour de son chef, et l'on voit se multiplier les édifices consacrés à l'Empereur, Maison carrée de Nîmes, temple d'Auguste et de sa femme Livie à Vienne, etc. A l'échelle des Trois Gaules, Lyon devient le centre premier de la religion impériale, avec, dès 12 av. J.-C., la fondation de l'autel de Rome et d'Auguste, *ara Romae et Augusti*. Chaque année, le 1er août, les délégués des cités de toutes les Gaules s'y rassemblent en une commune célébration du loyalisme impérial du Conseil des Gaules qu'ensemble ils constituent.

Ainsi, une fois apaisées les ultimes tensions issues de la conquête, la romanisation des Gaules permet, sur la base de cet encadrement efficace, l'épanouissement d'une civilisation gallo-romaine qui connaît son apogée aux Ier et IIe siècles de notre ère. Comme dans l'ensemble de l'espace gréco-romain, c'est avant tout d'une civilisation urbaine qu'il s'agit.

Si quelques cités, telles que Lyon, Narbonne, Nîmes ou Vienne, dépassent sans doute le seuil des 20 000 habitants, si des villes moyennes comme Bordeaux ou Autun avoisinent vraisemblablement les 10 000 habitants, la plupart des villes gallo-romaines se situent autour de 5 000 habitants. Fréquemment enceintes de murailles, comme à Nîmes et à Autun, où les portes de l'époque d'Auguste sont encore bien conservées, elles s'organisent selon un urbanisme grossièrement orthogonal qui attribue une fonction essentielle aux rues, souvent larges d'une dizaine de mètres. Dans un espace en général assez disparate et éclaté, elles relient les uns aux autres les monuments et édifices publics, érigés grâce aux dons des notables locaux soucieux de manifester ainsi leur richesse et leur rôle dans la vie de la cité.

L'activité politique se concentre ainsi dans les édifices du *forum,* curie, basilique et temples officiels, en un décor urbain où se multiplient les statues, portiques et arcs dédiés à un empereur ou à un notable local. Mais l'espace public se constitue également des divers édifices destinés aux manifestations ludiques et culturelles : théâtres (Autun, Lyon...), cirques pour les courses de chars (Arles, Vienne...), amphithéâtres pour les combats d'animaux et de gladiateurs (Poitiers, Nîmes...), etc. Il fait enfin place à toutes les constructions liées à l'eau, thermes et aqueducs, comme l'aqueduc du pont du Gard, destiné à l'approvisionnement des Nîmois. A côté de ces centres vitaux de la vie collective sous ses diverses formes, l'habitat privé peut faire piètre figure, mais en fait les demeures des notables les plus riches atteignent de fort vastes dimensions, comme en témoigne la maison au Dauphin de Vaison-la-Romaine, avec pas moins de 2 700 mètres carrés de superficie au sol...

La prospérité d'ensemble de ces villes gallo-romaines s'accompagne en effet d'un mouvement croissant de différenciation sociale, au fur et à mesure que se diversifient fonctions et activités des hommes. Se développe tout particulièrement un tissu artisanal varié, dont les membres se regroupent en corporations professionnelles qui jouent un rôle très actif dans la sociabilité urbaine. Celle-ci regroupe notamment tous les habitants de la cité autour des manifestations religieuses, qui tirent leur originalité du syncrétisme qui s'est opéré entre les vieux cultes gaulois et la religion romaine. Les dieux indigènes se maintiennent en effet, incorporés au panthéon romain ou superposés à une divinité romaine, le romain Jupiter et le gaulois Taranis étant ainsi parfois assimilés l'un à l'autre, de même que la grande popularité de Mercure résulte très vraisemblablement de sa réappropriation par les traditions gauloises.

Mais cette religion spécifiquement gallo-romaine élargit aussi peu à peu son horizon aux cultes orientaux, diffusés, comme partout dans l'Empire, par les divers voyageurs que sont marchands et soldats. Plus orientés que d'autres vers les angoisses individuelles et collectives de la mort et de son au-delà, ces cultes orientaux, celui de Cybèle, celui de Mithra plus encore, se répandent avec leur cortège de sacrifices, de « mystères » et de rites d'initiation, notamment dans les régions les plus accessibles aux mouvements des hommes et des idées, le long du Rhin et du Rhône. Pareil climat d'incertitude spirituelle favorise d'ailleurs la pénétration d'un nouveau culte perçu lui aussi comme une religion « orientale » : le christianisme. De manière révélatrice, c'est à Lyon qu'apparaît la première communauté chrétienne connue en Gaule, au sein de milieux dominés par des Orientaux. En 177, sous la pression populaire, le gouverneur de la province fait certes exécuter plusieurs chrétiens lors des fêtes impériales ; parmi eux, l'évêque Pothin et l'esclave Blandine. Mais la présence chrétienne se maintient à Lyon, avec en particulier le nouvel évêque Irénée, premier théologien de la Gaule. Elle se limite toutefois aux populations urbaines, tant il est vrai que la civilisation gallo-romaine fait du monde rural un univers dominé et marginalisé.

Les campagnes conservent en effet les anciens héritages gaulois d'une manière beaucoup plus durable que les villes. Les paysans y demeurent fidèles à leur langue, à leurs coutumes vestimentaires comme à leur habitat rudimentaire de huttes en bois ou de cases en pierre sèche, de même qu'ils maintiennent leurs pratiques culturales d'ailleurs souvent assez élaborées, technique du chaulage chez les Éduens ou les Pictons, usage de la moissonneuse à dents métalliques chez les Trévires et les Rèmes... Toutefois, la conquête romaine ne s'en est pas moins accompagnée d'un profond remodelage de l'économie et de la société rurales.

La romanisation concerne en premier lieu les structures d'exploitation, marquées par la rationalisation de la configuration des parcelles et par la régularisation des terroirs. Cette organisation d'un cadastre plus rigoureux se complète en second lieu de l'introduction du système de la *villa*. Appuyée sur un vaste domaine foncier, le *fundus*, la villa se structure autour de la demeure du maître et peut représenter un ensemble particulièrement vaste, parfois jusqu'à 7 à 8 000 hectares... Le plus fréquemment regroupés dans les hameaux avoisinants, voire dans une véritable bourgade pourvue d'activités artisanales et de quelques équipements collectifs, le *vicus*, les paysans se trouvent ainsi encadrés par le pouvoir des grands propriétaires fonciers très largement romanisés. Mais, pourtant pourvu d'un équilibre interne a priori non dénué d'efficacité, cet édifice socio-économique va se lézarder peu à peu, sous les coups de boutoir des invasions barbares.

De l'effondrement de l'Empire romain à la constitution de l'empire carolingien

Après l'apogée qu'avaient constitué les Ier et IIe siècles, le IIIe siècle au contraire voit l'Empire romain dans son ensemble traverser une crise profonde, marquée par d'incessantes luttes pour le pouvoir et le développement d'une situation politique, militaire et administrative de plus en plus confuse. Affaibli de l'intérieur, l'Empire offre donc une moindre capacité de résistance à la pression des invasions « barbares », de moins en moins bien contenues par les fortifications du *limes*. Tandis qu'à l'est Goths et Vandales ravagent l'Orient romain, à l'ouest la Gaule subit pour sa part la constante menace d'autres peuples germains, principalement les Francs et les Alamans.

Les invasions du IIIe siècle
Ceux-ci franchissent en effet le Rhin à partir de 253, en des vagues successives qui se marquent par autant de raids de pillage et de dévastation. En 253-254, puis de nouveau en 256, ce sont les régions du nord de la Gaule qui souffrent de la violence du choc ; puis, de 259 à 262, les Francs et les Alamans s'engouffrent dans les vallées de la Saône et du Rhône, parvenant jusqu'au Midi ; l'invasion la plus terrible est enfin celle de 275-277, qui concerne à peu près l'ensemble de la Gaule et se solde par d'innombrables destructions, dans les campagnes comme dans les cités.

Pareille situation de crise concourt en outre à accroître plus encore la tendance à l'implosion du pouvoir politique. En 260, face à l'incapacité du pouvoir impérial à assurer la défense de la Gaule, l'armée du Rhin proclame empereur l'un de ses chefs, d'origine gauloise, Postume. Un empire gaulois se constitue ainsi, en lieu et place du pouvoir central, avec son Sénat, sa monnaie, ses rouages administratifs, etc. Mais l'expérience ne dure guère ; dès 274, l'empereur Aurélien bat Tetricus, le troisième et dernier empereur gaulois, puis il réincorpore la Gaule à l'Empire. Mais c'est d'une Gaule partiellement ruinée qu'il s'agit, et plus encore au

La France avant la France

Fantassin visigoth
(miniature du XIIe siècle)

terme de la grande invasion de 275 : sols en friche, villas détruites, villes dévastées, population décimée. De plus, la menace des Barbares demeure, et nécessite de fréquentes interventions militaires, cependant que le pays est parcouru par les bagaudes, bandes de paysans ruinés, de déserteurs, d'esclaves en fuite qui vivent du pillage.

La réorganisation fragile du Bas-Empire

Il faut en fait attendre les dernières années du IIIe siècle pour observer une véritable réorganisation de la Gaule. C'est en effet le moment où s'apaise la crise politique du système impérial ; l'avènement de Dioclétien en 284 se traduit par la mise en place de la tétrarchie, association de deux empereurs secondés chacun par un césar, Dioclétien en Orient avec Galère, et Maximien en Occident avec Constance. Puis, après l'effondrement de la tétrarchie et une nouvelle phase d'intenses luttes pour le pouvoir, Constantin règne seul de 324 à 337, et peut compléter la restructuration politique et administrative esquissée par Dioclétien. La Gaule fait ainsi l'objet d'une nouvelle organisation, qui la divise en deux grands ensembles régionaux, les diocèses, selon un partage Nord-Sud lui-même issu du passé mais aussi bien appelé à se maintenir durablement. Au nord, le diocèse des Gaules (Trèves) regroupe les deux Belgiques (Trèves et Reims), les deux Germanies (Cologne et Mayence), la Séquanie (Besançon), les trois Lyonnaises (Lyon, Rouen, Tours), la Sénonie (Sens) et les Alpes (Moûtiers). Au sud, le diocèse de Viennoise (Vienne) comporte, outre la Viennoise proprement dite, les deux Aquitaines (Bordeaux et Bourges), les deux Narbonnaises (Narbonne et Aix), les Alpes maritimes (Embrun) et la Novempopulanie (Eauze). Sous Constantin puis sous ses fils, ces diocèses sont de surcroît placés sous la tutelle d'un préfet du prétoire des Gaules, qui réside d'abord à Trèves puis, à partir de 408, à Arles, ainsi promue au rang de capitale de la Gaule.

Cette reprise en main des provinces gauloises s'avère rapidement propice au renouveau de l'activité économique, dans le cadre, propre au Bas-Empire, du développement d'un relatif dirigisme orienté vers la satisfaction des besoins de l'armée et de l'administration. Si la production se trouve ainsi contrôlée, si la législation tend à contraindre les enfants à adopter le métier de leurs parents, des mutations ne s'en manifestent pas moins, avec l'essor commercial d'Arles ou de Bordeaux, comme avec l'accentuation de la tendance à une partielle spécialisation des espaces (textile dans les régions d'Amiens, de Trèves ou de Bourges, verrerie et céramique à l'est, manufactures d'armes à Autun, Mâcon ou Reims, etc). Dans les campagnes se généralise le système du patronage, par lequel les petits paysans, les *humiliores*, attachés depuis 332 de façon héréditaire à la terre qu'ils cultivent, se placent sous la protection des grands propriétaires terriens, les *honestiores*.

Par leur puissance ainsi accrue, ceux-ci symbolisent le maintien, malgré la crise du IIIe siècle, de l'ordre social ancien. Pourtant, si c'est bien de la propriété foncière qu'elle tire une large part de ses revenus, l'aristocratie gauloise privilégie la ville, où se concentre la vie sociale et culturelle. Plusieurs cités gauloises se signalent d'ailleurs par leur rayonnement intellectuel à la fin du IIIe siècle et au IVe siècle, notamment grâce à leurs grands orateurs spécialisés dans les panégyriques à la gloire des empereurs, Mamertin à Trèves, Eumène à Autun ou Nazarius à Bordeaux. Le plus illustre d'entre eux, le Bordelais Ausone, à la fois grand propriétaire terrien, poète et rhéteur, est le précepteur du futur empereur Gratien, qui une fois au pouvoir le nomme préfet du prétoire des Gaules...

Pareil dynamisme culturel s'accompagne par ailleurs de profondes mutations religieuses, avec la progression continue du christianisme. Si les communautés chrétiennes ont dû subir plusieurs vagues de persécutions, notamment sous Valérien en 257-258 et plus encore sous Dioclétien à partir de 303, elles bénéficient en revanche du tournant décisif que constitue en 312 la conversion de Constantin. Désormais acquis au christianisme, dont il fait peu à peu la religion officielle de l'Empire, Constantin convoque dès 314 le premier concile tenu en Gaule, à Arles. Porté par une dynamique

que favorise le pouvoir, le christianisme se répand peu à peu à l'ensemble des villes, sous l'égide de quelques personnalités marquantes telles que saint Hilaire, l'évêque de Poitiers, ou saint Martin, qui vers 360 fonde le premier monastère gaulois à Ligugé, près de Poitiers, puis qui, devenu évêque de Tours, cherche à propager le christianisme en milieu rural et organise à cet effet les premières paroisses rurales.

Mais l'Empire chrétien de Constantin et de ses successeurs, et avec lui la Gaule, ne peuvent s'opposer durablement à la pression barbare, que l'apparent répit du premier IVe siècle n'a contenue que pour un temps. À partir de 350, la Gaule se trouve sous le contrôle d'un usurpateur, Magnence ; l'empereur légitime, Constance II, fait alors appel aux Alamans pour en venir à bout, mais ces derniers en profitent évidemment pour envahir la Gaule... Julien, le neveu de l'empereur, parvient brillamment à les repousser, avant d'être à son tour proclamé empereur par ses troupes en 360 ; toutefois le répit ne dure guère, puisque les invasions reprennent dès 366. Dès lors, la fin du IVe siècle se caractérise par un combat à peu près incessant pour tenter de préserver l'intégrité de l'Empire, de plus en plus menacé par les effets en chaîne du mouvement vers l'ouest des Huns, qui pousse toujours plus en avant les autres peuples barbares. Le 31 décembre 406, les Vandales, les Suèves, les Alains et les Burgondes franchissent le Rhin : depuis longtemps affaiblies, les provinces gallo-romaines s'effondrent définitivement.

L'effondrement

Le Ve siècle est donc celui des grandes invasions qui, pour la Gaule, se concentrent en trois grandes poussées successives. La première vague, celle de 406-407, conduit Vandales, Suèves et Alains à dévaster le pays puis à se diriger vers l'Espagne et l'Afrique du Nord. Une deuxième vague, entre 410 et 420, se solde par la fixation des Burgondes au nord des Alpes et par celle des Visigoths en Aquitaine. Enfin, en 451, la troisième vague voit les Huns déferler sur la Gaule et y ravager villes et campagnes avant de provoquer un réflexe de cohésion entre Barbares et Gallo-Romains ; battus aux champs Catalauniques, près de Châlons-sur-Marne, Attila et les siens doivent se retirer. Mais la pénétration barbare du Ve siècle ne passe pas exclusivement par de tels paroxysmes, et s'effectue tout aussi bien en un mouvement progressif et diffus. Burgondes et Visigoths, à partir des bases qu'ils se sont données dans la deuxième décennie du siècle, étendent peu à peu leur territoire, cependant que de nouveaux peuples s'installent en Gaule : Alamans le long du Rhin, Francs Ripuaires dans la région de Cologne, Francs Saliens autour de Tournai, ou encore Bretons qui, chassés de leur île par les Angles et les Saxons, commencent à prendre pied en Armorique...

A la fin des années 470, au moment où s'écroule définitivement l'Empire romain d'Occident, la Gaule se morcelle ainsi en un certain nombre d'espaces définis par la pondération variable des héritages gallo-romains et des éléments barbares. L'Est et l'axe rhodanien supérieur constituent le royaume des Burgondes, de Bâle jusqu'à Vienne. Le Sud est dominé par les Visigoths, dont le vaste « royaume de Toulouse » s'étend des Pyrénées à la Loire et à la Provence. Burgondes et Visigoths, qui contrôlent donc les régions les plus riches, les plus urbanisées, les plus romanisées, se présentent à ce titre comme les alliés puis comme les héritiers de Rome, mais leur présence suscite néanmoins l'hostilité de l'aristocratie gallo-romaine qui leur reproche en particulier leur conversion à une forme hérétique du christianisme, l'arianisme (condamné en 325 au concile de Nicée, l'arianisme rejette le principe de la Trinité et affirme au contraire l'infériorité du Christ par rapport à Dieu le Père). A l'Ouest, l'Armorique passe peu à peu sous la tutelle entière des Bretons, et s'isole ainsi dans une durable marginalité par rapport au reste de la Gaule. Au Nord enfin dominent les Alamans et, surtout, les Francs, peuples encore largement étrangers à la romanisation et imperméables à la christianisation.

Les Francs

Or ce sont précisément les Francs Saliens qui, avec leur roi Clovis (481-511), parviennent en l'espace d'une génération à imposer leur suprématie, en un décisif mouvement de glissement du sud vers le nord de la polarisation spatiale de la Gaule. En 486, Clovis bat le général gallo-romain Syagrius à Soissons ; vers 496, il l'emporte sur les Alamans à Tolbiac ; en 507 enfin, il défait les Visigoths à Vouillé, près de Poitiers. Vers 496, il s'est converti au christianisme et, baptisé par l'évêque de Reims saint Rémi, il est par là-même devenu la figure de proue du christianisme orthodoxe contre les païens et contre les hérétiques. C'est la raison pour laquelle, après avoir repoussé les Visigoths en Espagne, il est reconnu par l'Empire romain d'Orient comme le légitime titulaire du pouvoir en Gaule. Premier roi « national », Clovis installe sa capitale à Paris et s'y fait ensevelir, puis ses fils parachèvent la conquête en triomphant du royaume burgonde (532-534) et en prenant le contrôle de la Provence encore dominée par les Visigoths (536). L'unité de la Gaule est donc reconstituée sous l'égide des Francs, dans le cadre de la dynastie mérovingienne, du nom de Mérovée, le grand-père de Clovis...

Au-delà de leur complexité politique, ces temps mérovingiens sont donc ceux d'une progressive osmose entre les héritages gallo-romains, eux-mêmes modifiés du fait de la christianisation, et les apports germaniques. Certes, sur certains points essentiels, les cultures se juxtaposent plus qu'elles ne se synthétisent ; c'est tout particulièrement le cas en ce qui concerne les pratiques juridiques, dans la mesure en effet où les Gallo-Romains et les clercs continuent à être soumis au droit romain, alors qu'en revanche les héritiers des envahisseurs demeurent fidèles à leurs propres traditions, peu à peu codifiées par écrit au VIe siècle, comme notamment la loi salique (des Francs Saliens). Mais il n'en demeure pas moins que se dessine, surtout à partir du VIIe siècle, une civilisation nouvelle, qui à bien des égards s'avère très distincte de la civilisation gallo-romaine et préfigure déjà les traits saillants de la civilisation médiévale.

Le royaume des Francs

- ▓ Début du règne de Clovis
- ░ Conquêtes de Clovis
- ▬ Limites du royaume à la mort de Clovis en 511
- ▒ Acquisitions de 534
- ▒ Acquisitions de 537
- ○ Capitales
- ★ Batailles importantes

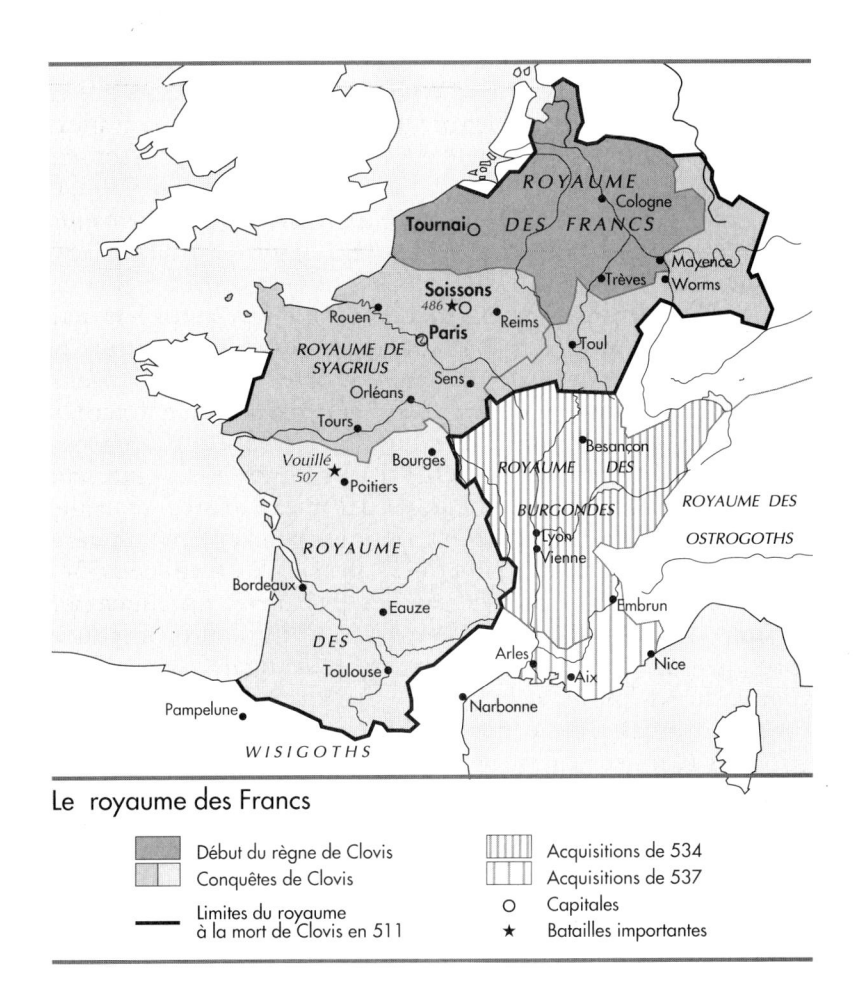

La société mérovingienne

La société mérovingienne se caractérise ainsi par un processus de ruralisation qui constitue une profonde rupture par rapport au passé gallo-romain. En dépit des gains démographiques apportés par les invasions et migrations germaniques, la population urbaine ne cesse en effet de reculer, selon un rythme qu'aggrave, dès la seconde moitié du VIe siècle, la propagation d'épidémies de peste. Les villes conservent certes leur pouvoir de commandement, à travers l'autorité politique des représentants du roi, les comtes, comme à travers l'autorité religieuse des évêques. Mais elles perdent une large part de leur rayonnement et de leur capacité d'attraction, et n'organisent plus leur région comme auparavant. A l'inverse, le VIIe siècle voit se développer les grandes opérations de défrichement dans les campagnes, de plus en plus dominées par les immenses domaines du roi, de l'aristocratie laïque et de l'Église.

Celle-ci exerce en effet un rôle d'encadrement social et culturel croissant. Sous la conduite de leur évêque, les villes vivent au rythme du calendrier liturgique et s'organisent autour de leur église cathédrale, à l'intérieur de l'enceinte fortifiée, cependant qu'à l'extérieur se multiplient les basiliques érigées près des cimetières ou sur les tombeaux des saints vers lesquels convergent les pèlerins, saint Martin à Tours, saint Denis près de Paris ou saint Hilaire à Poitiers. Dans les campagnes, le mouvement d'évangélisation mis en branle au temps de saint Martin se poursuit avec de nombreuses fondations de paroisses rurales par les évêques et, surtout, d'églises privées que les grands propriétaires font bâtir sur leurs domaines. Dans le même temps s'affirme l'essor du monachisme, avec environ deux cents monastères vers 600 et trois fois plus un siècle plus tard, selon des règles quelque peu disparates où se mêlent influences irlandaises (règle de saint Colomban) et italiennes (règle de saint Benoît). Au total, tout ce mouvement de christianisation contribue à la fusion des différentes communautés qui cohabitent désormais dans l'ancienne Gaule, de même qu'il joue un rôle décisif dans la conservation au moins partielle de la culture antique, avec en particulier le maintien du latin et, à partir de la fin du VIIe siècle, le développement de l'enluminure pour orner la copie des textes anciens.

Rurale et en cours de christianisation de plus en plus prononcée, la société mérovingienne se définit enfin essentiellement comme une société guerrière. L'homme libre y est celui qui porte les attributs du guerrier, la hache de guerre et la francisque, et rois et grands s'entourent en permanence de troupes nombreuses. Les incessantes luttes pour le pouvoir, à quelque échelle que ce soit, nourrissent ainsi un constant climat d'insécurité qui conduit les plus faibles à chercher protection auprès des plus forts : c'est la pratique de la recommandation, par laquelle les premiers aliènent tout ou partie de leur liberté et de leurs biens au bénéfice des seconds, en échange de leur appui. En marge de tout contrôle et en dehors de toute notion de droit public se tisse donc, de la base au sommet de la hiérarchie politique et sociale, un système de clientélisme et de liens privés qui contribue à déstabiliser l'autorité des rois mérovingiens.

Leur pouvoir souffre en effet d'un certain nombre de graves faiblesses, notamment dans la mesure où, dès le VIe siècle, il se caractérise après la mort de Clovis par d'interminables luttes successorales faites de complots, d'assassinats et de véritables guerres civiles. Quelques rois parviennent certes à imposer une pleine et entière autorité, comme Clotaire Ier (555-561) ou, surtout, Dagobert (629-639). Mais en tout état de cause ils ne peuvent empêcher l'affirmation d'espaces régionaux de plus en plus autonomes. Au VIIe siècle, l'Aquitaine et la Provence ont ainsi recouvré une large autonomie, propice à la conservation des héritages romains, et le pouvoir des Mérovingiens se limite en fait à trois royaumes, parfois réunis et parfois séparés : à l'ouest, de la Somme à la Loire, la Neustrie ; à l'est, autour des vallées de la Meuse, de la Moselle et du Rhin, l'Austrasie ; et, enfin, entre l'Austrasie et la Provence, la Bourgogne. Encore l'autorité mérovingienne sur ces espaces doit-elle compter avec la montée en force des aristocraties régionales.

Héritiers du *fisc*, les domaines de l'État impérial romain, les successeurs de Clovis se voient en effet contraints de distribuer ces terres aux potentats locaux dont ils veulent s'assurer la fidélité, mais ce faisant ils ne cessent d'accroître leur puissance, au point de s'en trouver menacés. Placés sous la dépendance de plus en plus effective des chefs des services royaux, les maires du palais, confrontés aux aspirations et à la force politique et militaire de l'aristocratie, les monarques mérovingiens ne jouissent donc que de prérogatives restreintes.

Les Carolingiens

De cet affaiblissement continu va pourtant résulter un phénomène de réorganisation du royaume des Francs, à partir de l'Austrasie, dont le rayonnement se fonde en particulier sur l'esquisse de renouveau d'un axe commercial entre la mer du Nord et l'espace méditerranéen. Dès 687, l'aristocratie d'Austrasie conduite par Pépin de Herstal écrase l'armée du roi de Neustrie à Tertry, près de Saint-Quentin. Puis Pépin réalise l'union des mairies du palais d'Austrasie, de Neustrie et de Bourgogne, tout en maintenant la façade d'un roi mérovingien sans pouvoir réel. Il meurt en 714, mais son fils Charles Martel poursuit son entreprise de contrôle de l'autorité effective, bénéficiant notamment du prestige que lui confère sa victoire contre les musulmans venus d'Espagne, dont il bloque l'avancée en 732, entre Poitiers et Tours. Après sa mort en 741, son fils Pépin le Bref (741-768) parachève l'œuvre de ses devanciers en déposant le dernier roi mérovingien puis en se faisant sacrer roi des Francs en 751, fondant ainsi la dynastie carolingienne.

Celle-ci peut s'appuyer sur une autorité politique que les Mérovingiens avaient depuis longtemps perdue. Charles Martel parvient notamment à se gagner la fidélité des grands en leur distribuant des terres prises, théoriquement à titre temporaire, à l'Église. Se généralise ainsi, après avoir été ébauché par les Mérovingiens, le système des bénéfices, domaines concédés par le pouvoir en échange du loyalisme et du service rendu : la vassalité médiévale est en marche...

Par ailleurs, ce pouvoir qui gagne en intensité gagne aussi en surface ; sur la lancée de la victoire de Poitiers contre les musulmans, Charles Martel puis Pépin le Bref étendent leur contrôle sur la Provence et l'Aquitaine au terme de plusieurs campagnes militaires, de même qu'ils imposent leur domination en Hesse, en Thuringe et en Frise. À l'heure où l'Empire byzantin et l'espace musulman brillent de tous leurs feux, le royaume carolingien s'affirme donc comme la principale puissance d'une chrétienté latine qui fait encore piètre figure aux côtés de ses grands voisins. Aussi une alliance se noue-t-elle peu à peu entre la papauté et la dynastie carolingienne ; le pape Étienne II vient lui-même à Saint-Denis, en 754, pour y sacrer roi une seconde fois Pépin le Bref, et à deux reprises, en 755 et en 756, les armées franques franchissent les Alpes pour défendre victorieusement le pape menacé par l'extension du royaume des Lombards.

Avec le fils de Pépin le Bref, Charlemagne (768-814), le royaume carolingien accroît plus encore sa puissance et sa suprématie au sein de l'Occident chrétien. Doté d'une forte armée de cavaliers lourdement équipés, Charlemagne s'affirme en effet comme un actif conquérant, et étend son contrôle dans toutes les directions. En 774, il s'empare de Pavie, la capitale des Lombards, et prend le titre de « roi des Francs et des Lombards ». Il s'efforce également de progresser vers l'Espagne ; s'il échoue à l'ouest des Pyrénées où son arrière-garde, commandée par le comte Roland, est écrasée par les Basques à Roncevaux (778), il parvient en revanche à conquérir à l'est la marche d'Espagne, future Catalogne. Mais il entreprend surtout de développer son royaume vers la Germanie, où il place l'Alémanie et la Bavière sous son autorité directe et où il soumet les Saxons au prix de campagnes militaires particulièrement difficiles. A la fin du VIIIe siècle, Charlemagne dirige ainsi un royaume de plus d'un million de kilomètres carrés.

A la Noël de l'an 800, il reçoit à Rome la couronne impériale des mains du pape Léon III. Se présentant comme le rénovateur de l'Empire romain, il porte désormais le titre d'« auguste et empereur », abandonné en Occident depuis 476. Le nouvel empire franc s'avère pourtant bien différent de l'ancien Empire romain, à commencer par le fait décisif qu'il se polarise sur l'Europe du Nord, autour de l'Austrasie où Charlemagne a fondé en 794 sa nouvelle capitale, Aix-la-Chapelle. C'est là que sont concentrés les rouages centraux du pouvoir, rassemblés dans l'institution majeure que constitue le palais. L'on y trouve le comte du palais, qui préside le

L'Empire carolingien en 814

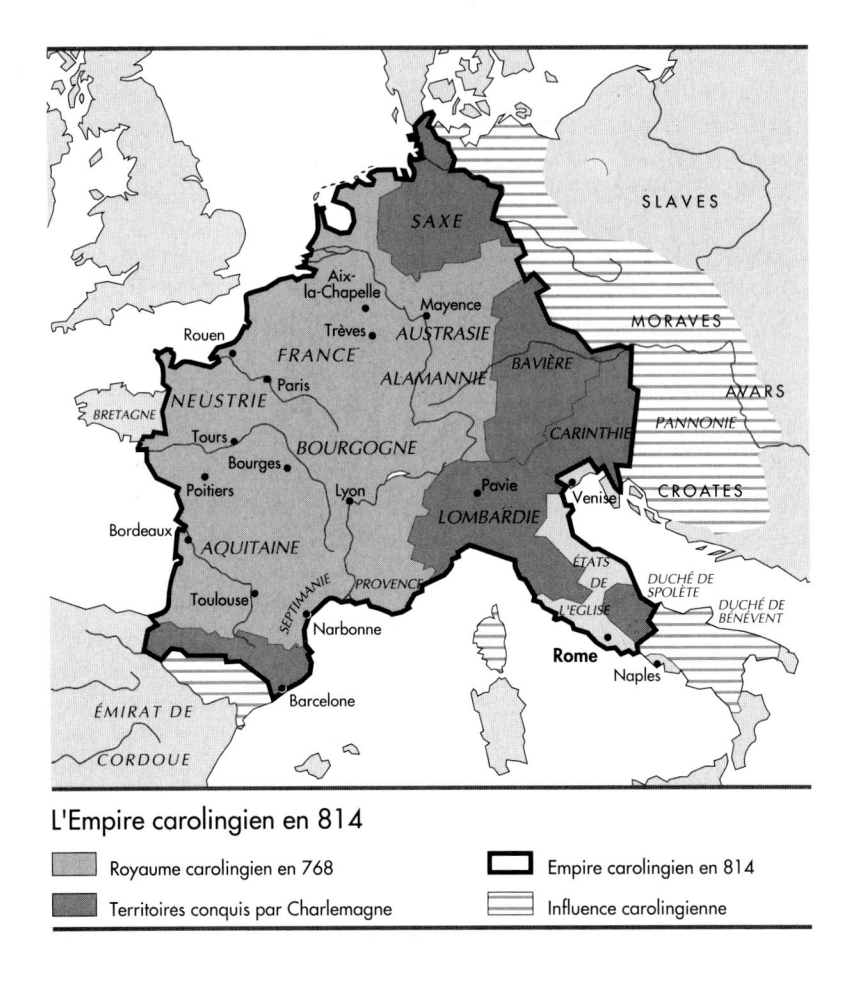

- Royaume carolingien en 768
- Territoires conquis par Charlemagne
- Empire carolingien en 814
- Influence carolingienne

tribunal et rend la justice en l'absence du monarque ; le chambrier (ou camérier), responsable du Trésor et de l'ensemble des questions financières ; le chancelier, chargé de contrôler la rédaction et l'expédition des actes écrits ; et, sous leurs ordres, un nombre croissant de fonctionnaires, dont la plupart appartiennent au clergé. Dans l'empire, le pouvoir central est représenté par les comtes qui, responsables d'un espace précis, sont chargés en liaison avec les

Le partage de Verdun en 843

- Royaume de Charles le Chauve
- Royaume de Lothaire
- Royaume de Louis le Germanique

évêques d'assurer le maintien de l'ordre, d'exercer le droit de justice et de collecter les revenus de l'empereur. Nombreux — au moins trois cents —, souvent fort éloignés de la capitale, ces comtes font eux-mêmes l'objet de la surveillance des *missi dominici*, les contrôleurs directement envoyés en mission par le palais.

À l'instar de l'Empire romain, l'Empire carolingien s'efforce donc de promouvoir un mouvement de centralisation et d'unification que manifestent par exemple l'uniformisation des poids et mesures, la mise en place d'un nouveau système monétaire fondé sur l'argent et divisé en livres, sous et deniers, ou encore la généralisation d'un même modèle d'organisation pour tous les domaines de la couronne, partagés entre la « réserve » directement administrée par le maître et les « manses », unités d'exploitation sur lesquelles demeurent et travaillent les familles paysannes. Mais surtout se noue peu à peu tout un réseau hiérarchique de relations de dépendance et d'allégeances par lequel le pouvoir entend instituer des liens personnels entre l'empereur et tous les habitants de l'empire. Au sommet de l'échelle se trouve ainsi une aristocratie impériale d'une trentaine de grandes familles franques, d'où proviennent les titulaires des principales charges politiques, administratives, judiciaires et, souvent, religieuses. Un cercle beaucoup plus large englobe l'univers des vassaux de l'empereur, qui font serment de fidélité et prêtent un concours principalement militaire en échange duquel ils reçoivent un bénéfice, c'est-à-dire la concession à titre temporaire d'un domaine plus ou moins vaste. Mais Charlemagne systématise bien plus encore la personnalisation de son autorité, puisqu'en effet il exige un serment de fidélité de la part de tous les hommes libres de tout son empire...

Une telle affirmation de l'autorité carolingienne repose dans une fort large mesure sur les liens de complémentarité structurelle qui associent alors l'Église et l'État. L'Église doit tout, ou peu s'en faut, à la dynastie carolingienne : c'est celle-ci qui a sauvé la chrétienté latine face aux musulmans, défendu la papauté face aux Lombards, contribué à l'évangélisation des régions germaniques. Elle a de même soutenu la vitalité de l'Église séculière en restaurant les métropoles ecclésiastiques dirigées par des archevêques et en renforçant le tissu des diocèses, et unifié le fonctionnement de l'Église régulière en imposant à tous les monastères de l'empire la règle de saint Benoît. Elle n'a cessé d'appuyer la diffusion de la liturgie romaine en même temps que celle des pratiques et des préceptes préconisés par la papauté. Elle a enfin assuré à l'Église des revenus sûrs et réguliers en généralisant la dîme, contribution théoriquement égale au dixième des récoltes et des revenus et destinée à l'entretien du clergé. Mais pareil soutien de la dynastie carolingienne comporte de considérables contreparties. Jugeant ainsi que l'Église lui est sienne, et constitue à ce titre un pilier de sa légitimité comme un rouage de son pouvoir, l'empereur nomme les évêques et les abbés, dont il fait des vassaux appelés comme les autres à lui fournir leur soutien financier, voire militaire. Il n'hésite d'ailleurs pas à utiliser largement le patrimoine de l'Église, nommant par exemple des abbés laïques qui perçoivent les revenus des monastères sans en assumer la responsabilité spirituelle. Et, surtout, il attend des clercs, dotés des compétences les plus hautes de leur temps, qu'ils se consacrent dans une large mesure au service temporel de l'autorité administrative et politique de la couronne, les serviteurs de l'Église étant ainsi appelés à constituer l'armature essentielle du pouvoir de l'État.

C'est d'une telle osmose que résulte d'ailleurs le mouvement de la « Renaissance carolingienne », principalement constitué d'une réforme de l'enseignement destinée à équiper l'État d'un corps de clercs, et éventuellement de laïques, bien formés. Confronté à la médiocrité de la vie culturelle dans le monde franc, Charlemagne n'hésite pas à faire appel à de nombreux intellectuels étrangers porteurs de la tradition antique, Italiens comme Pierre de Pise, Espagnols comme Théodulf — qui devient évêque d'Orléans et fait construire sur le modèle de la chapelle palatine d'Aix-la-Chapelle l'église de Germigny-des-Prés, encore remarquablement conservée —, Anglo-Saxons comme le moine Alcuin, principal conseiller du pouvoir en la matière. Dès 789, Charlemagne promulgue une Exhortation générale (*Admonitio generalis*) qui ordonne l'ouverture d'une école dans chaque évêché et dans chaque monastère. La réorganisation d'un appareil scolaire de vaste envergure va bien évidemment de pair avec la renaissance de l'écrit et du latin, instruments indispensables à la circulation des idées comme à l'administration du territoire. A la fin du VIIIe siècle se développent les *scriptoria*, les ateliers monastiques de la France du Nord où sont copiés les manuscrits au moyen d'une calligraphie rénovée, la minuscule caroline.

Pourtant, en dépit de l'incontestable facteur d'uniformisation que constitue l'encadrement ecclésiastique, le dynamisme culturel et l'unification politique de l'empire de Charlemagne ne peuvent néanmoins suffire à assurer la cohésion d'un ensemble aussi vaste que diversifié, tant du point de vue de ses langues que sur le plan de ses coutumes. Aussi le fils de Charlemagne, Louis le Pieux (814-840), éprouve-t-il les plus grandes difficultés pour contenir la volonté d'indépendance des grands, qui s'efforcent de détourner à leur profit les principales institutions carolingiennes. Les vassaux titulaires de bénéfices cherchent ainsi à les rendre héréditaires, les comtes entendent transmettre à leur descendance leur charge et les biens qui lui sont affectés, les évêques et les abbés enfin n'ont de cesse que d'affirmer l'indépendance spirituelle et morale de leurs fonctions.

La construction impériale s'avère donc rapidement trop incomplète pour se maintenir. Louis le Pieux se donne certes pour objectif le maintien de l'unité, et à cette fin il réserve le titre impérial à son fils aîné, Lothaire, ne prévoyant d'attribuer à ses deux autres fils que des royaumes de second ordre, la Bavière pour Louis et l'Aquitaine pour Pépin. Mais ces deux derniers s'estiment spoliés, et de surcroît la naissance d'un quatrième fils, Charles, remet plus encore en cause le projet ainsi défini. Le conflit pour le pouvoir se radicalise peu à peu, et débouche sur une guerre ouverte à la mort de Louis le Pieux. En 842 est ainsi prononcé le Serment de Strasbourg, par lequel, Pépin étant lui-même déjà décédé, Charles et Louis s'allient contre Lothaire ; Charles s'y exprimant en langue « tudesque » et Louis en langue « romane », ce serment constitue le premier document écrit conservé en français. Les deux frères coalisés contre leur aîné parviennent à se rendre maîtres d'Aix-la-Chapelle, et imposent alors à l'empereur en titre des négociations qui conduisent au traité de Verdun, conclu en 843.

D'une importance capitale, le traité de Verdun scelle le partage de l'Empire carolingien en trois royaumes totalement

Portrait de Charles le Chauve. Le monarque est placé sous
la protection de Dieu, dont la main s'étend au-dessus de lui

indépendants. Lothaire, qui conserve le titre impérial, se voit attribuer un vaste espace s'étirant de la mer du Nord jusqu'au sud de Rome. Louis « de Germanie » devient roi de Francie orientale, à l'est du Rhin et au nord des Alpes. Charles, dit « Charles le Chauve », reçoit pour sa part la Francie occidentale, à l'ouest d'une ligne qui suit très grossièrement le cours de l'Escaut, de la Meuse, du Rhin et du Rhône. D'une certaine façon, le traité de Verdun marque ainsi l'acte de naissance de la France...

La France médiévale

Le sombre Xe siècle et le printemps de l'an mil

Point d'arrivée traditionnel des grandes migrations eurasiatiques, la bordure occidentale de l'Europe subit au cours des IXe et Xe siècles trois ultimes vagues d'invasion. Venue du sud, la première d'entre elles prolonge la poussée musulmane ; en effet, déjà présents en Afrique du Nord, en Espagne et dans les îles méditerranéennes, les Sarrasins entreprennent des expéditions navales contre les rivages de l'Italie, de la Provence et du Languedoc, parvenant parfois même à prendre pied sur certaines places fortes terrestres d'où ils terrorisent les populations. La deuxième vague provient tout au contraire du nord de l'Europe : venus de Scandinavie, les Vikings abordent les côtes et remontent les fleuves à bord de leurs drakkars, dont ils ne descendent que pour piller cités et monastères. D'abord intermittentes au début du IXe siècle, leurs incursions se font de plus en plus fréquentes, et il faut attendre leur échec devant Paris, en 885-886, pour voir les « hommes du Nord », les Normands, passer progressivement du pillage à la sédentarisation pacifique. Par le traité de Saint-Clair-sur-Epte, en 911, le roi carolingien Charles le Simple abandonne en effet aux Normands et à leur chef Rollon la région du comté de Rouen, en échange de leur engagement à devenir chrétiens et à défendre le pays. Surgit alors l'invasion des Hongrois, dont les avancées dévastent surtout la Germanie et l'Italie mais atteignent à plusieurs reprises la Bourgogne, et même l'Aquitaine. La menace hongroise ne s'éteint qu'avec la bataille de Lechfeld, en 955, au cours de laquelle le roi de Germanie Otton Ier stoppe définitivement les cavaliers hongrois, avant de fonder en 962 un nouvel empire italo-germanique, le Saint Empire...

La fragmentation du pouvoir politique

Ainsi marquée par la violence et la peur, cette époque se caractérise donc, en même temps que par l'extrême précarité du sort des individus, par un processus de recomposition du pouvoir politique. En effet, les coups de boutoir des invasions contribuent de manière décisive à accélérer le mouvement de dissolution de l'autorité royale, qui peu à peu se dilue au bénéfice des échelons inférieurs, plus à même d'assurer l'encadrement et la protection des populations. Une telle fragmentation politique résulte en fait de la difficulté à commander de loin une société rurale caractérisée par la faiblesse de la circulation, et au sein de laquelle les instances de régulation ne peuvent plus fonctionner que sur des espaces limités. La Francie médiane éclate ainsi en diverses principautés territoriales, royaume de Provence, royaume de Bourgogne, Lotharingie. De même, la Francie occidentale se démembre dès le début du Xe siècle. Au Sud-Ouest, les comtes de Toulouse forment le marquisat de Gothie, et les comtes de Poitiers le duché d'Aquitaine. A l'est émerge un duché de Bourgogne, séparé du royaume du même nom par la Saône. Mais l'essentiel se joue au nord, où s'affirment quelques principautés majeures, celle des comtes de Flandre, celle des comtes de Rouen qui constituent bientôt le duché de Normandie, celle enfin des descendants de Robert le Fort, aux marches de la Bretagne, entre Seine et Loire. Limité en fait à l'espace restreint de la région de Reims et de Laon, le pouvoir du roi carolingien ne cesse donc de décliner.

L'émergence de la dynastie capétienne

Dès la fin du IXe siècle, les grands du royaume, princes territoriaux et évêques, sont ainsi suffisamment puissants pour couper court au principe de l'hérédité monarchique et pour imposer celui de l'élection du roi. Alternent donc des rois carolingiens, comme Charles le Simple (893-923), Louis IV, Lothaire et Louis V (936-987), et des rois issus le plus souvent de la dynastie des Robertiens, tels Eudes (888-893) ou Robert Ier (922-923). En 987, à la mort du jeune carolingien Louis V, les grands du royaume, à l'instigation notamment de l'archevêque de Reims Adalbéron, élisent ainsi un robertien en la personne d'Hugues Capet. Tournant décisif, dans la mesure en effet où le nouveau roi s'empresse d'associer au pouvoir son fils Robert, qui lui succédera sans difficulté en 996 sous le nom de Robert II dit « le Pieux » : une nouvelle dynastie est née, qui va contrôler le pouvoir jusqu'à la Révolution...

L'installation de cette dynastie capétienne coïncide avec le changement de millénaire. Le thème des « terreurs de l'an mil » a fait l'objet d'une abondante littérature romantique, à partir du XVIIIe siècle surtout, mais en fait rien ne permet vraiment d'affirmer que les hommes de l'an mil aient véritablement vécu dans une atmosphère d'attente de la fin du monde. Au contraire, les rares sources manuscrites évoquent plutôt le sentiment d'un nouveau départ ; ainsi le moine bourguignon Raoul Glaber écrit vers 1040 que « c'était comme si le monde lui-même se fût secoué et, dépouillant sa vétusté, eût revêtu de toutes parts une blanche robe d'églises »... La fin du Xe siècle se caractérise en effet par un tournant démographique qui, après la longue dépression de l'Antiquité tardive et du haut Moyen Âge, voit les populations européennes s'épanouir en un mouvement de croissance certes impossible à mesurer avec précision, mais en tout état de cause propice au développement de l'emprise humaine et de l'activité économique.

Cette croissance démographique nourrit ainsi le mouvement des grands défrichements qui, permettant la mise en valeur d'espaces conquis sur les forêts, les landes, les vallées

73

humides et les marais asséchés, fonde l'augmentation constante de la production céréalière, facilitée par l'amélioration des techniques agricoles et par l'élévation des rendements qui en résulte. La trame villageoise se fixe un peu partout de manière durable : entre la fin du Xe siècle et le début du XIe siècle se développe un phénomène d'« encellulement », fréquemment favorisé par le pouvoir seigneurial, par lequel les habitations se concentrent les unes aux côtés des autres autour d'un point de fixation, le plus souvent l'église paroissiale et son cimetière. Noyau d'une mise en valeur plus rationnelle du terroir, le village assure l'augmentation de la production et dégage des surplus commercialisables, en même temps que se libère ainsi une main-d'œuvre susceptible de s'orienter vers d'autres activités que le travail de la terre. Dès lors peuvent s'étendre, aux portes des vieilles cités épiscopales ou à proximité des châteaux et des abbayes, faubourgs et bourgs à vocation artisanale et marchande, cependant que se multiplient les édifices religieux et que s'affirme l'art roman, appelé à connaître son apogée aux XIe et XIIe siècles...

Les premiers Capétiens : la naissance de la France

Le XIe siècle voit se poursuivre le processus de dilution de l'autorité politique qui, après avoir affaibli le pouvoir du roi au profit de celui des princes territoriaux, conduit peu à peu à l'affirmation des comtes d'un rang inférieur, puis à celle des simples possesseurs de châteaux, au détriment de ces mêmes princes territoriaux. L'espace politique se morcelle donc de plus en plus, au fur et à mesure que progresse la mise en place du système féodal, et les successeurs d'Hugues Capet ne sont en fait que des princes territoriaux comme les autres, dont le contrôle ne concerne que les seuls comtés de Paris, Senlis, Dreux et Orléans. Aussi Robert II (996-1031), Henri Ier (1031-1060) et Philippe Ier (1060-1108) pèsent-ils bien peu face aux grands princes de leur temps, un Guillaume d'Aquitaine ou, plus encore, un Guillaume « le Conquérant », duc de Normandie, qui réalise en 1066 la conquête de l'Angleterre. Du moins peuvent-ils arguer de leur statut royal qui, par la cérémonie du sacre, leur confère une légitimité religieuse dont seuls ils disposent ; de ce fait, le mouvement d'éclatement du pouvoir associé à la montée de la féodalité va finalement jouer, paradoxalement, en leur faveur.

La politique d'affirmation du pouvoir royal

Amorcé sous Philippe Ier, ce phénomène s'affirme surtout avec Louis VI le Gros (1108-1137) et Louis VII le Jeune (1137-1180). D'une part, les Capétiens s'engagent dans une lutte sans merci contre les velléités d'indépendance des seigneurs de leur propre domaine d'Ile-de-France et d'Orléanais, qu'ils réduisent peu à peu à l'obéissance. D'autre part, ils utilisent à leur profit le réseau des relations féodalo-vassaliques qui se développe alors, en ce sens qu'ils se placent au sommet de la chaîne par laquelle chacun devient le vassal d'un suzerain, la spécificité du roi résidant précisément dans le fait qu'il est seul à n'être le vassal de personne. Par ailleurs, ils savent s'appuyer de manière efficace sur l'Église. Les rois capétiens acceptent et favorisent la propagation du vaste mouvement qui, avec la réforme grégorienne, se développe dans la chrétienté, et ils n'hésitent pas à apporter leur soutien aux papes engagés dans un long conflit — querelle des Investitures, puis lutte du sacerdoce et de l'Empire — contre les empereurs germaniques soucieux de contrôler l'Italie.

Ainsi peut se déployer une association de plus en plus étroite, qu'incarne notamment la figure de Suger, abbé de Saint-Denis, conseiller de Louis VI, tuteur du jeune Louis VII puis régent du royaume de 1147 à 1149 lorsque ce dernier part pour la croisade. Et c'est de même l'abbaye de Saint-Denis, nécropole royale, qui abrite les insignes de la royauté, la couronne et l'oriflamme, comme ce sont ses moines qui rédigent la chronique officielle et hagiographique des rois de France, à l'image de la *Vie de Louis VI le Gros* écrite par Suger lui-même. Sacré à Reims, le roi appartient de facto à l'ordre sacerdotal et son autorité s'apparente à celle des évêques, ainsi que l'affirme Louis VII en 1143 : « Seuls les rois et les évêques sont consacrés par l'onction du chrême. Ils sont associés au-dessus de tous les autres par cette onction et mis à la tête du peuple de Dieu pour le conduire »...

Enfin, le renforcement du pouvoir royal s'effectue grâce à l'apparition d'une ébauche de système administratif. Se forme peu à peu un Conseil du roi, et des embryons de services centraux se constituent autour des responsables du palais, sénéchal, connétable ou chancelier notamment ; en même temps, les agents locaux chargés de la gestion du domaine royal, les prévôts, font l'objet d'une surveillance accrue...

Les plus grands princes du royaume, vassaux directs du roi, subissent de ce fait une constante pression de la part d'une autorité centrale qui s'efforce de leur imposer son arbitrage et qui cherche à les affaiblir en favorisant, surtout au XIIe siècle, le mouvement d'affranchissement des communes urbaines. Ils n'en demeurent pas moins de puissants interlocuteurs, encore largement à même de faire poids à l'affirmation royale. Dans le Sud, comtes de Toulouse et ducs d'Aquitaine se comportent ainsi en véritables souverains indépendants. Dans la France du Nord, les deux plus grands vassaux du roi, le comte de Flandre et le duc de Normandie, affirment de même une large autonomie. Devenus rois d'Angleterre, les ducs de Normandie se trouvent notamment à la tête d'un ensemble politique plus riche et plus puissant que celui que contrôle réellement le roi de France. En 1151, quand s'éteint la descendance directe de Guillaume le Conquérant, Henri Plantagenêt hérite ainsi de la Normandie et du comté d'Anjou ; puis, en 1152, il épouse l'héritière des ducs d'Aquitaine, Aliénor, qui vient à peine de divorcer d'avec Louis VII ; devenu roi d'Angleterre en 1154, il s'empare par la suite de la Bretagne et du comté de Nantes. Se constitue donc un vaste « empire Plantagenêt », ou « empire angevin », qui s'étend de la frontière de l'Écosse jusqu'aux Pyrénées, et qui recouvre le tiers du territoire français ainsi que la totalité de son littoral occidental ! Telle est bien la situation du roi de France en cette époque : « qu'il n'ait pu empêcher la formation d'un tel empire prouve sa faiblesse ; qu'il ait survécu à pareille menace et qu'il ait même su par la suite en tirer avantage témoigne aussi de sa force » (E. Carpentier)...

La mise en place de la société féodale

Vers 1030 déjà, l'évêque Adalbéron peut écrire que « La maison de Dieu que l'on croit une est (...) triple : les uns prient, les autres combattent, les autres enfin travaillent. Ces trois parties qui coexistent ne souffrent pas d'être disjointes ; les services rendus par l'une sont les conditions des œuvres des deux autres ». L'Europe médiévale telle que, peu à peu, elle se constitue se caractérise en effet par une répartition des fonctions qui définit les statuts sociaux et fixe la trame des relations humaines, marquées par le système féodal de la vassalité.

Le système vassalique

Le fief occupe la place centrale d'un tel mode d'organisation. Son origine remonte aux bénéfices distribués à l'époque carolingienne, qui, progressivement dotés d'un caractère héréditaire, ont à leur tour été partagés par leurs détenteurs au profit de ceux dont ils souhaitaient s'assurer les services. Le mécanisme de l'attribution de ces bénéfices se transforme ainsi d'une manière radicale : là où auparavant l'on recevait un bénéfice parce que l'on avait rendu un service, l'on rend désormais un service afin d'obtenir — ou de conserver — un fief. Il en résulte l'installation de relations hiérarchiques très codifiées entre le suzerain ou seigneur, qui concède le fief, et le vassal, qui en reçoit la concession. Le vassal prête ainsi foi et hommage à son seigneur, s'engageant en cela à ne jamais lui nuire, à lui apporter son conseil et plus encore son aide, principalement sous une forme militaire, mais aussi sous une forme financière (pour le paiement d'une rançon si le seigneur est fait prisonnier, pour son départ éventuel en croisade, pour l'adoubement de son fils aîné, et enfin pour le mariage de sa fille aînée). Réciproquement, le suzerain garantit à son vassal, outre le fief qui lui est attribué par la cérémonie de l'investiture, son renfort et sa protection.

Limitées aux couches supérieures de la société médiévale, ces relations vassaliques supposent donc en fait que ceux qu'elles concernent se définissent avant tout comme des combattants, et plus précisément encore comme des chevaliers. Au terme d'une longue préparation, les jeunes hommes destinés à la chevalerie pénètrent dans l'univers des guerriers par le rituel de l'adoubement, dont l'Église, soucieuse de canaliser la violence inhérente à de telles activités, a su faire une cérémonie religieuse. La chevalerie est donc mise au service de l'Église, et s'engage notamment dans l'entreprise des croisades, destinée à reprendre le tombeau du Christ aux musulmans qui occupent Jérusalem ; prêchée par le pape Urbain II à Clermont, en 1095, la première croisade lance sur les routes de petites gens guidés par des prédicateurs populaires comme Pierre l'Ermite, mais aussi les chevaliers menés par de grands princes tels le comte Raymond de Toulouse ou Godefroi de Bouillon, et elle se solde par la prise de Jérusalem en 1099.

Les valeurs qui assurent la cohésion de ce monde fermé sur lui-même sont donc incarnées par un discours qui ne cesse d'exalter les causes justes, l'honneur, la vaillance désintéressée. Mais pareilles vertus demeurent l'apanage d'un petit nombre, puisque le système tend à assurer une imperméabilité de plus en plus stricte à ses frontières, en raison de la lourde charge financière que nécessite l'équipement d'un chevalier — cheval, heaume (casque), haubert (armure), lance, épée —, comme du fait de la disponibilité qu'impose un entraînement précoce, intensif et quotidien. Le statut et le mode de vie des chevaliers sont donc peu à peu réservés aux fils de chevaliers, et par là-même se constitue une noblesse : dès le XIIe siècle, la barrière ne sépare plus les hommes qui sont libres de ceux qui ne le sont pas, mais les nobles des autres...

Ce monde clos vit dans un espace lui-même clos, celui des châteaux. Dès le Xe siècle sont apparus, d'abord dans la

La France médiévale

Les chevaliers en armes
(médaillons du XIIIe siècle)

France du Nord, les premiers châteaux à motte, composés de simples tours de bois érigées sur une éminence artificielle et entourées d'un fossé et d'une palissade. Puis sont construits, à partir de l'extrême fin du Xe siècle, les premiers châteaux en pierre, qui se généralisent totalement durant le XIIe siècle. Centre symbolique et cœur vivant du système féodal, le château s'organise alors autour de son puissant donjon quadrangulaire, entouré d'un réseau de plus en plus complexe de cours et de remparts susceptibles d'accueillir les populations cherchant un refuge. Le seigneur, ou « sire », y règne en maître sur sa famille, sa domesticité et la cour de ses vassaux, dont les fréquentes équipées à cheval ont pour fonction d'assurer l'ordre et de manifester sa présence. Du château rayonne ainsi le pouvoir local, dans le château se concentrent les principales manifestations du mode de vie seigneurial, entraînement au combat, exercice de la justice ou divertissements qui déterminent une littérature et une civilisation dites « courtoises », vers le château enfin convergent les redevances en nature ou en argent que perçoit le seigneur.

La seigneurie

Car le seigneur domine de tout son poids les populations de son fief, le monde des campagnes se trouvant encadré par le système de la seigneurie rurale. Celle-ci revêt d'une part l'aspect de la seigneurie foncière, par laquelle le seigneur exploite directement une partie de son domaine, la « réserve », et concède le reste aux paysans en échange d'une redevance, le cens, et de journées de travail sur la réserve, les corvées. D'autre part, et de plus en plus à partir du XIe siècle, elle se marque par la seigneurie banale, celle qui dérive du droit de ban qu'exerce le seigneur sur tous ceux, quels qu'ils soient, qui résident sur ses terres. Le détenteur du château dispose en effet de divers droits et monopoles dont le produit assure l'essentiel de ses revenus : droits pour la justice, la surveillance des routes et des marchés, l'usage des moulins et autres équipements collectifs, corvées pour l'entretien de la forteresse, contributions financières variées, telle la « taille », etc. La majeure partie de la population rurale subit ainsi une situation de dépendance héréditaire, le servage.

Il n'en faudrait pas pour autant conclure trop anachroniquement à une vision de la seigneurie en termes d'oppression ; en échange de leur contribution, les sujets bénéficient en effet de services somme toute comparables à ceux que fournit l'État moderne. S'affirment en outre nombre de solidarités qui confèrent à l'existence paysanne une dimension sociale plus équilibrée que ne le laisserait supposer la seule évocation de la domination seigneuriale. La vie quotidienne se trouve en effet enserrée dans tout un maillage communautaire fait de mille liens familiaux, paroissiaux et villageois, dont la solidité lui assure un cadre stable, favorisé par la croissance de la production agricole et par l'élévation globale du niveau de vie qui en résulte. A cet égard, le tournant décisif s'amorce dès la fin du Xe siècle, avec la fixation définitive des villages et de leur organisation collective de mise en valeur du terroir. A l'ombre de l'église villageoise, pierre angulaire de l'existence communautaire, des groupes cohérents se forment ainsi, qui parfois peuvent même peser suffisamment pour arracher au seigneur l'octroi de chartes de franchises faisant disparaître les contraintes les plus arbitraires et les plus vexatoires, et qui toujours marquent de leur empreinte les travaux et les jours, l'univers quotidien aussi bien que les grandes étapes de la vie.

L'Église et la christianisation du quotidien

L'encadrement des populations passe aussi par la place primordiale qu'occupe alors l'Église, structure essentielle de la société féodale. Porteur des héritages de l'Empire romain, le pouvoir ecclésiastique s'est enraciné dans les cités, où la figure centrale de l'évêque constitue en quelque sorte un équivalent à celle du magistrat antique, et où les édifices religieux structurent et ordonnent l'espace urbain de leur omniprésence. Mais ce pouvoir urbain rayonne largement sur les campagnes, polarisées par des églises villageoises qui constituent le centre symbolique des communautés.

Au Xe siècle, l'Église elle-même avait fait l'objet d'un processus de féodalisation ; évêques et abbés, qui possédaient souvent de vastes domaines fonciers, voire des châteaux, s'apparentaient à de véritables seigneurs féodaux. De ce fait, les pouvoirs laïques en étaient venus à considérer non seulement les biens mais aussi les fonctions ecclésiastiques comme des fiefs, et donc à s'efforcer de contrôler les nominations dans l'Église, jusqu'au choix des papes effectué par les empereurs. En France, le roi et les grands princes territoriaux se réservaient, souvent en faveur de leurs proches parents, le choix des évêques et des abbés ; ils exigeaient d'eux la foi et l'hommage et leur accordaient en échange l'investiture de leur charge. De même, sur un plan plus modeste, les fondateurs des églises locales en touchaient les revenus, dont ils ne laissaient qu'une faible part à des curés qu'ils nommaient eux-mêmes. Dans ces conditions, le niveau intellectuel et religieux d'un clergé au mode de vie fréquemment peu distinct de celui des laïques s'avérait en règle générale assez médiocre. Pourtant, l'Église, et notamment en France, sera peu à peu traversée par un puissant mouvement de réforme lui permettant de rénover son fonctionnement.

Dès le Xe siècle se développe la réforme monastique apparue à Cluny, en Bourgogne, qui se caractérise d'une part par son souci de totale indépendance à l'égard des pouvoirs locaux, civils ou religieux, puisque l'abbaye dépend directement et exclusivement de Rome, et d'autre part par sa remise en honneur de la prière et de la célébration liturgique, fonctions premières des moines. La réforme clunisienne rencontre bientôt un large écho, et conduit ainsi à la formation du tout premier ordre monastique de l'histoire occidentale, qui, au début du XIIe siècle, regroupe environ 1 100 établissements, dont 800 en France. Le succès de la réforme fait ainsi passer les grands monastères au premier plan en leur conférant un pouvoir aussi considérable que diversifié. Ils concentrent en effet le pouvoir spirituel dont les dote, tout autant que leur vocation à la prière pour le bien et le salut communs, la possession de saintes reliques, mais béné-

La France médiévale

Des hommes de guerre
au service de Dieu.
La communion du chevalier
(cathédrale de Reims)

ficient également de la richesse matérielle que leur apportent aumônes et donations pieuses : face à l'évêque et à son clergé, le monachisme triomphant fait alors figure de force en pleine ascension.

Portée par le sentiment de sa prééminence, l'Église s'emploie ainsi à partir de la fin du Xe siècle à contrôler et à canaliser la violence de la civilisation guerrière. Là encore, le mouvement part de France, où les ecclésiastiques cherchent à imposer la « paix de Dieu » ou, dès le début du XIe siècle, la « trêve de Dieu », qui interdit toute action guerrière en certains jours et certaines périodes, en fonction du calendrier liturgique ; le monde des clercs prend ainsi peu à peu ses distances avec celui des chevaliers, sur lequel il vise à faire admettre sa primauté comme son indépendance. Ce nouvel état d'esprit aboutit, à Rome, à la mise en œuvre de la réforme grégorienne — du nom du pape Grégoire VII (1073-1085) —, qui parvient à priver les laïques du contrôle des nominations dans l'Église et qui par là-même rend possible une remise en ordre du comportement des clercs. Si nombre de pouvoirs laïques, notamment en Angleterre et dans le monde germanique, s'opposent vigoureusement à cette réforme, les rois capétiens, on l'a vu, savent au contraire s'en accomoder et y trouver le fondement d'un nouveau mode d'association entre la couronne et l'autel ; les souvenirs de Clovis et de Charlemagne, instigateurs de l'alliance entre les Francs et l'Église, ne manquent pas notamment d'être largement utilisés à cet effet. Se développe ainsi, par exemple, le mythe de la sainte ampoule, tiré en particulier d'une vie de saint Rémi rédigée au IXe siècle par Hincmar, l'archevêque de Reims : lors du baptême de Clovis, une colombe serait descendue du ciel pour apporter dans une ampoule une huile miraculeuse destinée au sacre des rois, ainsi désignés comme de véritables représentants de Dieu sur terre.

Au XIIe siècle, étroitement associée au pouvoir politique, l'Église de France s'avère donc profondément marquée par la réforme. Quand bien même demeurent fréquentes les pressions de l'autorité laïque, les évêques sont désormais élus par les chanoines des chapitres cathédraux, et les abbés par les moines. Des écoles sont édifiées auprès des cathédrales, et le clergé régulier se consacre davantage que par le passé à l'encadrement et au service des fidèles. La vie monastique confirme pour sa part son sensible regain de dynamisme, symbolisé par la construction à Cluny, fin XIe - début XIIe, de la plus vaste église de la chrétienté, mais aussi par l'apparition et le développement de nouvelles formes de monachisme, orientées vers l'érémitisme dans le cas de l'ordre des Chartreux, fondé en 1084 par saint Bruno dans la région de Grenoble, ou au contraire vers la prédication dans le cas de l'ordre de Prémontré, fondé par saint Norbert dans la région de Laon en 1120. Le mouvement de réforme passe tout particulièrement par une volonté de retour à la pureté primitive de la règle de saint Benoît, avec la formation de l'ordre de Cîteaux, en Bourgogne, en 1098 ; grâce notamment au rayonnement de saint Bernard, la famille cistercienne connaît un rapide succès et, à sa mort en 1153, elle compte déjà plus de 340 monastères.

Forte de son nouvel élan, l'Église s'attache ainsi à une vaste entreprise de christianisation en profondeur de la société féodale. Dans le domaine strictement religieux, elle intensifie son effort de formation des fidèles, de définition de leurs obligations spirituelles et morales, notamment en matière conjugale, et de développement des manifestations de la piété, comme en particulier les pèlerinages. Dans la perspective d'une œuvre plus large, elle contrôle l'assistance aux malades et aux nécessiteux avec la multiplication des hôpitaux et hôtels-Dieu, de même que les structures d'enseignement avec le renouveau des écoles cathédrales.

Toutefois, l'uniformité de l'emprise cléricale ne signifie nullement uniformisation du royaume. Les Carolingiens, déjà, s'étaient efforcés d'installer partout des Francs aux postes de commandes, mais en fait leur domination massive au Nord s'accompagnait d'une présence beaucoup plus modeste dans le Sud, encore largement déterminé par la profondeur de l'empreinte romaine. De part et d'autre d'une ligne courant schématiquement de l'embouchure de la Loire à la Saône, deux espaces, deux systèmes culturels et anthropologiques se dessinent ainsi, en une dualité structurelle qui constitue sans doute l'un des invariants les plus durables de l'histoire française. Au XIIe siècle, un texte composé à l'intention des pèlerins qui se rendent à Saint-Jacques-de-Compostelle les préviennent par exemple que, sitôt parvenus en Saintonge, ils se heurteront à des parlers « rustiques », se dégradant vers le sud au point de devenir « barbares » en Gascogne, cependant que plus au sud encore les Basques « aboient comme des chiens »... Sur cet ensemble disparate, l'extension de la puissance royale va pourtant peu à peu exercer son pouvoir d'unification.

Le développement de l'État monarchique

Les rois capétiens qui se succèdent de la fin du XIIe au début du XIVe siècle font de la France le plus grand royaume de la chrétienté. Le premier d'entre eux, Philippe Auguste (1180-1223), se consacre tout particulièrement à la lutte contre Henri II Plantagenêt et ses fils, Richard Cœur de Lion puis Jean sans Terre. Parvenant à conquérir la plus grande partie des fiefs français de l'« empire angevin », il écarte ainsi une redoutable menace et étend de façon considérable la superficie du domaine royal ; désormais, le roi devient le maître véritable de la France du Nord, et s'affirme comme le plus puissant prince territorial du royaume. Pareille ascension suscite certes bien des inquiétudes, dont profite Jean sans Terre pour former une coalition menée par l'empereur Othon de Brunswick ; mais la bataille décisive de Bouvines, près de Lille, le 27 juillet 1214, consacre la victoire de Philippe Auguste, à la tête de sa chevalerie et de l'infanterie de ses bonnes villes... Guillaume le Breton, chapelain du roi, compose à la suite de la victoire un récit en latin de près de dix mille vers sur le modèle de l'*Énéide*, la *Philippide* : de manière très explicite s'y déploie, outre l'exaltation de la monarchie, celle de la nation franque rassemblée derrière son roi.

Dans le même temps se renforce d'ailleurs le contrôle de la France du Sud. A l'instigation du pape Innocent III,

La France médiévale

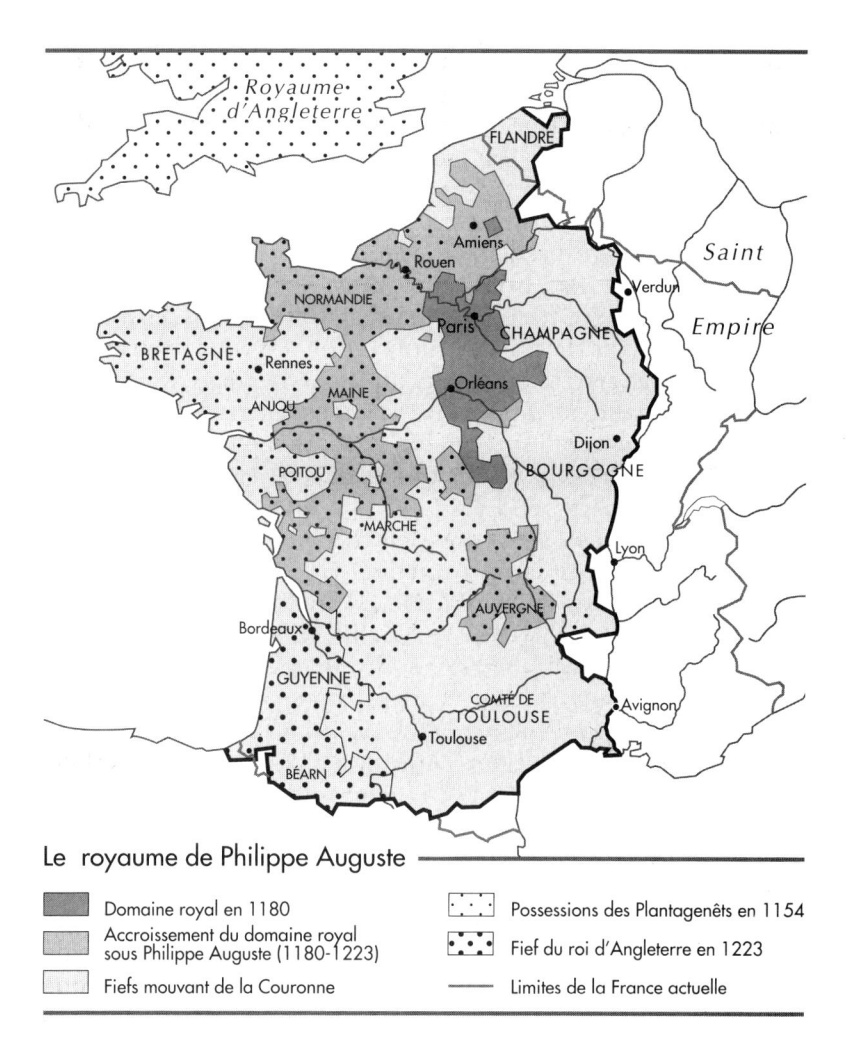

Le royaume de Philippe Auguste

- ▨ Domaine royal en 1180
- ▨ Accroissement du domaine royal sous Philippe Auguste (1180-1223)
- ▨ Fiefs mouvant de la Couronne
- ⋯ Possessions des Plantagenêts en 1154
- ⋰ Fief du roi d'Angleterre en 1223
- —— Limites de la France actuelle

les barons du Nord se lancent en effet dans une vaste opération de croisade contre l'hérésie cathare, de 1209 à 1213. Largement mises au pas, les principautés méridionales sont ensuite visitées par Louis VIII (1223-1226), qui partout y affirme avec force ses droits monarchiques. Son fils Louis IX, Saint Louis (1226-1270), sait pour sa part s'imposer comme un modèle du monarque chevaleresque, en faisant régner l'ordre en son royaume, en renforçant le prestige de la France à l'heure où le pape et l'empereur s'affrontent dans les ultimes secousses de la lutte du sacerdoce et de l'Empire tandis que le roi d'Angleterre se trouve affaibli par la perte de l'empire angevin, et enfin en s'engageant directement dans les croisades. Il dirige personnellement la septième croisade (1248-1254), qui se solde pour lui par la défaite et la captivité en Égypte, puis entreprend en 1270 une huitième croisade qui le conduit à la mort aux portes de Tunis. Canonisé dès 1297, il aura donc su, par sa personnalité, faire rejaillir son image de roi chrétien sur l'ensemble de la dynastie capétienne, qui y trouve, avec l'écho de sa sanctification, un surcroît de légitimité et de prestige non négligeable.

Le perfectionnement du fonctionnement de l'État
Son fils Philippe III le Hardi (1270-1285), puis, surtout, Philippe IV le Bel (1285-1314) disposent donc de considérables atouts pour mener à bien leur politique d'extension du pouvoir royal. Ils parviennent notamment, grâce à la renaissance du droit au XIIIe siècle, à faire bénéficier leur autorité d'un véritable saut qualitatif ; traditionnellement fondée sur le contrôle territorial du domaine royal et sur l'utilisation des liens féodaux, elle s'appuie désormais de plus en plus sur une œuvre de réflexion et de propagande qui met en avant les notions d'État et de souveraineté.

L'émergence de la conception moderne et abstraite de l'État bénéficie ici de l'apport de l'Église, conservatoire d'un système de gouvernement fondé sur l'écriture et le travail juridique, et par là-même incarnation exemplaire d'un appareil articulé et rigoureux. Entouré par des légistes actifs, tel Guillaume de Nogaret, Philippe le Bel proclame ainsi que le roi est « empereur en son royaume », et à ce titre il refuse toute intervention extérieure, fût-ce celle du pape, ce qui l'amène d'ailleurs à entretenir un long conflit avec Boniface VIII, victime en 1303 de l'« attentat d'Anagni », au cours duquel le représentant du roi aurait souffleté le pape... Dans cette perspective, le roi s'efforce d'obtenir le soutien le plus large possible, et pour ce faire il développe une intense pratique d'exaltation de l'autorité royale, de même qu'il convoque — pour la première fois en 1302, dans le cadre du conflit contre le pape — des assemblées de barons, de clercs et de bourgeois qui constituent la matrice des futurs états généraux. Fort de la consolidation qu'y reçoit son prestige, il entreprend diverses expéditions militaires contre les derniers grands fiefs encore rétifs à sa tutelle, principalement la Flandre et l'Aquitaine, désormais appelée « Guyenne », sans pour autant parvenir à réduire leurs prétentions à l'autonomie.

En dépit de cette résistance, il n'en demeure pas moins qu'au début du XIVe siècle le domaine royal porte la marque de l'extension que lui ont apportée les règnes successifs. Philippe Auguste obtient la Normandie, le Maine et l'Anjou conquis à Jean sans Terre, mais aussi l'Artois, le Valois, le Vermandois et l'Amiénois acquis par mariages et héritages. Louis VIII étend le domaine avec le Poitou, l'Aunis, la Saintonge et les sénéchaussées de Beaucaire et de Carcassonne. Saint Louis, s'il n'accroît guère le domaine, met fin en revanche au contentieux avec l'Angleterre par le traité de Paris (1259), qui voit Henri III lui faire hommage pour la Guyenne, et donc accepter de reconnaître sa suzeraineté. Philippe le Hardi attache au domaine le comté de Toulouse, et Philippe le Bel enfin le comté de Champagne. Certes, plusieurs de ces territoires sont cédés aux cadets de la dynastie sous forme d'apanages, avec retour à la couronne en cas d'absence d'héritier mâle ; mais ils n'en sont pas moins placés sous le contrôle du pouvoir royal.

En même temps qu'il s'étend, le pouvoir territorial des Capétiens se dote d'instruments de plus en plus perfectionnés. A Paris, dans le palais de la Cité, le roi s'entoure d'institutions centrales diversifiées, services domestiques de l'Hôtel du roi ou services administratifs de la Chancellerie, chargés de la rédaction des actes écrits, cependant que de la Cour, la *curia regis*, émanent progressivement trois rouages décisifs pour la gestion du royaume. Il s'agit d'une part du Conseil du roi (dès le XIIe siècle), instance de délibération où sont traitées les affaires du royaume ; d'autre part du Parlement (à partir du milieu du XIIIe siècle), où se rend la justice du roi, devant laquelle quiconque peut faire appel des jugements rendus dans l'ensemble du royaume ; et enfin de la Chambre des comptes (apparue à la fin du XIIIe siècle), qui vérifie la gestion des ressources financières de la couronne.

Les rouages locaux du pouvoir royal se développent dans une perspective similaire. Jusqu'à la fin du XIIe siècle, la gestion du domaine était assurée par les prévôts, qui administraient les terres du roi, percevaient ses revenus et le représentaient pour les questions judiciaires et militaires ; mais, recrutés selon le système de l'affermage, qui consistait à leur concéder leur charge en échange d'une rémunération forfaitaire, ils avaient souvent tendance à abuser de leurs pouvoirs et à exploiter leurs administrés plus que de raison. Philippe Auguste remanie donc cette organisation en s'inspirant du modèle anglo-normand, avec l'institution des baillis, commissaires royaux itinérants chargés de contrôler le travail des prévôts. Placés sous la surveillance directe et effective du roi, qui les nomme et les paie, ils deviennent au XIIIe siècle la pièce maîtresse de l'administration des provinces, au fur et à mesure que se constituent au-dessus des prévôtés des circonscriptions stables, bailliages dans la France du Nord, sénéchaussées dans celle du Sud.

Au total, tant à Paris que dans les provinces, le pouvoir royal peut donc désormais s'appuyer sur un corps de véritables professionnels, agents royaux le plus souvent compétents et dévoués, qui permet au monarque de manifester partout sa présence et son autorité ; un roi tel que Saint Louis peut ainsi imposer le cours de la monnaie royale dans tout le royaume, s'interposer dans les guerres privées entre les barons, ou encore généraliser la pratique de l'appel à la justice

La France médiévale

Un pouvoir qui vient de Dieu :
les cérémonies du couronnement royal

du roi... D'ailleurs, la dynastie capétienne s'affirme alors comme la plus puissante de toute la chrétienté : au début du XIVe siècle, des Capétiens règnent à Naples et en Hongrie, Philippe le Bel et ses fils sont aussi rois de Navarre et, depuis 1309, le roi est parvenu à faire installer le siège de la papauté à Avignon, aux portes mêmes du royaume...

La prospérité

Marqué par cet intense mouvement de progression de la centralisation monarchique, le XIIIe siècle l'est aussi par l'apogée de la phase d'expansion démographique et économique ouverte un peu avant l'an mil. L'on dispose, pour la première fois dans l'histoire de la France, d'un document fiscal permettant de se faire une idée relativement précise de la population du royaume : « l'état des feux » qui, en 1328, recense les ménages de la plus grande partie du domaine royal. Après interprétation et correction des données, on obtient pour l'ensemble du royaume une fourchette comprise entre 13 et 17 millions d'habitants (soit 15 à 20 millions dans les limites de la France actuelle), ce qui représente une densité de 30 à 40 habitants au kilomètre carré, et fait du royaume le pays le plus peuplé de la chrétienté. La croissance n'a certes rien de spécifique à la France : l'Occident chrétien tout entier trouve alors un équilibre démographique optimal qui, avec une densité moyenne de 40 habitants au kilomètre carré, en fait, au regard de ses possibilités, un « monde plein » ; de même, il voit les défrichements se poursuivre et s'amplifier jusqu'aux limites du possible, cependant que l'activité manufacturière et commerciale ne cesse de se développer, avec notamment l'essor de la draperie flamande et la mise en place par les banquiers et marchands italiens d'un vaste réseau d'échanges.

Au sein de l'espace européen se dégagent ainsi deux pôles majeurs de dynamisme ; l'un au nord, autour du complexe Manche-mer du Nord-Baltique, avec notamment la laine anglaise et la draperie flamande ; l'autre au sud, où Gênes et Venise constituent les puissants carrefours des flux commerciaux alimentant l'Occident, via la Méditerranée, en soieries, épices et autres produits de luxe venus d'Orient. L'atout majeur de la France réside alors dans la position intermédiaire qu'elle occupe entre ces deux centres nerveux de la croissance ; dès le XIIe siècle se développe ainsi la trame des grandes foires de Champagne, Troyes, Provins, Lagny, Bar-sur-Aube, qui deviennent pour l'Occident tout entier le lieu privilégié des échanges de biens et, surtout à partir du XIIIe siècle, du commerce de l'argent.

De manière plus générale, l'élan économique du royaume capétien se traduit dans les campagnes par la généralisation de pratiques culturales plus rationnelles, en particulier l'assolement triennal, mais aussi par le développement de cultures destinées exclusivement à la commercialisation et à l'exportation, comme le vin dans le Poitou et le Bordelais, ou encore les plantes destinées à l'artisanat textile, lin, chanvre, plantes tinctoriales, etc. Les rendements atteignent des sommets jusqu'alors inconnus (jusqu'à plus de dix quintaux de céréales à l'hectare), qui permettent au système de la seigneurie rurale de connaître son plein équilibre, et donc aux communautés villageoises de peser suffisamment pour arracher leurs franchises...

Le monde urbain vit lui aussi une sorte d'âge d'or. Depuis la fin du Xe siècle s'observe en effet un phénomène de renaissance urbaine associé au renouveau de l'artisanat et du commerce, tant en ce qui concerne les vieilles cités épiscopales issues de l'époque romaine qu'en ce qui concerne les bourgs nés près des monastères, les centres portuaires ou les villes de marché. Centres névralgiques qui ne cessent d'étendre leur contrôle sur le plat-pays rural, dominées par le monde de l'atelier et de l'échoppe, les villes affirment leur dynamisme et leur essor démographique et économique par la conquête progressive du statut de communes, qui leur assure une large autonomie politico-administrative, ou de villes franches, qui leur confère principalement des privilèges économiques. Ce mouvement communal résulte en général de groupements horizontaux, confréries religieuses, corporations professionnelles, qui revendiquent peu à peu la faculté d'administrer la vie de la cité. La première commune connue est celle du Mans, en 1070 ; mais la plupart des concessions du statut communal ont lieu au XIIe siècle, favorisées par un pouvoir royal qui y trouve l'occasion de perturber l'organisation verticale de la société féodale, et par là-même de se créer de nouveaux points d'appui dans sa lutte contre les grands féodaux.

Libres de leur administration dans le cas des communes, affranchies des droits qu'exerçait auparavant le seigneur dans le cas des villes franches, les cités pèsent d'un poids humain sans cesse croissant, qu'attestent le tracé de leurs enceintes successives, la multiplication des quartiers et des paroisses ou l'apparition dès le début du XIIIe siècle des ordres mendiants, franciscains ou dominicains, spécialisés dans la prédication en milieu urbain. Au début du XIVe siècle, l'on dénombre ainsi dans le royaume, surtout au Nord, environ vingt-cinq villes de plus de 10 000 habitants. Mais aucune d'entre elles ne peut se comparer à Paris, forte de sans doute 200 000 âmes à cette époque.

Cœur du royaume, la capitale se compose en fait de trois ensembles, la Cité, l'Université, la ville. Au centre, l'île de la Cité constitue le siège du pouvoir politique, avec le palais royal, et abrite autour de la toute récente cathédrale Notre-Dame d'éminentes fonctions religieuses. Sur la rive gauche de la Seine, encore rurale et peu peuplée, se concentrent les activités intellectuelles de l'Université, corporation des maîtres et des étudiants qui a reçu ses statuts en 1215. Sur la rive droite se développent les activités économiques avec notamment les Halles, construites par Philippe Auguste, et le port de Grève, sous l'égide de la puissante corporation des marchands, dont le prévôt partage le pouvoir avec le prévôt royal. Il s'y déploie une activité si diverse et si intense que dès la fin du XIIIe siècle la population déborde largement les limites du mur d'enceinte érigé par Philippe Auguste en 1190...

Ainsi dominé par Paris, le tissu urbain en plein essor encadre une vie culturelle active, qui assure au royaume un large rayonnement dans tout l'espace occidental. C'est ainsi que se propage un peu partout en Europe le modèle de la cathédrale gothique, de ses vitraux lumineux et de sa sculpture à vocation aussi pédagogique qu'ornementale. Apparu vers 1140 lors de la reconstruction de la basilique de Saint-Denis par Suger, il inspire rapidement les cathédrales de Laon, Soissons, Senlis et Notre-Dame de Paris, dont les travaux débutent en 1163, puis s'épanouit au XIIIe siècle, notamment à Chartres, Reims, Amiens ou Beauvais, avant de se diffuser dans l'ensemble de la chrétienté. A un degré moindre, il en va de même en ce qui concerne le français — c'est-à-dire la « langue d'oïl » de la France du Nord —, langue de culture qu'utilisent aussi bien les nobles de la cour d'Angleterre que les riches marchands italiens ; c'est par exemple en français que s'exprime le Vénitien Marco Polo pour décrire en 1298, dans son *Livre des merveilles*, les péripéties de son voyage en Chine. Toute une littérature de langue française se développe dans le cadre de la civilisation féodale, avec au XIIe siècle les poésies des trouvères et les chansons de geste, telle la *Chanson de Roland* qui illustre la fin tragique du neveu de Charlemagne, défait par les Sarrasins au col de Roncevaux, puis l'essor du roman d'aventures ou du roman courtois, incarnés par la légende de *Tristan et Iseut* ou par les romans chevaleresques de Chrétien de Troyes, *Lancelot* (vers 1168) ou *Perceval* (vers 1182). Paris, avec sa prestigieuse université, s'affirme enfin comme un centre intellectuel majeur, qui attire les étudiants et les maîtres de l'Europe entière, avec par exemple l'Allemand Albert le Grand ou l'Italien Thomas d'Aquin, pilier décisif de la théologie scolastique médiévale...

Pourtant, le brillant apogée du XIIIe siècle atteint peu à peu ses limites. Dès les années 1260 environ, le long mouvement d'expansion démographique et économique se ralentit et s'essouffle. A l'extérieur, l'élan des croisades se brise, avec les échecs de Saint Louis puis la chute en 1291 de la dernière forteresse chrétienne en Terre Sainte, Saint-Jean-d'Acre. A l'intérieur, l'apparition de difficultés économiques engendre de violents troubles sociaux dans les villes du Nord et, en 1302, les milices flamandes révoltées écrasent les chevaliers français à Courtrai, lors de la bataille des Éperons d'or. Puis en 1314-1315, après la mort de Philippe le Bel, dont le règne autoritaire avait nourri de nombreux mécontentements, des soulèvements nobiliaires éclatent un peu partout dans le royaume. Enfin, la rapide succession sur le trône, entre 1314 et 1328, des descendants immédiats de Philippe le Bel, qui tous meurent sans héritiers directs, ouvre la première crise dynastique de l'histoire de la monarchie capétienne.

Les épreuves des XIVe et XVe siècles

Après Louis X le Hutin (1314-1316), son fils Jean Ier (1316) et ses frères Philippe V le Long (1316-1322) et Charles IV le Bel (1322-1328), la descendance directe de Philippe le Bel perd la couronne faute d'héritiers mâles. Une tradition qui remonte à Clovis, celle de la loi salique, écarte en effet les femmes de la succession au trône. Deux possibilités s'offrent alors : d'une part le roi d'Angleterre Edouard III, petit-fils de Philippe le Bel par sa mère Isabelle, et d'autre part Philippe de Valois, neveu de Philippe le Bel. Mais dans la mesure où les barons, mus par un réflexe qui manifeste les progrès du sentiment national, s'opposent à la candidature d'un prince qui « n'était pas né du royaume », c'est finalement à Philippe de Valois, qui devient Philippe VI (1328-1350), qu'échoit le titre royal.

La vieille rivalité franco-anglaise se trouve ainsi renforcée par l'éviction d'Edouard III. Nourrie par la situation complexe de la Guyenne, qui par les liens féodaux fait du roi d'Angleterre le vassal du roi de France, accrue par la concurrence économique qui oppose la laine anglaise au textile des villes du Nord, et plus encore déterminée par l'antagonisme structurel de deux grandes monarchies qui aspirent à la suprématie en Europe, la tension s'avère dès lors trop considérable pour ne pas devoir conduire à un conflit ouvert...

La guerre de Cent Ans, la bataille de l'Écluse (1340)

La guerre de Cent Ans

Certes, le jeune Edouard III semble d'abord céder, puisqu'en 1329 il prête hommage à Philippe VI pour son fief de Guyenne. Mais en 1338 il renie son hommage et défie Philippe VI en se proclamant lui-même roi de France : la guerre de Cent Ans est ouverte. Après avoir détruit la flotte française en 1340, les Anglais débarquent en s'appuyant sur leurs têtes de pont de Guyenne et du Ponthieu, forts du soutien des Flamands traditionnellement opposés à la monarchie française, ainsi que du concours de nombreux barons normands et bretons. Face aux chevauchées anglaises qui dévastent les campagnes et pillent les cités, Philippe VI dispose d'une chevalerie féodale certes puissante mais souvent indisciplinée, que paralysent ses lourdes armures, et qui est écrasée à Crécy en 1346. Le roi doit ainsi abandonner Calais en 1347, puis son fils Jean le Bon (1350-1364), battu et fait prisonnier à Poitiers en 1356, doit en 1360 signer le traité de Brétigny-Calais qui, outre Calais et une rançon de trois millions d'écus d'or, cède à Edouard III tout le Sud-Ouest, de la Loire jusqu'aux Pyrénées. La situation se redresse néanmoins avec Charles V (1364-1380) qui, à l'instigation de son connétable, Bertrand Du Guesclin, recrute et paie de petites troupes permanentes spécialisées dans les opérations de guérilla ; vers 1375, les Anglais en recul ne contrôlent plus que Calais, le Ponthieu et la Guyenne...

Mais la guerre perturbe profondément le jeu des fidélités vassaliques, et donc les équilibres politiques au sein du royaume. Au milieu du XIVe siècle, une longue guerre de succession oppose ainsi en Bretagne le candidat du roi de France à celui du roi d'Angleterre, cependant que Charles le Mauvais, roi de Navarre et arrière-petit-fils de Philippe le Bel par sa mère Jeanne de France, revendique à son tour la couronne de France et s'allie aux Anglais. A la mort de Charles V en 1380, le jeune Charles VI est encore mineur, et des clans se forment autour de ses oncles ; or le roi, peu après sa majorité, est atteint de folie. Deux camps se disputent alors le pouvoir : d'une part celui des Armagnacs, autour du duc d'Orléans, frère du roi, et d'autre part celui des Bourguignons, autour de son cousin, le duc de Bourgogne Jean sans Peur. Après que Jean sans Peur a fait assassiner son rival en 1407, une véritable guerre civile fait rage entre les Bourguignons, qui tiennent surtout l'Est et le Nord du royaume, et les Armagnacs, qui contrôlent l'Ouest et le Sud.

Pareille anarchie profite évidemment aux Anglais. Henri V, devenu roi en 1413 et issu de la nouvelle dynastie de Lancastre, cherche lui-même à asseoir son propre pouvoir, et la perspective de victoires en France lui en offre une inestimable occasion. Il écrase ainsi la noblesse française à Azincourt (1415), s'empare de la Normandie et se rapproche de Paris. Après l'assassinat de Jean sans Peur par les Armagnacs (1419), il peut s'appuyer sur le nouveau duc de Bourgogne, Philippe le Bon, avec l'aide duquel il impose en 1420 le traité de Troyes, qui lui assure l'héritage du trône de France puisque Charles VI déshérite son fils le dauphin.

En 1422, quand meurent Charles VI et Henri V, dont le fils n'a qu'un an, la situation, pour le moins complexe, voit donc la France partagée en plusieurs ensembles distincts : de la Normandie à la région parisienne, une France anglaise ; de la Flandre à la Bourgogne, une France bourguignonne plus ou moins alliée à la première ; dans le Centre-Ouest enfin, la France du « royaume de Bourges », contrôlée par les Armagnacs et par le dauphin Charles, dont les Anglais cherchent à s'ouvrir les routes en assiégeant Orléans. C'est au moment où tout semble perdu pour le « petit roi de Bourges » que se produit l'inattendu, avec l'intervention de Jeanne d'Arc, qui sait convaincre le dauphin de lui confier des troupes avec lesquelles elle délivre Orléans, puis qui fait sacrer Charles VII à Reims en 1429.

Mais Jeanne d'Arc échoue dans sa tentative de reprise en main de la région parisienne et, prise par les Bourguignons, elle est livrée aux Anglais, qui, après l'avoir fait juger pour sorcellerie, la font périr sur le bûcher à Rouen en 1431. Le retournement de situation qu'elle a permis n'en porte pas moins ses fruits, surtout à partir du moment où Charles VII et le duc de Bourgogne se réconcilient (1435). Les positions anglaises s'effritent peu à peu ; Paris est repris en 1436, la Normandie est reconquise en 1450, et la Guyenne tombe en 1453 après la victoire française de Castillon, lors de l'ultime bataille de la guerre de Cent Ans. Il ne reste alors aux Anglais que Calais...

Le royaume n'en a pas pour autant fini avec les difficultés. Un nouvel adversaire le menace en effet avec l'essor de la puissance bourguignonne, qui s'est forgée en bénéficiant des troubles de la guerre franco-anglaise. Le fondateur de la maison de Bourgogne, Philippe le Hardi, appartenait à la branche cadette des Valois, puisqu'il était le fils du roi Jean le Bon ; en principe, la Bourgogne ne constituait donc qu'un apanage placé sous le giron du royaume. Mais la guerre a permis à ses successeurs, Jean sans Peur et Philippe le Bon, de former un véritable État qui, à l'époque de Charles le Téméraire (1467-1477), s'étend d'Amsterdam à Mâcon et d'Amiens à Mulhouse. Héritier de l'ancienne Lotharingie, ce nouvel ensemble territorial s'appuie sur la puissance économique que lui confèrent le contrôle des voies d'eau de la Saône à l'embouchure du Rhin, la vitalité de l'artisanat flamand et la richesse du vignoble bourguignon, de même qu'il sait constituer un pôle artistique brillant autour de villes telles que Dijon, Beaune, Gand ou Bruxelles. Le fils de Charles VII, Louis XI (1461-1483), a donc fort à faire pour contenir un tel voisin. Il sait toutefois rassembler à ses côtés tous ceux, Alsaciens, Lorrains, Suisses, qu'inquiètent les ambitions de Charles le Téméraire. Au terme d'une lutte diplomatique et militaire souvent confuse, celui-ci, vaincu par les Suisses, meurt en 1477 aux portes de Nancy. Mais si le danger bourguignon semble donc écarté, il ne fait en réalité que se déplacer, dans la mesure où Marie de Bourgogne, unique héritière du Téméraire, préfère épouser le fils de l'empereur, Maximilien d'Autriche, plutôt que d'accepter la tutelle française. La Maison d'Autriche étend ainsi ses possessions jusqu'aux portes du royaume de France : dans cette nouvelle confrontation sont présents les germes d'un conflit séculaire...

La peste noire et le temps des troubles

Durant la majeure partie du XIVe et du XVe siècle, la France aura donc été ravagée par la guerre, par les chevauchées anglaises, mais également par les effets de la guerre civile et les méfaits des hommes d'armes qui, privés d'emploi durant les périodes de trêves, forment des « grandes compagnies » et des bandes de « routiers » vivant de pillages dans un permanent climat de violence. A la guerre vient en outre s'ajouter le poids de la peste qui, venue d'Asie centrale par les caravanes des routes de la soie et les navires italiens en Méditerranée, arrive à Marseille en 1348. Conjugaison de la peste bubonique, transmise par la puce du rat, et de la peste pulmonaire, transmise par la salive, la « peste noire » constitue une fracture démographique aussi intense que profondément traumatisante. En deux ans à peine, l'épidémie s'étend au royaume entier, décimant les populations au rythme de ses fréquentes résurgences, pour ne vraiment disparaître que dans les années 1420 : pour une base 100 vers 1315, le nombre d'habitants se situe entre l'indice 30 et l'indice 50 vers 1450 !

Enfin, en plus de ces fléaux que constituent la guerre et la peste, l'on voit s'instaurer une dépression économique de longue durée, qui offre un vif contraste avec la conjoncture ascendante qui avait prévalu jusque vers le deuxième tiers du XIIIe siècle. Dès 1315-1317 sévissent de lourdes famines, issues de conditions climatiques particulièrement néfastes. Mais, plus globalement, les difficultés proviennent surtout du déclin démographique, qui affecte tout particulièrement une économie rurale passant sans cesse de la surproduction à la sous-production sans jamais vraiment parvenir à s'adapter aux besoins des hommes. La dépression touche donc tous ceux qui vivent du travail ou du revenu de la terre, paysans qui souffrent de la baisse des prix agricoles alors même que la fiscalité royale ne cesse de s'accroître, propriétaires fonciers — la noblesse et l'Église — qui voient diminuer les ressources tirées de leurs terres et les revenus perçus sur des hommes de moins en moins nombreux. La guerre aidant, avec son cortège de destructions, l'emprise humaine recule au profit d'un retour des friches.

Un tel climat, marqué par la peur, la violence et la désolation, nourrit inévitablement ressentiments et tensions. En mai-juin 1358, les campagnes d'Ile-de-France sont ainsi agitées par la jacquerie, une brève mais intense révolte paysanne contre les exactions des gens de guerre, les privilèges nobiliaires et la fiscalité du roi. Impitoyable, la répression nobiliaire engendre un surcroît de mécontentement, aussi diffus que durable. Les villes, repliées sur elles-mêmes du fait de la guerre, connaissent elles aussi de sensibles flambées de violence qui opposent anciens habitants et nouveaux venus chassés des campagnes, maîtres et compagnons, officiers du roi et contribuables... Paris notamment voit se multiplier de telles révoltes, par lesquelles s'expriment les aspirations politiques de la bourgeoisie de l'artisanat et du négoce : « révolution » de 1358 animée par Étienne Marcel, le prévôt des marchands, révolte des Maillotins en 1382, du boucher Caboche en 1413.

L'Église, traditionnel pilier de la société féodale, souffre elle-même de troubles et de dissensions qui l'empêchent de satisfaire les besoins de son époque. Affaiblie par son séjour en Avignon, la papauté s'enlise dans l'affrontement du Grand Schisme d'Occident, qui voit de 1378 à 1417 s'opposer deux papes, l'un à Rome et l'autre à Avignon. Son prestige moral s'en trouve considérablement atteint, et l'Église de France en est souvent réduite à suivre, plus qu'elle ne le suscite véritablement, le développement d'une piété collective tourmentée, obsédée par la mort et par une inquiétude du Salut qu'exprime à sa manière le poète François Villon... C'est le temps des danses macabres, telle celle qui orne les murs du cimetière des Innocents, au cœur de Paris, le temps d'une religiosité affective qui se cristallise autour d'images familières et qui rassemble d'immenses foules venues entendre les grands prédicateurs populaires, le temps d'une exacerbation du culte des saints et de l'attention portée à leurs reliques, en un puissant appétit religieux au sein duquel « un matérialisme naïf alterne avec les sentiments les plus profonds » (J. Huizinga).

L'ébauche d'un État moderne

Paradoxalement, en dépit des nombreuses et graves difficultés qu'elle a dû affronter, l'institution royale est finalement celle qui tire le mieux son épingle du jeu. Les rouages du pouvoir central issus de l'ancienne Cour du roi demeurent, Parlement pour la justice et Chambre des comptes pour les finances du domaine, plus désormais la Cour des aides chargée de contrôler les nouveaux impôts. Mais l'élément nouveau réside en fait dans le déclin d'autorité que subissent ces institutions parisiennes. Le roi délaisse Paris, d'abord par nécessité au temps de la querelle des Armagnacs et des Bourguignons, ensuite par méfiance et par goût personnel. Louis XI opte ainsi pour la vallée de la Loire, et s'installe de préférence à Plessis-les-Tours, cependant qu'à ses côtés s'amplifie le rôle du Conseil. De nouveaux parlements (Toulouse, Grenoble, Bordeaux...) et de nouvelles chambres des comptes (Grenoble, Dijon, Angers...) apparaissent dans les provinces. Ces dernières font l'objet d'un contrôle royal de plus en plus étroit, qui passe par le développement de circonscriptions spécialisées, militaires (les gouvernements ou lieutenances générales) et fiscales (les élections). Les commissaires royaux affirment une présence royale de tous les lieux et de tous les instants, que facilite en outre la création par Louis XI du service de la poste. Les démonstrations de la puissance du monarque peuvent ainsi revêtir un éclat sans cesse croissant, comme en atteste notamment le cérémonial des entrées royales : parcourant les provinces, le roi est accueilli à la porte des villes par les notables qui lui remettent symboliquement les clefs de la cité, puis il pénètre dans l'enceinte urbaine, abrité sous un dai comme l'est le saint Sacrement lors des processions liturgiques, tout au long d'un parcours émaillé de petites représentations théâtrales destinées à illustrer l'alliance qui unit le peuple à son souverain...

Bien plus : l'on peut même considérer que les effets de la peste noire s'avèrent à terme favorables à l'extension du pouvoir royal. Parce qu'elle a décimé la population, l'épidémie a en effet par la suite amélioré le niveau de vie des survivants, compensant ainsi partiellement le poids de la dépression économique ; l'on put ainsi bâtir en pierre là où l'on construisait auparavant en branchages ou en torchis, porter du drap et du linge et non plus des peaux de bêtes, manger de la viande et supporter plus facilement le poids de la seigneurie. Surtout, les sujets du roi trouvèrent en cette évolution la capacité de faire écho à l'alourdissement de la fiscalité monarchique, pièce majeure de l'émergence de l'État moderne. Car en effet, sur son royaume désormais délivré de la menace anglaise, et sans cesse agrandi (le Dauphiné au XIVe siècle, la Provence et le Roussillon sous Louis XI), le roi dispose notamment de deux instruments de pouvoir désormais décuplés, l'armée et l'impôt permanents, qui d'ailleurs sont indissociablement liés.

Dès Philippe III, et plus encore sous Philippe le Bel, les revenus « ordinaires » tirés du domaine avaient été accrus par la levée d'impôts « extraordinaires », qui nécessitaient le consentement des intéressés et qui ne pouvaient être prélevés que durant une période limitée. Puis les revers de la guerre de Cent Ans, le paiement de la rançon de Jean le Bon prisonnier des Anglais, et surtout la volonté de Charles V de constituer des compagnies d'hommes d'armes permanentes ont conduit à accroître la durée de ces impôts extraordinaires. Aussi Charles VII franchit-il le pas décisif en créant d'un même mouvement l'armée et l'impôt modernes ; il interdit les armées privées en 1439, institue les compagnies d'ordonnance (cavalerie) en 1445 et les francs-archers (infanterie) en 1448, et achève le processus de mise en place du système fiscal avec ses trois impôts majeurs, la taille, impôt direct limité aux roturiers, les aides, impôts indirects sur les transactions, et la gabelle sur le sel. Louis XI, qui perfectionne ces instruments, dispose ainsi à la fin de son règne d'un revenu annuel dix fois plus élevé que celui de Saint Louis, et d'une armée d'au moins 40 000 combattants effectifs, la plus forte d'Europe. Une monarchie dotée d'outils de plus en plus efficaces, qui développe un système d'administration centralisée sur un territoire de mieux en mieux défini, et qui peut s'appuyer sur l'émergence d'un sentiment national réel : pour l'essentiel, l'État moderne est né.

Avec lui se forgent les structures de cette société qu'après la Révolution l'on appellera « d'Ancien Régime ». La noblesse s'efforce bien de résister à la progression du pouvoir royal, mais la Praguerie de 1440 contre Charles VII puis la guerre du Bien public de 1465 contre Louis XI sont pour elle autant de défaites qui la contraignent à se soumettre. Sollicitant des pensions qui compensent la baisse de leurs revenus fonciers, entrant au service du roi en prenant en charge les offices civils ou surtout militaires qu'il leur offre, les nobles semblent dans une large mesure domestiqués, au moins pour un temps. Pour sa part, l'Église de France s'engage résolument dans la voie du gallicanisme, qui affirme son indépendance nationale vis-à-vis du pape et qui fait du roi son chef naturel, à la suite de la « pragmatique sanction » de Bourges, édictée en 1438 par Charles VII. Enfin, la bourgeoisie des « bonnes villes » qui ont soutenu le roi entre dans l'administration royale, acquiert des terres nobles et s'affirme désormais comme un monde avec lequel il faut compter, comme en atteste la réussite éclatante et symbolique de ses plus illustres représentants, tel sous Charles VII le financier Jacques Cœur. Elle envoie elle aussi ses mandataires aux états généraux, pièce maîtresse des relations entre les habitants du royaume et leur monarque ; en 1484, un an après la mort de Louis XI, les états généraux de Tours marquent ainsi le triomphe de cette organisation en trois grands ordres, clergé, noblesse et bourgeoisie, à l'exclusion du monde des campagnes et du petit peuple urbain. Rassemblés autour d'un monarque héréditaire et sacré, les sujets du royaume peuvent avoir le sentiment de constituer un corps, sinon homogène, du moins cohérent.

La France des temps modernes et de la monarchie absolutiste

La Renaissance et les guerres de Religion

A peine refermées les cicatrices du long conflit franco-anglais, la fin du XVe siècle voit la France s'engager dans une politique d'expansion territoriale en direction de l'Italie ; Charles VIII, le fils de Louis XI, entreprend en effet de faire reconnaître sur le royaume de Naples des prétentions qu'il estime justifiées par son ascendance angevine. En 1494, il pénètre ainsi avec ses troupes à Milan, Florence, Rome et Naples ; mais, dès le printemps 1495, la coalition de ses adversaires le contraint à rebrousser chemin. Les guerres d'Italie ne font pourtant alors que commencer : après la mort de Charles VIII en 1498, son successeur Louis XII franchit à son tour les Alpes, et engage une longue période de lutte militaire et diplomatique pour le contrôle du Milanais. François Ier, qui accède à la couronne en 1515, demeure lui aussi fidèle à cette politique d'expansion ; sa victoire de Marignan contre les Suisses, alliés du duc de Milan (1515), semble pour un temps stabiliser la situation et assurer à la France la maîtrise du Nord de la péninsule...

Le « beau XVIe siècle »
Passé le temps des troubles de la fin du Moyen Age, le royaume paraît donc avoir recouvré son équilibre et son rayonnement, comme en témoigne une vigoureuse reprise

démographique qui, avec un doublement de la population totale entre la fin du XVe siècle et le milieu du XVIe siècle, permet de revenir au niveau des années 1300. Avec le calme intérieur revient également une certaine prospérité, propice au développement d'une activité culturelle que finance la richesse du roi et des grands, aristocrates laïcs ou prélats.

Car, même s'il passe par le fracas des armes, le renforcement du contact avec la brillante civilisation italienne de l'humanisme naissant féconde la vie artistique et culturelle du royaume. Le « beau XVIe siècle » de la Renaissance voit ainsi l'influence florentine et romaine — propagée par l'arrivée d'artistes italiens appelés par François Ier — se développer dans tous les domaines, à commencer notamment par l'architecture. Le gothique flamboyant s'ouvre peu à peu à ces marques d'un art nouveau que sont pilastres à l'antique, caissons ou arabesques, puis il fait place aux manifestations triomphantes de l'italianisme avec les châteaux de la Loire, Chenonceau ou Chambord en particulier. Vers le milieu du siècle se dégage dès lors progressivement une Renaissance plus « française », qui opère la synthèse des influences italiennes et antiquisantes et des traditions nationales ; le Louvre (Pierre Lescot) ou les Tuileries (Philibert Delorme) illustrent ce nouveau classicisme d'une harmonie toute géométrique...

Appétit de savoir, amour du beau, redécouverte de l'Antiquité : facilité par les progrès de l'imprimerie, qui apparaît à Paris dès 1470, l'humanisme de la Renaissance se déploie également en un foisonnement littéraire où se répondent la délicatesse d'un Ronsard ou d'un du Bellay, l'optimisme et le goût de la vie d'un Rabelais, le stoïcisme tolérant d'un Montaigne. Une littérature « nationale » émerge ainsi (en 1539, du Bellay publie sa *Défense et Illustration de la langue française*), cependant que se forgent les instruments d'une diffusion plus large de la culture humaniste, par exemple avec la création par François Ier, en 1530, du Collège des lecteurs royaux, futur Collège de France, où sont enseignés le grec, l'hébreu ou les mathématiques... Le souci de rationalisation de la pensée déborde d'ailleurs du cadre strictement intellectuel pour fonder les aspirations du

La France des temps modernes et de la monarchie absolutiste

La Renaissance :
portrait de
Diane de Poitiers
(École de
Fontainebleau)

Les fastes princiers
du XVIe siècle
(*Le Camp
du Drap d'or*,
Bouterwerke,
d'après Holbein)

pouvoir à toujours mieux contrôler le royaume ; en 1539, l'ordonnance royale de Villers-Cotterêts impose ainsi aux curés de tenir un registre des baptêmes régulier et précis, et surtout stipule que dorénavant tous les actes officiels devront être rédigés en langue d'oïl, celle de Paris et du Val-de-Loire, par là-même appelée à devenir le français comme le florentin devient l'italien.

L'état d'esprit humaniste et le développement de l'imprimerie ouvrent également la porte à de nouveaux comportements, soucieux de réforme intellectuelle et spirituelle : dès les années 1510-1520, autour de Guillaume Briçonnet et de Jacques Lefèvre d'Étaples, discrètement soutenus par la sœur du roi, Marguerite de Navarre, se forme un courant favorable à un retour à la pureté originelle des Évangiles. Ainsi « préparée » par cette amorce de sensibilité nouvelle, la Réforme luthérienne, venue d'Outre-Rhin, peut dès lors se diffuser peu à peu en France. Dès 1519 arrivent à Paris les premières brochures de Luther, dont la propagation se trouve facilitée par le souci d'ouverture et de tolérance du roi tout autant que par l'ambiguïté d'une Sorbonne qui ne voit pas d'un mauvais œil les critiques luthériennes à l'encontre de la papauté. Mais en 1534 éclate alors l'affaire des placards : des textes violemment hostiles à la messe sont affichés à Paris et, dans le château d'Amboise, jusque sur la porte du roi. Puis en 1536 est publiée l'*Institutio religionis christianae,* par laquelle Jean Calvin reprend et adapte les positions luthériennes ; le protestantisme, qui en France prend dès lors la figure dominante du calvinisme, est désormais considéré par le pouvoir royal comme une menace à supprimer coûte que coûte...

Catholiques et huguenots

Au milieu du siècle, une large fraction du royaume se trouve en effet concernée ; l'on dénombre déjà un bon millier de temples et l'on peut estimer que les protestants, les huguenots, sont plus d'un million, soit schématiquement au moins 5 % de la population nationale. De plus, le protestantisme s'étend parfois jusqu'aux zones rurales, comme par exemple dans les Cévennes, à partir de l'impulsion donnée par les centres urbains, Nîmes ou Uzès. Aussi Henri II, dont l'avènement date de 1547, opte-t-il pour la répression : en juin 1559, l'édit d'Écouen annonce l'envoi dans toutes les provinces de commissaires royaux chargés d'extirper l'hérésie.

Mais Henri II meurt peu après, blessé lors d'un tournoi, et, pendant près de quarante ans, la France va être ravagée par une crise politique, économique, sociale mais surtout religieuse qui dominera toute la seconde moitié du XVIe siècle. En effet prévaut alors, partout en Europe, l'idée selon laquelle l'unité d'un État nécessite impérativement son uniformité religieuse, modelée sur les choix de son monarque (« *cujus regio, ejus religio* »). La présence sur le sol national d'une minorité protestante en pleine ascension, y compris dans les rangs de la noblesse, ne peut donc être ressentie que comme un danger vital pour le royaume, ce qui explique la durée et l'intensité farouche des guerres de Religion. Celles-ci correspondent en outre à un climat de dégradation de la conjoncture économique qui, sans constituer un strict facteur de détermination, n'en contribue pas moins à aviver les tensions. En effet, la croissance démographique se développe à un rythme plus soutenu que celui de l'accroissement de la production, et de ce fait se propage depuis la fin du règne de François Ier un mouvement de paupérisation qui touche en premier lieu le petit peuple campagnard : dès 1548, les soulèvements de l'Angoumois et du Bordelais contre la gabelle préfigurent ainsi le cycle des « émotions populaires » qui marqueront le XVIIe siècle.

Or, face aux troubles et à la guerre civile, le pouvoir s'avère rapidement incapable de contrôler le pays ; le jeune François II, qui n'a que seize ans, meurt au bout d'un an et demi de règne ; puis, son frère Charles IX n'étant âgé que de dix ans à son avènement, c'est leur mère Catherine de Médicis qui assure la régence. Italienne, et à ce titre mal intégrée, elle ne peut empêcher le renforcement de l'antagonisme entre partis catholique et protestant, le premier regroupé autour du connétable de Montmorency et du duc

François de Guise, le second animé par Antoine de Bourbon, Louis de Condé et l'amiral de Coligny. Affaibli, ne pouvant mettre un terme à la guerre civile, le pouvoir central doit ainsi affronter une situation périlleuse, où Henri de Guise, fils de François, songe à renverser le roi Henri III, qui a succédé en 1574 à son frère Charles IX, tandis qu'un peu partout se réveillent les autonomies provinciales et que les puissances étrangères ne craignent pas d'intervenir dans le conflit franco-français, l'Angleterre d'Elisabeth et les princes protestants allemands aux côtés des calvinistes, l'Espagne de Philippe II dans le camp du parti catholique...

À partir du début des années 1560, les guerres de religion se succèdent donc sans répit. Leur scénario se fait quasi immuable : victoire des catholiques, majoritaires, mais tentatives royales d'obtenir un retour au calme en consentant aux huguenots des conditions de paix relativement favorables, ce qui contribue à l'exaspération des catholiques ultras, et par là-même à un regain de violence. Les combats, acharnés et sans merci, se marquent de véritables flambées de haine : ainsi lors du massacre de la Saint-Barthélemy, le 24 août 1572, où Catherine de Médicis pousse son fils Charles IX à ordonner l'exécution des principaux chefs protestants, venus à Paris à l'occasion du mariage de Marguerite, la sœur du roi, avec Henri de Bourbon-Navarre, jeune figure de proue du parti huguenot. Puis, les protestants ayant arraché à Henri III, avec l'édit de Beaulieu (1576), le droit à la liberté de culte ainsi que la garantie d'un certain nombre de places fortes, le parti catholique estime ne plus rien devoir attendre d'un roi qu'il juge trop faible, et se regroupe en une « sainte Ligue » qui, avec Henri de Guise, s'érige bientôt en une sorte d'État dans l'État et ne recule devant rien pour faire triompher ses vues. Bien rares sont alors les esprits empreints de tolérance, et les *Essais* de Montaigne (1580), baignés d'humanisme et de scepticisme, reflètent l'état d'esprit de leur auteur bien plus que celui de la plupart des habitants du royaume...

En effet, déjà fort complexe, la situation se brouille un peu plus encore avec la mort en 1584 de François d'Alençon,

Le massacre de la Saint-Barthélemy
(1572)

dernier frère encore en vie du roi Henri III ; ce dernier n'ayant pas d'enfant, son successeur naturel ne peut être désormais que Henri de Bourbon, roi de Navarre et descendant du dernier fils de Saint Louis. En bonne logique dynastique, c'est donc à un prince protestant que devrait échoir la couronne de France ! Pareille perspective accroît la détermination de la Ligue, soutenue de plus en plus activement par la très catholique Espagne ; s'engage ainsi la « guerre des trois Henri », Guise le catholique, Navarre le huguenot et, s'efforçant de s'interposer entre eux, un roi dont l'autorité ne cesse de s'amoindrir, au point que la population parisienne, largement acquise à la Ligue, parvient à le chasser de la capitale au terme de la « journée des Barricades » (12 mai 1588). Sentant le pouvoir lui échapper, Henri III décide de se débarrasser des chefs de la Ligue et fait assassiner le duc de Guise et son frère, le cardinal de Lorraine, en décembre 1588. Mais ce double meurtre, bien loin d'apaiser les passions,

113

les avive au contraire : à Paris, un « Comité des Seize », formé de ligueurs extrémistes, confie la lieutenance générale du royaume au duc de Mayenne, frère du défunt Guise, et le roi se voit contraint de recourir au soutien des troupes huguenotes de Henri de Navarre pour mettre le siège devant sa propre capitale insurgée. Il ne pourra pourtant y rentrer, puisque le 1er août 1589, à Saint-Cloud, il tombe sous les coups de poignard d'un dominicain ligueur, Jacques Clément.

Henri IV et le retour à l'équilibre
Henri de Navarre, ainsi devenu Henri IV, roi de France et de Navarre, doit dès lors lutter ferme pour imposer une légitimité monarchique que lui contestent la plupart des catholiques. Engagé dans une véritable entreprise de « conquête » de son royaume, il doit mener une lutte de tous les instants contre les troupes du duc de Mayenne, soutenues par les renforts espagnols d'Alexandre Farnèse. Le sort des armes s'avère en fait fort incertain, et les combats durent de longs mois... Henri IV parvient néanmoins à l'emporter, la stratégie politique suppléant efficacement à la force : après avoir abjuré le protestantisme en juillet 1593, il se fait sacrer à Chartres en février 1594, et peut ainsi obtenir des Parisiens, gagnés par la lassitude, qu'ils lui ouvrent leurs portes en mars 1594. Victoires et ralliements se multiplient alors ; les Espagnols sont vaincus à Fontaine-Française en juin 1595, puis ils perdent Amiens en septembre 1597, cependant que la Ligue voit progressivement reculer ses positions en province, en un processus qui s'achève avec le ralliement du duc de Mercœur, gouverneur de Bretagne, en mars 1598. Le roi est maître en son royaume...

Il s'oriente immédiatement vers une politique de pacification, marquée notamment par l'édit de Nantes du 13 avril 1598. Les huguenots s'y voient reconnaître la liberté de conscience et, quoique de manière strictement limitée, la liberté de culte. En outre, l'édit leur garantit l'accès à tous les emplois, la possibilité de réunir des assemblées et le droit de conserver leurs places fortes. En dépit des oppositions qu'il suscite, l'édit de Nantes met ainsi fin aux longues années de guerre civile, et permet en cela d'entreprendre une œuvre de restauration du pouvoir monarchique et de relèvement du royaume.

Actif, bien entouré — notamment par le huguenot Maximilien de Béthune, auquel il donne le titre de duc de Sully et dont il fait son surintendant des Finances —, Henri IV s'emploie ainsi à restreindre les prérogatives des divers contre-pouvoirs. Les états généraux ne sont plus réunis, les parlements ne peuvent désormais émettre de remontrances qu'après avoir préalablement accepté d'enregistrer les édits royaux, les fonctions des gouverneurs de province sont limitées aux questions militaires et, d'une manière générale, l'autorité royale s'attache à mettre au pas la haute noblesse. Elle entreprend également de manifester sa puissance par un urbanisme à vocation de pédagogie politique, qu'illustrent notamment, à Paris, la place Dauphine et la place Royale (l'actuelle place des Vosges).

Par ailleurs, Sully parvient peu à peu à rééquilibrer les finances du royaume, par la limitation des dépenses et l'augmentation des recettes, accrues notamment par la mise en place d'une taxe sur les offices héréditaires, la paulette. Acquis aux principes mercantilistes, il s'efforce de soutenir le développement des activités de luxe susceptibles de dynamiser les échanges extérieurs (soieries, tapisseries, cristalleries...), ainsi que la modernisation de l'infrastructure de communications avec la réfection du réseau routier, les débuts du creusement d'un canal reliant la Loire et la Seine, ou encore la reprise du trafic portuaire à Marseille, Rouen ou Saint-Malo. Le redressement de la France passe également par son intérêt pour le grand large : en 1608, sur les rives du Saint-Laurent, Champlain fonde Québec, capitale de la Nouvelle-France...

L'incontestable embellie apportée par le règne d'Henri IV comporte néanmoins des limites. Les querelles religieuses n'ont pas véritablement disparu, et le royaume demeure menacé par la permanente tension qui l'oppose à la maison d'Autriche, au point qu'en 1609 une nouvelle guerre n'est évitée que d'extrême justesse. Le climat de violence qu'avaient généré les guerres de Religion n'a donc que fort partiellement reculé et, le 14 mai 1610, Henri IV est assassiné par un catholique exalté, Ravaillac.

La mort brutale du souverain ne doit cependant pas masquer le fait que, en dépit des violents troubles qu'aura connus le XVIe siècle, ces temps de division et de violence ont vu progressivement s'installer les éléments d'un équilibre politique communément désigné sous le terme de « monarchie classique ». Depuis le Moyen Age n'a en effet cessé de progresser une conception rationnelle et abstraite de l'État et de sa continuité. Ce sont certes les juristes de l'Angleterre élisabéthaine qui ont le plus clairement mis en forme le principe de la perpétuité du pouvoir, à travers la théorie des deux corps du roi, l'un humain et mortel, l'autre immortel qui, incarnant l'institution monarchique, se transmet régulièrement du prédécesseur à son successeur. Mais quand bien même pareille théorisation n'a pas vu le jour en France, les pratiques symboliques illustrent avec éclat une vision toute similaire ; par exemple, lorsque François Ier décède, son effigie grandeur nature défile au sein du cortège funèbre, accompagnée par les membres du Parlement comme à l'accoutumée vêtus de rouge, en une absence de deuil qui marque la permanence des institutions au-delà des vicissitudes de la vie et de la mort. « Le roi est mort, vive le roi »... Quelles qu'aient pu être ses origines huguenotes, Henri IV à son tour s'est inscrit dans cette lignée parée de la légitimité royale et, bénéficiant du long travail ainsi entrepris au fil du temps, ses successeurs sauront mener à son plus haut degré le prestige de l'institution monarchique.

Ils pourront notamment s'appuyer sur un certain nombre de décisives évolutions structurelles amorcées depuis la fin du Moyen Age, qui toutes contribuent au renforcement de l'État. Au premier rang d'entre elles figure notamment le mouvement de croissance urbaine, pilier indispensable à la modernisation des structures administratives : à l'orée du XVIIe siècle, environ 10 à 12 % des habitants du royaume sont des citadins, mais l'on en dénombrera près de 20 % dans les années 1780 et Paris, qui ne rassemblait qu'à peine

300 000 âmes à la veille des guerres de Religion, dépassera dès la fin du règne de Louis XIV le seuil du demi-million. Par ailleurs, les institutions monarchiques bénéficient et bénéficieront également du constant développement de l'armée permanente ; si au XIVe siècle le noyau de l'armée royale en temps de paix ne représentait qu'à peu près 2 000 hommes, l'on s'approche en revanche des 15 000 après 1450, pour atteindre les 135 000 environ au XVIIIe siècle. Pareille extension du pouvoir militaire suppose à l'évidence une assise financière accrue ; or, précisément, le développement de la masse monétaire et le renforcement de la capacité de l'État à drainer vers ses caisses les revenus d'une fiscalité en pleine progression concourent puissamment à l'affirmation de la monarchie classique. Sous Philippe le Bel, le revenu total de l'État représentait, selon les estimations, à peu près 46 tonnes d'équivalent-argent ; à la fin de son règne, Charles VII pouvait compter sur un revenu global de l'ordre de 75 tonnes, mais Henri IV dispose de près de 200 tonnes et, de Mazarin jusqu'aux débuts du règne de Louis XVI, l'on oscillera en temps normal aux alentours de 1 000 tonnes (et parfois même bien plus, lors des guerres) !

Pour gérer sa puissance, la monarchie classique a enfin en son pouvoir une infrastructure administrative en constant progrès. Celle-ci repose en particulier sur le corps des officiers, dont le nombre ne cesse de se multiplier en même temps que se régularise, notamment avec l'institution en 1604 de la paulette, le processus d'achat et de transmission héréditaire de leur charge. Instruments de l'encadrement de la société par le pouvoir, les officiers sont environ 5 000 au début du XVIe siècle, mais plus de 45 000 dans les années 1660 ! A cet univers de l'office, objet privilégié de l'investissement d'une bourgeoisie soucieuse de pouvoir et de légitimité, se joint par ailleurs le système des fermes, par lequel le roi concède son droit fiscal, en échange d'un loyer forfaitaire, à des financiers chargés de collecter l'impôt sous ses formes diverses : gabelle (sur le sel), traites (douanes intérieures et extérieures), aides (taxes sur les vins et alcools), etc. Enfin, le réseau du contrôle monarchique revêt la forme d'une

117

ébauche de véritable fonction publique, personnifiée par le groupe des commissaires (au sommet) et des commis (à la base). Parmi les commissaires figurent ainsi les ambassadeurs, conseillers d'État, gouverneurs de provinces ou intendants des généralités régionales ; tous exercent leur tutelle sur une hiérarchie de commis de plus en plus recrutés selon des critères professionnels de compétence technique et juridique. Le fonctionnement de la monarchie classique juxtapose donc l'office, la ferme et le fonctionnariat, en une cohabitation que soudent notamment des alliances matrimoniales savamment dosées. Il suppose en outre une formulation idéologique du pouvoir, qui va peu à peu se définir et se systématiser dans le cadre des luttes engagées par l'État pour étendre ses assises, face à des oppositions parfois violentes...

Le renforcement du pouvoir central et le développement de la monarchie absolue

A la mort de Henri IV, Louis XIII n'a que neuf ans, et c'est donc sa mère, Marie de Médicis, qui exerce la régence. Dépourvue d'expérience aussi bien que d'autorité, elle subit l'emprise de son beau-frère Concini et laisse la haute noblesse rogner les prérogatives royales. Pourtant, dès 1617, le jeune roi décide de faire arrêter Concini et d'imposer à sa mère l'exil intérieur au château de Blois, confiant alors la réalité du pouvoir à son ami Charles d'Albert de Luynes. Mais de nombreux troubles marquent alors la lutte pour le contrôle du royaume : Louis XIII doit accepter de négocier avec les protestants du Sud-Ouest, dont la révolte n'avait pu être contenue par les troupes royales, de même qu'il se voit contraint de composer avec sa mère, dont l'alliance avec les grands menace de provoquer une nouvelle guerre civile. En 1624, le roi cède devant Marie de Médicis, qui lui impose la nomination au poste de « chef du conseil » de l'un de ses proches, le cardinal de Richelieu.

Le système ministériel

Se met ainsi en place un système de ministériat fondé sur l'étroite collaboration du monarque et de son fort efficace ministre, qui se fixe pour objectif, dans le cadre d'une politique à la fois autoritaire et pragmatique, de « ruiner le parti huguenot, rabaisser l'orgueil des grands, réduire tous les sujets en leur devoir et relever le nom du roi dans les nations étrangères ». Richelieu, bien vite en butte à une vive contestation nobiliaire discrètement animée par le propre frère du roi, Gaston d'Orléans, résiste aux divers complots aristocratiques par la répression, avec en particulier le démantèlement de nombreux châteaux dès 1626. Parvenant progressivement à imposer l'obéissance aux grands, il s'emploie de même à briser le particularisme huguenot, à travers la prise de la grande place forte protestante de La Rochelle au terme d'un siège de treize mois (1627-1628), suivie en 1629 par la signature de l'édit d'Alès, qui maintient certes l'édit de Nantes mais retire aux protestants les divers avantages politiques et militaires qui leur avaient auparavant été concédés.

Le cardinal suscite par là-même de nombreuses oppositions, qui parfois sont à deux doigts de l'emporter, comme lors de la « journée des Dupes » (10 novembre 1630), au cours de laquelle Marie de Médicis, désormais gagnée au camp de ses adversaires, échoue de peu dans sa tentative d'obtenir le renvoi du ministre. Louis XIII n'en demeure pas moins fidèle à un collaborateur dont il estime l'énergie et l'habileté. Richelieu peut donc maintenir sa politique d'affirmation du pouvoir monarchique, par l'envoi en province de commissaires chargés de surveiller et d'orienter l'état de l'opinion et par une lutte sans concession contre l'agitation nobiliaire. La répression s'exerce ainsi aux dépens des divers comploteurs, tels le duc de Montmorency en 1632 ou Cinq-Mars en 1642, de même qu'elle frappe les multiples soulèvements populaires suscités par l'alourdissement de la pression fiscale (« croquants » vendéens en 1637, ou encore « nu-pieds » normands en 1639...). Le cardinal entend ainsi maintenir un ordre intérieur sans faille, condition à ses yeux indispensable à la puissance extérieure d'un royaume engagé dans une constante rivalité avec la maison d'Autriche pour la domination en Europe.

Depuis 1635, la France se trouve en effet engagée dans le vaste conflit de la guerre de Trente Ans, qui déchire l'Europe de 1618 à 1648. Cette guerre résulte des ambitions de l'empereur Ferdinand II, qui s'efforce d'uniformiser l'ensemble de ses possessions (Autriche, duchés alpins, Haute-Alsace, Bohême, Hongrie, principautés germaniques) en un vaste État centralisé et catholique. Tchèques, Hongrois et princes allemands — surtout s'ils sont protestants — estiment leur autonomie menacée par un tel projet et, éclatant d'abord en Bohême, la guerre embrase rapidement toute l'Europe centrale. Or la France s'estime concernée par le conflit, dans la mesure où une victoire de l'empereur, membre de la branche viennoise de la dynastie des Habsbourg, et à ce titre allié à l'Espagne que gouverne, avec Philippe IV, la branche madrilène de la même dynastie, placerait le royaume dans une situation de faiblesse et d'encerclement. Aussi, après avoir soutenu Gustave-Adolphe de Suède, Louis XIII intervient directement, et déclare la guerre à l'Espagne en 1635, puis à l'empereur en 1636.

De ce point de vue, le décès de Richelieu fin 1642 ne constitue pas un tournant décisif, puisque le roi fait appel pour lui succéder à l'un de ses fidèles d'origine italienne, le cardinal Mazarin. Mais Louis XIII meurt à son tour, en mai 1643, et, dans la mesure où le très jeune Louis XIV n'est âgé que de cinq ans, c'est à sa mère Anne d'Autriche, assistée d'un Conseil de régence, qu'échoit pour un temps le pouvoir.

La Fronde

Un peu comme aux débuts du règne de Louis XIII, la régente se trouve rapidement confrontée à une vague de contestation qui sape les fondements de l'autorité monarchique. En effet, les occasions de mécontentement se multiplient, suscitées notamment par le besoin dans lequel se voit Mazarin d'accroître les recettes de l'État en alourdissant la pression fiscale ainsi qu'en créant de nombreux offices nouveaux.

Les premiers coups portés contre le pouvoir relèvent de ce que bientôt l'on appellera la « Fronde » parlementaire. En juin 1648, le parlement de Paris réclame implicitement la faculté de contrôler le gouvernement du royaume, en exigeant en particulier le rappel des commissaires et intendants royaux, ainsi que la soumission à son approbation des impôts nouveaux comme de la création d'offices. En août, Anne d'Autriche répond alors à la contestation par l'arrestation de trois parlementaires, dont le très populaire Broussel. Mais Paris se couvre aussitôt de barricades et, malgré la libération de Broussel, l'agitation demeure, obligeant la Régente à quitter la capitale pour chercher refuge à Saint-Germain-en-Laye, en janvier 1649... Une véritable épreuve de force s'engage ainsi : le parlement lève des troupes et reçoit l'appui de quelques grands seigneurs, de même que celui de Paul de Gondi-Retz, coadjuteur de l'archevêque de Paris, cependant que l'atmosphère de tension se nourrit de la propagation de très violents pamphlets, les « mazarinades ». Mais, l'armée royale assiégeant la capitale, une solution politique permet d'éviter le conflit direct, avec en mars 1649 la signature de la paix de Rueil, par laquelle la régente et Mazarin accordent un pardon général aux frondeurs.

Le mouvement de contestation ne se résorbe pourtant pas ; bien au contraire, il revêt progressivement une ampleur accrue en changeant de nature, au fur et à mesure que se développe la Fronde des princes. Condé, chef des troupes royales avec lesquelles il a battu les Espagnols à Rocroi (mai 1643), entre en effet dans l'opposition à Mazarin, dont il entend prendre la succession. En 1650, son arrestation provoque un peu partout en province un vif mouvement de soulèvements animés par la haute noblesse et, à partir de janvier 1651, le parlement de Paris gagne à nouveau le camp de la Fronde. Conscient de son impopularité, et comprenant que son rôle de bouc-émissaire en fait le seul ferment d'unité capable de regrouper tous les mécontents, Mazarin décide alors de prendre du recul. En février 1651, il fait libérer Condé et les autres princes emprisonnés, puis se réfugie à Cologne. Dès lors, le front des opposants se lézarde effectivement ; divers animateurs de la Fronde, tels Retz et Turenne, se rapprochent de la régence, cependant que Condé, vite brouillé avec les parlementaires parisiens, rejoint la province de Guyenne, dont il est le gouverneur.

A partir de l'automne 1651, la Fronde se limite donc désormais à l'action de Condé. Installé à Bordeaux, celui-ci s'efforce en effet de soulever tout le Sud-Ouest, tout en manœuvrant avec l'Espagne. Puis il décide de marcher sur la capitale ; début juillet 1652, aux portes de Paris, il est battu par l'armée royale commandée par Turenne, mais la fille de Gaston d'Orléans, la Grande Mademoiselle, lui ouvre pourtant les portes de la ville. Toutefois, victime de sa croissante impopularité, il doit quitter Paris en octobre, et gagne les Pays-Bas espagnols. Fin octobre 1652, Louis XIV, accompagné de sa mère, peut donc pénétrer dans la capitale où Mazarin le rejoint dès février 1653. La Fronde se manifeste encore en province durant quelques mois, notamment en Provence et en Guyenne, mais les derniers troubles sont assez facilement réprimés.

Fortement ébranlé, le pouvoir monarchique sort finalement renforcé de la crise. Parlementaires et princes ont en effet perdu l'épreuve de force qu'ils avaient cru pouvoir engager en tirant profit de l'intermède de la régence, et de ce fait la voie se trouve largement ouverte à la politique de réaction absolutiste entreprise par Mazarin au profit du jeune roi, majeur depuis septembre 1651. Assisté par Nicolas Fouquet, le surintendant des Finances, le cardinal restaure sans ménagements l'autorité royale à l'intérieur du royaume, tout en poursuivant la guerre contre l'Espagne des Habsbourg. Signés en octobre 1648, les traités de Westphalie avaient constitué pour la France une large victoire diplomatique, dans la mesure où ils scellaient l'échec des ambitions centralisatrices des Habsbourg de Vienne en maintenant la division politique et religieuse de l'Empire, renforçant même les pouvoirs des princes au détriment de ceux de l'empereur. De surcroît, la France y gagnait la reconnaissance officielle de sa possession des évêchés de Metz, Toul et Verdun, ainsi que la cession de la majeure partie de l'Alsace, à l'exception toutefois de Mulhouse et de Strasbourg. Mais la guerre devait se poursuivre avec la branche espagnole des Habsbourg... Allié à l'Angleterre de Cromwell, le royaume finit par l'emporter grâce à la victoire de Turenne aux Dunes, près de Dunkerque, en juin 1658. Le 7 novembre 1659, l'Espagne doit ainsi signer la paix des Pyrénées, par laquelle elle cède à la France l'Artois et le Roussillon, obtient le retour en grâce de Condé et donne à Louis XIV la main de l'infante Marie-Thérèse, qui renonce à tous ses droits à la couronne espagnole. A sa mort, en mars 1661, Mazarin laisse donc au roi une France pacifiée et agrandie, au sein de laquelle son autorité a été restaurée, et qui bénéficie d'une position diplomatique susceptible de faire d'elle l'arbitre de l'Europe...

Louis XIV et le règne personnel

Dès le décès de son ministre, Louis XIV annonce sa décision de désormais gouverner seul. Aussi prend-il soin de s'entourer de nobles de fraîche date plutôt que de grands du royaume ; éloignant Fouquet, dont l'opulence lui porte ombrage, il le remplace par Colbert, nommé contrôleur général des Finances, secrétaire d'État à la Marine, secrétaire d'État à la Maison du roi et surintendant des Bâtiments, Arts et Manufactures. La structure même du pouvoir fait l'objet d'une organisation et d'une définition de plus en plus rigoureuses. D'une part, les secrétariats d'État (Affaires étrangères, Guerre, Marine, Maison du roi) se voient désormais assigner chacun des fonctions très précises ; d'autre part, le Conseil du roi, au terme d'une longue évolution, est divisé en quatre organes spécialisés : le Conseil d'en haut, chargé des questions jugées primordiales ; le Conseil des Finances ; le Conseil des Dépêches, responsable de la rédaction des textes officiels ; et enfin le Conseil privé, ou « des parties », composé de magistrats, qui a compétence administrative, législative et surtout judiciaire. Véritable oligarchie politique, le Conseil est composé d'un petit groupe d'individus de haut rang, princes du sang et grands aristocrates, mais il s'ouvre également à la présence de roturiers issus du monde de l'office et de la finance, choisis en fonction de critères de compétence et d'efficacité.

En outre, Louis XIV s'emploie à étendre son contrôle sur le pays. Les grands corps de l'État, clergé, noblesse et parlements de province, se trouvent placés sous une étroite surveillance, cependant que les gouverneurs de province, tous issus de la grande noblesse, sont fermement invités à résider à la cour. La tutelle monarchique se déploie désormais par l'intermédiaire des intendants, responsables des questions de justice, de police et de finances ; leurs très considérables prérogatives dans à peu près tous les domaines en font de véritables représentants du pouvoir central dans les provinces. Certes, il serait fallacieux d'exagérer l'ampleur de la centralisation monarchique : dans la plupart des cas, les intendants doivent louvoyer entre les différents pouvoirs locaux et nationaux, jouant surtout un rôle d'arbitres et de médiateurs. La monarchie que l'on dit « absolue » demeure en fait largement décentralisée, et ne parvient nullement à contrôler pleinement la totalité de réalités locales caractérisées par un écheveau souvent inextricable de superposition de compétences, d'autorités et de particularismes aussi divers que souvent antagonistes. Il n'en demeure pas moins que l'emprise du trône s'impose avec une efficacité accrue grâce au système de l'intendance.

L'affirmation de l'autorité royale concerne de même le registre des activités économiques, du fait de l'intense dirigisme que développe Colbert. Le contrôleur général des Finances réglemente la production dans la perspective du développement des manufactures, surtout celles qui travaillent pour l'exportation ; il instaure des tarifs douaniers nettement protectionnistes afin de favoriser l'industrie nationale ; il soutient la construction navale et la création de compagnies de commerce orientées vers le grand négoce international, et place à cette fin sous l'administration de la couronne les territoires du Canada et des Antilles. L'enrichissement du royaume ne s'avère néanmoins pas exempt de limites, tant du point de vue de la concurrence anglaise et hollandaise sur le plan du commerce extérieur que du fait des difficultés

La France des temps modernes et de la monarchie absolutiste

Versailles (Martin le Jeune)

Le Roi-Soleil
(Houasse, *Louis XIV à cheval*)

financières occasionnées par la reprise de la guerre à partir de 1672. Ainsi, en dépit de la constante augmentation de la charge fiscale, de la création d'impôts nouveaux comme la capitation et le dixième, ou encore de l'institution du système de la Ferme générale, qui rationalise un recouvrement des impôts attribué à des financiers souvent intraitables et toujours détestés, le budget de l'État souffre d'un déficit chronique...

Mais la politique d'extension du pouvoir monarchique ne se borne pas aux seules sphères administratives et économiques ; elle concerne également les affaires religieuses. Soucieux de ses droits sur l'Église de France, Louis XIV s'oppose en effet au pape Innocent XI par la « Déclaration des quatre articles » de 1682, dans laquelle il se réclame avec force de la tradition gallicane pour affirmer son indépendance à l'égard de Rome. L'autorité du roi ne saurait connaître de limites, et doit tout particulièrement s'attacher à résorber les facteurs de division religieuse au sein du royaume : aussi Louis XIV s'efforce-t-il de mettre fin à la querelle janséniste. Celle-ci puise ses racines dans le vaste mouvement de la Contre-Réforme catholique mis en branle par le concile de Trente, et qui a vu dès la fin du règne de Henri IV se développer un nouveau dynamisme de la part d'ordres religieux anciens ou récemment créés, carmélites, visitandines, filles de la Charité (Vincent de Paul), oratoriens, jésuites, etc. Dans ce climat de « reconquête » catholique se sont en effet répandues les thèses de Jansénius, regroupées en 1640 dans l'*Augustinus*, tout empreint d'un rigorisme moral pessimiste et austère. Propagé par l'abbé de Saint-Cyran et par les religieuses de l'abbaye de Port-Royal, le jansénisme avait fait dès 1653 l'objet d'une condamnation pontificale, qui suscita en France un vif débat au sein duquel s'illustra notamment Pascal, dont les attaques contre les jésuites correspondaient à une défense implicite du jansénisme. Se jugeant responsable de l'unité de la foi dans son royaume, Louis XIV tranche dans le vif ; en 1709, il ordonne la dispersion des sœurs de Port-Royal et la destruction de leur monastère...

Toutefois, son intervention dans les questions religieuses s'exerce plus particulièrement encore, et toujours dans une perspective uniformisatrice, au détriment des fidèles de la « religion prétendue réformée », les huguenots. Se généralise ainsi une application de plus en plus restrictive de l'édit de Nantes, en vertu de laquelle tout ce qui n'est pas explicitement autorisé par le texte devient purement et simplement illicite. Puis l'attitude du pouvoir continue à se durcir, surtout à partir de la fin des années 1670 ; les protestants sont peu à peu exclus des offices et de la plupart des professions libérales, les mariages « mixtes » sont interdits, et l'on développe la pratique des « dragonnades », qui consiste à installer dans les régions protestantes des garnisons de militaires dont les violences et les exactions contraignent de nombreux huguenots à la conversion forcée au catholicisme. Le pas décisif est franchi le 18 octobre 1685 avec l'édit de Fontainebleau, qui marque la révocation de l'édit de Nantes. Environ 200 000 protestants quittent alors le royaume, malgré l'interdiction qui leur en est faite, et vont chercher asile en Angleterre, en Hollande ou dans le Brandebourg. Ceux qui demeurent en France n'ont d'autre choix que la conversion de façade et la pratique clandestine de leur culte. Ce protestantisme du « désert » maintient en fait l'existence de foyers huguenots qui poussent parfois jusqu'au bout leur refus de la soumission, comme lors de la révolte des « camisards » cévennols, en 1702. En fait, la révocation de l'édit de Nantes ne parvient guère à éradiquer le protestantisme du royaume et, si elle affaiblit incontestablement son implantation quantitative et spatiale, elle affaiblit aussi la France, que l'émigration des huguenots les plus aisés prive d'une partie de ses forces vives...

Responsable de la vie religieuse dans le royaume, Louis XIV présente également le profil d'un arbitre des équilibres européens, en fonction de la place que les traités de Westphalie et des Pyrénées ont conférée à la France. Dans sa volonté de construire une durable hégémonie française sur le continent, le roi peut s'appuyer sur une armée dont Le Tellier puis Louvois, secrétaires d'État à la Guerre, ont su faire la plus nombreuse et la plus puissante d'Europe, cependant que Colbert réorganisait la marine royale et que l'ingénieur Vauban offrait au royaume la protection d'une solide ceinture de redoutables forteresses. Dès 1665, à la mort de Philippe IV d'Espagne, Louis XIV avance ses prétentions à une partie de l'héritage espagnol qui doit selon lui revenir à son épouse Marie-Thérèse, fille du défunt monarque. Les troupes françaises pénètrent alors aux Pays-Bas espagnols, mais la vive réaction de la Hollande voisine interdit de pousser plus avant et la paix, signée en 1668, ne donne à la France que la possession de quelques nouvelles places fortes, dont en particulier Lille. Désireux d'écarter l'obstacle hollandais, et poussé en ce sens par un Colbert qui songe à affaiblir un redoutable concurrent commercial, le roi s'engage alors à partir de 1672 dans une guerre de Hollande qu'il estime ne pas devoir durer longtemps. Pourtant, la résistance hollandaise animée par Guillaume d'Orange contient la progression des troupes commandées par Condé et Turenne, et la France doit bientôt affronter une vaste coalition européenne regroupant notamment l'empereur Léopold et le roi d'Espagne Charles II. Coûteuse pour les finances du royaume, la guerre n'en est pas moins victorieuse, même si le projet d'écraser la Hollande a fait long feu. Par les traités de Nimègue (1678-1679), l'Espagne doit ainsi céder à la France certaines places fortes des Pays-Bas et la Franche-Comté.

Vainqueur des plus fortes puissances continentales, Louis XIV se trouve alors à son zénith sur la scène européenne. A l'intérieur, la doctrine de la monarchie absolue de droit divin atteint son plus haut degré d'expression. Des racines féodales de son pouvoir, le roi conserve la qualité du suzerain suprême, disposant sur ses sujets du plein pouvoir de justice, de commandement et de législation. *Rex, lex* : le roi fait la loi, le roi est la loi. A partir du Nouveau Testament, qui pose le principe que tout pouvoir vient de Dieu, les propagateurs de l'idée monarchique insistent, en conformité avec une tradition depuis longtemps bien établie, sur la nature profondément religieuse de l'autorité royale. Fils aîné de l'Église, le roi « très chrétien » se trouve investi par le sacre de pouvoirs quasi sacerdotaux, qu'illustre notamment son don de guérison des écrouelles, scrofules d'origine tuberculeuse. Et, dans *la Politique tirée (...) de l'Écriture sainte*, Bossuet affirme ainsi que « le trône royal n'est pas le trône d'un homme, mais le trône de Dieu même », conférant par là-même au roi le rang de lieutenant de Dieu sur la terre...

A l'extérieur, le royaume brille alors comme le centre vivant de la culture européenne, le français prévaut un peu partout comme langue des cours et des élites, et le classicisme triomphant du château de Versailles, encore inachevé quand la cour s'y installe en 1682, constitue une norme aux yeux de tous. Avec sa prestigieuse galerie, longue de soixante-dix mètres, ses bassins et ses grandes eaux, ses fêtes somptueuses orchestrées par Lulli, ses représentations de Corneille, Molière ou Racine et sa brillante vie de cour, Versailles est bien au cœur de l'Europe louis-quatorzième. Fort de ses quelque dix mille domestiques, de la présence de toute l'armature bureaucratique des gratte-papiers, greffiers, commissaires et autres secrétaires royaux, peuplé d'une aristocratie domestiquée par les pensions que lui octroie généreusement un pouvoir trop heureux de la maintenir ainsi sous sa coupe, le château constitue à lui seul une sorte d'hyperbole à la fois pratique et symbolique de la monarchie absolue.

C'est alors que le « roi soleil » croit pouvoir s'engager dans une aventureuse politique d'annexions, comme celle de Strasbourg en 1683, qui conduit peu à peu à la formation d'une nouvelle coalition. Dès 1688 s'engage un conflit contre la ligue d'Augsbourg, qui rassemble l'empereur et les princes allemands. Ceux-ci sont peu à peu rejoints par l'Espagne, la Suède, la Hollande et l'Angleterre, et les hostilités se poursuivent jusqu'aux traités de Ryswick (1697), qui confirment les frontières de 1679 et reconnaissent le rattachement de Strasbourg au royaume. Mais le retour au calme ne dure pas, puisque dès 1702 débute la guerre de Succession d'Espagne. En 1701, le testament de Charles II d'Espagne laisse en effet la couronne ibérique à Philippe d'Anjou, petit-fils de Louis XIV ; l'empereur Léopold, qui estime que les intérêts des Habsbourg de Vienne sont bafoués, ainsi que la Hollande

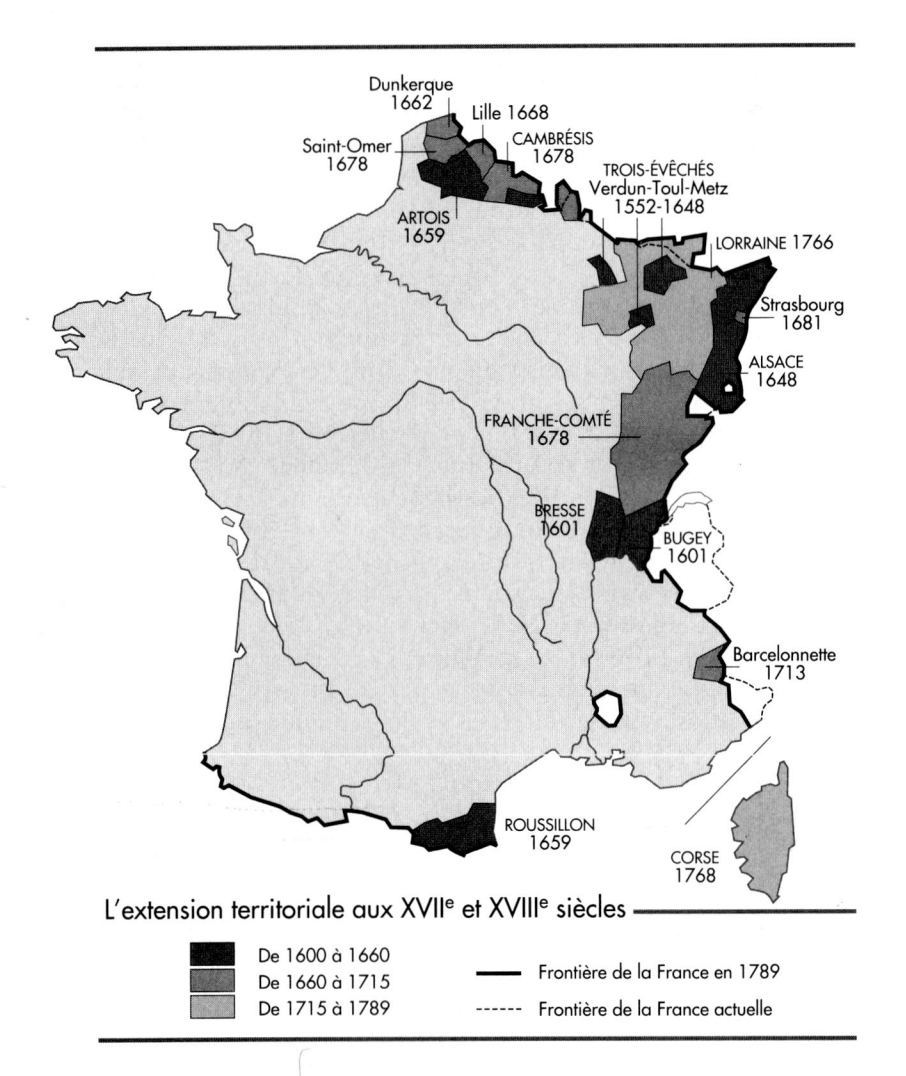

L'extension territoriale aux XVIIᵉ et XVIIIᵉ siècles

Dunkerque 1662
Lille 1668
Saint-Omer 1678
CAMBRÉSIS 1678
ARTOIS 1659
TROIS-ÉVÊCHÉS Verdun-Toul-Metz 1552-1648
LORRAINE 1766
Strasbourg 1681
ALSACE 1648
FRANCHE-COMTÉ 1678
BRESSE 1601
BUGEY 1601
Barcelonnette 1713
ROUSSILLON 1659
CORSE 1768

- De 1600 à 1660
- De 1660 à 1715
- De 1715 à 1789
- —— Frontière de la France en 1789
- ------ Frontière de la France actuelle

et l'Angleterre, qui redoutent l'extension de la puissance française, constituent alors la Grande Alliance de La Haye et déclarent la guerre à la France et à l'Espagne. Les combats, qui se prolongent jusqu'en 1712, se marquent par plusieurs revers pour une France épuisée par les guerres incessantes qu'elle a dû mener, mais la paix d'Utrecht, en 1713, permet néanmoins au royaume de préserver son intégrité territoriale et de faire accepter la présence de Philippe d'Anjou, désormais Philippe V, sur le trône d'Espagne, au prix toutefois de l'abandon à l'Angleterre de Terre-Neuve, de l'Acadie et de la baie d'Hudson, ainsi que de la renonciation à toute prétention commerciale dans l'Amérique espagnole.

A sa mort en septembre 1715, après soixante-douze ans de règne et cinquante-quatre ans de gouvernement personnel, Louis XIV laisse donc un royaume dont le poids européen s'est incontestablement accru, mais dont les finances, du fait de l'état de guerre presque permanent, souffrent d'un déficit chronique. Or le roi a perdu successivement son fils unique et ses petits-fils : ne peut donc lui succéder que son arrière petit-fils, âgé de seulement cinq ans en 1715.

Louis XV et la montée des difficultés

En principe, le testament de Louis XIV prévoyait que fût mis en place à sa mort un Conseil de régence dirigé par son neveu Philippe d'Orléans. Mais ce dernier, hostile à l'idée de partager son pouvoir avec un instrument collégial, fait casser le testament par le parlement de Paris, qui y gagne de retrouver la plénitude du droit de remontrances dont Louis XIV l'avait privé. Ainsi doté d'une latitude d'action beaucoup plus considérable, le Régent peut se conduire en véritable maître du royaume et laisser se développer un climat de réaction qui dans bien des domaines, notamment par exemple avec l'essor du libertinage à la cour, prend le contre-pied du règne de Louis XIV.

Mais Philippe d'Orléans doit avant tout se préoccuper de la catastrophique situation financière que lui a léguée le roi défunt, avec une dette de plus de deux milliards de livres. Pour résorber la crise, le Régent accepte alors de suivre les conseils de l'Écossais John Law, bientôt nommé contrôleur général des Finances. En 1716, celui-ci institue une Banque générale qui émet de la monnaie fiduciaire sous forme de billets garantis par les dépôts de monnaie et remboursables à vue contre leur valeur métallique. Ce « système de Law », qui rencontre rapidement un vif succès, se voit complété dès 1717 par la création de la Compagnie d'Occident qui, chargée de la mise en valeur de la Louisiane, lance sur le marché des actions dont elle promet des rendements très élevés. La Banque générale, qui devient en 1718 la Banque royale, et la Compagnie d'Occident, rebaptisée la même année en Compagnie des Indes, correspondent en fait toutes deux à une même politique de drainage de l'épargne au profit des Finances royales. Mais si l'engouement du public s'avère tout d'abord considérable, l'inquiétude se développe peu à peu au vu du rythme de plus en plus rapide de l'émission fiduciaire, qui ne présente plus aucun rapport avec l'encaisse métallique ni même avec les bénéfices prévisibles de la Compagnie des Indes. Dès le début 1720, un vent de panique se manifeste et, la confiance disparaissant, les possesseurs de billets et d'actions exigent leur conversion en monnaie métallique traditionnelle : c'est la banqueroute, qui pousse Law à la ruine et à la fuite à Bruxelles. L'expérience se solde donc par un bilan conjoncturel catastrophique ; il n'en demeure pas moins cependant qu'elle a permis d'assainir les caisses de l'État et de stimuler l'activité économique, une forme plus mobile de la richesse permettant de dynamiser la production et, plus encore, le grand commerce maritime.

Mais le Régent meurt en décembre 1723 ; dès février, le roi Louis XV avait accédé à la majorité. De 1726 à 1743, il gouverne de concert avec son ancien précepteur devenu Premier ministre, le cardinal de Fleury. Le cardinal privilégie une politique de prudence et d'équilibre, orientée vers la paix à l'extérieur et la prospérité à l'intérieur, grâce à un réseau d'intendants efficaces dans les provinces et grâce à l'action de son contrôleur général des Finances, Orry, dont les pratiques colbertistes parviennent à équilibrer le Budget et à stimuler la croissance. La tradition d'expansion territoriale n'est certes pas oubliée, mais elle emprunte les chemins de la diplomatie ; en 1738, Fleury obtient ainsi pour le roi détrôné de Pologne, Stanislas Leszczynski, beau-père de Louis XV, le duché de Lorraine, qui après sa mort devra revenir à la France.

Pourtant, ses préventions à l'égard des conflits armés ne peuvent empêcher le Premier ministre de se trouver entraîné dans la guerre de Succession d'Autriche. A partir de 1740, l'ouverture de la succession au trône autrichien suscite en effet le déclenchement d'une longue lutte qui oppose Marie-Thérèse, fille de l'empereur Charles VI, à Frédéric II de Prusse. Malgré les conseils de Fleury, Louis XV décide alors de soutenir la Prusse, tandis que l'Angleterre, qu'une sourde rivalité coloniale et commerciale dresse contre la France aux Antilles, en Amérique du Nord et en Inde, se range dans le camp de Marie-Thérèse.

Lorsque Fleury décède en 1743, le roi, à l'instar de Louis XIV, dont il ne partage pourtant ni la force de travail ni le goût pour le métier de monarque, annonce sa volonté de désormais gouverner sans Premier ministre. En fait, Louis XV subit l'influence de sa maîtresse, madame de Pompadour, qui fait et défait les ministres et se trouve au cœur d'un réseau d'intrigues permanentes. Mais la guerre se prolonge : le maréchal de Saxe bat les Anglo-Hollandais à Fontenoy (mai 1745) et envahit les Pays-Bas, tandis que le traité d'Aix-la-Chapelle, en 1748, contraint la France à restituer toutes ses conquêtes. Le scénario du conflit se renverse alors de façon spectaculaire, puisqu'à partir de 1756 la Prusse se rapproche de l'Angleterre, et donc la France de l'Autriche ! Débute ainsi la guerre de Sept Ans, dont le théâtre des opérations s'étend aux colonies, où la France doit abandonner ses ambitions sur l'Inde et où Montcalm est vaincu par les Anglais à Québec (1759), cependant qu'en Europe les troupes royales sont défaites par la Prusse à Rossbach (1757)...

Bien évidemment, la guerre fait ressurgir le déficit et les difficultés financières. Machault d'Arnouville, contrôleur général des Finances depuis 1745, doit donc en 1749 créer un nouvel impôt pesant sur les revenus de *tous* les sujets, le vingtième. Il s'agit bien d'une atteinte aux privilèges fiscaux de la noblesse et du clergé, et les parlements refusent d'enregistrer l'édit qui institue le vingtième, cependant que les états de Bretagne et du Languedoc, tout comme l'assemblée du clergé, protestent et refusent de payer. En butte à une vive résistance, le pouvoir doit partiellement céder, et renonce à imposer le vingtième au clergé... Finalement, à l'instigation de Madame de Pompadour, Louis XV renvoie Machault en 1757, et fait appel à Choiseul, qui jusqu'à sa disgrâce en 1770 va en fait jouer le rôle d'un presque Premier ministre.

C'est donc à Choiseul qu'échoit la difficile mission de conclure une guerre de Sept Ans mal engagée. Par le traité de Paris de février 1763, la France abandonne à l'Angleterre le Canada et toute la rive gauche du Mississippi, mais parvient en revanche à conserver ses îles à sucre des Antilles, Saint-Domingue, Martinique et Guadeloupe. Puis le royaume prépare sa revanche par une politique de réorganisation de l'armée et de la marine, cependant qu'il prolonge son extension territoriale par le rattachement de la Lorraine en 1776, à la mort du roi Stanislas, ainsi que par l'achat de la Corse à la république de Gênes en 1768.

Mais les difficultés politiques intérieures demeurent, sous la forme d'une vive agitation parlementaire. Soucieux de rétablir le calme, Choiseul s'efforce de satisfaire à la fois parlementaires, jansénistes, gallicans et philosophes en leur sacrifiant les jésuites, interdits dans le royaume dès 1762. Pareille mesure ne suffit cependant nullement à apaiser une contestation qui peut aller jusqu'à la révolte explicite, notamment avec les « affaires de Bretagne » (1764-1766). Les parlementaires rennais démissionnent en bloc en 1765 et leur procureur général, La Chalotais, est arrêté pour propos injurieux à l'égard du roi. Le parlement de Paris manifestant sa solidarité avec celui de Rennes, Louis XV doit réaffirmer solennellement les principes de la monarchie absolue lors du lit de justice du 3 mars 1766, mais il ne s'en trouve pas moins sur la défensive face à un mouvement qui déstabilise son autorité.

La situation de crise conduit le roi, sur les conseils de son chancelier Maupeou, à renvoyer Choiseul en 1770 au profit d'un triumvirat composé de Maupeou, du secrétaire d'État aux Affaires étrangères d'Aiguillon et de l'abbé Terray, le contrôleur général des Finances. Maupeou entreprend notamment, dans une perspective politique évidente, une large réforme du système de justice. L'édit de février 1771 décrète en effet le démembrement de la compétence juridique du parlement de Paris en six conseils supérieurs dont les magistrats ne seront plus propriétaires de leur charge, mais nommés par le roi. De même, les parlements de province qui ont soutenu les parlementaires parisiens dans leur rébellion subissent eux aussi une réforme similaire. L'opposition parlementaire se trouve ainsi réduite au silence, mais toutefois le prestige de l'institution monarchique n'en est pas pour autant relevé. En effet, les mesures financières que nécessite l'état des Finances royales rendent l'abbé Terray fort impopulaire, cependant que le choix de la tout aussi impopulaire madame du Barry comme maîtresse en titre du roi (1769) discrédite encore un peu plus Louis XV...

L'affaiblissement du pouvoir
A sa mort en mai 1774 lui succède son petit-fils Louis XVI. Agé de vingt ans, le nouveau roi ne manque certes pas d'intelligence, mais sa personnalité timide et irrésolue ne lui facilite guère la tâche face aux divisions et aux intrigues de son entourage, dominé notamment par sa femme Marie-Antoinette d'Autriche et par ses deux frères, le comte de Provence et le comte d'Artois. Soucieux de calmer le climat politique, il fait appel pour le conseiller au vieux ministre Maurepas, qui le pousse à congédier Maupeou ainsi qu'à rappeler les parlements. En fait, cette mesure d'apaisement affaiblit la monarchie plus qu'elle ne la renforce, dans la mesure où l'opposition systématique des parlementaires renaît aussitôt...

Elle se trouve d'ailleurs une cible privilégiée en la personne du nouveau contrôleur général des Finances nommé à l'instigation de Maurepas, Turgot. Ce dernier propose en effet au roi de résorber le déficit sans recourir aux expédients habituels, augmentation d'impôts ou emprunts, mais plutôt par le biais de strictes économies et, plus encore, d'un meilleur rendement de la fiscalité fondé sur l'enrichissement général. Dans cet esprit, il s'efforce de favoriser l'essor de l'activité économique et de répartir plus équitablement les charges fiscales ; en septembre 1774, il impose donc la liberté du commerce des grains et, en janvier 1776, il remplace la corvée royale par un impôt foncier, la subvention territoriale, et surtout il place les activités de production dans un cadre libéral, par la suppression des jurandes, maîtrises et corporations. De telles mesures heurtant de plein fouet les structures traditionnelles, le parlement de Paris renâcle et, sous la pression de la reine, Louis XVI disgracie Turgot en mai 1776, puis annule les réformes engagées.

Maurepas suggère alors de remplacer Turgot par un banquier genevois réputé, Necker. Fort de l'expérience avortée de son prédécesseur, le nouveau contrôleur général se contente de pratiquer une classique politique d'emprunts qui renfloue à court terme les caisses de l'État mais qui aggrave la dette publique, et cela d'autant plus que le royaume doit une fois de plus supporter les frais d'une guerre. En effet, dans le cadre de la rivalité qui l'oppose à l'Angleterre, la France a dès 1778 pris parti pour les colons américains insurgés contre leur métropole. Un corps expéditionnaire commandé par Rochambeau, et au sein duquel s'illustre en particulier La Fayette, est ainsi envoyé en Amérique, où il contribue activement à la capitulation anglaise de Yorktown, en 1781. Signé en 1783, le traité franco-anglais de Versailles n'apporte en fait pas d'autre gain à la France que la restitution de ses comptoirs du Sénégal, mais il est ressenti comme une juste revanche sur le traité de Paris qui avait mis fin dix ans plus tôt à la guerre de Sept Ans. Cependant, cette participation à la guerre de l'Indépendance américaine dégrade une situation financière plus que fragile et, après avoir vainement insisté sur le poids néfaste des dépenses de la cour, Necker démissionne dès avant la fin des hostilités, en mai 1781.

Permanente épée de Damoclès menaçant le fonctionnement même du régime, la question financière atteint ainsi une telle ampleur qu'une politique de pis-aller ne peut de toute évidence suffire, a fortiori dans la mesure où la conjoncture économique s'avère de plus en plus médiocre depuis le début des années 1770, marquées par un constant mouvement de baisse de la production, des prix et des revenus. Calonne, nommé contrôleur général à l'instigation de la reine, ne parvient donc pas véritablement, faute de prêteurs, à maintenir la pratique des emprunts publics, et en 1786 il se voit ainsi contraint de préconiser un vaste plan de réformes qui reprend en fait une large partie des propositions de Turgot. Mais la résistance des privilégiés, véritable boulet pour l'Ancien Régime finissant, se met à nouveau en branle, et Louis XVI doit le renvoyer en avril 1787...

Son successeur, l'archevêque de Toulouse Loménie de Brienne, n'a alors d'autre issue que de s'engager à son tour dans l'épreuve de force. En août 1787, il cherche à imposer l'édit de création de la subvention territoriale, mais se heurte aux parlementaires qui déclarent le texte illégal. Le roi riposte en exilant le parlement de Paris à Troyes, puis un compromis permet son retour en octobre, sous les applaudissements d'une opinion qui y voit une victoire de la résistance au despotisme. Le chancelier Lamoignon tente pour sa part de briser l'obstruction parlementaire en mai 1788, par une réforme inspirée de celle de Maupeou, mais lui aussi rencontre un large mouvement de contestation : des émeutes éclatent à Paris, à Rennes, à Grenoble. Le 8 août 1788, Loménie de Brienne joue sa dernière carte en convoquant les états généraux pour le 1er mai 1789 afin de trouver une solution à la crise financière, puis il démissionne le 25 août.

La crise de l'Ancien Régime

Revenu en grâce, Necker cherche à apaiser l'opposition en rappelant les parlements et en abandonnant les réformes de Lamoignon. Il se trouve cependant confronté à la question de l'organisation des futurs états généraux ; les « patriotes », partisans de profondes réformes politiques et sociales, réclament en effet que le tiers état dispose d'autant de députés que le clergé et la noblesse, et que le vote ait lieu par tête et non par ordre, ce à quoi s'oppose fermement le parlement de Paris. Fin décembre, le roi décide le doublement du nombre des députés du tiers, mais ne tranche pas en ce qui concerne le vote par ordre ou par tête. C'est donc dans un climat trouble et tendu, aggravé par la crise frumentaire issue des mauvaises récoltes de 1788 et par la rigueur de l'hiver, que, dans les premières semaines de 1789, les Français sont conviés à rédiger, paroisse par paroisse, leurs cahiers de doléances. Rien, pourtant, ne saurait alors laisser présager que l'Ancien Régime va bientôt s'effondrer, et la notion de « crise » ne constitue en fait qu'une reconstruction a posteriori, dont l'évidence pour qui connaît la suite ne doit pas faire oublier qu'elle n'était guère partagée par les contemporains...

Enrichissement de la bourgeoisie et dépression des années 1770-1780

Pris globalement, le XVIIIe siècle peut être considéré comme l'aboutissement d'une longue phase de croissance démographique et de développement économique. Si le XVIIe siècle avait vu la population du royaume plafonner à un niveau de l'ordre de 20 millions d'individus, elle augmente en revanche par la suite pour atteindre un sommet de l'ordre de 28 millions vers 1790. Non maîtrisée, la démographie se marque encore par une natalité considérable (en moyenne, un couple donne naissance à un enfant à peu près tous les deux ans), mais aussi par une mortalité omniprésente, notamment chez les enfants : presque trois sur dix meurent avant d'atteindre un an, et à peine cinq sur dix vivent jusqu'à l'âge adulte. C'est néanmoins le recul de la mortalité qui fonde avant tout l'accroissement naturel et permet à l'espérance de vie de passer de vingt-deux ou vingt-trois ans au début du siècle à vingt-sept ou vingt-huit ans dans les années 1780-90, principalement du fait de la progressive atténuation des grandes flambées de surmortalité ; les épidémies meurtrières se font plus rares (en 1720, la peste décime environ 50 % de la population marseillaise, mais c'est alors sa dernière apparition), et la famine fait place à la disette.

En effet, la production agricole parvient à suivre le rythme de l'essor démographique, non pas tant grâce à l'action encore limitée de quelques grands propriétaires férus de modernisme qu'en raison d'une conjoncture climatique propice, du moins du milieu des années 1720 jusque vers la fin des années 1760. S'il est donc encore trop tôt pour parler de révolution agricole, l'on observe en revanche un plus considérable essor de la production manufacturière, avec en particulier le développement d'une proto-industrialisation dominée par les grands marchands fabricants, surtout dans le domaine de l'activité textile. Aux côtés du traditionnel univers pré-industriel de l'artisanat urbain, encadré par le système corporatiste des jurandes qui assure protection et sécurité mais freine l'initiative, émergent ainsi, de manière certes encore timide, des structures d'un type nouveau que symbolisent notamment les grandes manufactures concentrées, telle celle des Van Robais à Abbeville, ou encore les progrès de l'extraction minière, avec par exemple la compagnie d'Anzin. Une amorce de décollage industriel commence par là-même à se dessiner, servie en outre par le développement des échanges : entre 1715 et 1789, le commerce avec l'Europe est multiplié par quatre, le grand commerce colonial avec les Antilles et le Nouveau Monde est multiplié par dix, et fait la fortune des bourgeoisies portuaires de Rouen, Nantes ou Bordeaux.

Gens de finance, marchands fabricants, armateurs et négociants, rentiers du sol et riches laboureurs sont ainsi les principaux bénéficiaires d'une conjoncture qui profite beaucoup moins au petit peuple des campagnes et des villes, dont la situation tend même à se dégrader au fur et à mesure que la prospérité fait place, à partir du début des années 1770, à un début de dépression des prix et des revenus.

La conjonction des contestations et l'impact des Lumières

La fin du XVIIIᵉ siècle représente alors pour le système monarchique une période de conjonction des remises en cause, que les événements des années 1780 cristallisent en une contestation souvent hétérogène mais néanmoins résolue et dangereuse pour le pouvoir. S'y affirme en premier lieu un mouvement de vive réaction nobiliaire, tant par la réaction aristocratique, qui vise à restreindre les prérogatives royales et à fermer la porte à l'essor de la bourgeoisie urbaine, que par une réaction seigneuriale qui passe par les tentatives de relèvement des droits féodaux à l'encontre des populations paysannes. S'y révèlent en outre les effets d'une conjoncture économique difficile, marquée par une chute des prix agricoles qui affecte le revenu des ruraux, et par une série de mauvaises récoltes qui entraîne de sensibles difficultés de ravitaillement pour les citadins durant l'hiver 1788-89. S'y joue enfin, sans rapport véritable — sinon d'antagonisme — avec les contestations nobiliaires ou les frustrations populaires, le développement des aspirations de la bourgeoisie à prendre plus de place au sein de l'édifice politique du pays.

Or cette dernière forme de contestation bénéficie d'une armature idéologique potentielle de plus en plus élaborée, grâce à l'émergence au cours du siècle d'un climat intellectuel nouveau caractérisé par le mouvement des Lumières : si la pensée des philosophes des Lumières ne saurait certes nullement se réduire à la pure et simple expression des intérêts d'un groupe, la bourgeoisie urbaine, il n'en demeure pas moins en effet que sa diffusion accompagne et favorise la montée des revendications favorables à une réforme des cadres politiques et sociaux de l'Ancien Régime.

« État d'esprit » plus que système philosophique en bonne et due forme, les Lumières ne constituent pas une doctrine cohérente et homogène, dans la mesure où, sur bien des points, des hommes tels que Montesquieu, Diderot, Voltaire ou Rousseau se trouvent en complet désaccord. Cependant, tous partagent en revanche une attitude intellectuelle commune, marquée en particulier — héritage du rationalisme cartésien — par leur confiance absolue dans la raison,

La France des temps modernes et de la monarchie absolutiste

La science et l'esprit des Lumières.
Le naturaliste Buffon (Carmontelle, *Monsieur de Buffon*)

manifestation suprême de l'intelligence de l'homme et de son esprit critique. Considérant pour bon nombre d'entre eux que les individus sont naturellement bons, que la nature est source de justice et d'harmonie, et que seule la société, ou plus exactement un certain type de société, produit la perversion, ils développent ainsi un discours optimiste qui fait notamment de la science l'instrument de l'émancipation et du progrès de l'humanité vers le bonheur terrestre. Montesquieu (1689-1775) raille ainsi dans ses *Lettres persanes* les croyances et les mœurs des Français à la fin du règne de Louis XIV, puis avec l'*Esprit des lois* il propose une pensée libérale dominée par le principe d'une monarchie tempérée par une stricte séparation des pouvoirs et par l'existence de corps intermédiaires puissants. Voltaire (1694-1778) pourfend l'obscurantisme religieux et l'intolérance fanatique dans une œuvre prolifique (les *Lettres philosophiques, Candide*, le *Dictionnaire philosophique*, etc), cependant que Rousseau (1712-1778), personnalité plus complexe et plus marginale au sein de la « République des Lettres », préconise avec le *Contrat social* un système politique fondé sur l'affirmation de la souveraineté du peuple. Diderot (1713-1784) et d'Alembert (1717-1783) dirigent quant à eux, de 1751 à 1772, la publication d'une monumentale *Encyclopédie* en trente-trois volumes, véritable somme des acquis de la science, de la technique et de la pensée dans tous les domaines de l'activité humaine.

Quelles que soient leurs divergences, voire parfois leurs inimitiés, tous se livrent à une large dénonciation de la société de leur époque. Dans le domaine économique, ils tiennent le plus souvent un discours physiocratique qui consiste à donner la priorité à la modernisation des techniques agricoles, mais ils insistent également, en général, sur la nécessité d'une complète liberté du commerce et des activités manufacturières, se faisant ainsi les apologues du principe de la libre entreprise contre les structures traditionnelles d'encadrement par les jurandes. Dans le domaine social, mis à part le cas particulier de Rousseau, hostile à la propriété et partisan d'une large égalité, les Lumières défendent l'idée d'une

142

correction des injustices les plus flagrantes mais revendiquent en fait surtout la possibilité pour la bourgeoisie « éclairée », pilier de la prospérité commune, d'accéder aux sphères du pouvoir. En matière religieuse, ils font preuve d'une vive hostilité à l'égard de l'Église, de ses pouvoirs et de son dogme, en lequel ils voient un frein majeur aux progrès de la liberté et de la science. Parfois athées (Diderot), mais plus fréquemment déistes, ils prônent donc une « religion naturelle » faite de tolérance, d'intériorité et de souci de la morale collective. Enfin, sur le terrain politique, tous s'accordent pour lancer de vigoureuses attaques contre l'absolutisme et pour en appeler au respect des libertés fondamentales, liberté individuelle, liberté de pensée, liberté d'expression. Unanimes dans leurs refus, ils divergent en revanche dans leurs aspirations, la monarchie modérée d'un Montesquieu n'ayant que peu de points communs avec le despotisme éclairé d'un Voltaire ou, a fortiori, avec le républicanisme démocratique d'un Rousseau.

D'abord freinées par les rigueurs de la censure royale, qui contraignaient nombre d'auteurs à voir leurs textes imprimés en Hollande puis diffusés en France par des réseaux de contrebande, les idées des Lumières gagnent du terrain au fur et à mesure que s'assouplissent, sous l'influence de la Pompadour et de Malesherbes, les mesures de contrôle. À Paris se développe ainsi une vie intellectuelle polarisée autour des salons, qui réunissent philosophes et savants chez d'illustres représentants de l'aristocratie ou de la haute bourgeoisie éclairées. En province, les idées nouvelles se propagent par le biais de tout une sociabilité culturelle qu'incarnent les théâtres, les chambres de lecture, les loges maçonniques et les académies, cependant qu'un peu partout les clubs et les cafés, lieux de la lecture des gazettes, contribuent également à la diffusion de l'esprit des Lumières. Celui-ci est donc avant tout affaire de citadins aisés et cultivés, fractions libérales de la noblesse et du clergé et bourgeoisie « à talent » ; pourtant, par l'intermédiaire des domestiques, qui vivent au contact des milieux favorisés, par les canaux du monde de l'échoppe et de l'atelier également, l'univers

143

La France du temps lent

populaire urbain est peu à peu touché à son tour par une certaine forme de sensibilité aux Lumières, qu'illustre par exemple le *Journal de ma vie*, rédigé à partir de 1764 par Jacques-Louis Ménétra, compagnon vitrier parisien... Parce qu'elles visent l'absolutisme politique et ses assises religieuses, parce qu'elles dénoncent les privilèges de castes qui pèsent comme un carcan sur le progrès collectif, les critiques développées par les Lumières deviennent ainsi un levier de remise en cause des structures traditionnelles. Ainsi qu'en témoignent les pamphlets et les manifestes de l'abbé Sieyès, auteur d'un *Essai sur les privilèges* (1788) et d'un *Qu'est-ce que le tiers état ?* (1789) où, dans le droit fil de la pensée des Lumières, il en appelle à la reconnaissance des droits légitimes d'un tiers état porté par sa frange la plus dynamique, la bourgeoisie, elles détermineront dans une large mesure la sensibilité politique et sociale des hommes de la Révolution.

144

La France du temps rapide

1789-1815 :
la Révolution et l'Empire

La mort de l'Ancien Régime

Mutation, ou révolution ? Rien n'est joué au départ : début 1789 prévaut en effet le sentiment que de profonds changements peuvent s'accomplir sans qu'il soit nécessaire d'en passer par l'épreuve de force. Le réflexe de loyauté envers la monarchie possède une force considérable dans l'opinion, et presque tous espèrent que la collaboration du roi et de la nation permettra d'effectuer les réformes attendues. En cela, si les « origines » de la Révolution montrent bien la nécessité du changement, rien en elles ne postule la chute de la monarchie. Mais la dynamique révolutionnaire, devenant à son tour facteur d'histoire, va progressivement rendre impossible tout compromis...

1789, l'année des tournants décisifs
Lorsqu'il convoque les états généraux, Louis XVI entend se reposer sur le tiers état pour briser la résistance des privilégiés. Mais, faute de véritablement contrôler la situation, il se trouve peu à peu pris au piège d'un processus révolutionnaire qui s'accélère en se nourrissant de lui-même.

La première étape, à bien des égards décisive, en est constituée par la révolution parlementaire du 17 juin... Réunis à partir du 5 mai à Versailles, les états généraux rassemblent environ 300 députés pour la noblesse, 300 pour le clergé et 600 pour le tiers état. Se pose alors la question du type de scrutin ; voter par ordre, selon la tradition, placerait le tiers dans une position minoritaire face aux ordres privilégiés ; en revanche le vote par tête, compte tenu de la présence de représentants du bas clergé et de la noblesse « patriote », placerait les partisans du changement en position de force. Finalement, le 17 juin, rejoints par quelques membres du clergé, les députés du tiers se proclament Assemblée nationale. En lui-même, un tel vote sanctionne d'ores et déjà la fin de l'Ancien Régime : émanation des ordres hiérarchisés, les états généraux cèdent la place à une institution nouvelle issue de la nation... Puis le 20 juin, dans la salle du Jeu de paume, les députés de l'Assemblée nationale vont plus loin encore, par leur serment de ne pas se séparer avant d'avoir doté le royaume d'une constitution. Le roi cède sous la pression des événements et, le 9 juillet, l'Assemblée nationale se proclame Assemblée constituante ; désormais, la souveraineté n'appartient plus au roi mais à l'Assemblée élue par le peuple ; Louis XVI ne règne plus tant par le droit divin que par la force de la loi. Juridiquement, la Révolution est faite...

Au « coup d'État » parlementaire, le roi tente alors d'opposer la force, en renvoyant son ministre Necker et, surtout, en rassemblant ses troupes autour de Paris. Dans un climat proche de la panique, une vive agitation gagne alors les Parisiens ; c'est le premier acte de la révolution populaire avec, le 14 juillet, la prise de la Bastille par des émeutiers en quête d'armes. Une fois de plus, Louis XVI s'incline : il rappelle Necker et accepte de se rendre dans la capitale pour y rencontrer la nouvelle Municipalité et la Garde nationale, commandée par La Fayette.

Mais, s'il semble donc consentir à devenir le roi-citoyen d'une nation souveraine, nulle accalmie ne se fait pour autant sentir, dans la mesure où à leur tour les provinces sont gagnées par l'agitation. Un peu partout, dans les villes, le système administratif d'Ancien Régime s'effondre et cède la place à des municipalités élues, la centralisation traditionnelle

1789-1815 : la Révolution et l'Empire

La révolution parisienne.
La démolition de la Bastille

faisant place à une fédération de pouvoirs locaux issus du vote. En même temps se développe la « Grande Peur » : la disette aidant, les campagnes sont traversées par d'incessantes rumeurs qui font état de l'arrivée prochaine de bandes de pillards. Tout un climat d'exaltation se propage ainsi, pour conduire à une flambée de violence par laquelle les paysans s'en prennent aux seigneurs, à leurs registres et à leurs châteaux, dans une atmosphère d'extrême tension.

Face à la menace que représentent ces troubles ruraux, l'Assemblée cherche alors à rétablir le calme et, dans la nuit du 4 août, vote l'abolition de tous les droits féodaux ayant le caractère d'une servitude personnelle (les autres droits pouvant, eux, être rachetés). Concrètement, le système féodal se trouve ainsi complètement supprimé au profit d'un droit civil bourgeois : égalité des personnes devant la loi comme devant l'impôt, abolition de la vénalité et de l'hérédité des charges, admission de tous à tous les emplois civils et militaires, etc. Pour l'essentiel, la société des trois ordres n'est plus et, dès l'été 1789, l'Ancien Régime est révolu.

La guerre et la chute du roi

De l'automne 1789 à la fin du printemps 1791, le roi et l'Assemblée semblent collaborer dans le cadre nouveau d'une monarchie constitutionnelle ; ainsi, le 14 juillet 1790, la grande fête de la Fédération des Gardes nationaux paraît symboliser l'adhésion de la monarchie et de la Révolution l'une à l'autre, par l'union de tous les Français dans un commun serment de fidélité « à la nation, à la loi et au roi ». Se développe ainsi une véritable vie politique, qui s'appuie sur l'enracinement accru du sentiment national, et qui s'incarne dans la naissance de « clubs », comme le modéré club des Feuillants ou comme le populaire club des Cordeliers, de même qu'elle prend corps à travers l'essor de la presse politique, avec par exemple *l'Ami du peuple* de Marat ou *Les Révolutions de France et de Brabant* de Camille Desmoulins...

L'Assemblée, dominée par les Patriotes constitutionnels (Mirabeau, La Fayette), représentants de la bourgeoisie aisée, s'efforce en effet de consolider les acquis de la Révolution, mais aussi de limiter leur éventuelle extension... Or le nouveau pouvoir révolutionnaire se trouve rapidement confronté à la montée des déséquilibres et des tensions. S'il ne contrôle plus véritablement une administration dont les membres sont désormais élus, il est surtout pris en étau par l'opposition de plus en plus irréductible qui se dessine entre deux forces : Paris, d'un côté, qui tient en son pouvoir le roi et l'Assemblée, et, de l'autre, une noblesse dépouillée de ses privilèges, qui pousse Louis XVI à l'intransigeance et commence à émigrer pour trouver auprès des cours étrangères un refuge et un soutien... Aussi diverses mesures creusent-elles progressivement un fossé de plus en plus large entre les députés et le monarque. Confrontée au problème de l'énorme dette publique contractée par la monarchie, l'Assemblée décide ainsi la confiscation générale des biens du clergé (novembre 1789), puis l'émission de l'assignat, emprunt remboursable sur les revenus de la vente des biens ecclésiastiques, rebaptisés « Biens nationaux » (décembre 1789). Si ce système de l'assignat accentue en fait les difficultés financières en créant de l'inflation, il renforce en revanche le processus révolutionnaire, puisque tous les acquéreurs des biens d'Église ont désormais intérêt à ce que nul retour en arrière ne se produise.

Mais c'est surtout la Constitution civile du clergé, votée le 12 juillet 1790, qui contribue à accroître les tensions politiques. Plus gallican que proprement anti-religieux, ce texte consacre la rupture unilatérale des relations concordataires avec le Vatican, dessaisi du choix des évêques comme de leur institution canonique ; le pape Pie VI rétorque par la condamnation de ce nouveau régime, ouvrant ainsi la porte à la rupture totale entre l'Église « constitutionnelle », minoritaire et fonctionnarisée, et l'Église « réfractaire », fidèle au Saint-Siège et, par là-même, contre-révolutionnaire. Il y a bien là un décisif moment clef, pour le présent comme pour l'avenir : avec ce divorce s'effondre en effet l'un des piliers essentiels du système dans lequel vivaient les Français depuis des siècles...

Or, sans doute profondément heurté par l'attitude de l'Assemblée sur ces questions religieuses, Louis XVI décide alors de chercher l'appui des souverains étrangers. Mais la fuite de la famille royale est arrêtée à Varennes (juin 1791) ; le temps des illusions s'achève, et l'Assemblée suspend temporairement de ses fonctions un roi qui vient de perdre l'essentiel du réel prestige dont il disposait jusqu'alors. En septembre, l'Assemblée constituante cède la place à une nouvelle Assemblée législative élue au suffrage censitaire par environ 25 % des Français ; si elle demeure dominée par les partisans d'une monarchie constitutionnelle, les Feuillants, elle comporte également une active minorité de gauche, incarnée par le courant girondin, ainsi qu'une petite extrême gauche démocrate qui peut s'appuyer sur les sans-culottes parisiens, regroupés en « sections révolutionnaires »...

Cette configuration politique nouvelle conduit la Révolution à son progressif durcissement. Ainsi, si les Feuillants souhaitent maintenir la paix en Europe (en mars 1790, déjà, la Constituante avait solennellement déclaré la paix au monde...), le roi aspire à la guerre, afin de restaurer le *statu quo ante,* et la gauche girondine la désire également, pour diffuser la Révolution à l'extérieur et l'affermir à l'intérieur. Utilisant à cette fin la Déclaration de Pillnitz (en août 1791, l'Autriche et la Prusse ont invité tous les monarques européens à s'unir pour mettre à bas la Révolution), les Girondins ne cessent donc de pousser au conflit et, le 20 avril 1792, l'Assemblée législative déclare la guerre à l'Autriche, que la Prusse s'empresse de rejoindre.

Désormais, et pour longtemps, la guerre constitue donc la permanente toile de fond d'une Révolution au déroulement de laquelle elle va largement participer : l'enthousiasme gagne le pays, porté par le *Chant de guerre pour l'armée du Rhin,* composé par Rouget de Lisle et popularisé par les volontaires marseillais. Mais elle mène aussi à la radicalisation : devant la succession de revers apportés par les premiers combats, une nouvelle phase d'agitation populaire se développe à Paris et, le 10 août, les sans-culottes constituent une Commune insurrectionnelle à l'Hôtel de ville, puis dirigent la prise du palais des Tuileries par la foule. Sous la pression de l'émeute, l'Assemblée doit décider la suspension du roi, la mise en place du suffrage universel et l'élection d'une nouvelle Assemblée constituante appelée Convention nationale. Début septembre, la Commune de Paris organise les premiers massacres perpétrés à l'encontre des « ennemis de la Révolution » et, sitôt installée, la Convention franchit le pas décisif en abolissant la royauté (21 septembre 1792) et en proclamant le 22 septembre « premier jour de l'an I de la République »...

Les fondements idéologiques de la République
Ils sont tout entiers contenus dans la Déclaration des droits de l'homme et du citoyen (26 août 1789), qui affirme avec force l'idée de liberté, souligne de façon plus nuancée le principe d'égalité et repose implicitement sur des valeurs individualistes.

L'idée de liberté concerne en premier chef les libertés individuelles, à travers la notion de garantie contre tout arbitraire du pouvoir (dans cet esprit, une loi de septembre 1791 remplace les magistrats professionnels par des jurys de citoyens tirés au sort), de même que par la garantie de la liberté d'opinion, de conscience et d'expression. En second lieu, les libertés sont aussi conçues dans une perspective collective : la souveraineté politique réside dans la nation, composée de l'ensemble des citoyens et appelée à contribuer à l'élaboration de la loi, expression de la volonté générale ; les différents pouvoirs sont strictement distingués, et les représentants de l'autorité publique doivent être élus, quel que soit leur niveau d'exercice.

Pour sa part, le principe d'égalité s'incarne principalement dans l'égalité civile (« les hommes naissent et demeurent libres et égaux en droits »), et implique l'égalité de tous devant la loi, l'impôt et l'accès aux charges professionnelles. Mais, si la propriété figure au rang des « droits naturels et imprescriptibles de l'homme », l'idée d'égalité sociale n'est guère présente ; quant à l'égalité politique, elle ne concerne que les hommes et se limite aux bornes d'un système censitaire dont sont au départ exclus plus des trois quarts des citoyens majeurs. A ce principe des égalités individuelles se joint par ailleurs celui de l'égalité des collectivités : face à l'inextricable enchevêtrement de circonscriptions et de pouvoirs locaux dont l'Ancien Régime avait hérité de ses assises médiévales, le décret du 15 janvier 1790 met en place une organisation administrative radicalement nouvelle, fondée sur la division du territoire national en 83 départements fonctionnant de manière uniforme. D'ailleurs, le souci d'unité et d'homogénéité ne se limite pas à la seule configuration des circonscriptions locales ; l'on projette ainsi, sous la houlette de Cambacérès, de rassembler en un seul et même Code la diversité des droits et des coutumes qui se partagent l'espace national, et l'on met en place, avec le système métrique (1791), un unique ensemble décimal de poids et mesures recouvrant tout le pays...

Enfin, la Révolution transforme les « corps » et les « communautés » en une juxtaposition d'individus, par la mise en avant de l'individualisme économique et social. En mars 1791, le décret d'Allarde supprime les communautés de métiers, les jurandes : c'en est fini de toute l'organisation corporative de l'économie, remplacée par l'âge de la libre concurrence. De même, en juin 1791, la loi Le Chapelier pose le principe de la liberté du travail, interdit les grèves et les associations professionnelles. Plus aucune entrave de fond ne vient donc freiner l'essor du pré-capitalisme industriel et, en ce sens, la Révolution constitue bien une « révolution bourgeoise ».

De la tourmente révolutionnaire à la « normalisation » consulaire

Septembre 1792 : la Convention succède à la Législative, et la République à la monarchie. Mais la nouvelle assemblée et, avec elle, le nouveau régime se trouvent d'emblée confrontés à une situation périlleuse. Hors de ses frontières, la Convention doit affronter sur le champ de bataille la coalition des souverains européens. A l'intérieur, portée au pouvoir par une émeute, celle du 10 août, et élue par une minorité, elle subit une double menace : sur sa gauche, elle risque de se faire déborder par l'égalitarisme des sans-culottes et par l'émeute parisienne ; sur sa droite, elle peut être renversée par la réaction royaliste. Aussi le régime issu du 10 août vit-il dans une perpétuelle instabilité...

1792-1794, les années terribles de la République montagnarde
Au sein de la Convention s'opposent deux tendances majeures, d'une part les Girondins, ancienne gauche de l'Assemblée législative désormais rejetée à droite, et d'autre part les Montagnards (ainsi nommés parce qu'ils siègent sur les bancs les plus élevés). Entre les deux, une majorité d'indécis forment la Plaine, dont l'attitude fluctuante revêt une importance décisive...

Début 1793, les Girondins semblent maîtres de la situation. Bourgeois éclairés, libéraux et légalistes dont les assises sont plus provinciales que parisiennes, conduits par des hommes tels que Brissot, Pétion ou Guadet, ils mènent une lutte sans répit pour imposer leurs vues à la minorité montagnarde animée par Robespierre, Saint-Just, Danton, Desmoulins ou Marat. Pourtant, ils ne parviennent pas à dessaisir Paris de sa place motrice dans la vie politique, pas plus qu'ils ne peuvent empêcher la condamnation à mort du roi, puis son exécution le 21 janvier 1793. Dans le même temps, la situation militaire paraît également leur échapper, malgré les victoires de Valmy (septembre 1792) et de Jemmapes (novembre) : à partir de la mort de Louis XVI, c'est désormais l'Europe entière qui se ligue contre les armées républicaines, et dès lors les revers se multiplient, tandis qu'à l'intérieur se soulèvent les paysans catholiques de l'Ouest et qu'éclate, à partir de mars 1793, la première guerre de Vendée... Une armée « catholique et royale » s'empare ainsi de Saumur et d'Angers, puis les Chouans franchissent la Loire pour tenter de faire jonction avec les troupes anglaises.

Débordés de toutes parts, les Girondins doivent donc accepter, au printemps 1793, le vote de diverses mesures d'exception qui constituent la « première Terreur » : envoi de conventionnels dans les départements pour y activer la levée des troupes, création d'un Tribunal révolutionnaire, mise en place dans chaque commune d'un Comité révolutionnaire chargé de démasquer les ennemis de la Révolution, naissance enfin d'un Comité de salut public de douze membres chargés de contrôler l'action des ministres. Sentant alors que le pouvoir lui échappe, la Gironde dénonce le dérapage vers la dictature, mais les émeutes répétées des sections sans-culottes conduisent à sa chute : le 2 juin 1793, la plupart des Girondins sont arrêtés et exécutés.

Ainsi parvenus au pouvoir, les Montagnards héritent d'un présent particulièrement difficile et tendu : un pays envahi par les troupes étrangères et déchiré par la guerre civile, une profusion de soulèvements provinciaux déclenchés soit par les royalistes soit par les Girondins, un Trésor vide et un assignat qui a perdu environ 80 % de sa valeur nominale, l'extension de la disette et de l'agitation sociale... Ajoutées à un idéal égalitaire de petits paysans propriétaires et de petits boutiquiers et artisans, ces innombrables difficultés expliquent les mesures d'exception prises alors par le Comité de salut public, entre les mains duquel se concentre désormais la réalité du pouvoir. Dès juin 1793, une nouvelle Constitution, dite « Constitution de l'an I », s'efforce d'approfondir les acquis de la Révolution ; si la propriété perd son caractère « inviolable et sacré », le nouveau texte proclame en revanche la liberté de réunion (l'esclavage étant pour sa part aboli en février 1794), ainsi que le droit des pauvres à l'assistance et à l'instruction ; en outre, la souveraineté du peuple s'exprime dorénavant par le suffrage universel (masculin...), par le droit de pétition et d'insurrection. Mais la Convention montagnarde suspend l'application de cette nouvelle Constitution en décrétant que « le gouvernement provisoire de la France est révolutionnaire jusqu'à la paix » : à circonstances exceptionnelles, vie politique exceptionnelle...

En effet, animé par Robespierre, « l'Incorruptible », le Comité de salut public s'engage dans la voie de la radicalisation accélérée ; début septembre 1793, la Terreur est officiellement mise à l'ordre du jour, puis est votée une « loi des suspects » qui rend tout ennemi de la Révolution passible de la guillotine. Pendant que se développe donc une intense répression, qui prend également la forme d'une large campagne anti-chrétienne (persécution des prêtres réfractaires, mascarades tournant la religion en dérision, destructions dans les églises, remplacement des anciens registres paroissiaux par ceux de l'état civil, mise en place d'un « calendrier révolutionnaire »), la Montagne opte en outre pour le dirigisme économique, par la loi « du Maximum général » qui bloque les prix et les salaires.

Cette politique pour le moins énergique porte peu à peu ses premiers fruits et les périls, tant intérieurs qu'extérieurs, s'estompent... Initialement composée de volontaires, l'armée se renforce avec la levée de 300 000 hommes en mars 1793 et, surtout, la « levée en masse » de septembre ; l'automne voit dès lors s'ébaucher le redressement, puis la victoire de Fleurus (juin 1794) permet de reprendre l'offensive. Et, dans l'Ouest, les insurgés sont défaits à Savenay (décembre 1793), les troupes républicaines ravageant ensuite la région...

Mais Robespierre et son entourage sont en fait entrés dans un périlleux engrenage, celui d'un rigorisme politique qui implique la fuite en avant dans la violence ; en mars 1794 sont ainsi jugés et exécutés Hébert, le journaliste du populaire *Père Duchesne*, et ses amis les « Enragés », symboles de l'extrême gauche révolutionnaire ; puis vient en avril le tour de Danton, de Desmoulins et des « Indulgents », condamnés pour leur manque d'ardeur. Ainsi, s'il entend imposer une « dictature de la vertu » pour consolider la République, par exemple par sa tentative de substituer au catholicisme un culte civique de l'« Être Suprême », Robespierre aboutit avant tout, tant de par le poids des circonstances que de par la nature même de son projet politique, à la systématisation de la Terreur : de la mi-juin à la fin juillet 1794, l'on dénombre près de 1 400 exécutions sur la seule place de Paris...

Il en résulte bien vite la constitution d'une sorte de « coalition de la peur » regroupant des modérés, comme Carnot, et d'anciens hébertistes, tels Tallien, Fouché ou Barras. Le 27 juillet 1794 (9 Thermidor an II dans le calendrier révolutionnaire), la Plaine abandonne Robespierre et vote son arrestation ; il est exécuté dès le lendemain, en même temps que Saint-Just et que plusieurs de ses proches.

1794-1799 : la République bourgeoise des Thermidoriens

Après le temps des Girondins, puis celui des Montagnards, s'ouvre donc celui de la Plaine : c'est l'époque thermidorienne du Directoire, qui constitue une sorte de tentative de pause dans le processus révolutionnaire, et cela au profit de la consolidation d'une République bourgeoise et modérée. Sur le plan politique, la « réaction thermidorienne » voit le pouvoir contrôlé avant tout par les hommes de la Plaine (Barère, Cambacérès, Sieyès...), soucieux de stabiliser le régime et sa vie politique ; dès août 1794, la Terreur est mise entre parenthèses et la Commune de Paris supprimée, cependant que sont rapidement abandonnés la répression anti-catholique et le dirigisme économique. Puis l'échec des ultimes tentatives de soulèvement des sections révolutionnaires montagnardes aboutit à l'écrasement du mouvement sans-culotte, rapidement suivi d'une lutte efficace contre la « Terreur blanche » développée par les royalistes dans le Sud-Est...

Ainsi raffermis, les Thermidoriens peuvent élaborer une nouvelle Constitution (« de l'an III »), votée en août 1795, caractérisée par le refus implicite de la démocratie sociale (strictement juridique, l'égalité ne saurait être économique) et par la mise en place de barrières contre tout risque de dictature (rigoureuse séparation des pouvoirs, dans le cadre d'un système bicaméraliste – Conseil des Cinq-Cents et Conseil des Anciens – qui attribue l'exécutif à un Directoire de cinq membres choisis par les Chambres). Par ailleurs, afin d'assurer la durée du régime par la mise en place de structures d'encadrement efficaces, les vainqueurs de Robespierre déploient une vaste activité sur le terrain des institutions scolaires et culturelles : création dans chaque département d'une École centrale (l'ancêtre des lycées...), fondation de l'École normale supérieure et de l'École centrale des travaux publics, mise en place ou développement du musée du

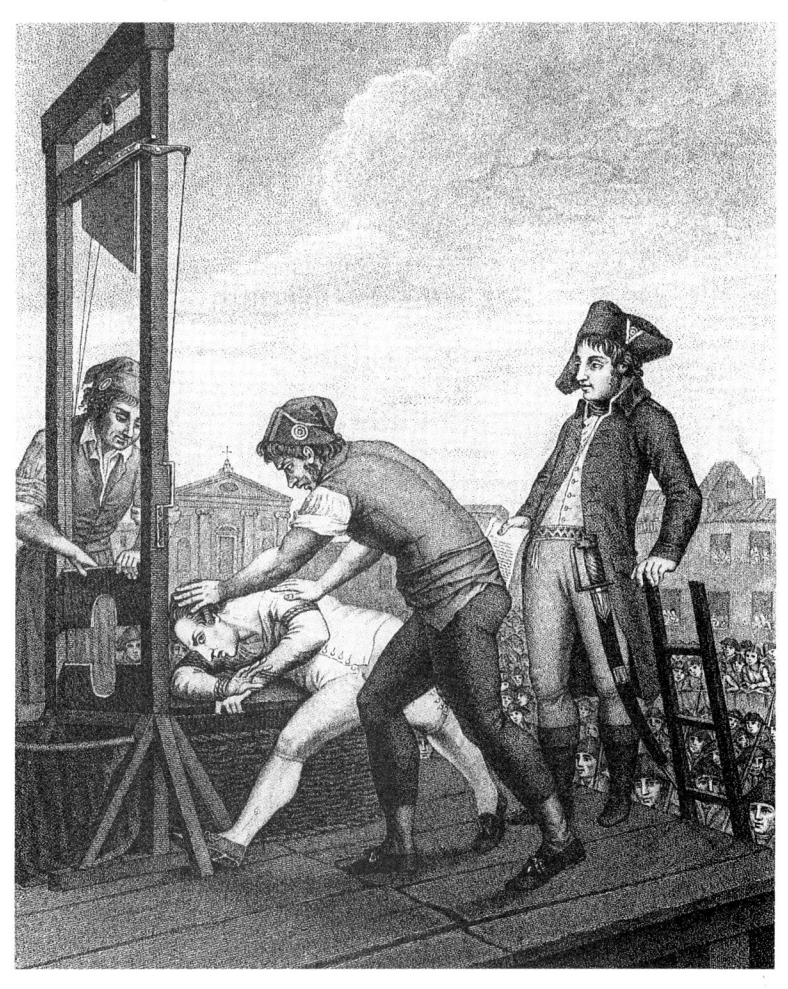

Le tournant de Thermidor,
la mort de Robespierre

Louvre, des Archives nationales, de la Bibliothèque nationale, de l'Institut de France, etc.

Mais le projet de consolidation de la République modérée se heurte rapidement au retour de l'agitation politique ; constamment menacé sur sa gauche, puis sur sa droite, le pouvoir thermidorien prend sans cesse appui sur l'une pour combattre l'autre, et dans cette succession de coups de force réprimés il accroît en permanence le rôle politique de l'armée. En octobre 1795, l'on doit ainsi faire appel à deux jeunes généraux jacobins, Brune et Bonaparte, pour faire échec à l'insurrection royaliste de Vendémiaire. Quelques mois plus tard, en mai 1796, la répression se dirige contre l'extrême gauche, en la personne de Babeuf et de sa « conspiration des Égaux ». Puis c'est à nouveau la menace royaliste qui plane sur le Directoire : si elle a échoué sur le terrain des armes (la tentative de débarquement des émigrés à Quiberon, en juin 1795, s'est soldée par un fiasco, et les principaux chefs vendéens, Charette et Stofflet, ont été pris et fusillés début 1796), elle se développe en revanche par la voie des urnes. En effet, une large part de l'électorat aspire avant tout au calme et, estimant que le risque provient surtout de la gauche jacobine, se rallie aux candidats royalistes lors des élections du printemps 1797. Une fois de plus, le Directoire doit faire appel à l'armée, avec Bonaparte, qui fait procéder à l'arrestation des dirigeants royalistes en septembre.

Mais les élections du printemps 1798, puis celles du printemps 1799, consacrent alors le retour en force des Jacobins, qui profitent de l'impopularité croissante du Directoire, discrédité par tant d'instabilité. C'est dans cette atmosphère troublée que Bonaparte, auréolé notamment des succès militaires obtenus lors de la campagne d'Italie, revient d'Égypte en octobre 1799...

Car, en ces années incertaines du Directoire, c'est bel et bien l'armée qui, de plus en plus, s'est affirmée comme un phare pour l'opinion. Après la victoire de Fleurus, en 1794, et l'ébauche, avec l'entrée en Belgique, d'une « Grande Nation » porteuse de l'idéal révolutionnaire, la Prusse, l'Espagne et la Hollande ont signé la paix dès 1795. Face à l'Autriche, Bonaparte a fait preuve de son talent lors de la fulgurante campagne d'Italie (1796-1797), conclue par la paix de Campoformio en octobre 1797. Sauveur de la République et forgeron d'une Europe nouvelle composée de « républiques sœurs » (batave en Hollande, helvétique en Suisse, cisalpine, ligurienne, romaine et napolitaine en Italie), il a certes dû subir l'affront d'Aboukir (en août 1798, la flotte française, engagée dans l'expédition d'Égypte afin de couper les routes commerciales anglaises, est écrasée...), mais n'en bénéficie pas moins d'une large popularité... S'ourdit alors un vaste complot qui réunit, autour du général victorieux — dont l'on attend qu'il ne joue qu'un simple rôle d'instrument... —, trois membres du Directoire (Sieyès, Barras et Ducos), plusieurs ministres (Fouché, Talleyrand, Cambacérès), des banquiers et des hommes d'affaires (Perrégaux, Collot). Les 18 et 19 brumaire an VIII (9 et 10 novembre 1799), avec l'aide de son frère Lucien, président du Conseil des Cinq-Cents, Bonaparte opère un coup d'État immédiatement couronné de succès, avec la dissolution du Directoire et la création d'une commission de trois consuls, Bonaparte, Sieyès et Ducos : dix ans après 1789, Brumaire clôt la Révolution...

Un bilan ?

La Révolution représente assurément un ébranlement majeur, dont procèdent notamment toute l'histoire politique de la France du XIXe siècle et même, au-delà, la configuration des répétitives « guerres franco-françaises » qui agiteront l'opinion au moins jusqu'à la guerre d'Algérie... Elle détermine en effet des clivages profonds et durables, au point que l'on peut dans une certaine mesure se demander si aujourd'hui encore la France en a vraiment fini avec son héritage. Mais l'on ne saurait pour autant voir en elle un événement totalement isolé. En effet, il apparaît au contraire qu'elle s'inscrit dans un mouvement d'ensemble, que l'on a pu appeler la « révolution atlantique » : en amont, de 1776 à 1783, la « révolution » américaine, guerre de libération nationale mais aussi mise en place d'un système politique nouveau ; de même, toujours en amont, les troubles sociaux que traverse l'Angleterre dans les années 1780, ainsi que l'agitation politique que connaissent les Provinces-Unies et les Pays-Bas durant ces mêmes années 1780 ; en aval, tous les remous politiques de la première moitié du XIXe siècle (mouvements d'indépendance en Amérique du Sud, vague de conspirations qui ébranle l'Espagne, le monde allemand ou le royaume de Naples après 1820, révolutions européennes de 1830 et de 1848). Ainsi, des années 1780 au milieu du XIXe siècle, une même onde parcourt l'espace atlantique, soulignant l'inadaptation des institutions et des structures face aux aspirations nouvelles. Cependant, si la Révolution française ne constitue donc pas à proprement parler un fait isolé, il n'en demeure pas moins qu'elle revêt une ampleur toute particulière et qu'elle présente des caractères bien spécifiques, tant par la profonde rupture qu'elle instaure que par la façon dont, paradoxalement, elle prolonge, avant même la systématisation qu'apporteront le Consulat et l'Empire, l'entreprise de centralisation et de contrôle de la société déployée par l'État monarchique depuis la fin du Moyen Age...

Car, en l'espace restreint d'une dizaine d'années, se sont en fait combinées *plusieurs* révolutions (celle des députés du tiers état, celle des paysans, celle du peuple de Paris), cependant que se succédaient diverses phases révolutionnaires, chacune apportant son personnel, son programme et son héritage. La crise pré-révolutionnaire, étape préliminaire, opposa au pouvoir royal la résistance des privilégiés, par le biais de l'Assemblée des notables, des États provinciaux et des parlements. Puis commença la Révolution proprement dite, quand les états généraux décidèrent de se transformer en Assemblée nationale : s'opéra ainsi le premier tournant décisif, avec le transfert de la souveraineté du roi vers la nation. Cette « révolution des juristes » devait se prolonger avec l'Assemblée constituante, dont l'œuvre libérale et individualiste prit somme toute un aspect plus anti-nobiliaire que proprement anti-monarchique. Mais avec la crise du 10 août 1792 s'ouvrit une phase nouvelle, celle de la proclamation de la République et de la mise à mort du roi. La

Révolution se radicalisait, son moteur n'étant plus tant la bourgeoisie modérée que le petit peuple de Paris. Dans le même temps, la Révolution décentralisatrice des Feuillants et des Girondins faisait place à la Révolution autoritaire et centralisatrice des Jacobins et des Montagnards... En province, de nouveaux pouvoirs se substituaient aux municipalités traditionnelles, tandis que dans les campagnes la révolution paysanne menait à l'émancipation complète de la terre et à la suppression définitive des reliquats de la féodalité. Enfin, après Thermidor, se développa un tout autre moment révolutionnaire, plus complexe mais globalement plus proche de la Révolution bourgeoise et libérale que de la Révolution populaire et démocratique-autoritaire : c'est à Bonaparte qu'il reviendra de départager ces deux voies possibles, le coup d'État de Brumaire marquant le terme des dix années d'oscillations et de rebondissements que venait de connaître la France.

Dix années assurément fertiles, tant sont divers et nombreux leurs prolongements. Dans la sphère de l'État, la Révolution modifie ainsi d'un même mouvement les principes et les pratiques de la vie politique. Celle-ci devient l'affaire de tous et se présente désormais comme l'une des activités les plus valorisées de la vie collective, en même temps que son champ s'élargit à des objets nouveaux comme l'assistance ou l'instruction... Par ailleurs, elle s'organise selon de nouveaux modes de régulation, la consultation du peuple par la voie des élections, la délibération publique des assemblées, l'influence de la presse et des clubs ou associations, ancêtres des partis politiques modernes... Dans tous ces domaines, et jusqu'au clivage gauche-droite, l'expérience révolutionnaire définit ainsi le cadre de la vie politique contemporaine.

De même, elle ébauche de nouvelles formes de gestion administrative, que la période consulaire ne tardera pas à systématiser et à consacrer : une fois enterrée l'expérience girondine, la Révolution jacobine entreprend tout un travail de centralisation, de hiérarchisation et d'uniformisation dont les effets, accentués par les Thermidoriens et, plus encore, par Bonaparte, se font encore sentir aujourd'hui. Dans le domaine des rapports entre religion et société civile, la Révolution marque également un moment clef, en ouvrant la voie au processus de laïcisation qui ne cessera par la suite de se développer, via la séparation du religieux et du politique, de l'Église et de la puissance publique. Du point de vue économique et social, le tournant s'avère plus radical encore. En détruisant les cadres de la société d'Ancien Régime, les révolutionnaires instaurent un ordre nouveau, fondé sur l'égalité civile, le libéralisme et l'individualisme, qui seront les piliers du XIXe siècle bourgeois et de l'essor du capitalisme en France.

Enfin, l'idée nationale participe elle aussi des apports révolutionnaires, en ce qu'elle sort renforcée de la décennie inaugurée en 1789 : élimination de principe des particularismes locaux, prise de conscience dans l'opinion de l'appartenance à une communauté nationale, apparition de guerres de masse à valeur à la fois idéologique et patriotique, tous ces éléments nouveaux sont, eux aussi, appelés à un avenir durable...

Le Consulat et l'Empire

Si les hommes de Brumaire voulaient à la fois fortifier la République et consolider les acquis de la Révolution, le coup d'État ouvre en fait la voie à un régime autoritaire, Bonaparte se présentant comme l'homme providentiel seul capable d'assurer l'ordre et la stabilité auxquels aspire la majeure partie des Français. Commence ainsi le temps d'une « épopée napoléonienne » qui, si elle mène les troupes françaises à travers l'Europe entière, n'en constitue pas moins, par ailleurs, une phase essentielle de stabilisation intérieure, fixant pour de nombreuses décennies les cadres de la nouvelle société bourgeoise...

1799-1804, le Consulat : remise en ordre et pouvoir personnel
Après le 18-Brumaire, Bonaparte cherche à s'affirmer comme l'artisan de la réconciliation nationale, bâtie à la fois sur la séduction (ralliement) et sur la force (élimination), et

fondée sur l'acceptation de l'héritage révolutionnaire. Mais, et c'est là sa spécificité, cette réconciliation reprend aussi à son compte des éléments issus de l'Ancien Régime, en une tentative de synthèse autoritaire et centralisatrice qui vise à rétablir le calme en se fixant comme objectifs prioritaires le bon fonctionnement de l'État et le contrôle efficace de la société.

Rien de plus clair à cet égard que la façon dont Bonaparte présente la Constitution de l'an VIII (décembre 1799) : « La Révolution est fixée aux principes qui l'ont commencée ; elle est finie. »... Concrètement, la souveraineté populaire, reconnue par l'institution d'un suffrage presque universel, se trouve escamotée par le fait que les représentants politiques sont en réalité choisis par le pouvoir. De même, l'instance législative se dilue dans une fragmentation délibérée (la Constitution juxtapose quatre assemblées distinctes, Conseil d'État, Tribunat, Corps législatif et Sénat), et ses membres sont nommés par l'exécutif. Ce dernier est confié à trois consuls, Bonaparte, Cambacérès et Lebrun ; mais l'essentiel du pouvoir se concentre entre les mains du Premier consul, Bonaparte ; irresponsable devant les assemblées, il nomme les ministres, les fonctionnaires, la plupart des magistrats, et lui seul a l'initiative des lois et le pouvoir de les promulguer. Le pouvoir n'est donc déjà plus collégial, mais personnel : en cela aussi, la Révolution est achevée...

Car, entouré d'un personnel politique diversifié (révolutionnaires de toutes tendances, royalistes, scientifiques et écrivains), le Premier consul gouverne bien seul, fort de son immense capacité de travail et de l'autorité personnelle dont il sait rayonner. Ses ministres ne sont plus que de simples commis, placés au sommet d'une hiérarchie administrative efficacement centralisée et uniformisée, qui compte pour pièce maîtresse le ministère de l'Intérieur, confié à Fouché. Ainsi, la loi de février 1800 réorganise le système départemental en substituant aux élus des fonctionnaires nommés par le pouvoir central, qu'il s'agisse des maires ou surtout, nouveauté appelée à une belle longévité, des préfets. Cette réforme du système administratif s'accompagne d'une refonte de l'édifice judiciaire (mars 1800), qui remplace elle aussi l'élection des juges par leur nomination et leur fonctionnarisation. Et c'est également de cette volonté de remise en ordre que procèdent les diverses réformes financières : mise en place d'une administration fiscale centralisée (novembre 1799 et mars 1800), création en 1800 de la Banque de France, institution privée qui reçoit bientôt le privilège exclusif de l'émission des billets, ou encore, par la suite, lancement en 1803 du « franc germinal »...

Cette France nouvelle est aussi une France pacifiée. Par la paix avec l'Autriche (traité de Lunéville en 1801) et avec l'Angleterre (traité d'Amiens en 1802), elle rompt avec une période de dix années de guerre ininterrompue... Et, sur le plan intérieur, Bonaparte s'attache à résorber les diverses oppositions potentielles. Le mouvement républicain jacobin est facilement décapité, tandis qu'une nouvelle guerre de Vendée (1799-1800) se solde elle aussi par la victoire. De même, l'échec de l'attentat royaliste de la rue Saint-Nicaise, dirigé contre le Premier consul en décembre 1800, permet au pouvoir de faire exécuter de nombreux opposants.

Mais si la pacification politique passe donc par la répression, elle revêt également l'aspect d'une active campagne en direction de l'opinion catholique, symbolisée par la signature avec le Vatican du Concordat de juillet 1801. Si, malgré la demande pontificale, le catholicisme ne retrouve pas son statut de religion d'État, cet accord n'en marque pas moins le rétablissement des relations entre Paris et Rome, qui reconnaît le gouvernement français et impose au clergé un serment de fidélité à la République, celle-ci s'engageant de son côté à subvenir aux besoins matériels de l'Église de France. Ainsi, et plus encore après la publication des « Articles organiques » d'avril 1802 (décidés unilatéralement par la France, ils modifient le Concordat dans un sens nettement gallican et renforcent sensiblement le pouvoir de l'État sur l'Église), le catholicisme français se trouve à la fois rallié et, dans une large mesure, soumis : réalisation d'un objectif essentiel aux yeux du Premier consul, pour qui la religion n'est pas « le mystère de l'incarnation, mais celui de l'ordre social »...

Une fois opérée cette première stabilisation, Bonaparte entreprend de doter la France de bases nouvelles et solides, par la redéfinition de ses cadres sociaux (« Il faut jeter sur le sol de la France quelques masses de granit »...), tout en continuant à développer et à renforcer son pouvoir personnel.

C'est ainsi qu'est menée une vaste réorganisation de l'enseignement secondaire, dans la perspective du recrutement et de la formation des futures élites ; tandis que l'instruction des filles et celle des pauvres sont abandonnées aux communes, aux fondations privées et à l'Église, il s'agit en revanche de forger un corps d'officiers, de fonctionnaires et d'industriels issus de la petite et moyenne bourgeoisie, et susceptibles de constituer pour l'État une armature aussi docile qu'efficace. La loi de mai 1802 institue à cette fin les lycées, qui conservent de l'Ancien Régime les études littéraires classiques, l'internat et la discipline quasi militaire, et qui retiennent de la Révolution la formation scientifique et la présence d'enseignants civils.

A ces futurs cadres de la nation, l'on propose en outre l'horizon de structures nouvelles, dont la Légion d'honneur représente un prototype. Créée en 1802 et formée d'hommes choisis par le Premier consul, elle ne constitue pas encore à proprement parler une décoration, mais plutôt une sorte de milice du régime, au sein de laquelle doivent s'agréger ses meilleurs sujets... Si la Légion d'honneur correspond donc bel et bien à un projet de société global, celui-ci s'incarne plus encore dans le Code civil de mars 1804, véritable charte juridique et sociale du nouveau régime. Issu de la volonté d'harmoniser un droit jusqu'alors composé de traditions disparates (droit romain dans la France du Sud, « coutumes » diverses dans celle du Nord), le Code civil, avec ses 2 281 articles, opère une vaste synthèse intégrant des héritages de l'Ancien Régime aux apports du droit révolutionnaire : autorité masculine dans la famille, confirmation de la suppression de la féodalité, pleine reconnaissance du droit de propriété, liberté du travail favorisant avant tout les employeurs, égalité civile, laïcité, etc.

Mais, en même temps qu'il installe ces « masses de granit », Bonaparte poursuit son processus de personnalisation accrue du pouvoir. Après avoir écarté les généraux républicains (Brune, Lecourbe), il organise au printemps 1802 un plébiscite dont les résultats lui permettent de se faire proclamer Consul à vie (août 1802) ; parce qu'il garantit à la fois l'ordre et les acquis de la Révolution, en un mélange inédit d'autoritarisme et de démocratie plébiscitaire, le bonapartisme semble apporter ainsi la preuve du soutien dont il dispose dans la population... Dès lors, la nouvelle Constitution aussitôt promulguée fait de Bonaparte un véritable souverain. Ainsi le 15 août 1802, jour de son anniversaire, est célébré comme une fête nationale et, dès 1803, son effigie, telle celle d'un monarque, apparaît sur les pièces de monnaie ; dix ans après la chute de Louis XVI, la France est gouvernée par un presque roi issu de la Révolution...

1804-1815 : entre le despotisme et le fracas des armes, la monarchie impériale

La guerre avait favorisé l'ascension du général Bonaparte ; la paix avait permis au Premier consul Bonaparte d'accéder à un pouvoir quasi absolu ; la guerre, qui reprend de nouveau dès mai 1803, lui donne enfin l'occasion de devenir un véritable monarque héréditaire, la création de l'Empire étant présentée comme une mesure défensive rendue nécessaire par les manœuvres anglo-royalistes.

En mars 1804, la police arrête à Paris le chouan Cadoudal, animateur d'un complot préparé de concert avec les milieux émigrés de Londres, réunis autour du comte d'Artois, le second frère de Louis XVI. Persuadé — d'ailleurs à tort — que la conjuration était dirigée par le duc d'Enghein, petit-fils du prince de Condé, Bonaparte le fait enlever et exécuter : ayant ainsi fait couler le sang d'un Bourbon, il peut dès lors se présenter comme la meilleure des garanties contre le retour au pouvoir de la famille royale... Aussi, le 18 mai 1804, le Sénat déclare-t-il que « le gouvernement de la République est confié à un empereur », et que Napoléon Ier est « empereur héréditaire des Français », hérédité immédiatement confirmée par un plébiscite aussitôt organisé.

C'est donc sans difficulté que l'Empire s'installe ; d'ailleurs, tout du moins au départ, il est encore censé ne constituer qu'une modalité du régime républicain (le calendrier révolutionnaire est utilisé jusqu'en janvier 1806 et, jusqu'en 1808, les monnaies portent la double mention « République Française, Napoléon Empereur »...). Mais le caractère dynastique et militaire du régime est pourtant bien marqué, par exemple à travers la constitution d'une fastueuse cour impériale, la nomination de maréchaux d'Empire, ou la transformation de la Légion d'honneur en une décoration qui rappelle les distinctions de l'Ancien Régime... Et, comme sous cet Ancien Régime, le pouvoir politique cherche à s'appuyer sur la légitimation de l'Église, par l'intermédiaire de la cérémonie du 2 décembre 1804, durant laquelle le pape Pie VII sacre Napoléon empereur à Notre-Dame de Paris. Mais, le même jour, le nouvel empereur s'engage solennellement à défendre tous les acquis de la Révolution, affirmant ainsi la permanente dualité d'un monarque couronné qui entend demeurer le soldat de la Révolution.

Dès lors, quoique l'organisation des pouvoirs ne soit guère modifiée en apparence, le régime s'engage dans la voie d'un autoritarisme de plus en plus sensible. Le passage au despotisme pur et simple s'effectue en premier lieu par un processus de concentration radicale de la puissance publique : les Assemblées sont totalement mises au pas, les ministres jugés trop indépendants sont écartés (Talleyrand perd ainsi les Affaires étrangères en 1807, et Fouché l'Intérieur en 1810). De même, l'Église est utilisée comme un simple rouage de l'État, et doit diffuser un « catéchisme impérial » (1806) qui enseigne aux fidèles un idéal de totale soumission à l'Empereur, tandis qu'une loi de 1806 met en place un système universitaire public et laïc par lequel, du fait de son monopole sur la collation des grades, l'État impérial est seul maître de l'accès aux carrières libérales et aux fonctions publiques. Par ailleurs, le despotisme impérial se traduit par le déclin continu des libertés, qui souffrent du développement des juridictions d'exception, par l'extension du contrôle et de l'arbitraire policiers, ainsi que par l'installation d'une très stricte censure touchant notamment la presse et la vie culturelle.

Dans ce domaine, le tumulte des années révolutionnaires semblait certes ne guère avoir été fort propice à l'épanouissement artistique, tout particulièrement en ce qui concerne la littérature. Il n'en demeure pas moins toutefois que la Révolution avait su développer par ses fêtes (fête de la Fédération, fête de l'Être Suprême, innombrables célébrations provinciales...) toute une mise en scène politique riche de symboles nouveaux, également illustrée par l'œuvre néoclassique de David, député à la Convention puis peintre officiel du régime impérial. Et c'est bien, en effet, le « style Empire » qui peu à peu s'impose comme le reflet de la nouvelle société française : avec David, avec la vogue d'un décor et d'un mobilier raides et massifs, avec l'édification de lourds monuments à l'antique tels que la Madeleine et, face aux Tuileries, les deux arcs de triomphe érigés à la gloire de l'Empereur, plus qu'avec Géricault, Chateaubriand et Mme de Staël — qui déjà annoncent la vague romantique —, la France napoléonienne rêve de grandeur...

Ainsi placé sous une étroite tutelle, le corps social se présente donc à bien des égards comme une structure stabilisée. La Révolution avait eu ses perdants, noblesse et clergé notamment... Les nobles ont vu disparaître leur prestige, leurs pouvoirs et leurs privilèges, et leurs assises économiques ont été amputées par l'abolition des droits féodaux, comme par la confiscation d'une large part (environ 50 %) de leur patrimoine foncier. L'Église elle aussi a dû enregistrer un sensible recul de son poids économique, et, surtout, ses prérogatives comme son pouvoir d'encadrement ont été sévèrement remis en cause, malgré la restauration partielle opérée par le Concordat... Si une partie de la bourgeoisie urbaine d'Ancien Régime, en particulier celle de la rente, des offices et du commerce colonial, eut quant à elle à souffrir de la crise des assignats et du ralentissement de l'activité économique, le petit peuple urbain en subit plus encore les effets, du moins jusque vers 1797-98. Mais, en consacrant

L'épopée militaire du général Bonaparte :
la bataille des Pyramides (Antoine-Jean Gros)

l'avènement des notables dans le cadre d'une hiérarchie sociale désormais déterminée par l'argent et par la propriété, le Consultat et l'Empire définissent de manière durable les structures de la société française post-révolutionnaire...

Le monde rural, qui bénéficie d'une relative prospérité grâce au mouvement de hausse des prix agricoles, apporte ainsi au régime impérial un large soutien, et ce n'est que peu à peu, surtout à partir de 1810 environ, que le poids des guerres napoléoniennes provoquera une certaine désaffection. Pour leur part, les milieux populaires urbains sont strictement contrôlés, notamment du fait de l'instauration en 1803 d'un livret ouvrier qui facilite la surveillance policière et la domination des employeurs. Et, soucieux d'ordre et de hiérarchisation, le pouvoir impérial favorise avant tout l'émergence d'un nouveau monde de notables, au sein duquel sont en principe appelées à se fondre les aristocraties du nom, de l'argent et de la fonction. Alors que la noblesse d'Ancien Régime refuse en fait de se rallier à l'Empire, et se consacre surtout à la gestion des restes de son domaine foncier, Napoléon crée en revanche une noblesse d'Empire (1806) principalement constituée de militaires, et cherche constamment à s'appuyer sur la bourgeoisie du négoce et de l'industrie (Richard-Lenoir, Mallet, Laffitte...), ainsi que sur une fonction publique dont le considérable essor offre de nouvelles possibilités d'ascension sociale aux familles de la petite et moyenne bourgeoisie, souvent touchées par les difficultés économiques.

Certes, dans ce domaine de l'économie, court et long termes doivent être soigneusement distingués : si, dans l'immédiat, les années 1789-1815 se caractérisèrent par un sensible blocage issu d'une large désorganisation de l'activité, elles n'en ouvrirent pas moins la porte, en revanche, à l'avènement de la croissance capitaliste moderne... A partir de 1792-93 surtout, la période révolutionnaire a en effet connu un véritable effondrement, facilement explicable par la conjonction de la guerre civile, des guerres extérieures et de l'inflation liée au système de l'assignat. Les villes en particulier furent sévèrement touchées par les crises de subsistance (ainsi en 1792) et par la « cherté », et l'accalmie thermidorienne, tout en permettant un début de reprise, ne parvint guère à juguler l'inflation ; au total, vers 1800, l'activité manufacturière ne représentait encore qu'environ 60 % de son niveau d'avant 1789... De ce point de vue, le Consulat devait en revanche apporter une réelle amélioration, grâce à la maîtrise de la spirale inflationniste par la remise en ordre monétaire des années 1800-1803 (création de la Banque de France et mise en circulation du franc germinal). Toutefois, les effets positifs de cette politique furent rapidement masqués par ceux de la guerre qui désorganisa complètement les échanges, ruina les grands ports de la façade atlantique et plongea l'industrie dans d'inextricables difficultés d'approvisionnement...

Ainsi le bilan conjoncturel et sectoriel apparaît-il au total bien médiocre. Dans l'agriculture, les progrès s'avèrent modestes et incertains ; l'on observe certes l'essor de la pomme de terre, de la betterave et des cultures fourragères, mais globalement la production n'aura augmenté que de

0,3 % en moyenne par an, soit un rythme moins rapide que celui de l'accroissement de la population (0,5 % par an en moyenne)... Dans l'industrie, le bilan est plus contrasté. Certaines activités furent en effet stimulées par les besoins militaires ou par l'élimination artificielle de la concurrence anglaise (métallurgie, coton) ; mais il n'en demeure pas moins que l'évolution d'ensemble de la production fait apparaître un net ralentissement par rapport à l'accélération des dernières années de l'Ancien Régime, avec une croissance annuelle moyenne inférieure à 2 % et, surtout, un retard qui ne cesse de s'amplifier vis-à-vis du rival anglais.

Toutefois, au-delà de la conjoncture immédiate, c'est en fait toute l'organisation de l'économie française qui se trouve modifiée en profondeur par la rupture révolutionnaire et la réorganisation napoléonienne. Les transformations les plus considérables affectent l'économie agricole : si, dans la nuit du 4 août, la Révolution bourgeoise s'était contentée d'abolir les droits « personnels » qui pesaient sur les paysans, la Révolution montagnarde fut beaucoup plus radicale en juillet 1793, par l'abolition sans indemnité de la totalité des droits féodaux, qui transformait une assez large fraction de la paysannerie en un monde de propriétaires de plein droit. Ainsi, et pour au moins un siècle et demi, se consolidait un régime de petite exploitation et de petite propriété paysanne qui devait largement contribuer à définir le visage de la France : une société rurale (le développement de la propriété freine l'exode et, par là-même, la croissance urbaine et industrielle) et malthusienne (la limitation des naissances permet d'éviter le morcellement des exploitations par l'héritage)...

Dans la sphère industrielle et commerciale, les valeurs libérales et bourgeoises triomphent. Les principes de la liberté d'entreprise (décret d'Allarde) et de la liberté du travail (loi Le Chapelier) correspondent très clairement à l'idéologie individualiste de la bourgeoisie de 1789, qui s'exprime également par le Code civil de 1804 (ainsi, l'article 1781 stipule qu'en cas de conflit les tribunaux devront systématiquement croire sur parole l'employeur, au détriment de l'employé).

Dans tous les domaines se met ainsi en place une législation adaptée aux besoins du capitalisme libéral...

Mais dans l'immédiat, bien plus que sur les mutations en profondeur des structures économiques et sociales, c'est avant tout sur l'épopée militaire que s'appuie la légende napoléonienne. Elle s'incarne en effet dans ce « Grand Empire » qui, à son apogée, contrôle, directement ou indirectement, jusqu'à 75 % de la population européenne, quand les armées impériales affirment leur présence de Lisbonne à Moscou et de Rome à Hambourg... Fort de la puissance numérique de sa « Grande Armée », dont la cohésion s'est forgée dans les guerres révolutionnaires, et servi par son charisme de chef de guerre et son extrême sens tactique, Napoléon sait construire une fulgurante ascension, sanctionnée par les succès d'Austerlitz (décembre 1805), de Iéna (octobre 1806) ou de Wagram (juillet 1809). L'Autriche, la Prusse et la Russie ainsi tenues en respect, une tentative de large refonte de l'Europe se déploie peu à peu, dans la perspective d'une fermeture du continent à l'Angleterre. Dans le monde germanique, Westphalie, Hanovre et Saxe s'étendent aux dépens de la Prusse et de l'Autriche. Napoléon devient roi d'Italie, annexe les États pontificaux et vassalise le royaume de Naples. Il donne à son frère la couronne d'Espagne, et crée en Pologne un grand-duché de Varsovie. Les provinces illyriennes sont rattachées à la France et l'Empire, avec ses 130 départements, recouvre la Belgique, la Hollande et la Rhénanie... La force des armes est d'ailleurs parfois complétée par le jeu des alliances et de la politique matrimoniale : en 1807 à Tilsit, puis en 1808 à Erfurt, Napoléon obtient du tsar Alexandre Ier qu'il ferme ses côtes à la flotte anglaise ; et, par son mariage avec Marie-Louise, fille de l'empereur d'Autriche (1810), il parvient même à s'immiscer dans le cercle des familles régnantes européennes.

Pourtant, la mécanique impériale se grippe peu à peu. A l'intérieur, un malaise diffus croît lentement, nourri à diverses sources : malaise religieux issu du conflit avec le pape qu'a suscité la confiscation en 1809 des États pontificaux ; malaise économique et social lié aux difficultés d'approvisionnement et à l'alourdissement fiscal que nécessite la poursuite de la guerre ; malaise politique provoqué par le poids humain de la conscription et des combats (si la Terreur révolutionnaire a dû faire environ 40 000 victimes, l'on peut estimer à un bon million les pertes liées à la guerre), un poids que la propagande anglaise utilise à travers l'image de l'ogre dévoreur de chair fraîche...

Car demeure encore, toujours non résolue, la question anglaise. Depuis la défaite navale de Trafalgar, en 1805, toute perspective de débarquement est exclue ; la lutte se déplace alors sur le terrain de l'économie, par la mise en place d'un Blocus continental qui vise à fermer les côtes européennes à toutes les marchandises anglaises (décrets de Berlin, en 1806, et de Milan, en 1807). Mais la réalisation du Blocus s'avère particulièrement difficile ; ainsi, c'est pour l'imposer à l'Espagne que la France impériale s'enfonce dans une guérilla où elle commence à user ses forces. Et c'est encore la menace anglaise qui détermine la désastreuse campagne de Russie : soucieux de consolider par la force l'incertaine alliance russe, Napoléon lance ses troupes sur Moscou, mais se heurte à une vive résistance et aux rigueurs de l'hiver... Des 675 000 hommes qui ont franchi le Niémen en juin 1812, moins de 60 000 reviennent durant l'hiver 1812-1813 ! Vient alors le temps du déclin, puis celui de l'effondrement pur et simple. En 1813, l'Allemagne, la Hollande, l'Italie et l'Espagne sont perdues. Et, en 1814, la campagne de France s'achève par la chute ; Napoléon abdique le 6 avril 1814, et gagne l'île d'Elbe.

Un instant suspendu, le rêve renaît pourtant. Face au retour des Bourbons, et à l'accumulation de maladresses qui contribuent à la résurgence de l'hostilité à l'égard de l'Ancien Régime, l'ancien empereur tente sa chance et revient à Paris (mars 1815). Son pouvoir facilement recouvré, il joue alors sa dernière partie ; mais les Cent-Jours le conduisent à la défaite de Waterloo, en juin 1815, qui le terrasse définitivement... Emprisonné par ses vainqueurs anglais dans l'île de Sainte-Hélène, Napoléon y mourra en 1821.

Archétype de ces « sauveurs » qui jalonneront la vie politique française par la suite, il fut, avant tout, l'homme autour duquel put s'opérer la rencontre de la bourgeoisie et du monde paysan, par la mise en place d'une dictature de salut public qui répondait aux attentes des principaux bénéficiaires de la Révolution tout en flattant la vanité nationale. Mais la guerre, qui fit à l'« Aigle » sa statue, devait aussi précipiter sa perte en lui ôtant peu à peu le soutien des notables : pour eux, à travers la consolidation d'une France aux assises rurales et bourgeoises, arrimée à un État-Nation solidement réorganisé, l'essentiel était désormais acquis.

1815-1870,
les rêves avortés

1815-1830, la Restauration ou l'échec de la monarchie traditionaliste

Mars-avril 1814 : une première fois, les troupes impériales s'effondrent devant la coalition européenne, entraînant dans leur chute celle du régime napoléonien. Les vainqueurs, soucieux de rétablir la monarchie d'Ancien Régime, imposent le retour au pouvoir de l'ancienne famille royale en la personne du frère de Louis XVI, qui accède au trône sous le nom de Louis XVIII. Par la Charte constitutionnelle qui définit ses principes de référence (juin 1814), le nouveau monarque affirme avec force sa volonté de restaurer la traditionnelle monarchie à vocation absolutiste. Toutefois, il s'efforce également de construire un compromis durable ; les lois et institutions héritées de la Révolution et de l'Empire sont maintenues, et la Charte met en place un système représentatif fondé sur de très sélectives bases censitaires (à peu près un électeur pour trois cents habitants). Mais ce régime n'a guère le temps de véritablement prendre corps, puisque dès mars 1815 Napoléon, évadé de l'île d'Elbe, reprend le pouvoir...

Ce n'est donc qu'après les Cent-Jours et la défaite de Waterloo que s'ouvrent vraiment les portes de la restauration monarchique. L'été 1815, marqué dans le Sud du pays par un large mouvement de violences royalistes (la « Terreur blanche »), voit ainsi les élections législatives conduire à la formation d'une Chambre fortement dominée par les ultra-royalistes (la Chambre « introuvable »), qui imposent au régime de Louis XVIII une politique nettement réactionnaire. Certes, dissoute en 1816, cette Chambre introuvable fait place à une Assemblée plus modérée, qui laisse les mains libres au gouvernement pour rechercher une politique de compromis ; mais, à partir de 1820 environ, le roi s'oriente à nouveau vers des choix réactionnaires, inspirés notamment par son frère le comte d'Artois. A la mort de Louis XVIII, en 1824, celui-ci lui succède, et devient Charles X. Avec ses ministres Villèle, puis, à partir de 1829, Polignac, il entend bien tirer un large trait sur l'expérience révolutionnaire et impériale. La presse est ainsi soumise à une stricte surveillance, une répression sévère s'abat sur les divers complots républicains ou bonapartistes animés par des sociétés secrètes (la « charbonnerie »), l'Église bénéficie du soutien du trône pour entreprendre une active politique de reconquête cléricale, et l'on va même jusqu'à remettre en cause l'édifice social issu de la Révolution ; ainsi, en 1825, Villèle fait voter la loi sur le « milliard des émigrés », qui indemnise émigrés et condamnés des tribunaux révolutionnaires pour la perte de leurs biens immobiliers. D'ailleurs, Charles X n'avait-il pas poussé le souci de retour à l'Ancien Régime jusqu'à se faire sacrer à Reims en mai 1825 ?...

L'on mesure ici à quel point la fracture révolutionnaire fonctionne encore comme une matrice essentielle, autour de laquelle s'affrontent en effet deux traditions, deux héritages dont l'antagonisme est appelé à façonner la vie politique française pour des décennies. Le courant contre-révolutionnaire des monarchistes légitimistes, personnifié par exemple par le catholicisme intransigeant d'un Joseph de Maistre ou d'un Louis de Bonald, considère que toute atteinte à l'ordre établi par la Providence constitue une sorte de viol de l'histoire, un événement contre nature dont les traces doivent être systématiquement effacées. Il s'impose en particulier de réfuter l'individualisme abstrait de la Révolution, et d'en

Louis XVIII au balcon des Tuileries
(Ducis)

revenir à un monde de groupes naturels hiérarchisés, en une pyramide harmonieuse qui rassemble familles, corporations et provinces autour du roi, véritable père de ses sujets comme l'ont été les « bons rois », Saint Louis et Henri IV... Si les démocrates, qui prônent le suffrage universel dans un cadre républicain, demeurent encore fort minoritaires face aux ultra-monarchistes, il n'en va pas de même des libéraux. Ceux-ci entendent pour leur part rester fidèles aux principes de 1789 : défenseurs de l'égalité civile et juridique, partisans d'un parlementarisme fondé sur le suffrage censitaire, héritiers du rationalisme du XVIIIe siècle mais parfois rejoints par les pionniers encore isolés d'un catholicisme libéral (Lamennais), ils se réfèrent aux grandes figures de l'opposition intellectuelle au despotisme napoléonien, tel l'écrivain Benjamin Constant, et penchent fréquemment pour une monarchie parlementaire à l'anglaise, dont les mérites sont vantés par l'historien Guizot comme par le philosophe Royer-Collard.

Or les signes d'un mécontentement diffus se multiplient peu à peu dans le pays, en particulier à travers la montée des troubles sociaux, et cette opposition libérale peut de mieux en mieux se regrouper autour du courant orléaniste, animé notamment par Thiers : il s'agit pour elle de « changer les personnes sans changer les choses », c'est-à-dire de conserver le régime de la Charte tout en remplaçant la dynastie réactionnaire des Bourbon par une dynastie libérale, celle des Orléans. Le conflit éclate en mars 1830, la Chambre s'opposant au pouvoir en réclamant l'institution d'un parlementarisme réel. Charles X convoque alors des élections anticipées, mais celles-ci donnent la majorité à l'opposition ; le 26 juillet, le pouvoir dissout à nouveau la Chambre, et promulgue diverses ordonnances qui vont toutes dans le sens d'un surcroît d'autoritarisme. Autour des orléanistes, ralliés pour la circonstance par les républicains (Cavaignac, Raspail) et par les bonapartistes, l'opposition s'engage alors elle aussi dans l'épreuve de force. Lors des « Trois Glorieuses », les 27, 28 et 29 juillet 1830, les émeutiers parisiens se rendent maîtres de la capitale. Puis, ayant ainsi manœuvré les couches populaires exaspérées par les difficultés sociales, les orléanistes confisquent rapidement à leur profit la révolution qu'ils ont provoquée : le 3 août, les députés proclament le trône vacant puis, écartant toute éventualité républicaine, ils appellent au pouvoir Louis-Philippe, chef de la maison d'Orléans...

1830-1848 : la monarchie de Juillet ou l'échec de la monarchie libérale

Charles X était « roi de France par la grâce de Dieu » ; Louis-Philippe, pour sa part, porte le titre de « roi des Français par la grâce de Dieu et la volonté nationale », appellation fort révélatrice de sa volonté d'incarner la figure du roi-citoyen, du roi-bourgeois d'une monarchie constitutionnelle et libérale. Cependant, son accession au pouvoir repose sur un certain nombre d'équivoques. Équivoque politique d'une part : pour les légitimistes, partisans des Bourbons et de la réaction, Louis-Philippe n'est qu'un usurpateur ; pour les républicains, il ne jouit d'aucune légitimité démocratique ; enfin, ceux-là mêmes qui le reconnaissent ne voient pas en lui le même roi, l'orléanisme conservateur (Guizot, de Broglie...) s'opposant à l'orléanisme de mouvement (Laffitte, Odilon Barrot). Équivoque sociale d'autre part : les combattants de juillet 1830, en grande partie animés par des préoccupations sociales, ont malgré eux porté au pouvoir une bourgeoisie au moins aussi conservatrice que ne l'était le régime précédent... Équivoque diplomatique enfin : les milieux populaires n'avaient jamais pardonné aux Bourbons d'être revenus dans les fourgons de l'étranger ; mais Louis-Philippe n'entend guère promouvoir l'ambitieuse, voire belliqueuse, politique de grandeur nationale à laquelle aspire une bonne part de l'opinion. La stabilité de la nouvelle monarchie ne sera donc jamais qu'apparente et fragile...

De ce malaise qui parcourt une société pourtant sûre d'elle-même, la vie culturelle et artistique peut fournir un témoignage révélateur. Les premières décennies du

181

XIXe siècle, et plus particulièrement encore les années de la monarchie de Juillet, se trouvent en effet traversées par les échos de la révolte romantique, en réaction contre le classicisme et la toute-puissance de la raison cartésienne. Mouvement commun à la plupart des cultures européennes, et dont les racines, à la fin du XVIIIe siècle, relèvent aussi bien de *la Nouvelle Héloïse* de Rousseau que du *Werther* de Goethe ou du roman noir anglais, le romantisme s'ébauche en France dès la période napoléonienne, avec Chateaubriand et Mme de Staël, mais il ne s'épanouit vraiment qu'à partir des années 1820, pour culminer dans les années 1830-1840.

Illustration du désarroi d'une jeunesse qui perçoit le monde de son temps comme celui de la monotonie béate et mesquine, le romantisme littéraire passe alors par les accents lyriques d'un Victor Hugo, la tonalité douloureuse d'un Lamartine ou d'un Musset, le sentimentalisme social d'une George Sand, le souci d'observation des passions d'un Stendhal ou le goût de l'analyse d'un Balzac. Rompant avec l'académisme classique, les peintres romantiques, Géricault, Delacroix ou Ingres, affirment eux aussi l'aspiration conjointe à refléter leur époque (Delacroix, *la Liberté guidant le peuple*) et à rêver d'exotisme (Ingres, *Odalisque*), et tous, poètes, romanciers, peintres ou musiciens (Berlioz) revendiquent la pleine liberté de l'artiste, la remise en honneur du Moyen Age, la diversité des pays et des hommes, le goût du pittoresque, voire du fantastique... L'esthétique romantique se complaît ainsi dans l'insatisfaction, la douleur inquiète et la mélancolie, bientôt érigée au rang de « mal du siècle », mais aussi dans l'exaltation du sentiment et de l'individu comme dans le culte du peuple, opprimé en Pologne, en Grèce ou en Italie, victime en France de l'égoïsme des possédants. En cela, la contestation romantique manifeste, au-delà des difficultés existentielles de ses chantres, un violent contrepoint à la satisfaction de la société bourgeoise du premier XIXe siècle.

Plus largement, dans la première moitié des années 1830, c'est bien en effet la question sociale qui constitue pour le régime une chronique source de difficultés. Les troubles, nombreux et souvent intenses, sont réprimés par la force (ainsi, en 1831, le maréchal Soult écrase le mouvement des canuts lyonnais), qui se déploie également à l'encontre des milieux républicains. En 1834 sont votées des lois d'exception qui visent les associations et les journaux républicains : elles provoquent de violentes émeutes, noyées dans le sang par l'armée (à Paris, massacre de la rue Transnonain). Et, en 1835, les « lois de septembre », préparées par Thiers, ministre de l'Intérieur, interdisent à quiconque de se dire républicain, et proscrivent toute attaque contre « le principe et la forme » du gouvernement... Dans le même temps, les gouvernements successifs s'efforcent d'asseoir le régime sur ses assises bourgeoises, tant par diverses lois électorales fidèles à la philosophie censitaire que par la loi Guizot (juin 1833) sur l'enseignement primaire (ni obligatoire ni gratuit, il doit être effectué dans un cadre communal, et peut être assuré par des établissements religieux).

Mais la seconde moitié des années 1830 voit la monarchie de Juillet s'orienter vers un pouvoir plus personnel ; de 1836 à 1839, le ministère est dirigé par le comte Molé, qui laisse en fait le roi mener seul les affaires. L'opposition parlementaire s'en prend alors vivement à ce « ministère de laquais » et, après l'échec d'une insurrection républicaine organisée par Barbès et Blanqui en mai 1839, le gouvernement est confié à Soult en 1840. Concrètement, c'est surtout Guizot qui dirige réellement le ministère, en laissant à Louis-Philippe une importante marge de manœuvre (« le trône n'est pas un fauteuil vide »...). Sa politique associe un programme de paix à l'extérieur à un objectif de net conservatisme à l'intérieur et, profitant d'une conjoncture économique beaucoup plus favorable que celle des années 1830, le ministère semble couler des jours tranquilles, consacrés par sa sensible victoire aux élections de 1846...

Toutefois, cette solidité apparente s'avère peu à peu minée par la conjonction de divers problèmes politiques et de graves difficultés économiques et sociales. D'une part, le choix d'une politique étrangère d'apaisement et d'alignement sur l'Angleterre froisse le nationalisme d'une large partie de l'opinion. D'autre part, l'usure du pouvoir gagne progressivement un régime de plus en plus mal perçu : résumant assez fidèlement l'état d'esprit général, Tocqueville peut ainsi demander à la Chambre si le ministère, « par son indifférence, par son égoïsme, par ses vices », n'est pas devenu « incapable et indigne de gouverner »... Enfin, le pays retrouve les affres d'une situation économique inquiétante : crise agricole et disette en 1846, crise industrielle, commerciale et financière à partir de 1847... Les conditions politiques et sociales d'un ébranlement radical se trouvent donc réunies.

A partir de mai-juin 1847, les opposants, orléanistes de mouvement et républicains (qui, depuis les lois de septembre, se font appeler « radicaux »), engagent la lutte à terrain couvert, par le biais d'une campagne de banquets qui leur permet de contourner la législation hostile à la liberté de réunion. Mais, décidé à mettre un terme au mouvement, qui réclame notamment un abaissement du cens électoral, Guizot interdit un banquet prévu à Paris pour le 22 février 1848. Des émeutes éclatent alors le 22 et le 23, puis tournent à l'insurrection générale le 24. Impuissant, incapable de contrôler Paris, Louis-Philippe abdique, et Lamartine proclame la République à l'Hôtel de Ville de Paris (24 février 1848). Née sur les barricades, la monarchie de Juillet meurt sur les barricades...

1848-1851 : la deuxième République ou l'échec de l'illusion lyrique

Plus d'un demi-siècle après la Révolution, les événements de février 1848 représentent donc une première résurgence de la forme républicaine, à un moment où précisément l'Histoire contribue à réintroduire l'idée républicaine dans la mémoire collective : en 1847 et 1848 paraissent notamment l'*Histoire de la Révolution* de Michelet, l'*Histoire des Girondins* de Lamartine et l'*Histoire de la Révolution* de Louis Blanc... Vers 1820 encore, le terme même de « République » pouvait évoquer dictature et terreur ; à la fin de la monarchie de Juillet en revanche, une ébauche de culture républicaine

La révolution de février 1848.
Les combats du faubourg Saint-Antoine,
dans les quartiers populaires de Paris

imprègne une part non négligeable de l'opinion. C'est donc dans une atmosphère de véritable enthousiasme que s'installe le nouveau régime, porté par le romantisme de l'« esprit de février »...

Si l'anticléricalisme a disparu — au contraire, des prêtres bénissent les « arbres de la liberté » plantés en février... —, cet esprit républicain se manifeste globalement par la volonté d'assumer pleinement et, surtout, de prolonger les divers héritages et l'inspiration générale de la Révolution. Dès ses premières semaines d'existence, la République apporte ainsi tout une série de mesures prises au nom de la démocratie (mise en place du suffrage universel, suppression de la peine de mort en matière politique), de la liberté (abolition de l'esclavage dans les colonies, suppression des entraves à la liberté de la presse et au droit de réunion), de l'égalité (abolition des titres de noblesse) et de la fraternité (suppression des châtiments corporels en droit pénal), etc.

Mais le gouvernement provisoire formé en février (Lamartine, Arago, Ledru-Rollin) se heurte rapidement à de nombreuses difficultés. Problèmes financiers : face à la fuite des capitaux engendrée par les événements, le gouvernement qui manque de ressources doit décider une lourde augmentation de la charge fiscale et mécontenter en particulier le monde paysan. Problèmes sociaux : certes, sous la pression des émeutiers, et aussi du fait de la présence en son sein de quelques rares socialistes (Louis Blanc, Albert), le gouvernement a pris rapidement diverses mesures sociales, telles que la proclamation du droit au travail, la création d'Ateliers nationaux chargés de fournir une activité aux chômeurs, la mise en place d'une commission (dite « du Luxembourg ») destinée à traiter les problèmes du travail, ou encore l'abaissement du temps de travail quotidien à dix heures pour Paris et à onze heures en province... Mais ces dispositions ne parviennent guère à juguler une agitation sociale de plus en plus pressante. Problèmes politiques enfin : faute de temps, les hommes de février ne réussissent pas à s'assurer une véritable implantation en province, et de ce fait les élections d'avril 1848 consacrent la victoire de la bourgeoisie et des notables.

Certes, les républicains modérés, regroupés autour de Lamartine et d'Arago, sont majoritaires ; mais un tel résultat n'en est pas moins jugé décevant par les radicaux, partisans d'une République sociale (Ledru-Rollin), et plus encore par les représentants de l'extrême gauche socialiste (Louis Blanc, Cabet, Proudhon...). Aussi la tendance la plus activiste de cette extrême gauche s'engage-t-elle dans la voie insurrectionnelle ; mais, en mai, l'échec total de sa tentative pour renverser la République modérée se solde par l'exil ou la déportation de ses animateurs (Blanqui, Barbès, Raspail). Et, désormais, bourgeoisie et monde rural considèrent le mouvement populaire comme une menace dont il faut à tout prix se préserver.

Le fossé ainsi créé se creuse encore davantage avec les journées de juin 1848. Le nouveau gouvernement, issu des élections et formé par une Commission exécutive de cinq membres (Arago, Garnier-Pagès, Marie, Lamartine et Ledru-Rollin), décide en effet de fermer les Ateliers nationaux, qu'il juge financièrement trop onéreux et politiquement dangereux. Le prétexte est donc ainsi fourni pour l'ultime épreuve de force, le pouvoir cherchant à éliminer le spectre des « partageux » : de fait, l'émeute parisienne soulevée par cette fermeture est noyée dans le sang par le général Cavaignac (entre le 23 et le 26 juin, l'on compte sans doute 4 à 5 000 morts, 12 000 arrestations et 4 000 déportations...).

La République semble ainsi consolidée par la répression et, le calme revenu, l'Assemblée peut se consacrer à l'élaboration d'une Constitution, votée en novembre. Si celle-ci confie le pouvoir législatif à une Assemblée élue au suffrage universel, elle vise par ailleurs à garantir l'existence d'un exécutif fort, et institue à cette fin un régime présidentiel à l'américaine, avec un président de la République élu pour quatre ans au suffrage universel. Or l'élection présidentielle, qui se tient le 10 décembre 1848, marque un triomphe pour Louis-Napoléon Bonaparte, neveu de Napoléon Ier, qui devance très largement ses rivaux (Cavaignac, Ledru-Rollin, Raspail et Lamartine). Les raisons d'un tel succès sont multiples : d'une part Bonaparte a su se donner l'image du candidat de l'ordre, de la liberté et de la grandeur nationale par l'utilisation du mythe napoléonien ; d'autre part, nombre de républicains préfèrent voter pour lui plutôt que pour Cavaignac, le « boucher de juin » ; enfin, la droite conservatrice et monarchiste est également favorable à sa victoire, espérant trouver en lui un président influençable et malléable.

Puis, avec les élections législatives de mai 1849, qui conduisent à la formation d'une Assemblée législative nettement dominée par les monarchistes, la République se trouve donc contrôlée par une chambre monarchiste et par un président dont le gouvernement, confié à l'orléaniste Odilon Barrot, se compose lui aussi de monarchistes. Se développe alors une politique à coloration sensiblement réactionnaire, avec une législation très restrictive sur la liberté de réunion, la reconnaissance de la liberté de l'enseignement primaire et secondaire au bénéfice de l'Église (loi Falloux, mars 1850), l'amputation du suffrage universel, limité à partir de 1850 aux électeurs domiciliés dans le même canton depuis au moins trois ans (sont ici visés les ouvriers et journaliers, plus instables), ou encore le retour au contrôle de la presse par l'obligation du versement d'une caution préalable...

Si l'Assemblée se consacre donc à la préservation de l'ordre et à la lutte contre le « péril rouge », le prince-président, pour sa part, cherche avant tout à asseoir son pouvoir et sa popularité, grâce en particulier à de nombreux voyages en province au cours desquels il sait flatter tous les milieux, apparaissant à la fois comme un garant de la stabilité sociale et comme un partisan des réformes (influencé par le saint-simonisme, il avait dès 1844 publié un ouvrage sur *l'Extinction du paupérisme*...). Dès lors, en octobre 1849, il forme un nouveau gouvernement, dénué de président du Conseil et composé principalement de bonapartistes (Rouher, Achille Fould...), et annonce aux députés sa volonté de gouverner lui-même : « Le nom de Napoléon est à lui seul tout un programme... Ordre, autorité, religion, bien du peuple ». Puis, n'ayant pas obtenu de l'Assemblée la révision constitutionnelle qui l'aurait autorisé à briguer un second mandat présidentiel, il se décide pour le coup de force.

La date du coup d'État est fixée au 2 décembre 1851, jour anniversaire du couronnement de Napoléon Ier et de la victoire d'Austerlitz : le président annonce la dissolution de l'Assemblée (ce qu'en principe la Constitution ne lui permettait nullement de faire), le rétablissement d'un suffrage universel intégral, la mise en chantier d'une nouvelle Constitution et la convocation d'un plébiscite pour le 20 décembre... Mais de réels mouvements de résistance se manifestent aussitôt : émeute républicaine à Paris, soulèvements en province, notamment dans le Sud-Est et le Centre. Aussi le pouvoir doit-il opter pour la répression, marquée par au moins 3 000 arrestations, 10 000 déportations en Algérie et de nombreux départs en exil (dont celui de Victor Hugo...). Le coup d'État, qui se voulait pacifique et antiparlementaire, est devenu violent et antirépublicain.

Il n'en demeure pas moins que le 20 décembre, avec une écrasante majorité (7,5 millions de oui contre 650 000 non), le plébiscite prolonge pour dix ans le mandat du président, et lui donne les pleins pouvoirs pour modifier à sa guise la Constitution. De fait sinon de droit, c'est la fin de la République. Faut-il pour autant en conclure à l'échec total du régime et, surtout, à son absence d'influence sur la suite de l'histoire politique de la France ? Rien n'est moins sûr. Du point de vue de la culture républicaine, les hommes de 1848 ont en effet semé pour ceux des années 1870-1880 : ceux-ci leur devront l'idée d'une éducation politique et d'un civisme national qui ne peuvent être assurés que par l'école et par un régime de liberté ; l'idée que la République ne réside pas seulement dans le refus de la monarchie ou de la dictature, mais qu'elle représente aussi un projet progressiste dans le domaine social, et une affirmation absolue du droit et de la légalité dans le domaine politique ; l'idée, enfin, qu'il convient de séparer la République de la religion. Bien plus, 1848 se trouve en fait à l'origine d'une puissante mystique républicaine, avec ses valeurs de progrès, d'émancipation, de raison, avec ses références intellectuelles puisées dans la philosophie des Lumières, avec son discours, sa symbolique et son rituel. Et, si cette mystique républicaine fera fortune par la suite, la pratique de la seconde République s'avère elle aussi porteuse d'avenir. En effet, de 1849 au coup d'État bonapartiste, elle aura apporté l'expérience d'un régime républicain dirigé par une bourgeoisie conservatrice non issue des rangs républicains, constituant en cela le modèle de la troisième République conservatrice des années 1870. Si la République des hommes de 1848 s'affirmait comme une « République à conception morale et à contenu maximum », celle des hommes de 1849 constitue une « République à conception purement constitutionnelle et à contenu minimum » (Maurice Agulhon) : l'opposition des républicains de gauche et des républicains de droite sous la troisième République se trouve en germe dans ce clivage apparu avec la seconde République.

1851-1870 : le second Empire ou l'échec du césarisme

Dans son préambule, la Constitution promulguée après le coup d'État, en janvier 1852, « reconnaît, confirme et garantit les grands principes proclamés en 1789 » : comme son oncle, le prince-président se veut l'héritier et le défenseur de la Révolution... Établissant à cette fin un régime plébiscitaire, il concentre l'essentiel du pouvoir entre ses mains ; investi de la présidence pour une durée de dix ans, il a seul l'initiative des lois et l'autorité en matière de diplomatie, de guerre et de paix ; les fonctionnaires lui doivent serment de fidélité et les ministres, simples commis, ne sont responsables que devant lui. Pour sa part dénué de toute réelle prérogative, le législatif est partagé entre trois Assemblées : le Corps législatif, élu au suffrage universel, le Sénat et le Conseil d'État, composés de membres nommés par le président.

Louis-Napoléon Bonaparte contrôle donc efficacement les rouages institutionnels, et peut ainsi marcher sans encombre vers l'Empire ; dès novembre 1852, un plébiscite ratifie, à une large majorité, le rétablissement du régime impérial, et le second Empire est officiellement proclamé le 1er décembre 1852. A partir de cette date, et schématiquement jusqu'en 1867, s'ouvre alors la période de l'« Empire autoritaire » (par opposition à la phase ultérieure de l'« Empire libéral »), durant laquelle l'Empereur, qui règne sous le nom de Napoléon III, gouverne seul et développe un régime despotique.

L'Empire autoritaire

La toute-puissance impériale s'exerce ainsi par la stricte surveillance des élections : il n'existe pas de véritables campagnes électorales, et l'administration fait systématiquement pression pour favoriser le succès des candidats « officiels », soumis au pouvoir. Ainsi, l'opposition républicaine est presque totalement écartée de la représentation politique, et se réduit à quelques rares parlementaires isolés tels que Jules Favre ou Émile Ollivier. Par ailleurs, le pouvoir use largement de l'appareil administratif pour asseoir sa domination et son contrôle. Pièces centrales de l'édifice, les préfets surveillent étroitement les individus, les associations et l'opinion, tandis que sont révoqués les universitaires trop indépendants (Michelet, Edgard Quinet, Guizot, Victor Cousin...) et que la vie intellectuelle est soumise à une stricte tutelle. Quant à la presse, elle doit composer avec tout un arsenal de dispositions préventives et répressives qui limitent considérablement sa liberté (ainsi, les préfets peuvent donner des « avertissements » aux journaux, deux avertissements entraînant la suspension pour deux mois, et un troisième conduisant à l'interdiction définitive...).

Dans de telles conditions, les premières années du second Empire sont marquées par la mise au pas des oppositions, et la vie politique se caractérise avant tout par son atonie. Du côté des royalistes règne la division ; les orléanistes, satisfaits de la prospérité économique, s'accomodent globalement du régime, tandis que les légitimistes entretiennent pour leur part une opposition de salon intense mais inoffensive. Les uns et les autres ne parviennent pas à s'accorder sur le choix d'un prétendant commun au trône, et ils se privent ainsi de toute efficacité potentielle. Le camp républicain, quant à lui, en est réduit à profiter des funérailles de tel ou tel individu symbolique pour manifester son hostilité au régime (Arago en 1853, Lamennais en 1854), ou à se complaire à la lecture d'un Victor Hugo tonnant contre « Napoléon le Petit »... Et, de surcroît, le pouvoir profite de l'attentat d'Orsini (patriote italien qui tente en vain d'assassiner l'Empereur, en janvier 1858), pour mener à l'encontre des milieux républicains une répression qui les condamne au silence...

Mais les années 1860 voient néanmoins les diverses oppositions reprendre de l'allant. En effet, le régime se trouve confronté à la relative hostilité que suscitent d'une part une politique commerciale de libre-échange avec l'Angleterre qui irrite les milieux industriels protectionnistes, d'autre part une politique italienne de soutien à l'unité nationale qui risque de porter atteinte à la souveraineté des États pontificaux, et enfin une politique extérieure qui conduit à des guerres coûteuses et mal perçues (guerre de Crimée, de 1854 à 1856, pour stopper la progression russe vers la Méditerranée, conflit italien à partir de 1859 et, à partir de 1862, guerre du Mexique, où l'Empereur s'efforce d'installer, avec l'archiduc autrichien Maximilien, un État contrôlé par la France).

L'Empire a donc besoin d'appuis nouveaux, et s'oriente par conséquent vers un certain assouplissement. Il cherche par exemple à rallier le monde ouvrier : la loi de 1864 sur les coalitions accorde ainsi le droit de grève sous réserve du respect de la liberté du travail, le gouvernement tolère la création de chambres syndicales, et autorise l'organisation d'une section française de l'Internationale ouvrière. Par ailleurs, le Corps législatif recouvre certaines prérogatives, comme le droit de formuler des adresses au gouvernement, et la vie politique peut à nouveau se manifester au grand jour : lors des élections législatives de 1863, les catholiques conservateurs et les républicains, regroupés pour la circonstance en une « Union libérale », parviennent enfin à obtenir à la Chambre une représentation certes très minoritaire mais cependant réelle. Ils ont ainsi la possibilité de faire entendre leur voix ; en janvier 1864, Thiers réclame ouvertement les « libertés nécessaires » (liberté individuelle, liberté de la presse, liberté des élections, régime parlementaire), et, sous

La cour impériale
(*Réception des ambassadeurs du Siam par Napoléon III*, Gérôme)

l'égide d'Émile Ollivier, bonapartistes libéraux et républicains ralliés constituent un « Tiers Parti », lui aussi favorable à une évolution vers le parlementarisme.

L'Empire libéral

Affaibli par ses difficultés extérieures (en février 1867, le départ des troupes françaises du Mexique consacre l'échec du rêve impérial en Amérique), Napoléon III s'engage donc peu à peu, surtout à partir de 1867, dans la voie de concessions qui définissent une phase plus libérale du second Empire. Dès janvier 1867, l'Empereur annonce des « réformes utiles » et une « extension nouvelle des libertés publiques », qui effectivement prennent assez rapidement corps. Les députés gagnent le droit d'interpeller le gouvernement (janvier 1867), le régime de la presse est assoupli, notamment par la suppression du système des avertissements (mai 1868), et de même une loi de juin 1868 dispense les réunions publiques de l'autorisation préalable à laquelle elles étaient auparavant soumises (à la notable exception, toutefois, des réunions politiques ou religieuses).

L'opposition républicaine dispose ainsi désormais d'une plus grande possibilité d'expression, en particulier par l'intermédiaire de la presse, avec par exemple *L'Électeur libre* de Jules Ferry, *La Lanterne* de Rochefort ou *Le Réveil* de Delescluze (poursuivi en justice, ce dernier est défendu par un jeune avocat républicain, Gambetta, dont la plaidoirie se transforme en un vibrant réquisitoire contre le régime...). En 1869, dans son « Programme de Belleville », Gambetta expose avec force les revendications des radicaux : suffrage universel, libertés individuelles, liberté de la presse, liberté de réunion, séparation de l'Église et de l'État, instruction primaire laïque et obligatoire, suppression des armées permanentes et appel un peu vague à davantage de justice sociale... En mai 1869, les élections législatives consacrent d'ailleurs cette émergence des oppositions ; les orléanistes détiennent 41 sièges et les républicains 30, tandis que les bonarpatistes autoritaires n'en comptent plus que 97 ; avec 125 élus, le Tiers Parti d'Émile Ollivier devient l'arbitre de la situation.

Pourtant, cette configuration politique nouvelle conduit à un paradoxal espoir de consolidation du régime impérial. Napoléon III se sépare de son ministre Rouher, qui symbolisait le bonapartisme autoritaire, puis, en septembre, il remanie profondément la Constitution de 1852 dans le sens du parlementarisme (le Corps législatif reçoit l'initiative des lois, et le Sénat se transforme en seconde Chambre législative). En janvier 1870 est formé un nouveau ministère, dont la direction est confiée à Émile Ollivier. Et, malgré le refus des républicains de se rallier (Gambetta déclare à Ollivier : « Entre la République de 1848 et la République de l'avenir, vous n'êtes qu'un pont, et ce pont nous le passerons »), le gouvernement poursuit la politique de réformes. En avril 1870 est ainsi promulguée une nouvelle Constitution, qui partage le pouvoir entre l'Empereur et les Chambres ; en mai, le plébiscite organisé à son propos se solde par un véritable triomphe (7,3 millions de oui contre 1,5 million de non). L'Empire semble durablement consolidé sur ses nouvelles bases...

Mais, en l'espace de quelques semaines, tout bascule. A propos de la candidature d'un prince Hohenzollern au trône d'Espagne, Napoléon III se laisse prendre au piège tendu par Bismarck et, le 9 juillet 1870, déclare la guerre à la Prusse. Battu et encerclé dans Sedan, il doit capituler le 2 septembre, laissant ainsi le chemin libre aux républicains. Le 4 septembre 1870, la troisième République est proclamée à Paris.

Cette chute brutale correspondait-elle à une inéluctable nécessité, ou fut-elle au contraire le fruit d'un accident ? Une chose est sûre : au lendemain des élections de 1869, l'Empire ne pouvait plus se maintenir que par l'abandon de son caractère autoritaire et personnel, et, de fait, telle est bien la voie dans laquelle il commença à s'engager. Mais pareille évolution s'avérait contraire à l'esprit même du bonapartisme, dont le fondement premier se trouvait dans le principe d'autorité. Mettre en place un Empire parlementaire équivalait donc à s'attaquer à une impossible quadrature du cercle, finalement tranchée par la guerre et par la défaite...

1870-1914, la troisième République triomphante

1870-1879, la République sans les républicains

La proclamation de la République, le 4 septembre 1870, repose en fait sur un certain malentendu. Paris voulait imposer la République pour sauver la patrie en danger (souvenir et influence de la Révolution...), et les hommes qui ont pris le pouvoir désiraient surtout sauver l'ordre et la légalité (influence conservatrice et libérale...). Dès sa naissance, se pose donc la question de savoir si la République sera bourgeoise et conservatrice, ou bien sociale...

Mais la guerre est toujours là, qui détermine dans une large mesure les premiers pas du nouveau régime. Dès septembre, le gouvernement de défense nationale formé par les républicains doit se replier sur Bordeaux, pour se protéger de l'avancée des troupes prussiennes ; puis, le 28 janvier 1871, il est contraint à signer l'armistice. En février peuvent donc avoir lieu les élections législatives ; or, dans la mesure où les républicains symbolisent aux yeux de l'opinion la volonté de poursuivre — ou de reprendre — les combats, le pays, dominé par une population rurale favorable à la paix, donne en fait la majorité aux candidats monarchistes. La composition de l'Assemblée de Bordeaux souffre ainsi d'une certaine ambiguïté, les électeurs ayant davantage voté pour la paix que pour une quelconque restauration monarchique.

Aussi, une fois la paix scellée, en mai 1871, par le traité de Francfort (la France y perd l'Alsace et la Lorraine, et doit verser une indemnité de guerre de cinq milliards de francs), des élections complémentaires, qui ont lieu en juillet, conduisent-elles à la Chambre 100 républicains contre seulement 12 royalistes.

Au terme de ce vote, l'Assemblée compte environ 200 légitimistes (partisans du comte de Chambord, petit-fils de Charles X), 200 orléanistes (partisans du comte de Paris, petit-fils de Louis-Philippe), une trentaine de bonapartistes et 300 républicains. Majoritaires dans leur hostilité à la République mais divisés quant au choix du souverain comme sur le plan de leur philosophie politique, économique et sociale, les monarchistes ont, dès février, installé l'orléaniste Adolphe Thiers à la tête du gouvernement, comme « chef du pouvoir exécutif de la République française (...) en attendant qu'il soit statué sur les institutions de la France ». La République est donc considérée comme une simple situation de fait, qui ne préjuge pas de l'avenir : par le pacte de Bordeaux (10 mars 1871), Thiers s'engage à ne pas faire œuvre constitutionnelle à l'insu de l'Assemblée, et à se consacrer au relèvement de la France sans se préoccuper de la forme du régime.

La Commune
Si la République semble donc ne devoir être que provisoire, elle va paradoxalement sortir renforcée de la première grande épreuve qu'elle rencontre sur son chemin, avec, de mars à mai 1871, les événements de la Commune. Ceux-ci trouvent leur origine dans le fossé qui rapidement sépare nombre de Parisiens de l'Assemblée de Bordeaux, royaliste, pacifiste et rurale, à qui l'on reproche de ne pas avoir défendu le pays. Dominée par les républicains, animée par des représentants du monde de la boutique et de l'atelier, qui s'estiment lésés par la conjoncture économique des dernières années du régime impérial, la population parisienne craint une restauration monarchique (que laisse supposer la décision d'installer l'Assemblée à Versailles, et non dans la capitale), et elle

La commune :
l'incendie du palais
des Tuileries

Femme à l'Hôtel de Ville
(Daniel Vierge)

s'oppose à la suppression de la solde des gardes nationaux, unique moyen de subsistance des ouvriers au chômage, comme à l'annonce de la fin du moratoire des effets de commerce, qui accule les petits commerçants à la faillite...

Conscient de la tension qui règne, Thiers décide de faire désarmer Paris ; mais, le 18 mars, les émeutiers empêchent l'enlèvement des canons, et massacrent les officiers chargés de l'opération. Désormais maîtres du terrain, les insurgés organisent un pouvoir bicéphale partagé entre un Comité central et un Conseil général de la Commune, où se mêlent blanquistes (Rigault), jacobins (Delescluze) et membres de l'Internationale ouvrière (Varlin, Benoît Malon...). Confuse, l'idéologie des Communards oscille entre proudhonisme libertaire et républicanisme jacobin ; mais, quand bien même elles relèvent plus du poids des circonstances que d'un véritable programme, les mesures adoptées par les rebelles n'en revêtent pas moins une lourde portée symbolique : séparation de l'Église et de l'État, adoption du drapeau rouge, abolition de la conscription, instruction laïque, gratuite et obligatoire, remise des loyers impayés, etc.

Cependant, le temps joue contre la Commune : Thiers et les « Versaillais » préparent la reconquête de Paris, qui s'effectue lors de la « semaine sanglante », du 21 au 28 mai. Après que les derniers Communards ont été massacrés au cimetière du Père Lachaise, contre le mur des Fédérés, on dénombre au total entre 10 et 20 000 victimes de la répression, tandis que plus de 7 000 personnes sont déportées en Nouvelle-Calédonie... Le mouvement ouvrier se trouve ainsi décapité ; mais la défaite de la Commune constitue bel et bien une victoire pour la République, qui a su rassurer la province et les notables en administrant la preuve de sa capacité à défendre l'ordre établi.

La difficile mise en place des institutions républicaines

Ainsi raffermi, le nouveau régime, sous la houlette de Thiers, peut dès lors se consacrer au relèvement du pays. Dès août 1871, la loi Rivet organise à titre provisoire le fonctionnement des pouvoirs publics : l'Assemblée se réserve le pouvoir constituant, mais, en attendant « l'établissement des institutions définitives », elle confère à Thiers le titre de « président de la République ». Député, président du Conseil et chef de l'État, celui-ci a donc les mains relativement libres pour entreprendre sa politique intérieure, libérale et conservatrice. Mais par là-même il est progressivement conduit à infléchir sa position vers un assentiment de plus en plus explicite aux institutions républicaines, défendues par la réthorique consensuelle de Jules Ferry ou de Gambetta. En novembre 1872, Thiers rompt ainsi le pacte de Bordeaux et se rallie ouvertement à la République, tout en prenant bien garde de préciser que « la République sera conservatrice ou elle ne sera pas »... Heurtés par cette déclaration, inquiets devant les progrès électoraux des républicains, les monarchistes poussent alors Thiers à la démission (mai 1873), et le remplacent à la tête de la République par un légitimiste, le maréchal de Mac-Mahon.

Ce dernier, après n'avoir accepté la présidence que pour « garder la place » jusqu'à la restauration, nomme à la tête du gouvernement le duc de Broglie, qui s'assigne pour tâche « le rétablissement de l'ordre moral » : vaste épuration de l'administration, active réaction religieuse, construction de la basilique du Sacré-Cœur pour effacer et expier le souvenir de la Commune, etc. Pourtant, cette politique de l'ordre moral ne peut faire advenir la restauration monarchique ; en effet, le comte de Chambord, unique prétendant depuis que le comte de Paris s'est effacé derrière lui (août 1873), bloque totalement le processus par son refus d'adopter le drapeau tricolore. Cette affaire du drapeau illustre en fait toute la distance qui sépare la monarchie de droit divin prônée par les légitimistes de la monarchie constitutionnelle qu'appellent de leurs vœux les orléanistes. Estimant alors que tout rapprochement réel de leur libéralisme conservateur avec les valeurs réactionnaires des ultras est impossible, les orléanistes abandonnent ainsi toute perspective de rétablissement monarchique à court terme, et préfèrent attendre la mort du comte de Chambord, qui n'a pas d'héritier direct.

A partir de 1874, la majorité monarchiste tend donc à

se disloquer, et certains orléanistes vont même jusqu'à esquisser une politique de compromis avec les républicains. Aussi, lorsqu'en janvier 1875 s'engage la discussion sur les textes constitutionnels, les rapports de force se sont singulièrement modifiés. Leur nouveau visage permet, le 30 janvier, le vote de l'amendement Walon, selon lequel « Le président de la République est élu par le Sénat et la Chambre » : s'il n'est pas déclaré officiellement que le régime prend la forme d'une République, sa présidence devient en revanche une institution stable et reconnue en tant que telle, ce qui rejette implicitement l'idée même de toute restauration monarchique... Une fois ce pas décisif franchi, les députés adoptent, de février à juillet 1875, les divers éléments de la Constitution ; délibérément brefs et imprécis, les textes prêtent matière à la diversité des interprétations, constituant pour les orléanistes une sorte de moindre mal, et pour la gauche républicaine un compromis à améliorer.

Le pouvoir législatif se trouve partagé entre deux Assemblées, la Chambre des députés, issue du suffrage universel direct, et le Sénat, élu au suffrage universel indirect par les édiles locaux. Le pouvoir exécutif appartient au président de la République, élu pour sept ans par les députés et les sénateurs réunis en Assemblée nationale. Rééligible, il nomme et révoque le président du Conseil et les ministres, qui sont responsables devant les Assemblées. Il peut proposer des lois, et promulgue les textes votés par les élus. Enfin, il dispose du droit de grâce, commande les armées, nomme aux emplois civils et militaires, et peut dissoudre la Chambre des députés sur avis conforme du Sénat. A priori, la Constitution de 1875 confère donc à l'exécutif des pouvoirs considérables ; c'est pourtant un régime d'assemblée que la pratique politique va progressivement imposer, à travers notamment la crise du 16 mai 1877...

Vers la républicanisation de la République

En effet, les élections de 1876 mettent en place de nouveaux équilibres politiques, puisque, si les monarchistes conservent une faible majorité au Sénat, ils deviennent en revanche nettement minoritaires à la Chambre des députés. Le président Mac-Mahon se voit donc contraint de confier le ministère aux républicains, avec Dufaure, puis avec Jules Simon, qui se définit lui-même comme un président du Conseil « profondément républicain et profondément conservateur ». Or, le 16 mai 1877, hostile à ce qu'il estime être la faiblesse du gouvernement face à l'anticléricalisme des républicains, Mac-Mahon blâme officiellement Jules Simon, qui démissionne aussitôt, et est remplacé par de Broglie. Mais les députés réagissent violemment au coup de force présidentiel et, face à la fronde républicaine, Mac-Mahon prononce la dissolution de la Chambre le 25 mai. Organisées en octobre, les nouvelles élections législatives confirment la domination des républicains, et consacrent en ce sens la défaite du président de la République, obligé, selon le mot de Gambetta, de « se démettre ou (de) se soumettre »...

A court terme, la crise du 16 mai contribue donc à renforcer l'installation des républicains au pouvoir : Mac-Mahon se soumet, et rappelle Dufaure à la tête du gouvernement. Plus profondément, elle s'avère lourde de conséquences durables puisque, toute dissolution de la Chambre étant désormais perçue comme une tentative d'épreuve de force anti-parlementaire et anti-démocratique, il est clair, aux yeux des républicains, que le président de la République doit limiter ses fonctions à celles d'un simple arbitrage, sans intervention politique directe. La République s'identifie dès lors totalement au régime d'assemblée, et l'équilibre des pouvoirs se trouve ainsi rompu au profit de la Chambre.

Les monarchistes ont donc définitivement perdu la bataille, et les élections sénatoriales de janvier 1879 sanctionnent leur échec en donnant la majorité aux républicains, qui contrôlent ainsi les deux Assemblées. Totalement impuissant, Mac-Mahon démissionne alors, aussitôt remplacé par Jules Grévy. Tenant les Assemblées et la présidence de la République, les républicains sont maîtres de la République...

1879-1899, la République opportuniste

La génération qui a conquis la République est celle des opposants du second Empire, celle des républicains modérés qui, soucieux de conduire une « politique des résultats », se targuent de leur pragmatisme et de leur opportunisme. Libéraux, positivistes, rationalistes, ils se regroupent derrière Gambetta, qui meurt en 1882, et plus encore derrière Jules Ferry, président du Conseil ou ministre de façon presque ininterrompue dans ces premières années de la République républicaine. Avec Ferry, qui entend « limiter le champ des réformes pour le parcourir plus sûrement », la République s'installe solidement dans une pratique conservatrice et modérée qui lui permet d'élargir et de renforcer ses assises, et ainsi de résister à diverses crises dont elle sortira toujours affermie.

Les lois républicaines
Pour Ferry et les opportunistes, héritiers du mouvement des Lumières et d'une tradition républicaine qui perçoit en l'Église un pilier de la réaction, la républicanisation de la République doit nécessairement passer par le combat anticlérical. Certaines congrégations religieuses sont ainsi interdites (notamment, par un décret de mars 1880, la Compagnie de Jésus), et, en 1884, la loi Naquet légalise le divorce. Mais c'est plus encore sur le terrain de l'enseignement que les républicains livrent combat, persuadés que l'école constitue la matrice essentielle de toute ascension individuelle et donc de tout progrès collectif. Sous l'égide de J. Ferry, la République s'engage donc dans la voie de la construction d'un enseignement primaire gratuit (juin 1881), laïc et obligatoire (mars 1882), et de surcroît fermé aux enseignants religieux (octobre 1886).

Ces mesures s'inscrivent d'une façon plus générale dans la visée d'une politique de libéralisme qui entend promouvoir les droits de l'individu et l'émanciper des tutelles traditionnelles. L'on peut ainsi les associer à la loi de juin 1881 sur la liberté de réunion, qui remplace l'ancien système de l'autorisation préalable par une simple déclaration préalable, à la loi de juillet 1881 sur la liberté de la presse, qui supprime toutes les entraves antérieures et met en place une juridiction particulièrement souple, ou encore à la loi Waldeck-Rousseau de mars 1884, qui légalise officiellement l'existence des syndicats... De même, les opportunistes se préoccupent d'étendre et de renforcer les mécanismes démocratiques, notamment par l'intermédiaire de la loi municipale d'avril 1884, qui élargit les compétences des conseils municipaux et confère dans toutes les communes l'élection du maire au conseil municipal, lui-même élu au suffrage universel.

Les crises surmontées

Mais, si son action s'avère non négligeable, la République opportuniste présente un certain nombre de faiblesses. Celles-ci relèvent en premier lieu de la chronique instabilité ministérielle qui rapidement la caractérise aux yeux de l'opinion : à partir des élections de 1885, les opportunistes ont besoin du soutien de la gauche radicale pour gouverner, dans le cadre de ministères de « concentration républicaine » qui se succèdent sans jamais parvenir à vraiment s'imposer. Par ailleurs, le pouvoir se trouve éclaboussé par un scandale de trafic de médailles dans lequel est impliqué le député Wilson, gendre du président Grévy. Celui-ci doit démissionner en 1887, mais le prestige de son successeur, Sadi-Carnot, ne suffit pas à restaurer l'image du régime, ternie en outre par une conjoncture économique difficile qui n'est pas étrangère à la montée d'un nationalisme revanchard de plus en plus virulent...

Ces divers éléments se cristallisent alors en un mouvement complexe et hétérogène, qui rassemble les adversaires du régime derrière la figure paradoxale du général Boulanger. Porté par sa réputation d'officier résolument républicain, celui-ci était devenu ministre de la Guerre en 1886 ; à ce poste, il avait su cultiver et développer sa large popularité, notamment grâce à sa constante attitude de surenchère nationaliste vis-à-vis de l'Allemagne (en avril 1887, une obscure et douteuse affaire d'espionnage, l'affaire Schnæbelé, tourne à l'incident de frontière et fait planer des menaces de guerre...). Aussi la gauche républicaine lui devient-elle hostile et, écarté du gouvernement en mai 1887, il est éloigné à Clermont-Ferrand. Mais sa disgrâce fait de lui le dénominateur commun d'une hétéroclite coalition de tous les mécontents, militants d'extrême gauche et radicaux hostiles au régime parlementaire conservateur, nationalistes avides de revanche, bonapartistes partisans d'une démocratie autoritaire et plébiscitaire, monarchistes qui pensent utiliser le mouvement pour mettre à bas la République... Propre à satisfaire le plus grand nombre, le programme boulangiste se fonde sur une efficace démagogie populiste, et se résume en fait à trois mots : « Dissolution » de la Chambre, élection d'une assemblée « Constituante », et « Révision » de la Constitution dans le sens d'un renforcement du pouvoir exécutif. Mis à la retraite de l'armée, Boulanger peut se présenter à toutes les élections partielles qui s'offrent à lui, et vole de succès en succès. En janvier 1889, il remporte une victoire triomphale à Paris, et une immense foule le presse de marcher sur l'Élysée, siège de la présidence de la République. Mais il refuse le coup de force, laissant ainsi au gouvernement le temps de se ressaisir et d'engager des poursuites judiciaires à son encontre. Réfugié en Belgique, il se suicide en 1891 : la crise boulangiste est close.

La République n'en est pas pour autant à l'abri de nouvelles épreuves. En 1892 éclate ainsi le scandale de Panama, révélé par la presse antiparlementaire (*La Cocarde*) et antisémite (*la Libre parole*, de Drumont) : un certain nombre d'élus sont compromis par la faillite de la Compagnie du canal de Panama, qui avait acheté leur complaisance et leur appui pour pouvoir lancer ses emprunts. L'affaire atteint tout le personnel républicain, quand bien même seule une minorité se trouve directement concernée, et, une fois de plus, la République doit donc affronter la dégradation de son image. Attaquée sur le terrain moral de la corruption, elle subit de surcroît la violence physique d'une vague d'attentats anarchistes qui se multiplient dans le début des années 1890, et atteignent un sommet avec, en 1894, l'assassinat du président Sadi-Carnot.

Mais le régime tient bon, et bénéficie même d'un progressif ralliement de la part d'une opinion catholique que le pape Léon XIII pousse à l'apaisement et à l'intégration à partir de 1892. De nouveaux clivages s'esquissent donc, qui n'opposent plus tant les républicains aux monarchistes que les conservateurs, opportunistes, orléanistes libéraux devenus républicains modérés, et catholiques ralliés, aux progressistes, radicaux et socialistes. Le courant socialiste connaît en effet une constante ascension : un seul député en 1885, une vingtaine en 1889, une quarantaine en 1893. Certes, les socialistes se déchirent en nombreuses tendances rivales, avec le Parti ouvrier socialiste de France de Jules Guesde, qui incarne la branche marxiste du socialisme français, mais aussi avec le courant blanquiste du Comité central révolutionnaire, partisan de l'agitation permanente, ou encore avec la nébuleuse des socialistes « indépendants », tels Jean Jaurès ou Alexandre Millerand. De surcroît, le mouvement ouvrier voir s'ébaucher une rupture profonde entre son versant politique et son versant syndicaliste : créée en 1895, la Confédération générale du travail est rapidement dominée par les partisans de l'anarcho-syndicalisme, hostiles au parlementarisme libéral et à la République bourgeoise qu'il représente, et de ce fait soucieux d'affirmer leur indépendance absolue vis-à-vis de tout parti politique, même socialiste. Cependant, quelles que puissent être ses divisions, ce socialisme qui émerge pèse de plus en plus lourd dans la vie politique de la troisième République, et contribue notamment, de par le poids des circonstances, à l'avènement de la « République radicale ».

1899-1914, la République radicale

Avec l'affaire Dreyfus, matrice essentielle de bien des éléments de la culture politique des Français de tous bords pour de nombreuses décennies ultérieures, un choc majeur vient en effet faire entrer la République dans une phase nouvelle de son histoire. Au temps des opportunistes et d'une majorité « de centre » succède ainsi le temps des radicaux et d'une majorité « de gauche », cependant que s'opèrent de profondes transformations des structures de la vie politique, d'une part avec l'apparition d'un personnel politique nouveau, la noblesse et la grande bourgeoisie faisant place à la petite et moyenne bourgeoisie de l'enseignement et des professions libérales, d'autre part avec le renforcement du régime d'assemblée par la naissance de véritables partis politiques organisés (Parti radical et radical-socialiste en 1901, Alliance républicaine démocratique en 1901, Fédération républicaine en 1903, Section française de l'Internationale ouvrière en 1905), et enfin avec la plus large diffusion et la véritable démocratisation du débat politique au sein de la société, grâce notamment au remarquable dynamisme de la presse quotidienne...

L'affaire Dreyfus
Celle-ci joue d'ailleurs un large rôle dans le déroulement de l'affaire Dreyfus. A l'origine, il s'agit d'un « banal » dossier d'espionnage, qui s'ouvre en 1894 avec la condamnation à la déportation d'un officier de l'état-major, le capitaine Dreyfus, accusé d'avoir livré des secrets militaires à l'Allemagne. L'opinion demeure alors indifférente au sort du condamné, dont les origines juives font l'objet d'un discours antisémite largement répandu, à droite et dans la presse catholique (*La Croix*), mais aussi dans bon nombre de milieux socialistes... Pourtant, certains se lancent dans une vigoureuse campagne de défense du capitaine Dreyfus, condamné sur la base d'un dossier plus que fragile ; *L'Aurore*, le journal de Georges Clemenceau, ouvre ainsi ses colonnes à Émile Zola, dont le célèbre article « J'accuse ! », en janvier 1898, devient rapidement le manifeste des « dreyfusards ».

Dépassant largement la personne de l'accusé, le débat voit dès lors s'opposer deux conceptions de la justice et de la nation : pour les dreyfusards, issus principalement mais non exclusivement des milieux de gauche, l'individu mérite avant tout la justice et la vérité ; pour les anti-dreyfusards,

L'affaire Dreyfus et
l'antisémitisme
(*La Dégradation de Dreyfus*,
Lionel Royer)

rassemblés notamment autour des ligues de droite (Ligue antisémite, Ligue des patriotes), mieux vaut une injustice individuelle qu'un affront porté à l'armée et à l'ordre qu'elle incarne... Finalement, un nouveau procès est organisé en 1899 ; Dreyfus y fait l'objet d'une condamnation moins lourde, puis il est gracié par le président de la République, et sera pleinement réhabilité en 1906.

Au-delà de son aspect juridique, l'affaire Dreyfus, véritable « guerre franco-française », modifie profondément le fonctionnement de la vie politique, de par les clivages qu'elle instaure comme du fait des tensions qu'elle nourrit : toute coalition centriste s'avère en effet impossible et, face à l'agitation qu'entretient la droite nationaliste, radicaux et socialistes s'associent en juin 1899 pour renverser le ministère du centriste Dupuy. Le « bloc des gauches » est né, et il se traduit par la formation d'un gouvernement Waldeck-Rousseau qui comprend des ministres radicaux (Caillaux, Leygues, Delcassé...) et même, au Commerce et à l'Industrie, le socialiste indépendant Millerand. S'ouvre alors une période de relative stabilité politique, puisque durant six années se succèdent seulement deux ministères, celui de Waldeck-Rousseau de 1899 à 1902, puis celui de Combes de 1902 à 1905, qui mènent une semblable politique de « défense républicaine » et d'anticléricalisme.

La mise en œuvre de poursuites judiciaires contraint ainsi les meneurs des ligues nationalistes à l'exil, tandis qu'un mouvement d'épuration pousse vers la retraite les généraux et les officiers supérieurs trop ouvertement anti-dreyfusards et anti-républicains. En juillet 1901, la loi sur les associations, tout en installant un régime très libéral, stipule que toutes les congrégations religieuses devront désormais soumettre leur existence même à l'approbation du Parlement. Plus que jamais, l'heure est à l'assimilation entre combat républicain et lutte anticléricale ; en effet, l'anticléricalisme remplit une fonction décisive de ciment idéologique, de facteur de cohésion au sein d'une majorité que la divergence des positions économiques et sociales de ses composantes risquerait de faire éclater, tant la distance est grande entre le réformisme prudent des radicaux, qui incarnent la France provinciale des classes moyennes, et le discours révolutionnaire des socialistes.

Aussi le ministère Combes marque-t-il un apogée du républicanisme anticlérical : plus de 3 000 établissements scolaires catholiques sont fermés en 1902, et en 1903 la Chambre refuse d'accorder son autorisation d'existence à la presque totalité des congrégations. La tension atteint son comble avec la rupture des relations diplomatiques entre la France et le Vatican, en juillet 1904, et la séparation de l'Église et de l'État s'avère dès lors inéluctable. Bien que Combes ait dû démissionner début 1905, le gouvernement présidé par le socialiste indépendant Aristide Briand poursuit la préparation du projet de loi en ce sens, et la loi de séparation est votée en décembre 1905. Paradoxalement, cette mesure combattue par l'Église et par l'opinion catholique procurera d'ailleurs au clergé une indépendance dont il ne jouissait pas dans le cadre mis en place par le Concordat de 1801 ; mais, dans l'immédiat, après les ouvertures de la politique de ralliement des années 1890, la République et le catholicisme s'affrontent à nouveau.

La République en quête de nouveaux équilibres
Dans les rangs de la majorité issue de l'affaire Dreyfus, la séparation de l'Église et de l'État marque en outre une césure, dans la mesure où s'estompent peu à peu, faute désormais de raisons d'être, les vertus unificatrices de l'anticléricalisme. Les divers courants socialistes, bien qu'en fait toujours profondément divisés, parviennent en effet à faire taire leurs dissensions pour se rassembler en une force unique, la Section française de l'Internationale ouvrière, créée en avril 1905 ; dirigée par Jaurès, la SFIO affirme à la fois son identité marxiste et révolutionnaire et sa défiance à l'égard des radicaux, suspectés de retarder délibérément toute perspective de réformes économiques et sociales. C'est la mort du bloc des gauches, et cela d'autant plus qu'après leur victoire électorale de mai 1906, les radicaux n'ont plus besoin du soutien des socialistes pour gouverner.

S'ouvrent ainsi les trois années du ministère Clemenceau, marquées par un alourdissement de plus en plus sensible des tensions sociales. En octobre 1906, lors de son congrès d'Amiens, la CGT affirme avec force son refus de tout compromis avec les partis politiques, et opte pour l'affrontement systématique avec le système capitaliste, qu'elle entend mettre à bas par le biais d'une grève générale insurrectionnelle. Et, rapidement, sans d'ailleurs que le mouvement syndical en soit toujours partie prenante, un large phénomène d'agitation gagne le pays, touché par de nombreuses grèves dans la fonction publique et dans divers secteurs industriels (électricité, mines), en même temps que par de violents troubles agricoles dans le Midi viticole... Se proclamant lui-même « le premier flic de France », Clemenceau emploie la force pour briser l'extension du mouvement, creusant par là même un peu plus le fossé qui séparait déjà les radicaux des socialistes. Toutefois, afin d'apaiser les tensions, son gouvernement s'efforce également de préparer diverses réformes sociales, avec une loi qui réduit à huit heures la journée de travail dans les mines, avec un projet sur la mise en place d'un système de retraite ouvrière (la loi sera votée en 1910), ou encore avec un projet, rejeté par le Sénat, d'instauration d'un impôt sur le revenu...

Mais Clemenceau est renversé en juillet 1909, puis les élections législatives de l'automne conduisent à la formation d'une Chambre quelque peu hétéroclite, au sein de laquelle les diverses questions traitées divisent les députés en majorités qui ne se recoupent pas systématiquement. L'on assiste donc au retour en force de l'instabilité ministérielle ; de 1909 à 1914, neuf ministères se succèdent, alternativement dirigés par des hommes de gauche (Briand, Caillaux) et par des représentants du centre droit (Poincaré, Barthou). En fait, trois points de friction régissent essentiellement les aléas d'une vie politique quelque peu insaisissable : d'une part l'impôt sur le revenu, que défendent à la Chambre socialistes et radicaux, mais que les sénateurs, y compris radicaux, refusent catégoriquement ; d'autre part la réforme électorale prônée par les partisans d'un système de représentation proportionnelle, qui là encore se heurtent à la résistance du Sénat ; et enfin l'allongement de la durée du service militaire de deux à trois ans, voté en 1913 malgré l'opposition des socialistes et des radicaux.

C'est la raison pour laquelle les deux grands partis de gauche s'entendent pour constituer une nouvelle coalition à l'approche des élections législatives du printemps 1914. Avec notamment une forte poussée socialiste (une centaine d'élus), celles-ci consacrent la victoire de ce nouveau bloc des gauches, dont le retour au pouvoir semble permettre un déblocage de la situation politique. En effet, le président de la République, Poincaré, impose une solution de compromis à la nouvelle majorité et aux sénateurs : le socialiste indépendant Viviani devient président du Conseil, il accepte de maintenir à trois ans la durée du service militaire, en contrepartie de quoi le Sénat vote, en juillet, la mise en place d'un impôt sur le revenu...

Mais l'enchaînement des impérialismes européens et la mécanique des alliances diplomatiques et militaires engagent alors l'actualité vers de tout autres horizons... Le 28 juin 1914, l'archiduc François-Ferdinand, héritier de la couronne austro-hongroise, est assassiné par un nationaliste serbe lors de l'attentat de Sarajevo ; soutenue par l'Allemagne, l'Autriche-Hongrie attaque la Serbie, accusée d'avoir armé l'assassin (27 juillet) ; la Russie, alliée de la Serbie, mobilise ses troupes (29 juillet) ; l'Allemagne déclare alors la guerre à la Russie (1er août), puis à la France (3 août) ; enfin, la Grande-Bretagne déclare à son tour la guerre à l'Allemagne (4 août). La Première Guerre mondiale vient d'éclater.

La culture républicaine : consensus et oppositions

A la veille de la guerre, la France semble profondément acquise au républicanisme qui, s'il paraissait encore nettement minoritaire à la fin du second Empire, a su en l'espace de quelques décennies pénétrer les esprits au point de s'imposer comme un modèle dominant et de bénéficier d'un consensus relativement massif. Modèle, au sens plein du terme, car le républicanisme ne se limite pas au choix d'un certain type de régime, d'une certaine forme d'organisation institutionnelle : il constitue une vision du monde, un système de pensée et de représentations, il se nourrit de références et de symboles bien précis, il s'incarne dans une pédagogie et dans une rhétorique militantes, et fonde ainsi tout une culture politique collective largement diffusée dans l'opinion.

Marianne au combat

Au rang des grands mythes fondateurs de la culture républicaine figurent la démocratie athénienne et la citoyenneté romaine, mais aussi et plus encore la Révolution, perçue et présentée comme une sorte de point zéro de l'Histoire. Si le Moyen Age est considéré comme un apogée du cléricalisme et de l'obscurantisme, si les temps de la monarchie absolue sont décrits comme ceux des privilèges et de la tyrannie, la Révolution figure au contraire le point de rupture à partir duquel deviennent possibles progrès et émancipation : la République a pour mission de poursuivre et de mener à son terme le processus entamé par ses glorieux ancêtres, dans la défense de la souveraineté populaire et des droits du citoyen. Il suffit pour cela de s'inspirer de l'exemple quasi sacré des grands noms que rassemble le panthéon de la mémoire républicaine, les hommes des Lumières, notamment Condorcet, les hommes de 1789, leurs héritiers de février 1848, les symboles de la lutte de l'esprit contre le despotisme (Victor Hugo), etc. Pieusement entretenu par l'hagiographie scolaire comme par l'œuvre militante des grands historiens (Lavisse) ou des auteurs de dictionnaires et autres encyclopédies (Larousse, Littré), leur souvenir doit forger la conscience collective et l'imprégner des idéaux républicains.

Ceux-ci reposent en particulier sur la confiance en l'idée de progrès de l'humanité : servis par la science et par la raison, les individus cheminent sur la voie de l'harmonie et de la paix, que seules leur barraient hier les forces réactionnaires de l'obscurantisme et de l'absolutisme. Foncièrement individualiste, l'idéologie républicaine rêve ainsi d'une société fluide, au sein de laquelle l'effort, le travail, l'épargne et le système scolaire assurent à chacun, selon ses mérites, les moyens d'une ascension sociale. Tel est par exemple le sens de la doctrine solidariste, formulée dans les années 1890 par le radical Léon Bourgeois : l'État doit assurer aux individus les moyens d'une égalité des chances, et apporter son secours à ceux que l'âpreté de l'existence a laissés sur le bord de la route, mais il n'est pas question pour autant de remettre un seul instant en cause les fondements de la propriété privée et du libéralisme économique.

Ainsi portée par la marche en avant de ses citoyens méritants, la République repose sur l'expression de la souveraineté du peuple, qui atteint son plus haut point dans un parlementarisme que l'on conçoit comme le parangon de toutes les vertus démocratiques. Proche de ses électeurs, l'élu incarne la France des profondeurs, celle des réalités quotidiennes, et il est à ce titre investi d'une fonction primordiale de représentation de la nation. Car, en effet, qui mieux que la République pourrait incarner cette nation ? Centralisatrice et uniformisatrice, elle doit rassembler ses fils autour de la mission universelle de la France, terre de la Liberté, des droits de l'homme et de l'émancipation des peuples. Le nationalisme républicain se fait volontiers éducateur et universaliste ; nationalisme d'ouverture et non d'exclusion, il passe par l'affirmation constante du rôle historique de la France au regard de l'humanité tout entière...

Ces valeurs républicaines peuvent s'appuyer sur des assises de plus en plus larges, au sein desquelles se détachent diverses avant-gardes militantes : les milieux protestants, relativement sur-représentés dans le monde politique, la franc-maçonnerie, les nouveaux notables locaux, médecins, pharmaciens, avocats, etc, et plus encore les instituteurs, « hussards noirs de la République » (Charles Péguy) qui, face aux prêtres, vivent souvent leurs fonctions comme un sacerdoce et agissent en véritables missionnaires de la République, de sa morale et de ses grands principes. L'école joue ainsi un rôle décisif dans le processus de républicanisation des esprits, par l'intermédiaire des chansons enfantines d'un Maurice Bouchor, par le biais de manuels qui, tel le célèbre *Tour de*

France par deux enfants, exaltent à la fois la fierté nationale et les vertus de la démocratie républicaine, par l'apprentissage d'une histoire présentée comme une longue marche vers la liberté, etc. A la fin de chaque année scolaire, la cérémonie de distribution des prix constitue notamment un moment de choix de la célébration républicaine, et les livres offerts aux enfants n'y sont jamais choisis au hasard : combien de générations n'ont-elles pas vibré, par exemple, aux accents de l'œuvre prolifique d'Erckmann et Chatrian ?...

La pédagogie républicaine investit tout autant l'univers des symboles et des rites. C'est ainsi qu'est entreprise une action diffuse de républicanisation de l'espace, avec les statues à l'effigie de la République, telle, à Paris, celle que réalise Bartoldi, le sculpteur quasi officiel du régime, ou encore avec l'effort systématique pour insérer au centre du paysage urbain ou villageois ces mairies qui portent fièrement la devise républicaine, « Liberté, Égalité, Fraternité ». Le buste de Marianne, qui personnifie une République altière, féconde et généreuse, se fait omniprésent dans les lieux officiels, tout comme il pénètre les pratiques les plus quotidiennes, par exemple avec les timbres postaux. Le calendrier républicain s'enrichit de cérémonies fastueuses avec le rituel du 14 juillet, érigé au statut de fête nationale à partir de 1880, de même que les visites en province des présidents de la République sont l'occasion de tout un cérémonial qui, d'une certaine façon, n'est pas sans rappeler celui des entrées royales de l'Ancien Régime. Par son drapeau tricolore, par son hymne national, *La Marseillaise*, par l'usage qu'elle fait du passé et de l'histoire, etc, la République sait ainsi se doter d'une mythologie qui, au service de son idéologie, imprègne aussi bien les cœurs que les esprits.

Aux ruraux, elle garantit l'ordre et la stabilité ; aux classes moyennes urbaines, elle offre la confiance en l'avenir et les perspectives de sa méritocratie scolaire, parfois même jusqu'à l'accès à ses institutions les plus prestigieuses, telle l'École normale supérieure ; aux élites sociales de la bourgeoisie d'affaires, elle assure le maintien d'un cadre libéral et la pérennité des hiérarchies sociales établies ; à tous enfin,

Une République universaliste. *Les représentants des puissances étrangères venant saluer la République en signe de paix,* le Douanier Rousseau, 1907

elle apporte l'image d'une exaltation tranquille de la grandeur nationale et de l'unité du corps social. En fait, la République peut être comparée à une auberge espagnole en laquelle chacun est susceptible de trouver nourriture à son gré, et par là même s'étend et s'approfondit en permanence le consensus dont elle fait l'objet.

Les réfractaires

Chacun ? Face aux couches populaires urbaines, et singulièrement face au monde ouvrier, la culture républicaine demeure en fait quelque peu démunie. Libérale et modérément réformatrice, elle ne parvient guère à rallier totalement l'univers de ceux que le poète révolutionnaire Eugène Pottier appellait en 1871, dans *L'Internationale*, les « damnés de la terre ». Certes, sous l'influence de Jaurès et de bon nombre d'intellectuels ralliés au socialisme durant l'affaire Dreyfus, le mouvement ouvrier s'ouvre progressivement aux valeurs républicaines ; mais de larges pans de la culture ouvrière n'en restent pas moins rétifs au consensus républicain. L'anarcho-syndicalisme révolutionnaire de la CGT constitue en particulier un pôle de rejet global du modèle républicain, assimilé à l'expression des intérêts de la bourgeoisie capitaliste ; ses théoriciens, tel Sorel, n'ont que mépris pour la démocratie formelle, jugeant qu'elle n'a d'autre fonction que de masquer les enjeux véritables des mécanismes d'exploitation. Quand bien même le syndicalisme ne pèse alors que d'un poids relativement marginal, son attitude demeure révélatrice d'un certain sentiment d'exclusion...

A l'autre borne de l'éventail politique, l'extrême droite campe elle aussi sur une position de refus du consensus républicain. Au début du siècle, elle est principalement représentée par l'Action française, une ligue antiparlementaire née au moment de l'affaire Dreyfus. Animée par le monarchiste Charles Maurras, elle défend les thèses d'un nationalisme intégral volontiers xénophobe et antisémite, et pourfend avec violence une République qu'elle appelle « la gueuse », au nom de l'affirmation du « pays réel » contre le « pays légal », abstraction conçue par les politiciens pour détourner le peuple de ses intérêts authentiques. L'Action française ne représente certes qu'un mouvement fort minoritaire mais, servie par la rigide cohérence de la pensée maurrassienne, elle exerce néanmoins une réelle influence sur la jeunesse des Universités comme sur certains catholiques peu convaincus, surtout après l'intensité des affrontements de la séparation de l'Église et de l'État, par les vertus du ralliement à la République.

Marianne n'a donc pu rassembler l'ensemble de ses fils. Mieux qu'elle, mais avec elle, le drapeau tricolore y parviendra aux heures douloureuses de la guerre.

Une France nouvelle

Au prix certes d'un certain schématisme, l'on peut considérer que, de l'apogée du Moyen Age à la fin du XVIIIe siècle, les structures démographiques, mentales, économiques et sociales de la France ne se modifiaient que selon un rythme fort lent, dominé par le poids des permanences et des continuités beaucoup plus que par l'irruption du changement. Cette France du temps lent, au visage quotidien presque immobile, subit en revanche les effets de mutations aussi profondes que rapides au cours du XIXe siècle, et cela d'autant plus qu'elles se manifestent dans à peu près tous les domaines, par-delà les aléas d'une conjoncture politique instable. Les Français de la Belle Époque, au début du XXe siècle, se trouvent à des années-lumière de leurs grands-parents, plus éloignés d'eux sans doute que ne pouvaient l'être, par exemple, les sujets de Louis XVI de ceux de Saint Louis.

L'avènement du capitalisme industriel

Les conditions du décollage

Amorcée en Angleterre dès le milieu du XVIIIe siècle, la révolution industrielle n'a véritablement atteint la France qu'à partir de la fin du premier tiers du XIXe siècle ; en effet, alors que celle-ci présentait une situation encore relativement comparable à celle de sa voisine d'outre-Manche dans les années 1770-80, elle a dû par la suite laisser se creuser un certain retard. Celui-ci tient notamment au morcellement de ses exploitations agricoles, accru sous la Révolution par le partage des Biens nationaux, et au maintien de pratiques communautaires qui freinent l'initiative et l'introduction des innovations techniques et culturales : de ces facteurs résulte en effet une médiocrité des rendements qui, en nécessitant le maintien d'une main-d'œuvre agricole nombreuse, prive l'industrie urbaine des possibilités humaines de son développement. Par ailleurs, le retard français s'explique par l'archaïsme financier du pays, qui souffre longtemps de l'absence d'un réseau bancaire moderne, capable de drainer les capitaux et de les orienter vers les investissements productifs. En outre, les élites sociales, qu'elles appartiennent à la noblesse d'Ancien Régime ou à la bourgeoisie urbaine, ont traditionnellement préféré la thésaurisation ou l'investissement improductif (rente foncière, achat d'offices sous la monarchie, souscription d'emprunts publics par la suite) aux risques de l'investissement industriel. Enfin, les troubles politiques des années révolutionnaires, et plus encore le poids des guerres napoléoniennes, ont à leur tour contribué à ralentir le processus du décollage économique...

La France va donc en quelque sorte marcher sur les traces de l'Angleterre avec un temps de décalage, bénéficiant en cela, comme d'ailleurs toute l'Europe occidentale, des apports technologiques et structurels du modèle anglais. Le processus de l'innovation technologique en grappe, où chaque procédé novateur nécessite à son tour de nouvelles inventions, y est en effet entamé depuis déjà longtemps. Dans le secteur du textile (mise au point des métiers automatiques), dans le domaine de la métallurgie (développement de la fonte au coke), sur le terrain décisif de l'utilisation de la force de la vapeur (en 1784, James Watt met au point sa machine à vapeur automatique), toutes les innovations essentielles sont anglaises. Elles le sont également en ce qui concerne la mise en valeur des bassins houillers, la mécanisation du travail dans le cadre d'usines de plus en plus vastes ou la révolution des transports (ouverture de la première ligne ferroviaire en

1821...). A son heure, l'économie française peut donc profiter de l'acquis de sa rivale anglaise pour connaître elle aussi le grand mouvement d'industrialisation qui façonnera peu à peu les structures d'un monde nouveau.

Les bases de l'expansion française présentent à cet égard certaines spécificités par rapport à l'exemple anglais : ainsi en est-il du rôle de l'État, affirmé dès le premier Empire. Acteur à part entière de l'activité économique, il stimule la production par sa politique de grands travaux publics, soutient la construction ferroviaire, contrôle, par l'intermédiaire du poids qu'il exerce sur la Banque de France, l'émission monétaire et le taux de l'escompte, met en place un cadre juridique propice au développement des entreprises (autorisation des sociétés à responsabilité limitée en 1863, des sociétés anonymes en 1867), et fixe les modalités d'une politique douanière qui, hormis durant une brève période (1860-1882), s'oriente vers des choix résolument protectionnistes. Se faisant les promoteurs de l'économie nationale et des mérites de la croissance, les pouvoirs publics organisent en outre les grandes expositions universelles (1855, 1867, 1878, 1889 — c'est à cette occasion qu'est érigée la tour Eiffel — et 1900), vastes vitrines des progrès de la technique et des réalisations de la production française...

Soutenue par un État qui demeure libéral mais n'en affirme pas moins de constantes préoccupations économiques, la croissance bénéficie par ailleurs de l'afflux de métal précieux que permet, dès 1849, l'arrivée en Europe de l'or californien. Environ 40 % de cet or entre en France, y facilitant l'accroissement des échanges et un mouvement d'augmentation des prix qui nourrit la hausse du profit et de l'investissement. Les mécanismes de la circulation de l'argent s'en trouvent modernisés, avec l'extension de l'usage de la monnaie fiduciaire et, dans les années 1860, l'apparition de la monnaie scripturale. Autant de paramètres nouveaux qui favorisent l'activité, grâce en particulier à la progressive émergence d'un système bancaire véritable. Dans la première moitié du siècle, la haute finance des Rothschild, Fould ou autres Mallet participait déjà aux affaires industrielles et commerciales, mais son rôle demeurait encore relativement marginal. En revanche, le second Empire voit apparaître les premières banques d'affaires, comme le Crédit mobilier des frères Pereire qui, malgré son échec, stimule d'autres tentatives plus durables (par exemple, création en 1872 de la Banque de Paris et des Pays-Bas), de même que les premières grandes banques de dépôts, Crédit industriel et commercial en 1859, Crédit lyonnais en 1863, Société générale en 1864... La mobilisation et la circulation des capitaux s'intensifient de plus en plus et Paris devient, derrière l'intouchable Londres, la première place financière européenne.

La circulation, pilier de la croissance : celle de l'argent, mais tout aussi bien celle des marchandises et, avec elles, des hommes. La première ligne de chemin de fer, consacrée au transport du charbon à Saint-Étienne, fonctionne à partir de 1828, et le Paris-Saint-Germain, lancé en 1836, provoque un vif engouement du public... Une loi de 1842 précise bientôt le cadre juridique de l'extension ferroviaire, l'État se chargeant de financer l'achat des terrains, les terrassements et ouvrages d'art, les compagnies privées qui bénéficient de la concession des lignes fournissant le matériel et assurant l'exploitation. En l'occurrence, six compagnies principales se partagent l'espace ferroviaire français en vastes réseaux régionaux, Paris-Orléans, P.L.M. (Paris-Lyon-Méditerranée), Nord, Est, Ouest, Midi. Si quelque 3 500 km de voies sont en usage vers 1850, le second Empire accélère le mouvement de construction en apportant la garantie de l'État aux intérêts versés par les compagnies à leurs actionnaires. En 1870, environ 17 500 km sont en place ; à son tour, la troisième République favorise le développement du réseau, par le plan Freycinet (1879) qui vise notamment à multiplier les lignes transversales d'intérêt local, ces « voies électorales » chèrement défendues par des élus qui y gagnent un surcroît de prestige dans leur circonscription. À la veille de la Première Guerre mondiale, la France dispose ainsi d'un dense réseau de 49 000 km de voies ferrées.

Si les progrès ne sont pas aussi sensibles en ce qui concerne les routes et les voies d'eau navigables, il n'en demeure pas moins qu'avec le chemin de fer s'est ainsi opéré un décisif bouleversement des conditions de fonctionnement de l'économie française. Parce qu'il désenclave des régions plus ou moins marginalisées et parce qu'il contracte l'espace-temps national, le train permet la constitution progressive d'un véritable marché intérieur unifié, favorisant en cela la spécialisation des activités locales et, avec leur orientation vers des productions commerciales, le développement des échanges. De plus, il représente également un puissant moteur de modernisation : modernisation des techniques, dans la mesure où ce sont souvent les besoins du chemin de fer qui suscitent la mise au point des innovations, par exemple pour la production d'un acier de meilleure qualité ou pour l'utilisation de l'électricité ; mais aussi modernisation des structures, puisque l'essor des activités bancaires et des opérations boursières résulte pour une bonne part des nécessités de financement des compagnies ferroviaires.

La croissance

C'est donc surtout à partir des années 1840, et plus encore sous le second Empire, que s'affirme le phénomène d'industrialisation de la France, avec sur cette période une croissance industrielle de l'ordre de 3 % par an en moyenne, en dépit d'une brève mais forte dépression depuis la fin des années 1840 jusqu'au début des années 1850. La métallurgie, stimulée en particulier par la demande ferroviaire, constitue l'un des piliers du décollage ; en 1856 est mis au point le procédé Bessemer, qui permet l'élimination des scories puis, en 1879, l'introduction du procédé Thomas-Gilchrist rend possible l'utilisation des minerais impurs, comme la « minette » lorraine. Si la France demeure fort éloignée de la puissance allemande (en 1913, elle produit un peu moins de 5 millions de tonnes d'acier contre 17 en Allemagne), elle s'affirme donc néanmoins comme une productrice de premier plan à l'échelle européenne. Dans le même temps s'accroît l'exploitation des bassins houillers, notamment ceux du Nord (la production nationale passe ainsi de 17 millions de tonnes en 1875 à près de 41 millions de tonnes en 1913), ainsi que, dans une moindre mesure toutefois, l'essor des industries chimiques et textiles.

Surtout à partir de la fin du siècle, quand s'apaisent les effets de la dépression mondiale des années 1880-1890 et que se relance la croissance, l'industrie française peut donc se targuer du poids d'un certain nombre de grandes entreprises prospères, de Wendel dans la sidérurgie, Schneider dans l'armement et les biens d'équipement industriels, Péchiney, Saint-Gobain ou Kuhlmann dans la chimie, etc. Une nouvelle révolution industrielle nourrit la croissance (des taux supérieurs à 5 % par an vers 1905-1910), tirée par le dynamisme de l'électro-métallurgie et de l'industrie de l'aluminium dans les Alpes, par celui du caoutchouc (Michelin) ou de l'automobile (Panhard, Renault). La France de la Belle Époque est la quatrième puissance industrielle mondiale, grâce notamment à ces foyers actifs que sont la Lorraine (sidérurgie et chimie lourde), le Nord (charbon et métallurgie), la région parisienne (industries différenciées et productions de pointe) ou, dans une moindre mesure, la région lyonnaise (textile, chimie) et les petits centres sidérurgiques de Saint-Étienne et du Creusot.

Son capitalisme industriel demeure toutefois caractérisé par une faible concentration. Quelques cartels de producteurs, comme le Comité des forges (1864) ou le Comité des houillères (1892) s'efforcent certes de réguler les marchés, mais en fait leur action vise à faire pression sur les pouvoirs publics bien plus qu'à promouvoir modernisation et croissance. Protégées par des barrières douanières qui leur assurent le quasi-monopole du marché intérieur, la majeure partie des entreprises ne se préoccupent guère de compétitivité ou d'exportation, et cela d'autant plus que leur taille souvent modeste réduit leurs ambitions. Ainsi, en 1906, pour 900 000 établissements industriels recensés, seulement 10 000 rassemblent plus de 50 salariés. Familiales et prudentes jusqu'à l'excès, la plupart des entreprises préfèrent l'autofinancement, qui assure plus de 70 % des investissements vers 1910, à l'appel aux capitaux extérieurs par l'intermédiaire des banques. Elles y gagnent peut-être en indépendance, mais y

La France industrielle :
construction de locomotives à Belfort

perdent à coup sûr en possibilités de financement, ce qui freine l'innovation et le développement en même temps que la capacité à réaliser des économies d'échelle : si la France contribuait à 9 % de la production industrielle mondiale dans les années 1860, son poids relatif s'est réduit à 6 % dans les années 1910...

Insuffisamment mis en valeur par la frilosité relative des entrepreneurs, le capital abonde pourtant, tant il est vrai que la France dispose d'une considérable richesse ; le revenu national a doublé entre les années 1870 et les années 1910 et l'or et l'épargne s'accumulent, fondant le prestige international d'un franc germinal dont la valeur n'a pas changé d'un pouce depuis 1803. Mais, mal employée, cette richesse se perd dans la thésaurisation improductive des bas de laine de la France rurale et provinciale, ou bien se réfugie dans les placements réputés « sûrs », caisses d'épargne ou rentes de l'État (pour la seule période 1900-1913, les dépôts sur les livrets d'épargne s'élèvent ainsi de 10 milliards à 15 milliards de francs !). Elle s'oriente également vers l'étranger, dans le cadre d'un impérialisme financier fréquemment encouragé par les gouvernements à des fins de politique extérieure : de 1890 à 1913, 1 600 000 souscripteurs consacrent ainsi 13 milliards de francs aux emprunts russes et, au total, environ 45 milliards de francs se trouvent placés à l'étranger à la veille de la Première Guerre mondiale (plus du quart en Russie, le reste en Turquie, en Égypte, en Espagne, en Autriche-Hongrie ou, dans une moindre mesure, en Amérique latine et en Extrême-Orient)...

De nouveaux cadres sociaux

Au fur et à mesure que s'affirment les effets de l'industrialisation, les structures sociales traditionnelles d'Ancien Régime, mises à bas par le choc révolutionnaire et la réorganisation impériale, font place au cours du XIXe siècle à l'avènement d'une société bourgeoise dans laquelle les oligarchies de l'argent supplantent les aristocraties du sang. L'influence de l'ancienne noblesse ne cesse en effet de reculer ; repliée sur ses terres après l'échec des tentatives de restauration monarchique, elle maintient partiellement ses positions dans certaines régions rurales et catholiques, comme l'Ouest, mais ne joue plus néanmoins qu'un rôle de plus en plus marginal. Milieu fermé des lecteurs du *Gaulois* ou du *Figaro*, elle donne encore le ton à la vie mondaine des courses de Longchamp ou des planches de Deauville mais, hormis dans l'armée, la diplomatie ou, parfois, l'Église, elle ne contrôle plus les leviers de commande de la France nouvelle.

Une France de classes moyennes dominée par la bourgeoisie des nouveaux notables

Dès les années de la monarchie censitaire, la société française se trouve en effet dominée par une mince frange de notables dont la fortune remonte fréquemment à la Révolution et à l'Empire, grâce notamment à l'achat des Biens nationaux. Piliers de l'essor commercial, bancaire et industriel, ils savent tisser de solides réseaux familiaux qui assurent le développement de leur emprise économique, sociale et politique, notamment en province où ils éclipsent souvent la vieille aristocratie. Constituant la couche supérieure du corps électoral, ils participent activement à la vie politique ; le banquier Laffitte et l'industriel Casimir Perier sont par exemple ministres de Louis-Philippe, et Guizot pousse à son plus haut degré cette interpénétration des pouvoirs économiques, politiques et administratifs qui caractérise la monarchie de Juillet comme le « régime des notables ».

Les valeurs de la bourgeoisie, exaltation du travail et de l'épargne, de la sobriété familiale et de l'ordre, déterminent alors les comportements de tout un monde divers de commerçants et d'industriels, de membres des professions libérales et de fonctionnaires, de rentiers et de propriétaires terriens. A son sommet, la haute bourgeoisie, surtout parisienne, constitue l'élite de la fortune et la norme des convenances ; société restreinte et close qui vit entourée d'une nombreuse domesticité (15 % de la population active féminine en 1860 !) et qui tire ses revenus des affaires, du patrimoine mobilier ou de la rente foncière, elle se reproduit grâce à l'éducation qu'elle assure à ses enfants et à l'endogamie sociale qu'elle suscite de leur part. Paradoxalement, elle semble parfois n'avoir d'autre but que de se mouler dans les cadres de vie d'une aristocratie dont elle a pris la place : vers 1880, le sucrier Henry Say se passionne pour les courses de chevaux, et Arthur de Rothschild partage son existence entre les voyages lointains et les réunions mondaines du Yacht-Club de France, cependant que les salons bourgeois, invariablement meublés en style Louis XVI plus ou moins authentique, parés de lourdes tentures et ornés d'un piano si possible monumental, accueillent des réceptions où se retrouvent les membres d'un monde soigneusement sélectionné, celui que par exemple décrira minutieusement Proust dans *A la recherche du temps perdu*. A ses côtés se trouve la grande bourgeoisie des talents, celle des illustres médecins et des avocats célèbres, celle des officiers supérieurs, des magistrats ou des hauts fonctionnaires formés, à partir de 1874, par l'École libre des sciences politiques.

Au-delà de ces groupes aisément identifiables, l'on entre dans la nébuleuse plus complexe des classes moyennes urbaines, la moyenne ou petite bourgeoisie laborieuse et guindée de la fonction publique intermédiaire ou subalterne, le monde diffus de la boutique ou de l'atelier, l'univers modeste des employés, autant de catégories unifiées par leur volonté de se conformer aux normes bourgeoises d'une respectabilité qu'elles se façonnent à grand renfort de lourd mobilier Henri II, de chapeaux et de cols durs, comme par leur souci de développer, sur une ou deux générations, des stratégies d'ascension sociale dont l'instruction et l'épargne sont perçues comme les vecteurs décisifs.

Aux marges : ruraux et ouvriers

De telles perspectives n'atteignent que fort tardivement une paysannerie majoritaire mais marginalisée. Si le nombre des petits exploitants propriétaires augmente constamment (dans la France de la Belle Époque, plus de 80 % des exploitations sont en faire-valoir direct), c'est bien souvent au prix de sacrifices financiers qui hypothèquent lourdement toute chance de modernisation. Les progrès agricoles demeurent donc lents à se diffuser, malgré les encouragements officiels, et la mécanisation ou l'usage des nouveaux engrais ne se généralisent vraiment que dans les vastes exploitations du Bassin parisien et du Nord. Certes se manifeste peu à peu, du fait du développement des relations ferroviaires, une tendance à la mise en valeur de spécialisations régionales spéculatives, primeurs en Bretagne ou dans le Bas-Rhône, viticulture languedocienne, élevage laitier en Normandie ; mais dans l'ensemble, prisonnière de ses structures et de ses traditions, l'agriculture française affirme un retard que renforce la mise en place de mesures protectionnistes telles que le tarif Méline, en 1892.

Encore largement immobile dans un monde qui se transforme en profondeur, l'univers rural constitue donc durant au moins les deux premiers tiers du XIXe siècle une sorte de vaste enclave sociale et culturelle, un conservatoire de toutes les traditions vestimentaires, linguistiques, alimentaires, familiales ou religieuses. Sous la troisième République, le désenclavement matériel et économique s'accompagne cependant d'un contact croissant avec la nouvelle civilisation urbaine ; le développement d'un système scolaire obligatoire, le brassage apporté par les années de service militaire ou l'essor de la presse quotidienne à bon marché sont par exemple autant de facteurs qui contribuent, sans toutefois les supprimer encore, à amoindrir un certain nombre des spécificités rurales par un phénomène de progressive acculturation. Ainsi, animés par les foires et les marchés, les villages sont peuplés d'une population artisanale encore nombreuse, celle des maréchaux-ferrants, des forgerons, des charrons, des charpentiers ou des maçons, mais ils accueillent désormais les symboles de la modernité républicaine, receveurs des postes ou instituteurs, cependant que les petits notables républicains, souvent les médecins ou les vétérinaires, sapent l'influence des notables traditionnels, notaires et châtelains. Le café s'impose comme le lieu privilégié de la sociabilité masculine et de l'intrusion de la vie politique dans les campagnes, cependant que la culture populaire ancienne s'effrite peu à peu. Mélange de stabilité individualiste et de lentes mutations souterraines, le monde rural présente donc à la Belle Époque le profil ambigu d'un système qui se prépare lentement à basculer d'une époque à une autre.

Il subit en particulier les effets d'un exode rural qui s'accélère à partir de la fin du siècle, la population des campagnes passant de 75,6 % de la population totale en 1846 à 68 % en 1872 et à 56 % en 1911. Déracinés et souvent dépourvus de qualification, les nouveaux arrivants peuvent, pour les femmes, s'orienter vers les emplois domestiques, mais ils viennent surtout grossir les rangs d'un monde ouvrier dont la croissance épouse le rythme de l'industrialisation. Il faudrait cependant nuancer la notion même de monde ouvrier, ou plus exactement la conjuguer au pluriel, tant se maintient pendant longtemps la distinction entre plusieurs catégories fort différentes. D'une part, jusque dans les années 1860 au moins, certains secteurs comme le textile restent fidèles aux structures traditionnelles des ateliers ruraux dispersés ou du travail à façon d'ouvriers urbains durement exploités, comme les « canuts » lyonnais. D'autre part, les grands centres urbains sont peuplés d'une « aristocratie ouvrière » qui, occupée dans les ateliers artisanaux ou les petites entreprises, témoigne d'un savoir-faire professionnel, d'un acquis culturel et d'une politisation souvent développés. Enfin, le prolétariat industriel de type moderne, apparu à partir des années 1840, est celui des ruraux fraîchement arrivés en ville et totalement placés, faute de qualification, de bagage culturel et d'organisation collective, sous la dépendance d'un patronat tout-puissant.

La révolution industrielle produit avec eux un milieu d'autant plus redouté qu'il est marginalisé, avec des journées de travail de douze ou treize heures, parfois davantage, des accidents fréquents, un chômage qui n'est pas indemnisé, des salaires insuffisants pour nourrir une famille et des logements aussi exigus qu'insalubres... Et la troisième République, en dépit de l'idéal d'harmonie sociale qu'elle professe, demeure en fait fort timorée en matière de législation sociale : le travail des enfants de moins de treize ans est interdit (1874), une assurance contre les accidents du travail est instaurée (1898), la journée de travail est réduite à onze heures pour les femmes (1900) et à huit heures pour les mineurs de fond (1905), le repos hebdomadaire est garanti (1906), mais les congés payés demeurent inconnus et peu d'ouvriers atteignent l'âge de profiter des faibles retraites instaurées par la loi de 1910. Si un patronat paternaliste ou quelques rares municipalités s'engagent timidement dans des politiques de construction de cités ouvrières à bon marché, le niveau de vie demeure très médiocre et la malnutrition ou l'alcoolisme sévissent encore dans une population mal intégrée au corps social. Quand bien même le pouvoir d'achat ouvrier progresse de 40 à 45 % de la guerre de 1870 à celle de 1914, l'absence de toute perspective d'avenir est telle que le syndicalisme ouvrier demeure d'ailleurs très minoritaire.

Apparues dans les années 1860, les premières chambres syndicales émanaient de la vieille aristocratie ouvrière des cordonniers, ébénistes, typographes ou autres orfèvres, et ne concernaient guère le prolétariat industriel naissant. Après la loi Waldeck-Rousseau, qui en 1884 reconnaissait l'existence des syndicats, la création par Fernand Pelloutier de la Fédération des bourses du travail ouvre toutefois la porte à l'émergence d'un syndicalisme de masse, qui tente de se constituer avec, en 1895, la fondation de la CGT, Confédération générale du travail. Dominée par les tenants de l'anarcho-syndicalisme révolutionnaire, la CGT entend proposer un projet global de substitution au système capitaliste bourgeois ; mais, malgré quelques bastions précoces (les mines, les métiers du livre), elle ne parvient guère à s'implanter et en 1913 le taux de syndicalisation des salariés français stagne à 7 %, contre par exemple 25 à 30 % en Grande-Bretagne ou en Allemagne...

Une population malthusienne en cours d'urbanisation

Forte de ses 28 millions d'habitants, la France de 1789 était le pays le plus peuplé d'Europe. Pourtant sa croissance démographique commençait déjà à fléchir et, en assurant la primauté d'une bourgeoisie soucieuse d'ascension sociale tout comme en imposant le partage égal des héritages, la Révolution et l'Empire ont accéléré cette tendance, puisque le taux de natalité tombe déjà d'environ 40 ‰ dans les années 1780 à environ 32 ‰ dans les années 1810. C'est donc à un rythme de plus en plus lent que la population française augmente au cours du XIXe siècle, passant de 30,5 millions d'individus en 1821 à 36 millions en 1856 et à 39,6 millions en 1911 : compte tenu de la perte de l'Alsace-Lorraine et du gain de Nice et de la Savoie, rattachés à la France en 1860, cet accroissement résulte davantage de l'immigration et de l'allongement de l'espérance de vie (environ 40 ans sous le second Empire, environ 50 en 1913) que d'une natalité en chute constante. Vieillissante, la population française ne s'enrichit en moyenne que de 0,1 % par an à la Belle Époque, quand la population allemande s'accroît à un rythme annuel de 1,1 %, ou celle du Royaume-Uni à un rythme de 0,9 %...

D'une part, le taux de mortalité ne cesse de reculer, de 30 à 35 ‰ à la fin du XVIIIe siècle jusqu'à 17 à 18 ‰ à la veille de la Première Guerre mondiale. Fruit de l'amélioration du niveau de vie, d'une alimentation plus équilibrée et, vers la fin du siècle, des progrès de l'hygiène et des campagnes de vaccination, ce fléchissement n'interdit pas néanmoins le maintien d'une mortalité infantile élevée, surtout dans les milieux populaires, cependant que continuent à sévir à l'état endémique des maladies comme la tuberculose. D'autre part, le taux de natalité décroît régulièrement : à peine 20 ‰ en 1913. Diffusé à partir des familles bourgeoises, préoccupées par la volonté d'assurer l'éducation et l'avenir d'une progéniture qu'elles souhaitent donc peu nombreuse, le mouvement de limitation des naissances se généralise peu à peu en direction des classes moyennes, puis du monde ouvrier et des populations rurales, seules les régions les plus catholiques, Bretagne, Nord, maintenant des pratiques fortement natalistes.

Touchée par le déclin de sa croissance démographique, la France doit donc dès les années 1880 faire appel, alors seule en Europe dans cette situation, à l'immigration ; lors du recensement de 1911, l'on dénombre ainsi environ 1 150 000 étrangers en France, Italiens, Belges, Espagnols, Polonais, soit près de 3 % de la population totale. Souvent mal acceptés, en particulier par les ouvriers qui leur reprochent de leur voler le travail en acceptant des salaires de misère, ils contribuent à amoindrir les effets des comportements malthusiens et constituent un précieux volant d'ajustement pour les besoins de l'économie nationale, mais demeurent largement isolés.

A l'instar des flux migratoires intérieurs nourris par l'exode rural, ces flux extérieurs alimentent le mouvement continu d'urbanisation qui accompagne l'industrialisation du pays. Si la France demeure à cet égard en retard sur l'Angleterre ou l'Allemagne, la part de la population urbaine passe toutefois de moins de 20 % à la fin du XVIIIe siècle à près de 45 % dans les années 1910. Aux côtés d'un large semis de villes moyennes ou petites dont le nombre considérable tient notamment au découpage administratif du territoire, la croissance urbaine se marque tout particulièrement par l'essor des plus grandes agglomérations, au premier rang desquelles s'affirme une capitale de plus en plus hypertrophiée.

Dans la première moitié du XIXe siècle, en dépit des aménagements réalisés depuis le premier Empire, Paris était encore une ville vétuste, insalubre et saturée (700 000 habitants vers 1800, près d'un million vers 1850). Mais le second Empire, soucieux de rationaliser une trame urbaine propice aux barricades comme d'adapter l'espace aux conditions de la croissance économique, jette les bases du Paris moderne en modifiant profondément son organisation. Le préfet de la Seine, Haussmann, développe ainsi un urbanisme très actif qui passe par le percement de grands axes de circulation, la construction de monuments prestigieux (l'Opéra) ou d'édifices utilitaires (les Halles, les gares), la mise en place d'un vaste réseau d'égouts, l'installation de l'éclairage au gaz, l'adduction d'eau dans les immeubles, ou encore la création d'un système de transports publics par omnibus... La ville d'Ancien Régime, où les stratifications sociales se marquaient dans la verticalité (« plus haut l'étage, plus bas la classe »), fait place à une ville bourgeoise de différenciations horizontales, à l'Ouest cossu des « beaux quartiers » s'opposant l'Est populaire d'un Paris riche, avec sa banlieue proche, de trois bons millions d'habitants dans les années 1910. Fière de ses grands magasins, tel le Bon Marché, qui date de 1852, comme de son métro, ouvert en 1900, la « ville-lumière » polarise alors largement un espace national que toute une tradition à vocation centralisatrice a placé sous sa sujétion, et constitue la vitrine des transformations matérielles et sociales, mais aussi culturelles, de la civilisation industrielle et urbaine.

Les transformations de la vie culturelle

Une fois retombé l'élan romantique, que brise notamment l'échec de la République quarante-huitarde, le mouvement artistique tend à s'éloigner peu à peu des grandes effusions sentimentales et du populisme lyrique pour cultiver l'art pour l'art. Face à la « bêtise » ambiante du règne de la bourgeoisie, que dénonce avec férocité Flaubert dans *Madame*

Bovary ou *Bouvard et Pécuchet*, le beau et l'harmonie des formes se suffisent à eux-mêmes pour élever l'artiste, et la petite élite de ceux qui peuvent le comprendre, au-dessus de la médiocrité commune. L'esthétisme d'un Leconte de l'Isle, et plus encore celui d'un Baudelaire, qui publie ses *Fleurs du mal* en 1857, témoignent ainsi d'un dandysme littéraire pour lequel la modernité exerce à la fois fascination et répulsion. Hérité de Balzac, le roman réaliste (Flaubert, les frères Goncourt, Alphonse Daudet) décrit avec la froideur délibérée des entomologistes les mécanismes de la société bourgeoise et industrielle, qu'illustrent également les tableaux d'un Millet, d'un Daumier ou d'un Courbet, en contraste total avec la peinture académique officielle d'un second Empire aux goûts esthétiques souvent mièvres et grandiloquents.

En même temps s'amorce la recherche de voies picturales nouvelles que domine le jeu sur les couleurs, avec Manet (*Olympia*, 1863) puis, surtout, avec l'affirmation de l'école impressionniste des Monet (*Impression, soleil levant*, 1872), Renoir, Degas ou autre Pissaro, et dont la première exposition, en 1874, suscite un véritable scandale. Dans les années 1880-1890, Gauguin ou le Néerlandais Van Gogh, amoureux fou de la lumière provençale, chargeront ainsi la couleur d'une intensité émotionnelle maximale, dans un état d'esprit comparable à celui des poètes symbolistes en quête d'une « poésie pure » allant plus loin que le monde sensible avec la musicalité d'un Verlaine, le mysticisme révolté d'un Rimbaud ou l'hermétisme d'un Mallarmé.

Face au monde nouveau issu de la révolution industrielle, le mouvement artistique de la fin du XIXe siècle se marque ainsi par un rejet qui peut soit revêtir la forme de la pure émotion individuelle et de la recherche gratuite du beau comme moyen de salut, soit au contraire prendre l'aspect d'un réalisme radical. Cette seconde tendance s'observe tout particulièrement dans le roman naturaliste, avec par exemple Maupassant et, plus encore, Émile Zola, dont la vaste fresque des *Rougon-Macquart*, publiée de 1869 à 1893, entend présenter « l'histoire naturelle et sociale d'une famille sous le second Empire », en y décrivant notamment le monde de la finance

Renoir, *Le déjeuner des canotiers*

(*l'Argent*, 1891), du commerce (*Au Bonheur des dames*, 1883), de la paysannerie (*la Terre*, 1887), mais aussi la misère quotidienne des populations ouvrières (*l'Assommoir*, 1877, *Germinal*, 1885).

Si le souci de Zola de construire un roman « expérimental » — au même titre que les sciences positives — n'exclut pas de sa part un lyrisme visionnaire parfois bien peu réaliste, le roman français du XIX siècle finissant et du XX siècle commençant peut aussi bien s'orienter vers la recherche du charme intimiste de la description ironique, à laquelle excelle par exemple Anatole France, qui dans *L'Orme du mail* (1896) dépeint les réalités provinciales de son époque, cependant que des temps nouveaux s'annoncent — dans l'indifférence générale — avec la publication par Proust de *Du côté de chez Swann*, en 1913. Ils se dessinent pareillement dans les recherches musicales d'un Debussy (*Pelléas et Mélisande*, 1902) ou la présentation en 1913 du *Sacre du printemps* d'Igor Stravinski, dans l'émergence du fauvisme, inspiré par Cézanne, avec Matisse ou Dufy, puis plus encore dans celle du cubisme, autour de Braque, Léger ou surtout de l'Espagnol Picasso (les *Demoiselles d'Avignon*, 1907). Les audaces de cette avant-garde artistique en rupture avec le « bon goût » classique demeurent toutefois largement inconnues d'un grand public qui reste à l'écart de la culture des élites, et dont l'horizon quotidien se satisfait d'émotions et de pratiques plus modestes.

La démocratisation d'une culture de masse naissante
En effet, surtout à partir de la fin du XIXe siècle, la société industrielle et urbaine se caractérise par un processus de démocratisation culturelle qui ouvre la voie à la culture de masse du XXe siècle, en un phénomène issu en particulier de l'extension du système scolaire. Certes, l'alphabétisation n'avait pas attendu l'école républicaine de Jules Ferry pour se généraliser, principalement au nord et à l'est d'une ligne imaginaire reliant Saint-Malo à Genève ; c'est par exemple à la monarchie de Juillet que l'on doit les principes d'un bâtiment scolaire obligatoire dans chaque commune et d'une école normale assurant la formation des instituteurs dans chaque département (loi Guizot de 1833), de même que c'est le second Empire, avec Victor Duruy, qui instaure le certificat d'études primaires et généralise les écoles primaires de filles. Ainsi, à la veille des lois scolaires de la troisième République, seulement 20 % environ des conscrits et 25 à 30 % des jeunes filles sont analphabètes.

Toutefois, l'action des républicains n'en opère pas moins une mutation fondamentale, dans la mesure où avec elle s'effectue vraiment la scolarisation en profondeur de la société française : l'analphabétisme a quasiment disparu dès la Belle Époque, l'essentiel tenant moins à la gratuité, déjà largement instaurée auparavant, qu'à l'obligation désormais faite d'une scolarité régulière et suivie de manière véritablement continue de six à treize ans. Mise au service de la républicanisation des esprits et de la promotion d'une morale laïque que l'on jugerait aujourd'hui bien austère, l'école publique assure

Picasso, *Les Demoiselles d'Avignon*

donc une réelle démocratisation de l'instruction élémentaire. Démocratisation toutefois limitée, dans la mesure où le système scolaire se caractérise par le dualisme d'une institution qui entend réserver la culture des humanités classiques aux uns et n'apporter aux autres que les rudiments nécessaires à tout bon citoyen. Le passage par l'école primaire ne débouche en effet au mieux que vers le « primaire supérieur » qui prépare les futurs employés ou qui mène ses meilleurs élèves aux portes des écoles normales, alors que l'univers de l'enseignement secondaire n'est ouvert qu'à une infime minorité, ne serait-ce que parce qu'il demeure payant. Seul le séjour dans les lycées permet d'obtenir le baccalauréat, qui donne accès à un enseignement universitaire largement rénové par la troisième République, ou encore aux prestigieuses écoles où se recrutent les sommets de la hiérarchie politico-administrative, École normale supérieure, École polytechnique, École libre des sciences politiques ou École militaire de Saint-Cyr...

Quelles que puissent donc être ses limites, la scolarisation républicaine bouleverse cependant profondément les structures culturelles traditionnelles, en estompant peu à peu les particularismes régionaux, notamment sur le plan linguistique, et en uniformisant l'univers mental de populations dorénavant dotées d'une même formation et d'un même bagage. Elle favorise en cela l'essor de la presse, qui connaît sous la troisième République un apogée largement inégalé depuis lors : vers 1830, on comptait environ 3 exemplaires de quotidiens pour 1 000 habitants, mais il y en a 36 en 1870 et 244 en 1914 ! Jouissant d'un cadre législatif très libéral avec la loi de juillet 1881, les quotidiens de masse, *Le Journal, Le Petit Journal, Le Matin, Le Petit Parisien*, atteignent des tirages particulièrement considérables, parfois nettement supérieurs au million d'exemplaires dans la France de la Belle Époque, cependant que les grands quotidiens régionaux, comme la radicale *Dépêche* de Toulouse ou le clérical *Ouest-Éclair* de Rennes, rayonnent sur des espaces de plus en plus vastes. La presse spécialisée se développe de manière similaire, avec les titres féminins (*Le Petit Écho de la Mode*, 1878), les magazines pour enfants (*L'Épatant*, 1908), les périodiques de vulgarisation (*La Science et la Vie*, 1913) ou encore la presse sportive (*L'Auto*, 1900)...

Le public de la presse populaire se passionne tout autant pour les manifestations d'une culture de divertissement dont le développement des techniques et la généralisation de la logique marchande étendent considérablement la portée. La petite bourgeoisie des classes moyennes fredonne les grands succès des opérettes à la mode (*Véronique*, 1898), s'aventure dans les cabarets des chansonniers (*Le Chat Noir,* avec

Aristide Bruant, ouvre en 1881), rit aux pièces du théâtre de boulevard (Labiche, Courteline, Feydeau) ou applaudit la comédienne Sarah Bernhardt dans les fresques poético-historiques d'Edmond Rostand (*Cyrano de Bergerac, l'Aiglon*). Petits et grands vibrent pour les héros d'une littérature populaire publiée sous forme de feuilletons dans les quotidiens, avec les romans de cape et d'épée de Michel Zévaco ou les aventures policières d'Arsène Lupin (créé par Maurice Leblanc en 1904) ou du reporter Rouletabille (Gaston Leroux, 1907). Le monde de l'image se propage à un rythme de plus en plus rapide, par l'émergence des affiches publicitaires ou des cartes postales, et par aussi l'apparition dès les années 1905-1910 des premières salles de cinéma. Le loisir moderne commence à faire son chemin ; imitant l'aristocratie anglophile, les couches les plus aisées découvrent les plaisirs du tourisme balnéaire sur la côte normande ou sur la Côte d'Azur, et les activités sportives, initialement réservées à ces mêmes milieux favorisés, amorcent un timide mouvement de popularisation ; en 1903, le journal *L'Auto* lance par exemple le Tour de France cycliste, et les cercles cléricaux, soucieux de ne pas laisser aux forces laïques le monopole de l'encadrement de la jeunesse, fondent la même année la Fédération gymnique et sportive des patronages de France, qui dès 1914 compte 200 000 membres.

Le recul du facteur religieux

La culture quotidienne des Français s'affirme en effet comme une culture de plus en plus sécularisée. En fait, le mouvement de déchristianisation de la société française remonte à la fin du XVIIIe siècle, où se manifestent l'essor d'attitudes nouvelles (contrôle des naissances) et le début d'un effritement des pratiques religieuses en milieu urbain (laïcisation des textes testamentaires, chute du nombre des vocations sacerdotales, etc). De mieux en mieux formé, le clergé se trouve en effet progressivement coupé de la culture populaire, et par ailleurs l'Église souffre d'une intégration au système monarchique qui la soumet au rejet de la bourgeoisie pré-révolutionnaire des Lumières. Entrée en conflit avec la Révolution après le vote de la Constitution civile du clergé, elle subit dès lors un ébranlement considérable, perdant notamment 45 % de ses effectifs ecclésiastiques entre les années 1780 et les années 1810, et se trouvant placée sous la tutelle de l'État par le Concordat de 1801. Des pans entiers de la société lui échappent désormais : l'armée, la bourgeoisie voltairienne, les milieux intellectuels et scientifiques, la jeunesse des lycées, etc.

Quand bien même la Restauration rétablit pour un temps au sommet la traditionnelle alliance du trône et de l'autel, le terrain perdu à la base n'est guère reconquis pour autant, le catholicisme français du XIXe siècle se bornant bien souvent à une pastorale moralisatrice, à un sentimentalisme empreint de mièvrerie et à des pratiques ritualistes peu adaptées à l'évolution vers une modernité que l'Église ne cesse de condamner. La fidélité religieuse se marque ainsi par des différenciations spatiales et sexuelles qui sont autant de signes de recul ; vers 1850 par exemple, les taux de communion pascale oscillent de 10 % dans le Bassin parisien à près de 50 % dans le diocèse de Rouen et à 80 % en Bretagne, et l'on peut estimer qu'à peu près trois pratiquants sur quatre sont des femmes. Si le catholicisme demeure largement majoritaire (en 1872, 98 % des Français se déclarent encore catholiques), il s'agit donc en fait d'un « catholicisme saisonnier » (G. Le Bras) qui concerne davantage les grandes étapes de l'existence, naissance, communion, mariage, décès, que la vie quotidienne.

L'Église de France connaît pourtant au cours du siècle des courants de dynamisme non négligeables, comme par exemple celui de la Société de Saint-Vincent-de-Paul, fondée en 1833 par Ozanam, qui marque les débuts d'une action caritative animée par des laïcs, ou encore celui des Cercles catholiques d'ouvriers, créés en 1871 par Albert de Mun dans la perspective d'un catholicisme social ouvert au monde issu de la révolution industrielle. Mais ceux-ci ne peuvent freiner la tendance au repli, qu'accentuent les positions défensives adoptées par le monde catholique face à l'anticléricalisme militant de la troisième République et que renforce l'échec de l'Église à vraiment s'implanter dans le monde ouvrier (par exemple, à la Belle Époque, près de 40 % des enfants nés dans le bassin minier de Carmaux ne sont pas baptisés)...

Ainsi, en dépit du succès de ses manifestations les plus spectaculaires (pèlerinage de Lourdes), en dépit de ses efforts de présence auprès des jeunes (création en 1896 de l'Association catholique de la jeunesse française, multiplication des patronages paroissiaux), en dépit également de la conversion d'un certain nombre d'intellectuels (Péguy, Claudel, Huysmans, Léon Bloy) ou du mysticisme d'une Thérèse de Lisieux (1873-1897) et d'un Charles de Foucauld (1858-1916), l'univers du catholicisme français fonctionne comme une citadelle assiégée dont l'emprise ne cesse de s'amoindrir. Quand bien même ne sauraient être négligés la forte prégnance de la pratique religieuse dans une partie du monde rural et le retour en force des valeurs spirituelles dans une vie intellectuelle marquée par une progressive remise en cause du positivisme, les catholiques n'en peuvent pas moins être considérés comme « des étrangers à leur temps et des immigrés dans leur propre pays » (Y. Lequin). A une heure où la communauté juive s'efforce avant tout de parfaire son intégration, et où le protestantisme se trouve dominé par un courant « libéral » qui tend plus ou moins à se diluer en un moralisme discret, la sphère religieuse est donc l'une des grandes perdantes de la transformation de la France au XIXe siècle. Du moins reste-t-il aux missionnaires, à défaut d'un hexagone en cours de sécularisation, la perspective de l'évangélisation des lointaines terres coloniales dont la France a progressivement entrepris la conquête.

L'affirmation de la puissance coloniale

Au début du XIXe siècle, la France ne contrôlait que quelques colonies héritées de l'Ancien Régime, la Martinique, la Guadeloupe, Saint-Pierre-et-Miquelon, la Guyane, la Réunion et quelques comptoirs aux Indes ou au Sénégal. Mais le mouvement de conquête coloniale s'amorce dès la Restauration dont le gouvernement, dans une perspective de prestige et de politique intérieure, prend possession d'Alger début juillet 1830. La monarchie de Juillet, à sa suite, entreprend avec le maréchal Bugeaud la conquête de l'intérieur algérien, à peu près achevée avec la reddition de l'émir Abd el-Kader en 1847. Si l'Algérie se peuple dès lors de colons français, mais aussi italiens ou espagnols, qui mettent en valeur les plaines de la Mitidja, d'Oran, ou les collines du Constantinois, l'opinion demeure néanmoins largement indifférente au fait colonial, qui n'intéresse véritablement qu'une minorité de missionnaires, de géographes et d'explorateurs, de militaires ou d'hommes d'affaires. Cette ébauche de « lobby colonial » obtient pourtant au second Empire une nouvelle impulsion de l'expansion française, avec les débuts de la mise en valeur du Sénégal par Faidherbe, l'installation en Nouvelle-Calédonie (1853), en Cochinchine (1862-1867) ou au Cambodge (1863).

Mais c'est surtout la troisième République qui va faire de la France une grande puissance coloniale, sous l'impulsion d'un parti colonial hétérogène mais actif. Certains industriels ou négociants considèrent ainsi que les colonies peuvent constituer une considérable source d'enrichissement, grâce à leurs matières premières et au marché potentiel qu'elles représentent. Cet impérialisme économique pèse moins lourd toutefois que la logique politique de prestige national et de rivalité avec les autres puissances européennes, l'Angleterre en particulier, et cela d'autant plus que la soutiennent des militaires avides de gloire ainsi que des républicains opportunistes sincèrement préoccupés d'apporter les lumières de la science et de la civilisation à des peuples jugés retardataires (en 1885, J. Ferry ne déclare-t-il pas que « les races supérieures ont le devoir de civiliser les races inférieures » ?...). Une sensibilité coloniale se développe donc autour de la presse spécialisée (*La Quinzaine coloniale*), de la littérature apologétique, de l'imagerie diffusée par les publications missionnaires ou de l'exotisme simpliste qui frappe les imaginations et flatte l'orgueil national. Même la droite nationaliste, d'abord hostile à une conquête coloniale qu'elle accuse

La prise d'Alger

de détourner les esprits de la revanche contre l'Allemagne et du retour à la France de l'Alsace-Lorraine, finit peu à peu par faire sien le consensus colonialiste.

L'apogée de l'empire français
　　La France républicaine construit ainsi un empire vaste et diversifié, le deuxième au monde derrière l'empire britannique, sur une surface d'environ dix millions de kilomètres carrés peuplée de cinquante millions d'habitants. En 1881, le traité du Bardo établit sur la Tunisie un protectorat français étendu au Maroc en 1912 : l'Afrique française du Nord recouvre ainsi la totalité du Maghreb. Plus à l'est, la France est devancée par l'Angleterre en Égypte, mais exerce une forte influence sur la Syrie et le Liban. Au sud, l'Afrique sub-saharienne, plus ou moins partagée entre la France, l'Angleterre et, dans une moindre mesure, l'Allemagne après la conférence de Berlin (1884-1885), fait l'objet d'une

La France du temps rapide

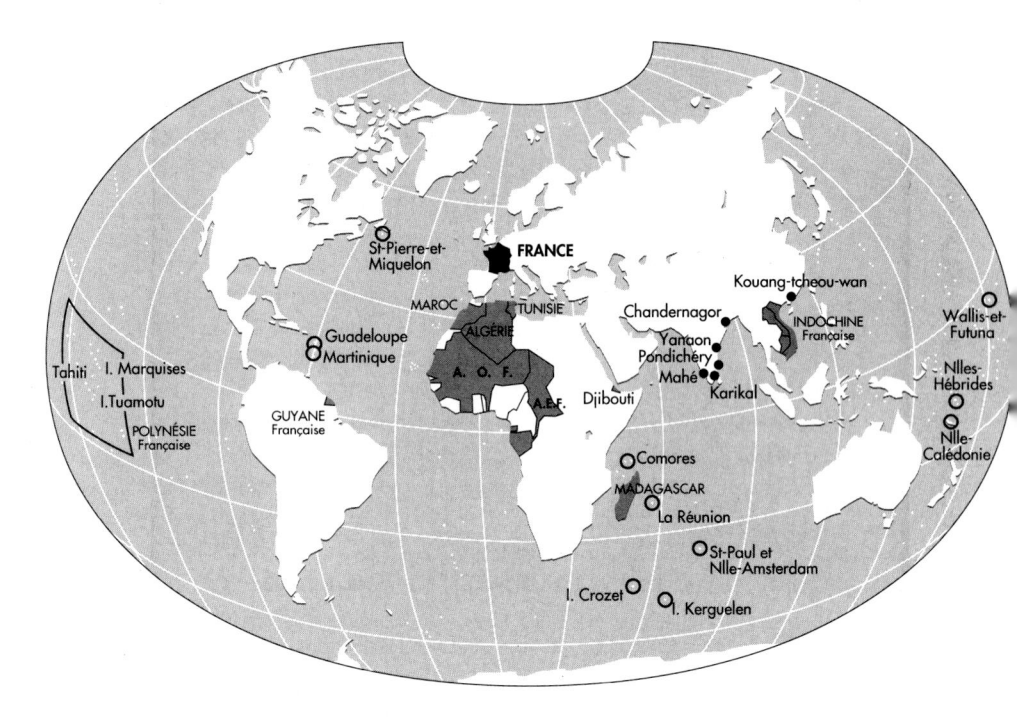

L'Empire colonial français en 1914

constante progression menée par les militaires coloniaux comme Savorgnan de Brazza. L'Afrique-Occidentale française, A.O.F., regroupe ainsi le Sénégal, le Tchad et les territoires du golfe de Guinée, Côte-d'Ivoire, Guinée ou Dahomey ; l'Afrique-Équatoriale française, A.E.F., se compose quant à elle du Gabon, du Congo ou de l'Oubangui-Chari, cependant que Madagascar est annexée en 1896. En Asie du Sud-Est, Jules Ferry établit un protectorat français sur l'Annam et le Tonkin, et en 1893 est créée l'Union indochinoise, formée par la colonie de Cochinchine et les protectorats du Cambodge, de l'Annam, du Tonkin et du Laos.

Fruit d'une sédimentation aux modalités variables, l'empire colonial français présente au total l'aspect d'une extrême diversité de statuts, puisque l'Algérie dépend du ministère de l'Intérieur et se trouve directement intégrée au territoire national, alors que les colonies, dirigées sur place par des gouverneurs, sont placées sous la tutelle d'un ministère des Colonies créé en 1894, tandis que les protectorats, où demeure la fiction d'une souveraineté indigène, sont pris en charge par le ministère des Affaires étrangères. Se distinguent en outre des colonies de peuplement, dans lesquelles la présence française se développe constamment (en 1914, l'on compte en Algérie quelque 680 000 colons pour près de cinq millions d'indigènes musulmans), et de pures et simples colonies d'exploitation où elle se limite à l'envoi d'administrateurs, de troupes, de missionnaires et de représentants des intérêts économiques de la métropole.

Car si la France entreprend une œuvre de modernisation que défendent, comme le général Lyautey, résident général au Maroc, les partisans d'une certaine coopération avec les peuples colonisés, si elle s'efforce de mettre en place une ébauche de scolarisation, si elle installe des infrastructures de communication ou de mise en valeur des potentialités agricoles, il n'en demeure pas moins cependant que son action passe largement par la volonté, d'ailleurs souvent peu efficace, de mettre les colonies au service de l'économie métropolitaine en excluant notamment tout essor des industries locales. Mais, alors que l'opinion méconnaît encore largement les réalités coloniales, la Première Guerre mondiale sera toutefois l'occasion d'une amorce de prise de contact, puisque les contingents fournis par les colonies, tels ceux des tirailleurs sénégalais, participeront largement à des combats qui les décimeront tout particulièrement.

1914-1945, la France d'une guerre à l'autre

1914-1919, la France dans la tourmente

A priori, l'engagement de la France dans la guerre, en août 1914, pouvait susciter de vives oppositions intérieures, notamment dans la mesure où la CGT et la SFIO n'avaient cessé de proclamer leur pacifisme et leur volonté de s'opposer par tous les moyens à un conflit armé. Pourtant, l'assassinat de Jaurès par un exalté, le 31 juillet, les pressions et les menaces du ministre de l'Intérieur, Malvy, et, surtout, le poids du nationalisme et l'appétit de revanche emportent en l'espace de quelques jours les velléités pacifistes d'une gauche ouvrière qui se rallie rapidement au consensus général : le 4 août, les députés socialistes votent à l'unanimité les crédits militaires et, lors des obsèques de Jaurès, Léon Jouhaux déclare solennellement que la CGT soutiendra l'effort de défense nationale. Le président Poincaré peut dès lors se féliciter de « l'union sacrée » de tous les Français...

L'Union sacrée et l'enlisement du conflit
Si l'opinion n'accueille certes pas l'annonce de la guerre dans l'enthousiasme, elle fait effectivement preuve d'une sorte de résolution résignée, persuadée que les combats seront brefs et la victoire aisée. Or les premiers affrontements

conduisent tout au contraire à un progressif enlisement du conflit... Après avoir, en application du plan Schlieffen, envahi la Belgique, et ainsi contourné les troupes françaises en un large mouvement tournant, l'armée allemande atteint la frontière dès la mi-août, et n'est stoppée qu'in extremis lors de la bataille de la Marne, début septembre. Dès lors, l'équilibre des forces en présence et l'impossibilité de conclure la moindre offensive décisive déterminent l'installation d'un vaste front étiré de la mer du Nord jusqu'à la frontière suisse. La traditionnelle guerre de mouvement fait donc place à une inédite guerre de position où les soldats s'enterrent dans les tranchées, vivant dans le froid et la boue les innombrables souffrances d'un conflit qui s'éternise au fil des tentatives de percée, toutes plus stériles et plus meurtrières les unes que les autres. De février à juillet 1916, la bataille de Verdun, décidée par l'état-major allemand pour opérer une ponction démographique susceptible d'affaiblir définitivement les troupes françaises, se solde ainsi par plus de 300 000 morts dans chaque camp, sans que pour autant les positions défendues victorieusement par le général Pétain aient dû être abandonnées.

A l'arrière, l'Union sacrée se manifeste dès août 1914 par la formation d'un cabinet Viviani ouvert à tous les horizons politiques, avec notamment la présence en son sein des socialistes J. Guesde et M. Sembat. Le remplacement de Viviani par Briand en octobre 1915 ne semble nullement entamer la solidité de l'Union sacrée, que seuls contestent au départ quelques pacifistes largement isolés (Romain Rolland, *Au-dessus de la mêlée*) ou quelques socialistes minoritaires participant en Suisse aux conférences internationales de Zimmerwald (1915) et de Kienthal (1916). Pourtant, la durée des opérations militaires et l'ampleur des pertes humaines nourrissent peu à peu la montée des contestations face à un état-major jugé trop indépendant du contrôle parlementaire, et sous la pression de leur base les socialistes renâclent de plus en plus, à partir de la fin 1916. L'Union sacrée vit ses dernières heures, au moment même où la guerre va entrer dans un tournant critique.

1914-1945, la France d'une guerre à l'autre

Les poilus au combat

Le « Tigre » : Clemenceau vu par le dessinateur Sem en 1918

249

Des difficultés de 1917 à la victoire de 1918
L'année 1917 constitue en effet un carrefour décisif dans le déroulement de la Première Guerre mondiale. A l'est, l'Allemagne se trouve libérée du poids du front oriental après les révolutions russes de février, et plus encore d'octobre, ce qui lui permet d'accroître son potentiel sur le théâtre des opérations occidentales. Mais si la Russie se retire du conflit, les États-Unis en revanche s'y engagent à partir d'avril. Nivelle, qui a succédé à Joffre à la tête des armées, décide pourtant de lancer une vaste offensive dès avril, sans attendre les renforts américains : inutile carnage, l'offensive se solde par un échec qui provoque le remplacement immédiat de Nivelle par Pétain, mais nourrit surtout un profond ressentiment chez les « poilus », gagnés par la lassitude et démoralisés. Une vague de mutineries touche ainsi les troupes en mai-juin ; si Pétain parvient sans trop de difficultés à rétablir l'ordre, le phénomène n'en marque pas moins les progrès de l'usure face à cette guerre qui s'éternise.

L'arrière lui aussi est touché, du fait du poids humain et affectif des hostilités comme en raison de leurs effets quotidiens, privations, inflation, détérioration des conditions de vie, etc. En mai-juin, aux mutineries des militaires répondent les grèves des civils, cependant qu'à partir de l'automne les socialistes cessent de soutenir le gouvernement et que de toutes parts ressurgissent les anciennes oppositions politiques. L'instabilité ministérielle revient sur le devant de la scène ; Briand cède la place à Ribot en mars, et à son tour celui-ci doit démissionner en septembre : le nouveau cabinet, dirigé par Painlevé, ne comporte plus aucun ministre socialiste, scellant ainsi officiellement la fin d'une Union sacrée depuis des mois moribonde. Pour couper court au malaise, Poincaré confie alors le gouvernement, en novembre 1917, à son vieil adversaire Clemenceau. A 76 ans, le « Tigre » personnifie la tradition jacobine de défense de la patrie en danger (« politique intérieure, je fais la guerre ; politique étrangère, je fais la guerre »), par le biais d'une pratique de forte personnalisation du pouvoir et d'autoritarisme de tous les instants. N'hésitant pas à faire poursuivre d'anciens ministres suspectés d'avoir été en relation avec les Allemands (Caillaux, Malvy), il renforce la censure, réprime l'agitation ouvrière et obtient de la CGT et de la SFIO le retour aux usages de l'Union sacrée, tout en multipliant les visites sur le front et en poussant constamment à l'intensification de l'effort de guerre.

Au prix d'une rupture avec la tradition parlementaire libérale, l'autoritarisme de Clemenceau permet donc à la France de sortir de la crise interne de 1917 et d'aborder les mois décisifs forte d'une cohésion sinon retrouvée du moins imposée. Atout précieux quand, au printemps 1918, une Allemagne qui sait qu'elle doit vaincre avant l'arrivée massive des troupes américaines lance toutes ses forces dans trois offensives successives qui menacent sérieusement les alliés... Foch, promu au rang de commandant unique de l'ensemble des troupes franco-britanniques, parvient pourtant à contenir l'avancée allemande jusqu'au début d'un été marqué par le double apport des chars et des Américains, qui donne aux alliés une écrasante supériorité en hommes et, surtout, en matériel. A partir de ce moment, l'issue de la guerre ne fait plus aucun doute, et l'Allemagne ne peut s'opposer aux offensives générales qui l'assaillent à partir de septembre, cependant qu'à l'intérieur se fissure tout l'édifice social et politique de son système impérial. Après l'abdication du Kaiser, la délégation allemande se présente le 8 novembre à Rethondes, dans la forêt de Compiègne, pour y négocier les conditions d'un armistice : le 11 novembre 1918, après plus de quatre années de combats, la guerre s'achève enfin.

Le prix de la victoire

Au milieu du soulagement et de l'allégresse, Clemenceau souligne pourtant les enjeux immédiats : « Nous avons gagné la guerre, maintenant il va falloir gagner la paix, et ce sera peut-être encore plus difficile »... Dans cette perspective, le président du Conseil campe ainsi sur des positions systématiquement maximalistes lors des négociations préparatoires aux traités de paix, en exigeant d'une part un démantèlement le plus large possible de la puissance territoriale, militaire et économique de l'Allemagne, en réclamant d'autre part à celle-ci de considérables dédommagements pour réparer les préjudices causés par les combats, et enfin en affirmant que la France bénéficie en cela de droits légitimes supérieurs à ceux de ses alliés, qui ont moins souffert qu'elle de la guerre.

Au terme de travaux souvent tendus, du fait de l'antagonisme opposant la France aux Anglo-Saxons soucieux de préserver les équilibres européens, la paix est finalement conclue par le traité de Versailles, signé le 28 juin 1919 dans la galerie des Glaces du château, là même où avait été proclamée, en janvier 1871, la naissance de l'Empire allemand. La France y gagne le retour en son sein de l'Alsace-Lorraine, mais ne peut obtenir l'annexion du Sud de la Sarre, qu'elle réclamait à titre de réparation, ni l'autonomie de la Rhénanie, qu'elle revendiquait afin de s'assurer une zone de protection entre elle et l'Allemagne. Le traité fait par ailleurs porter à l'Allemagne et à ses alliés l'entière responsabilité du déclenchement de la guerre, et impose à la nouvelle République de Weimar le versement de réparations dont le montant, négocié ultérieurement, sera fixé à la somme exorbitante de 132 milliards de marks-or (Klotz, le ministre des Finances de Clemenceau, ne cesse à ce propos de répéter que « L'Allemagne paiera »...).

Mais, fruit d'un compromis boiteux entre les positions divergentes des vainqueurs, imposé au vaincu comme un « Diktat » douloureusement ressenti, le traité de Versailles porte en lui les germes de nouveaux conflits, puisqu'il s'avère en fait « trop » sévère pour ne pas susciter chez les Allemands de vives aspirations à la révision de ses clauses, et en même temps « trop » indulgent pour ne pas permettre à l'Allemagne de recouvrer les moyens de sa puissance... Pour l'heure, l'opinion française demeure néanmoins sourde à pareille prise de conscience, et préfère se complaire dans les illusions de sa suprématie militaire et dans la glorification du sacrifice victorieux de ses soldats.

Elle en éprouve d'autant plus le besoin que le bilan de cette victoire chèrement acquise pèse lourd, dans les faits comme dans les esprits. Près de 1 400 000 Français ont péri dans les combats (soit près de 30 % des soldats !), et environ 750 000 hommes en reviennent invalides ; en outre, les conséquences démographiques de la guerre se traduisent par le vieillissement de la population et par un durable phénomène de classes creuses, issu du manque à gagner nataliste. La saignée humaine s'accompagne par ailleurs de destructions matérielles considérables, 220 000 maisons détruites, deux millions d'hectares cultivés hors d'usage, des voies de communication largement démantelées, etc : l'ensemble des pertes représente à peu près l'équivalent de quinze mois du revenu national de 1913. La désorganisation économique affecte aussi, et même surtout, les équilibres monétaires et financiers. En effet, en raison des nécessités du financement de la guerre, les pouvoirs publics ont dû à la fois s'endetter massivement et accélérer le rythme de l'émission monétaire, tant et si bien que, à l'instar d'ailleurs de tous les belligérants, la France subit les affres de la dépréciation et de l'inflation : le dollar valait 5,18 francs en 1913, il en vaut 14,30 en 1920 et, pour une base 100 en 1913, l'indice des prix atteint 340 dès 1918, cependant que la France, créancière sur l'étranger de 45 milliards en 1913, est débitrice de 35 milliards en 1919...

Plus profondément encore, le conflit laisse des traces durables dans le comportement et la vision du monde de tous ceux qui l'ont subi de près ou de loin, comme en témoigne le célèbre et désabusé constat de Paul Valéry : « Nous autres, civilisations, nous savons maintenant que nous sommes mortelles » (*la Crise de l'esprit,* 1919). Si les associations d'anciens combattants deviennent rapidement une composante marquante du paysage social, culturel et politique, c'est le plus souvent dans le cadre d'une large imprégnation pacifiste : à la floraison des monuments aux morts érigés dans toutes les communes fait écho le « plus jamais ça ! » des rescapés pour qui cette guerre doit être la « der des der ». Car il ne se trouve pas une famille, pas un individu qui n'aient été directement ou indirectement touchés par la mort et l'horreur, au point que, même s'il est pour un temps refoulé par les célébrations de la victoire et les délices du retour à la normale, c'est bel et bien un véritable traumatisme collectif qui se diffuse à l'ensemble de la société française. Après le drame des tranchées, comment croire encore aux valeurs optimistes du rationalisme triomphant, comment adhérer aux normes d'hier rendues caduques par le charnier ? Sans que l'on en prenne bien conscience, quelque part entre la Somme et Verdun, c'est aussi tout un monde qui est tombé sur le champ de bataille...

1919-1926, l'impossible retour à l'âge d'or de la Belle Époque

Au sortir de la guerre, la France victorieuse mais profondément meurtrie semble n'avoir qu'un désir secret, celui du refoulement de l'horreur des tranchées au profit du retour en arrière vers la « Belle Époque » mythifiée des années 1900-1910. A cet égard, les premières années 20 constituent donc une étape à la fois douloureuse et décisive : si la guerre a fait entrer le pays dans un siècle nouveau, il s'agit désormais pour les Français d'en prendre la mesure et de s'adapter à leur temps. Deux échecs successifs, d'abord celui de l'union des partis de droite au sein du Bloc national, ensuite celui du Cartel des gauches, marquent ainsi, de 1919 à 1926, l'inadéquation de la vie politique française à la situation nouvelle issue du choc de la guerre.

Le Bloc national

Lors des élections législatives de novembre 1919, la droite se présente unie dans le cadre d'un coalition de « Bloc national » dont le programme insiste sur le maintien de l'Union sacrée, la stricte application du traité de Versailles et la défense de la propriété et de l'ordre social. Dans un climat de peur sociale généré par la révolution bolchevique en Russie, et soigneusement entretenu par une active propagande, le Bloc national remporte un succès massif, et domine très largement la « Chambre bleu horizon » (ainsi nommée parce qu'elle comporte de nombreux anciens combattants), qui soutient sans difficultés sa politique conservatrice.

Ces années du Bloc national sont marquées par l'apaisement de la question religieuse : l'Union sacrée et la guerre ont rapproché les adversaires d'hier, et l'anticléricalisme ne passionne plus ; aussi les relations diplomatiques avec le Saint-Siège sont-elles rétablies en 1921. Elles voient aussi le président de la République élu en 1920, Millerand, tenter de rééquilibrer les pouvoirs à son profit, en intervenant directement dans la vie politique, notamment par son soutien aux candidats du Bloc national avant les élections législatives de 1924... Mais c'est surtout le problème des relations avec l'Allemagne qui domine l'actualité des premières années vingt. Alors que les États-Unis et la Grande-Bretagne, qui redoutent que le poids des réparations imposées par le traité de Versailles ne ruine l'économie allemande et ne provoque une explosion sociale, plaident pour la souplesse et la modération, la France du Bloc national refuse au contraire de transiger. Ainsi, quand l'Allemagne commence à faire des difficultés pour payer, Poincaré, alors président du Conseil, décide de réagir par la force et, en janvier 1923, il fait occuper la Ruhr par les troupes françaises... Mais ce maximalisme qui entend contraindre le gouvernement allemand à négocier et à céder se heurte à l'hostilité des puissances anglo-saxonnes et, au printemps 1924, les troupes françaises doivent évacuer la Ruhr.

L'échec de l'occupation de la Ruhr pèse dans la bataille électorale de 1924, qui oppose au Bloc national une gauche profondément modifiée. Lors de son congrès de Tours, en décembre 1920, la SFIO s'est en effet divisée sous l'effet des débats liés à sa participation à l'Union sacrée durant la guerre, et plus encore du fait des conditions nouvelles apportées par le succès de la révolution bolchevique. Tandis qu'une minorité, regroupée autour de Léon Blum, refusait d'adhérer au communisme et maintenait l'existence du parti, une majorité créait la Section française de l'Internationale communiste, transformée en Parti communiste français à partir de 1922. Si le PCF, partisan d'une stricte orthodoxie révolutionnaire, devait rapidement se marginaliser, la SFIO pour sa part retrouvait au contraire le chemin de l'alliance avec les radicaux, notamment afin de faire barrage aux menaces que, selon elle, les ambitions du président Millerand faisaient planer sur le régime d'assemblée. En 1924, radicaux et socialistes sont donc unis au sein du « Cartel des gauches » et, face à l'usure d'un Bloc national discrédité par son échec dans la Ruhr, ils remportent les élections législatives.

Le Cartel des gauches

Présidé par Édouard Herriot, le gouvernement du Cartel est donc formé de radicaux, les socialistes s'engageant à le soutenir mais refusant d'y participer. Avec Herriot, et surtout avec Aristide Briand, ministre des Affaires étrangères, la France s'engage alors dans la voie d'une politique étrangère nouvelle, fondée sur la volonté d'apaisement et de dialogue que symbolise l'idéal de « sécurité collective » défini par la Société des Nations. Paris reconnaît ainsi la jeune URSS et, surtout, mène avec l'Allemagne une politique de rapprochement qui conduit à la signature, en 1925, des accords de Locarno, par lesquels l'Allemagne accepte de reconnaître ses frontières occidentales.

Mais les succès diplomatiques demeurent fragiles et, par ailleurs, le gouvernement rencontre de sérieuses difficultés financières et monétaires, dans la mesure où il ne parvient pas à juguler la dépréciation du franc, issue de la guerre et accélérée par la défiance des milieux d'affaires à l'égard du Cartel. En outre, l'alliance des socialistes et des radicaux, suffisante pour accéder au pouvoir, manque cruellement de solidité face aux débats qui agitent la scène politique. Ainsi, si le Cartel parvient à contraindre Millerand à la démission dès juin 1924, il se divise au moment d'élire son successeur du fait de la répugnance de nombreux sénateurs radicaux à voter de concert avec les socialistes, et le candidat officiel des partis de gauche, Painlevé, est battu par un vieux radical très modéré, Gaston Doumergue... De même, les socialistes s'opposent fortement à la politique coloniale du gouvernement, qui opte pour une attitude de fermeté et de répression à l'égard des mouvements nationalistes, tout particulièrement au Maroc où, dans la guerre du Rif (1925), le maréchal Pétain écrase la révolte d'Abd el-Krim... Mais c'est surtout la question financière qui met le plus en évidence les contradictions politiques du Cartel : si le gouvernement s'efforce de satisfaire les socialistes, il se heurte à l'opposition des partis conservateurs et à la pression des milieux d'affaires ; s'il tente au contraire de donner des gages à ceux-ci, il perd le soutien de la SFIO... L'expérience du Cartel devient dès lors impraticable et finalement, en juillet 1926, le président Doumergue fait appel à Poincaré pour constituer un ministère d'« union nationale » rassemblant les conservateurs et les radicaux. C'est la fin du Cartel.

La France des années folles
Après la « Belle Époque » du début du siècle, les années 20 présentent, au-delà des difficultés politiques, l'apparent spectacle des « années folles », celles de l'émergence d'un monde nouveau plein de vie débordante et d'aspirations avant-gardistes. La guerre a permis, avec l'éloignement des hommes, un début d'émancipation des femmes, de même qu'elle a propulsé une génération nouvelle sur le devant de la scène du fait de la saignée opérée chez les jeunes adultes. C'est le temps de la révolte surréaliste contre l'univers rationaliste et les valeurs bourgeoises (André Breton publie en 1924 son premier *Manifeste du surréalisme*), l'âge d'or de Montparnasse, quartier de l'avant-garde artistique et haut lieu des mondanités parisiennes, le moment du développement, aussi, d'une culture de masse qui découvre l'« art nègre », le jazz, les dancings, la TSF et le cinéma, cependant que les tenants de la « culture cultivée » se passionnent pour Proust et commencent à lire Freud...

Mais le miroir des années folles reflète mal la réalité d'une société qui demeure attachée à ses traditions et engoncée dans ses blocages. Un marasme démographique croissant caractérise notamment une France largement malthusienne, qui de plus en plus doit faire appel à une immigration en plein essor (Italiens et Polonais en particulier) pour pallier son insuffisance : du recensement de 1921 à celui de 1931, la population ne s'élève que de 39,2 à 41,9 millions d'habitants, et près de la moitié de ce faible accroissement résulte du solde migratoire. Ces Français qui vieillissent sont encore ancrés dans leur ruralité : il faut attendre 1931 pour voir la population citadine dépasser le seuil des 50 % du total, du fait d'un exode rural qui prive les campagnes de leurs éléments les plus jeunes et, souvent, les plus dynamiques. Les agriculteurs, qui représentent toujours le principal groupe de la population active (36 % en 1931), restent donc attachés à un idéal de petite propriété familiale en faire-valoir direct, et demeurent prisonniers de pratiques routinières et de structures foncières trop morcelées pour permettre la moindre modernisation véritable. A l'écart de la société urbaine, de son confort et de son évolution, ils constituent encore une sorte d'enclave de moindre développement et de relative marginalité socio-culturelle.

Comme avant la guerre, ceux qui optent pour le déracinement viennent grossir les rangs d'un monde ouvrier en plein essor, que la lente diffusion des méthodes de taylorisation du travail affecte peu à peu à des tâches de plus en plus parcellaires exigeant une faible qualification. Si ses conditions de vie ne s'améliorent guère, hormis l'obtention en 1919 d'une loi limitant la journée de travail à huit heures, il fait en revanche l'objet d'une partielle intégration à la culture de masse du cinéma populaire, du Tour de France cycliste ou du football, mais ne peut espérer bénéficier d'une quelconque dynamique d'ascension sociale, du fait notamment d'un dualisme scolaire qui réserve encore les filières « nobles » des lycées aux enfants des milieux plus favorisés. Les classes moyennes indépendantes ou salariées constituent en revanche, en dépit de leur extrême hétérogénéité, l'armature d'une société soucieuse de promotion individuelle, d'épargne et de stabilité : artisans, commerçants, employés, fonctionnaires, etc, façonnent à leur image une France avide de confort, de respectabilité et de conformisme, par l'imitation des normes et des comportements du modèle bourgeois. Fière d'un « équilibre » qui n'est en réalité que l'image de la faible modernisation de ses structures économiques et sociales, la France va pourtant se trouver déstabilisée par la crise des années trente...

La femme des Années folles vue par van Dongen
(portrait de Maria Ricotti)

1926-1939, la crise des années trente

L'on a souvent coutume de distinguer deux phases dans l'entre-deux-guerres : d'abord, avec les années vingt, le temps des illusions, puis, avec les années trente, celui de la crise, la césure étant le plus fréquemment située en 1932, quand la crise économique mondiale touche une France auparavant épargnée. Mais il apparaît peut-être plus judicieux, au moins de manière symbolique, de faire débuter la crise « des années trente » en 1926, avec le retour de Poincaré aux affaires. En effet, c'est à partir de cette date, si tant est que l'on puisse situer avec précision pareil phénomène, que l'opinion et le monde politique commencent à confusément percevoir qu'un retour à l'avant-guerre est impossible, et qu'au contraire un monde nouveau appelle un effort d'adaptation et de mise à jour des structures politiques, économiques, sociales et culturelles du pays. Mais de cette prise de conscience à la fois de plus en plus vive et pourtant toujours insuffisante résulte le caractère intense et passionné du débat politique, la violence d'un discours de quasi-guerre civile venant pallier l'inadéquation de la réflexion collective face aux enjeux d'un présent complexe et perturbateur...

C'est la politique de stabilisation monétaire entreprise et réussie par Poincaré qui manifeste le plus clairement que la guerre a bien sonné le glas d'une époque désormais révolue, et que le retour à la prospérité de la Belle Époque est irréalisable. Par le seul prestige de son nom, le président du Conseil parvient à rétablir la confiance dès l'été 1926, enrayant ainsi la dépréciation du franc. Puis, après avoir rétabli l'équilibre budgétaire, il stabilise en juin 1928 une monnaie qui recouvre une parité fixe par rapport à l'étalon-or. Mais le franc Poincaré est dévalué d'environ 80 % par rapport à l'ancien franc germinal, dont la valeur était restée stable jusqu'à la guerre : symboliquement, une page est tournée.

Il en va de même en ce qui concerne la question des réparations allemandes. Poincaré ayant quitté la présidence du Conseil en 1929, pour raisons de santé, ses successeurs, Tardieu puis Laval, qui dirigent des gouvernements entièrement contrôlés par les partis conservateurs, depuis le départ des radicaux en 1928, doivent accepter que se poursuive le processus d'allègement des charges qui avaient été imprudemment jetées sur les épaules de l'Allemagne. En 1929, le plan Young, soutenu par les Anglo-Saxons, réduit le poids des réparations ; puis en 1931, dans le contexte de la crise économique mondiale, le moratoire Hoover accorde à l'Allemagne une suspension provisoire de ses paiements ; et, finalement, lors de la conférence de Lausanne, en 1932, le gouvernement allemand annonce qu'il cesse définitivement de verser les réparations prévues par le traité de Versailles... Pour la France, c'en est fini de l'illusion d'une manne financière venue d'outre-Rhin alimenter les caisses de l'État et l'activité économique du pays, au moment même où la crise, née à New York en octobre 1929 avec l'effondrement de la Bourse de Wall Street, touche un hexagone auparavant préservé.

La crise économique et sociale
A l'heure où l'économie américaine, puis celles de la plupart des pays d'Europe, s'enfonçaient dans une profonde dépression, la France pouvait passer pour un îlot de prospérité dans un monde en crise. Paradoxalement protégée par le relatif archaïsme de ses structures économiques, que caractérisaient notamment le poids encore considérable de l'agriculture, la faible contribution du commerce extérieur à l'activité nationale et le médiocre développement du capitalisme financier, elle n'avait en effet nullement ressenti l'onde de choc mondiale issue du krach d'octobre 1929...

Mais la suspension de la libre convertibilité-or de la livre britannique, décidée en septembre 1931, va pourtant rapidement confronter l'économie française aux effets de la crise. Fermement attachée, parfois jusqu'au fétichisme, au principe du maintien de la parité-or du franc, la France refuse en effet de suivre l'exemple de la Grande-Bretagne, se condamnant ainsi à une progressive appréciation du franc qui détermine une constante dégradation de la compétitivité-prix des produits français (en 1935, les prix français sont de plus de 20 % supérieurs à la moyenne des prix mondiaux). Or, alors même que les échanges extérieurs n'occupent qu'une place relativement marginale dans le fonctionnement de l'économie française, ce grain de sable suffit en fait à révéler les retards et les faiblesses de la France et à la plonger à son tour dans la crise, les facteurs qui l'avaient d'abord protégée jouant dorénavant dans le sens d'une détérioration de sa situation.

Pour une base 100 en 1929, l'indice de la production industrielle tombe ainsi à 73 dès 1932, cependant que le nombre officiel des chômeurs, qu'il faudrait réévaluer à la hausse pour obtenir une appréciation plus fiable, passe de 13 000 en 1930 à plus de 250 000 en 1932 et à 465 000 début 1936, ce qui représente alors sans doute quelque 900 000 chômeurs réels... Mais, face à la crise, les gouvernements successifs se contentent de mesures aussi inefficaces que parfois incohérentes, dominées, notamment avec le cabinet Laval en 1935, par de classiques orientations déflationnistes qui compriment la demande et bloquent ainsi toute possibilité de relance. Selon les estimations effectuées par A. Sauvy, le pouvoir d'achat des Français recule ainsi de 8 à 9 % entre 1929 et 1935, dans le cadre toutefois d'une sélectivité sociale fort marquée. En l'occurrence, les principales victimes de la crise appartiennent avant tout aux classes moyennes indépendantes, celles des agriculteurs, petits commerçants et artisans : par exemple, le revenu réel des agriculteurs chute de près de 32 % ! Or ce sont précisément ces classes moyennes qui constituaient traditionnellement l'un des principaux piliers du régime républicain, et notamment de son quasi-symbole, le parti radical... La crise économique et sociale contribue de ce fait à un phénomène de radicalisation politique qui vient renforcer le malaise public ambiant.

La crise politique

Dans une atmosphère déjà marquée par les premières manifestations de la dépression économique, les élections législatives du printemps 1932 ramènent en effet au pouvoir une majorité de Cartel des gauches, mais celle-ci se heurte rapidement aux mêmes difficultés internes que lors de l'expérience de 1924-26, tandis que se développe un climat de profonde crise idéologique et politique. Car, ébranlée par le choc de la guerre, et non renouvelée depuis lors, la culture politique républicaine se trouve remise en cause par une part croissante de l'opinion, qui dès les années vingt prête une oreille de plus en plus accueillante aux discours antiparlementaristes des ligues nationalistes et autoritaires.

L'Action française, dont le rayonnement touche notamment la jeunesse étudiante, les Jeunesses patriotes, Solidarité française, divers mouvements d'anciens combattants dont en particulier celui du colonel de La Rocque, les Croix de Feu, toutes ces ligues partagent des positions xénophobes — et parfois nettement antisémites —, antiparlementaires, anti-intellectualistes, traditionalistes et autoritaristes qui ne cessent de déplorer la « décadence » de la France et d'en appeler à une régénération nationale par la mise en place d'un pouvoir fort. Déjà intense avant même la crise économique, leur activité se trouve renforcée par les difficultés sociales des années trente et par le durcissement politique que celles-ci engendrent, auprès notamment de classes moyennes désemparées et soucieuses de trouver réconfort dans les propositions simplistes, rassurantes et mobilisatrices des ligues.

De surcroît, le régime parlementaire offre lui-même des armes à ses détracteurs : du fait des dissensions entre socialistes et radicaux, l'instabilité ministérielle connaît un nouvel apogée en 1932-33, cependant que divers scandales politico-financiers contribuent à dégrader encore un peu plus l'image du monde politique dans l'opinion... Il s'agit en particulier de l'affaire Stavisky, du nom d'un escroc qui a su s'entourer de tout un réseau de protections dans les allées du pouvoir. Violemment dénoncées par la presse d'extrême droite, les compromissions d'une partie du personnel politique dans l'affaire Stavisky conduisent en janvier 1934 à la démission du président du Conseil, le radical Chautemps. Son successeur, Daladier, présente son gouvernement à la Chambre le 6 février : mais une immense manifestation rassemble alors sur la place de la Concorde, face à la Chambre, les diverses ligues et associations d'anciens combattants (y compris, d'ailleurs, ceux du parti communiste...) criant leur haine d'un régime parlementaire jugé impuissant et corrompu. Devant la violence de l'émeute (une quinzaine de morts), Daladier cède et démissionne, laissant la place à Gaston Doumergue, vieux radical plus que modéré qui forme un gouvernement d'Union nationale dominé par les partis de droite. Contrairement à l'analyse qu'en tirèrent alors les forces de gauche, le 6 février ne constitue en rien une tentative de coup de force fasciste, ne serait-ce que dans la mesure où les ligues, beaucoup plus réactionnaires que révolutionnaires, relèvent du traditionalisme autoritaire et non du fascisme. Il n'en demeure pas moins, en revanche, que la pression de la rue a bel et bien fait reculer la légalité républicaine, en imposant la formation d'une majorité gouvernementale tout à fait différente de celle qui, moins de deux ans auparavant, était issue des urnes...

Pourtant, si dans l'immédiat la journée du 6 février permet de renverser le Cartel des gauches, les gouvernements conservateurs successifs qui en résultent échouent largement dans leur politique de lutte contre la crise économique, et paradoxalement le choc conduit les partis de gauche à s'unir en un commun réflexe de défense « anti-fasciste » qui les portera à la victoire lors des élections du printemps 1936. L'évolution à cet égard la plus spectaculaire est sans conteste celle du parti communiste : alors qu'auparavant il n'avait de cesse, fidèle à sa tactique « classe contre classe », de dénoncer les « sociaux-traîtres » complices du grand capital, il entame dès février 1934 un processus de rapprochement avec la SFIO et même avec le parti radical. L'URSS, qui inspire au PCF toutes ses grandes orientations, entend en effet tirer les leçons de l'expérience allemande, qui a montré combien les divisions de la gauche avaient pu faciliter l'accession au pouvoir d'un Hitler... En juillet 1934 est ainsi conclue une alliance antifasciste entre le PCF et la SFIO, et les radicaux, sous l'impulsion de Daladier, adhèrent à leur tour, en 1935, au « Rassemblement populaire ».

1936, les défilés
du Front populaire

Le Front populaire

Sur la base d'un programme modéré qui se résume à revendiquer « le pain, la paix, la liberté », les candidats du Front populaire, portés par une bonne discipline de vote qui permet au second tour d'efficaces désistements, remportent dès lors les élections législatives d'avril-mai 1936. Sous la présidence du socialiste Léon Blum, le nouveau gouvernement, soutenu par les communistes qui toutefois refusent d'y participer, entre en fonction dans une atmosphère de véritable liesse populaire qui n'est pas sans rappeler l'« illusion lyrique » de février 1848 ; pourtant, les ambiguïtés du Front populaire vont rapidement s'avérer fort contraignantes...

Dès le départ, Blum s'efforce de limiter la portée de l'expérience en cours, en précisant bien que son ministère ne constituera pas à proprement parler un gouvernement « socialiste », c'est-à-dire révolutionnaire, mais plutôt, en conformité aux rapports de force électoraux, une simple tentative de gouvernement social ne remettant pas en cause les bases du système capitaliste. Il n'en demeure pas moins que, dès mai 1936, la victoire du Front populaire et l'arrivée des socialistes au gouvernement provoquent dans tout le pays un vaste mouvement de grèves spontanées et d'occupations des usines, nécessitant de manière immédiate la mise en œuvre d'une politique de réformes sociales d'envergure.

Sous l'égide du président du Conseil sont donc organisées des négociations entre les représentants du patronat et ceux des syndicats (principalement la CGT) : elles aboutissent à la signature, le 7 juin 1936, des accords de Matignon (du nom du siège de la présidence du Conseil). Les accords prévoient des augmentations salariales (de 7 à 15 % selon les secteurs), le respect de la liberté syndicale et l'instauration d'un système de représentation du personnel dans les entreprises de plus de dix salariés, ainsi que la mise en place de procédures de conventions collectives. Ils sont complétés par les lois du 20 et du 21 juin, qui instituent les congés payés (douze jours ouvrables, soit deux semaines) et qui réduisent à quarante heures la durée hebdomadaire du travail (auparavant, elle atteignait en moyenne quarante-quatre heures).

Ces mesures, qui permettent d'apaiser rapidement l'agitation sociale, correspondent parfaitement à la politique de « reflation » que le gouvernement entend mener pour lutter contre la crise économique, en optant pour une relance de l'activité assurée par un redressement de la consommation. En revanche, l'action structurelle du Front populaire demeure limitée : création d'un Office national interprofessionnel du blé pour réguler les marchés agricoles et fixer des cours garantis, tentative de démocratisation du fonctionnement de la Banque de France, nationalisation de quelques petites entreprises d'armement, fondation de la SNCF, rien au total de révolutionnaire... Le gouvernement ne s'en heurte pas moins aux vives réticences des milieux économiques, dont la méfiance accentue les effets négatifs de mesures finalement maladroites. D'une part, la hausse des prix compense rapidement les effets des augmentations de salaires, ce qui freine le mécanisme de relance par la consommation. D'autre part, en raison de son manque de souplesse, la loi sur les quarante heures renforce le processus de chute de la production, au lieu de l'enrayer. Enfin, confronté à l'inflation et à la fuite des capitaux, le ministre des Finances Vincent Auriol doit dévaluer le franc dès octobre 1936 : psychologiquement, cette décision est perçue par l'opinion comme un échec ; techniquement, il s'agit d'une dévaluation imposée par les circonstances, et qui demeure trop timide pour permettre le retour à une meilleure compétitivité... Au total, si l'action économique du Front populaire ne peut pas être considérée comme un facteur d'aggravation de la situation, force est de constater que, eu égard à ses ambitions, elle se solde par un relatif échec.

En fait, parce qu'il réunissait des révolutionnaires et des libéraux de plus en plus conservateurs, le Front populaire n'avait pas les moyens de pratiquer une politique véritablement cohérente. Il parvint néanmoins à mettre en œuvre une législation sociale non négligeable, mais aussi, ce qui n'est pas moins important, à apporter une sorte d'esprit nouveau, que ce soit par exemple dans le domaine colonial, où l'on opte pour la négociation plutôt que pour la répression, ou encore du point de vue de la vie quotidienne, des loisirs, de la culture, notamment à travers l'action de Léo Lagrange, sous-secrétaire d'État aux Sports et aux Loisirs...

La France du Front populaire bénéficie à cet égard de l'éclat culturel du pays au cours des années trente : celui de ses prestigieuses revues (la *Nouvelle Revue Française*), celui de ses romanciers, Gide, Malraux, Bernanos ou Jules Romain, celui de ses dramaturges, Claudel ou Giraudoux, celui d'une « école de Paris » qui rassemble des peintres de

267

toutes origines, Espagnols comme Picasso, Néerlandais comme Van Dongen ou Russes comme Chagall, celui des audaces architecturales d'un Le Corbusier, celui d'un cinéma de poésie fantastique (Cocteau) ou sociale (Carné, Renoir), etc. C'est aussi le temps d'une atmosphère bon enfant de gaieté insouciante, rythmée par les refrains populaires de Tino Rossi, Maurice Chevalier ou, déjà, Charles Trenet...

Mais l'humanisme social du Front populaire, soucieux d'épanouissement et d'émancipation, se heurte à de nombreux obstacles qui conduisent à l'éclatement de l'alliance des partis de gauche. Outre ses considérables difficultés économiques, le Front populaire doit également affronter la question de la guerre civile espagnole : sous l'influence des radicaux et d'une opinion publique largement imprégnée de pacifisme, Blum est contraint de ne pas intervenir en faveur des républicains en lutte contre Franco, ce qui provoque de violentes réactions de la part du parti communiste. Par ailleurs il subit le poids d'une atmosphère d'extrême tension entretenue par la presse de droite et d'extrême droite (*L'Action Française, Gringoire* ou *Je suis partout* mènent en particulier d'intenses campagnes antisémites dirigées contre le président du Conseil et son entourage et, en l'accusant à tort d'avoir déserté durant la guerre, poussent au suicide le ministre de l'Intérieur, Roger Salengro...). Troublées par ce climat de haine et de violence, préoccupées par le maintien de la dépression économique, les classes moyennes s'éloignent peu à peu du Front populaire, et la conséquence logique de cette défection réside en un progressif éloignement du parti radical. Comme en 1926, comme en 1934, les radicaux opèrent ainsi un complet retournement d'alliance qui scelle la fin du Front populaire. En avril 1938, Daladier devient président du Conseil, et le ministère qu'il constitue ne comprend plus aucun socialiste, mais s'ouvre en revanche en direction du centre droit...

La marche à la guerre

L'on a parfois pu parler de « dictature » à propos du gouvernement Daladier : non pas que se fût manifestée la moindre entorse aux règles démocratiques, mais plutôt dans la mesure où, par son énergie et sa popularité, le président du Conseil s'emploie à renforcer les pouvoirs de l'exécutif au détriment de ceux de la Chambre. Grâce au système des décrets-lois, qui leur permet de légiférer sans se soumettre à l'accord des députés, Daladier et ses ministres, au premier rang desquels figure le libéral Paul Reynaud, cherchent en effet à imposer une politique de fermeté qui vise à effacer les effets jugés néfastes de l'action du Front populaire. Ministre des Finances, Reynaud autorise notamment le dépassement des quarante heures hebdomadaires de travail : soutenue par le parti communiste, la CGT organise alors, en novembre 1938, une grève générale de protestation, qui se solde en fait par un large échec. Ainsi promus au rang de vainqueurs de la « bataille de la Marne du patronat français », Daladier et Reynaud entreprennent de « remettre la France au travail », tout en instaurant, pour la première fois en France, l'ébauche d'une véritable politique familiale et nataliste, avec le Code de la famille de juillet 1939.

Mais l'heure est à de plus pressants sujets de préoccupation, en un moment où les nuages de guerre obscurcissent de façon de plus en plus inquiétante le ciel européen... Depuis son accession au pouvoir en janvier 1933, Hitler n'avait cessé de progresser dans la voie de l'épreuve de force et de la violation délibérée des clauses du traité de Versailles, en une fuite en avant systématiquement favorisée par la faiblesse des démocraties occidentales, traumatisées par les souvenirs de la Première Guerre mondiale et dominées par une forte imprégnation des sentiments pacifistes au sein de leurs opinions publiques. Après avoir reconstitué le service militaire obligatoire (mars 1935), l'Allemagne nazie connaissait son premier succès en mars 1936, avec la remilitarisation de la Rhénanie, qui ne suscitait que de molles protestations de la part de la Grande-Bretagne et de la France. Puis, en mars 1938 vint le tour de l'Anschluss, le rattachement de l'Autriche au Reich allemand, sans qu'à nouveau ne se manifestât de véritable réaction. Hitler, conforté dans ses visées impérialistes par l'expérience de ses premières réussites, devait alors réclamer l'annexion des Sudètes, région tchécoslovaque peuplée de germanophones. Fallait-il céder une fois de plus pour éviter la guerre à tout prix, ou bien soutenir la Tchécoslovaquie, alliée de la France ? Dans la mesure où la Grande-Bretagne entendait demeurer plus que jamais fidèle à sa volonté d'« apaisement », et où une majorité des Français semblait elle aussi favorable aux concessions, Daladier dut, plus ou moins à contrecœur, opter pour la première solution... Ainsi, par les accords de Munich (30 septembre 1938), la Grande-Bretagne et la France reconnaissaient-elles à l'Allemagne le droit d'opérer le rattachement des Sudètes au Reich. Les conséquences d'une telle démission ne se firent pas attendre : après avoir envahi la Tchécoslovaquie en mars 1939, puis obtenu la neutralité de l'URSS par la signature du pacte germano-soviétique (23 août 1939), l'Allemagne envahit la Pologne le 1er septembre 1939. Le 3, la France et la Grande-Bretagne, dont la Pologne était l'alliée, déclarent la guerre à l'Allemagne...

1939-1944, la France dans la Seconde Guerre mondiale

C'est bel et bien contrainte et forcée par le poids des circonstances que la France s'est engagée dans la guerre... En dépit des avertissements constamment renouvelés d'un jeune militaire inconnu, le colonel de Gaulle, qui depuis des années plaidait en vain pour une modernisation des conceptions stratégiques et tactiques de l'armée, l'état-major demeure fidèle à des choix périmés, purement statiques et exclusivement défensifs, qui consistent à masser les troupes le long de la frontière, à l'abri des fortifications de la ligne Maginot, et à attendre ainsi une offensive allemande dont l'on compte qu'elle sera aisément brisée. De longs mois d'inaction s'écoulent ainsi dans la morne expectative de la « drôle de guerre », la passivité des Alliés laissant à l'Allemagne les mains libres en Europe centrale et en Scandinavie. A l'arrière, contrairement à ce qui s'était produit en 1914, la guerre ne se traduit par aucun réflexe d'Union sacrée, d'une part dans la mesure où les tensions, voire les haines, nées de la crise des années trente et de l'expérience du Front populaire ne sont nullement éteintes, et d'autre part en raison du poids du pacifisme dans le pays. Bien au contraire, les divisions continuent à caractériser la vie politique, avec en particulier la dissolution du parti communiste en septembre 1939, et la démission de Daladier, remplacé par Paul Reynaud, en mars 1940.

Du traumatisme militaire à l'effondrement politique

Stratégiquement, politiquement, moralement, la France n'est donc pas prête à supporter le choc de l'offensive allemande. Déclenchée le 10 mai 1940, celle-ci prend totalement au dépourvu les troupes alliées, puisque la Wehrmacht, forte de la mobilité de ses divisions blindées, envahit alors la Belgique et perce le front dans les Ardennes, là où personne ne l'attendait... C'est alors l'effondrement d'une armée française en pleine déroute, qui recule dans le désordre le plus complet au milieu de la foule des civils fuyant dans l'exode l'avancée des troupes allemandes : dès le 14 juin, Paris tombe.

Réfugié à Bordeaux, le gouvernement se divise quant à la marche à suivre ; si Paul Reynaud souhaite gagner les colonies d'Afrique du Nord pour y continuer le combat, le maréchal Pétain, vice-président du Conseil, et le général Weygand, chef de l'état-major, préconisent au contraire la signature d'un armistice. Mis en minorité, Reynaud démissionne le 16 juin, et Pétain lui succède à la tête du gouvernement ; sous son égide, l'armistice est signé dès le 22 juin, à Rethondes, là même où avait été conclu celui du 11 novembre 1918. La France se trouve divisée en deux zones, dont le découpage correspond schématiquement à l'état d'avancement des troupes allemandes au moment de sa signature : au nord, la zone occupée, où demeure certes une administration française, mais qui subit le contrôle direct de l'Allemagne, par l'intermédiaire de l'ambassadeur du Reich

(Otto Abetz) et du gouverneur militaire (le général von Stulpnagel) ; au sud, la zone « libre », qui conserve en principe son indépendance et sa souveraineté, et continue à ce titre à être administrée directement par le gouvernement français. Deux régions sont en outre soumises à un statut particulier : le Nord, rattaché au gouvernement militaire de Bruxelles, et l'Alsace-Lorraine, annexée et incorporée directement au Reich.

Très vite, la débâcle militaire se mue alors en un effondrement politique que permettent le traumatisme de la défaite et le discrédit dans lequel se trouve plongé le régime parlementaire... Le 10 juillet, Chambre et Sénat réunis en Assemblée nationale confèrent les pleins pouvoirs au maréchal Pétain pour rédiger « la nouvelle Constitution de l'État français » : sur 666 parlementaires, seulement 80 ont refusé de voter ce texte qui marque tout simplement l'arrêt de mort de la troisième République. Sa chute brutale en 1940 ne doit pourtant pas faire perdre de vue sa force et sa longévité — encore inégalée dans l'histoire contemporaine de la France. Surtout durant l'âge d'or que furent pour elle, au-delà des crises et des épreuves, les années 1880-1914, elle dut sa stabilité à un assez large consensus social que l'on a pu qualifier de « compromis bourgeois ». Mais la force de la République s'enracina sans doute plus encore dans la diffusion d'une culture politique autour de laquelle ont pu se rassembler la plupart des Français : « c'est dans sa séduction intellectuelle, les symboles qu'elle incarne, les idéaux qu'elle proclame, les ennemis qu'elle dénonce, c'est dans l'affection et la fidélité qu'elle a suscitées à son endroit que la IIIe République a trouvé un solide principe de continuité (...). L'idéologie de la IIIe République, dont l'instrument de propagande fut avant tout l'école primaire, et dont le contenu fut principalement la laïcité et le patriotisme, donna son âme à un régime qui n'était que le fruit d'un compromis tacite, toujours susceptible de rupture, entre les différents groupes sociaux » (J.-P. Azéma et M. Winock). Mais survinrent le choc de la Première Guerre mondiale et la crise culturelle, politique et économique de l'entre-deux-guerres. Le ciment idéologique de la République radicale ne faisait plus effet, sans que l'on sût pour autant le remplacer par une synthèse nouvelle, mieux adaptée aux problèmes nouveaux d'un temps nouveau. La défaite de 1940 joue donc à cet égard le rôle d'un catalyseur, en mettant en lumière la progressive dérive qui minait le régime.

Identifiée aux malheurs du pays, la République se saborde donc d'elle-même pour donner place au régime de l'État français, qui fait de Vichy sa capitale, tant pour des raisons pratiques (ville thermale, Vichy dispose d'un parc hôtelier susceptible d'accueillir gouvernement et administration) que pour des motifs symboliques (Vichy se situe grossièrement au centre de l'hexagone). Immédiatement après le vote décisif du 10 juillet sont ainsi promulgués, les 11 et 12 juillet, quatre « actes constitutionnels » qui définissent les nouvelles structures politiques : d'une part, le maréchal Pétain devient « chef de l'État français » ; d'autre part, il est doté de tous les pouvoirs, dans tous les domaines et pour une durée indéterminée ; par ailleurs, la Chambre des députés et le Sénat font l'objet d'un « ajournement » *sine die* ; enfin, Pierre Laval, qui a joué un rôle fort actif dans l'atmosphère délétère propice au suicide de la République, est choisi comme « Premier ministre » et se voit officiellement désigné comme le futur successeur du chef de l'État.

Vichy et la Révolution nationale

C'est donc une véritable dictature qui se met en place, fondée dans une large mesure sur l'extraordinaire popularité dont jouit auprès de l'opinion le maréchal Pétain. Fort de son aura de vainqueur de Verdun, il se présente comme l'homme providentiel venu sauver la France dans la tourmente, comme le Père d'un peuple désemparé auquel il « fait don » de sa personne, et sait jouer de son image et de son âge (84 ans en 1940) pour développer le mythe du « noble vieillard » protecteur et rassurant...

Porteurs d'une conception paternaliste et militariste de la société, le maréchal et son entourage considèrent que la France n'a perdu la guerre que parce qu'elle s'était lâchement abandonnée à la facilité et à la décadence, « l'esprit de jouissance » l'ayant trop systématiquement emporté sur « l'esprit de sacrifice ». De ce fait, au-delà de l'épreuve qu'elle représente, la défaite constitue à leurs yeux une chance, ou tout du moins une occasion à ne pas manquer, si le pays sait tirer les leçons de son échec et se reconstruire sur des bases saines. Dans cette perspective, il faut un pouvoir ferme, qui sache guider les Français vers la voie de la régénération, celle de la « Révolution nationale ». Profondément réactionnaire, cette idéologie de la Révolution nationale invoque le « pays réel », celui des familles, des métiers, des hiérarchies « naturelles » et, hostile au grand capitalisme international, elle préconise la restauration d'une société traditionnelle fondée sur le corporatisme, sur la primauté du petit artisan et du petit paysan — car, selon le maréchal, « la terre, elle, ne ment pas »... —, sur l'affirmation des valeurs morales traditionnelles et l'encadrement des individus par leurs chefs. En cela fort distincte des fascismes, qui se veulent révolutionnaires et tournés vers l'avenir, la Révolution nationale s'appuie donc sur le rejet de la modernité, sur l'obsession d'une décadence à combattre et sur des réflexes à bien des égards archaïsants.

Autour de ce moralisme réactionnaire se regroupe à Vichy, derrière le chef de l'État, une sorte de kaléidoscope des droites françaises. L'Action française se trouve ainsi représentée par nombre de disciples de Maurras, proches du maréchal ou membres de son gouvernement comme Raphaël Alibert, ministre de la Justice. Souvent proches de l'Action française, un certain nombre de catholiques réactionnaires et traditionalistes participent également à l'action du nouveau régime, par exemple J. Chevalier, ministre de l'Éducation, ou encore Xavier Vallat, commissaire aux « questions juives ». Bien que de façon beaucoup plus modeste et discrète, quelques membres de la droite libérale et modérée appartiennent eux aussi aux nouvelles sphères dirigeantes, notamment avec P.-E. Flandin, Premier ministre le temps d'un bref intermède qui ne dure que de décembre 1940 à février 1941, ou encore avec A. Pinay, futur président du Conseil de la

A Vichy, devant l'hôtel du Parc,
Pétain, Darlan et Laval (de gauche à droite)

IVe République, membre du Conseil national, une assemblée purement consultative dont les éléments sont nommés par le pouvoir. Pour sa part, l'armée pèse bien sûr d'un poids non négligeable dans les structures de l'État français ; c'est ainsi un militaire, l'amiral Darlan, qui occupe le poste de Premier ministre de février 1941 à avril 1942. L'on trouve également à Vichy des représentants des milieux modernisateurs et technocratiques qui avaient commencé à émerger dans les années 30, dans l'optique d'un capitalisme dynamisé par l'intervention régulatrice de l'État, avec par exemple P. Pucheu, ministre de l'Industrie : pour minoritaires qu'ils soient, ceux-ci n'en développent pas moins, en pleine contradiction avec le discours traditionaliste du nouveau régime, une vaste action d'accroissement du contrôle des pouvoirs publics sur l'activité économique qui à certains égards, et quel que soit évidemment le profond fossé qui les sépare des hommes de la Résistance, prépare d'une certaine façon les mutations décisives de la Libération... Très largement orientée vers l'extrême droite et vers la droite, la palette politique de Vichy n'en comporte pas moins quelques rares cas isolés d'anciens hommes de gauche qui attendent de la Révolution nationale une redéfinition des rapports sociaux ; R. Belin, ministre du Travail, est ainsi un ancien responsable de la CGT.

Tous entendent utiliser la défaite, et la situation politique qu'elle a engendrée, pour opérer une profonde refonte du pays en extirpant les germes de décadence. Afin d'assurer « l'indispensable unité de la nation derrière son chef » se développe ainsi un intense travail de propagande orienté tout particulièrement vers le culte de la personnalité, cependant que sont farouchement combattus les divers éléments jugés pathogènes. Toute forme de démocratie disparaît : le Sénat et la Chambre, toujours ajournés, font place au Conseil national, créé en janvier 1941, dont les membres nommés et non élus ne disposent d'aucun pouvoir ; les maires sont eux aussi nommés par le pouvoir central (novembre 1940), les partis politiques et les syndicats sont tous interdits (août 1940), cependant que s'installe une stricte censure sur la presse, la littérature et l'ensemble de la vie culturelle. Les mouvements ou institutions perçus comme néfastes pour le pays sont interdits et combattus ; les militants communistes sont pourchassés, la franc-maçonnerie est dissoute et les Écoles normales d'instituteurs, pépinières traditionnelles de la culture politique républicaine, sont fermées. L'administration fait l'objet d'une systématique épuration et, placés sous une ferme tutelle, les fonctionnaires doivent tous prêter serment de fidélité au régime et à son chef. L'on s'efforce de « moraliser » la vie privée, par exemple en interdisant le divorce. Mais l'on entend également moraliser la vie publique en faisant condamner les « responsables » de la défaite : ouvert en février 1942, le procès de Riom (près de Clermont-Ferrand) voit rassemblés sur le banc des accusés un certain nombre des principaux animateurs de la vie politique républicaine, Blum, Daladier ou Reynaud (en fait, le procès doit être suspendu dès avril 1942, les débats tournant à la dénonciation du régime par ceux-là mêmes qu'il voulait faire condamner...).

Cette entreprise d'« assainissement » se marque tout particulièrement par sa pratique xénophobe et antisémite, qui relève de la propre initiative de Vichy bien plus que de la pression nazie. Rompant avec les méthodes en la matière assez libérales de la IIIe République, Vichy remet ainsi en cause la loi de 1927 sur les naturalisations d'étrangers, et fait interner dans des camps français les réfugiés politiques allemands ou espagnols. Mais l'État français se caractérise plus encore par ses réflexes antisémites, issus d'une imprégnation développée depuis les années 1880 avec l'affaire Dreyfus et accrue par la crise des années trente. Deux « statuts des juifs » successifs (octobre 1940 et juin 1941) imposent aux juifs le recensement obligatoire, les excluent de nombreuses carrières et responsabilités professionnelles et confisquent leurs biens, cependant qu'à partir de mars 1941 le gouvernement se dote d'un « commissariat aux questions juives » spécialisé dans la propagande et la répression antisémite. La France de Vichy aide en particulier la Gestapo à pourchasser les juifs ; en juillet 1942, c'est ainsi la police française qui organise à Paris la « rafle du Vel'd'hiv' » (le Vélodrome d'hiver), à l'occasion de laquelle près de 13 000 juifs sont arrêtés pour être livrés aux occupants et envoyés dans les camps de la mort...

Si le régime du maréchal Pétain se consacre donc à une large entreprise de lutte contre ce qu'il estime être les paramètres de la dégradation de l'identité nationale, il s'efforce dans le même temps de reconstruire une France « saine » et à ses yeux plus conforme à la grandeur du pays. Fidèle à sa devise, « Travail, Famille, Patrie », il développe ainsi une active politique familiale et nataliste, tout en cherchant à encadrer la jeunesse par diverses organisations vaguement inspirées du scoutisme (les Compagnons de France, ou encore les Chantiers de jeunesse, qui remplacent le service militaire interdit par l'armistice). Dans cette perspective, Vichy entretient, surtout durant les premiers mois de son existence, de bonnes relations avec la hiérarchie catholique, dont la plupart des membres sont plus ou moins favorables au maréchal (en novembre 1940, le cardinal Gerlier, archevêque de Lyon et primat des Gaules, déclare ainsi que « Pétain, c'est la France, et la France, c'est Pétain ») : à partir de 1941, l'État accepte notamment de subventionner les établissements scolaires catholiques, ce qui n'était évidemment pas le cas sous la IIIe République laïque et longtemps anticléricale. Cependant que sont épurés programmes et manuels scolaires (par exemple, la Révolution est désormais systématiquement présentée sous son jour le plus sombre...), le pouvoir vise la formation de nouvelles élites appelées à encadrer la France nouvelle, notamment par la création de l'école d'Uriage — qui passera d'ailleurs à la Résistance...

Déterminée par une vision hiérarchique et pyramidale des rapports sociaux, la politique du régime de Vichy entend également remodeler les relations du travail dans un cadre corporatiste, dont l'on attend en principe qu'il apaise par les vertus du dialogue et de la compréhension mutuelle les tensions néfastes à l'unité de la nation. Si les syndicats sont interdits, la promulgation en août 1941 d'une Charte du travail institue à ce titre un système de corporation dans chaque branche d'activité, de façon à y rassembler au sein d'une même organisation toutes les parties prenantes de l'activité productive. Toutefois, concrètement, seule la « Corporation paysanne » connaîtra en fait une ébauche de fonctionnement véritable, alors que dans les autres secteurs se développe, sous l'impulsion des jeunes technocrates du gouvernement, une pratique d'intervention de l'État de plus en plus marquée.

Car en effet le régime de Vichy se caractérise par la constante recherche d'un renforcement des pouvoirs de l'État. L'on observe ainsi une nette tendance à la bureaucratisation, les hauts fonctionnaires remplaçant les hommes politiques aux commandes de l'État, cependant que les effectifs de la fonction publique augmentent considérablement. Mais l'affirmation du pouvoir de l'État français passe plus encore par la constitution de véritables polices parallèles, la Légion française des combattants (1940) et, surtout, la Milice (1943), organisme para-militaire spécialisé dans la lutte contre les résistants, la recherche des juifs, la répression et la torture...

L'essor de telles structures manifeste d'ailleurs le progressif et cuisant échec de la Révolution nationale, et la dérive d'un régime que l'impasse dans laquelle il se trouve conduit peu à peu à la fuite en avant du durcissement et de la répression policière. Dès août 1941, le maréchal Pétain dénonce ainsi le « vent mauvais » qui souffle sur le pays, ce qui signifie en d'autres termes que la politique du régime, en dépit de la popularité encore intacte de son chef, ne suscite guère d'élan véritable au sein d'une population qui demeure passive et attentiste, alors que dans le même temps les mouvements de résistance commencent à s'organiser et à gagner en efficacité. Faute de disposer d'une emprise effective sur un corps social en fait peu enclin à souscrire massivement aux thèses réactionnaires qu'il incarne et défend, l'État français s'engage dès lors vers la progressive mise entre parenthèses de ses ambitions de Révolution nationale, et devient de plus en plus un simple État-policier, réduit au rôle d'auxiliaire de l'occupant... Par exemple, il crée dès août 1941 des « Sections spéciales », tribunaux d'exception chargés de juger résistants et adversaires du régime, dont l'action se caractérise par des procédures expéditives plus soucieuses d'efficacité punitive que de légalisme juridique.

Collaborateurs et attentistes

Pareille évolution s'inscrit, plus profondément, dans la logique de collaboration d'État adoptée dès le départ par Pétain et son entourage. Persuadés en effet que l'Allemagne va gagner la guerre et que le Reich va dominer l'Europe de façon durable, ils considèrent à ce titre que l'intérêt de la France consiste à s'attirer les bonnes grâces du vainqueur, de manière à transformer l'armistice en traité de paix, puis à s'assurer une place aussi favorable que possible au sein de cette Europe allemande. Pétain rencontre donc Hitler dès le 24 octobre 1940, à Montoire (Loir-et-Cher), et il annonce officiellement lors de cette entrevue que la France s'engage dans la voie de la collaboration. Par les Protocoles de Paris (mai 1941), l'amiral Darlan met ainsi à la disposition de l'Allemagne toutes les bases aériennes des colonies françaises d'Afrique du Nord : à l'heure où la guerre des sables fait rage, l'on n'est pas loin de la collaboration militaire... Et les concessions à l'occupant ne cessent dès lors de se multiplier, notamment à partir d'avril 1942, avec le retour de Pierre Laval à la tête du gouvernement. Vichy instaure par exemple le système de la « relève », qui consiste à proposer aux Français d'aller travailler en Allemagne en échange de la libération de prisonniers de guerre, mais c'est en fait d'abord et avant tout dans le domaine de la répression que se manifeste la politique de collaboration, l'État français autorisant notamment la Gestapo à pénétrer en zone Sud pour y pourchasser les résistants.

Toute ambiguïté s'efface d'ailleurs à la suite du débarquement des Alliés en Afrique du Nord française (8 novembre 1942), puisque l'occupant nazi décide alors de réagir par l'invasion de la zone Sud (11 novembre) : à cette date, la France entière est donc occupée, et la collaboration fait place à la pure et simple satellisation et à l'assujettissement complet. La collaboration d'État ne fut donc qu'un marché de dupes fondé sur une totale erreur d'analyse, Vichy se trompant aussi bien sur les chances de victoire de l'Allemagne que sur la possibilité d'intéresser véritablement les occupants à la collaboration, ces derniers n'y voyant en fait rien d'autre qu'un moyen de renforcer leur domination en faisant assurer par des Français les opérations de contrôle et de répression. A cet égard la thèse du bouclier, défendue par la suite par le maréchal Pétain et par ses défenseurs, selon laquelle la collaboration aurait permis d'atténuer les rigueurs de l'occupation et d'améliorer le sort de la population, aux côtés de l'épée incarnée par de Gaulle et la résistance, ne présente guère de légitimité historique...

Il n'en est pas moins nécessaire de souligner que le régime de Vichy bénéficia, sinon d'une pleine et entière adhésion à sa politique, du moins d'une réelle popularité dans de très larges fractions d'une opinion désemparée par la défaite et « préparée » par le climat des années trente à accepter l'autoritarisme réactionnaire du chef de l'État. La collaboration elle-même n'est d'ailleurs pas le seul fait des hommes de Vichy, puisque se développe en particulier une active collaboration économique de la part d'entreprises soutenant l'effort de guerre des nazis. Les milieux politiques et intellectuels parisiens se trouvent quant à eux dominés par la tendance « collaborationniste » d'un petit microcosme fascisant qui juge Vichy trop traditionaliste, trop clérical et trop timoré, et qui aspire à jouer un rôle de premier plan dans une France nazifiée. S'y meuvent de brillants écrivains séduits par le « romantisme » nazi et par l'idée européenne que véhicule la propagande allemande (Brasillach, Drieu La Rochelle), des romanciers marginaux et plus ou moins inclassables obsédés par leur antisémitisme (Céline), des catholiques d'extrême droite qui interprètent la guerre comme une croisade de l'Occident chrétien contre le bolchevisme (Philippe Henriot, éditorialiste de « Radio-Paris »), ou encore d'anciens hommes de gauche exclus de leur parti au début des années 30, qu'une lente dérive a transformés en petits chefs fascistes (Jacques Doriot, un ancien du PCF, qui anime le Parti populaire français, ou Marcel Déat, ancien de la SFIO, à la tête du Rassemblement national populaire)... Partisans d'une collaboration à outrance, Doriot et Déat fondent par exemple la LVF, légion des volontaires français, dont les membres partent combattre sur le front russe aux côtés de la Wehrmacht.

Il serait pour autant fallacieux d'en conclure que les Français des années noires de l'Occupation se rassemblent majoritairement dans les rangs de la collaboration, voire du collaborationnisme. Ni « collabos » ni héros de la résistance, ils se caractérisent en fait surtout par une attitude attentiste qui les fait progressivement évoluer d'un certain enthousiasme maréchaliste à l'indifférence passive, puis de celle-ci à la défiance, notamment à partir du moment où l'occupant, de concert avec un gouvernement réduit au rôle de simple exécutant, instaure le Service du travail obligatoire et cherche à envoyer les jeunes Français travailler dans les usines allemandes (février 1943). Pour le plus grand nombre, dans le cadre du retournement de la situation militaire qui s'opère au profit des Alliés en 1942-43, il s'agit donc avant tout d'attendre la libération en faisant face aux multiples préoccupations prosaïques du moment...

Les familles s'inquiètent ainsi du sort de leurs prisonniers de guerre retenus dans les « stalags » : environ 1 850 000 soldats français ont en effet été faits prisonniers au moment de l'armistice, et en 1944 il en demeure encore plus de 900 000 en Allemagne. Les soucis quotidiens relèvent également de l'obsession de la nourriture puisque, du fait de la baisse de la production, de la raréfaction des échanges et du poids des réquisitions effectuées par l'occupant, le ravitaillement doit être rationné dans tous les domaines. Les Français vivent donc à l'heure des tickets de rationnement, à l'heure des divers et souvent médiocres produits de substitution comme le rutabaga, un légume à mi-chemin entre le choux et le navet, à l'heure aussi du marché noir, qui profite aux ruraux et aux intermédiaires clandestins... La peur contribue également à façonner une vie quotidienne où dominent la hantise de la Gestapo ou de ses auxiliaires français, l'anxiété face aux représailles des militaires qui réagissent parfois aux actions de la Résistance en fusillant des otages pris au hasard, ou encore la crainte, à partir surtout de 1943-44, des bombardements alliés, dont les destructions ravagent des villes entières (Brest, Le Havre, Orléans...) et font plus de 50 000 victimes.

En revanche, en dépit — ou à cause ? — de leurs cortèges de privations et de difficultés, ces années sont aussi celles d'une consommation culturelle florissante : le cinéma connaît ainsi des records d'affluence (300 millions de billets vendus en 1943, contre 200 millions en 1938), l'édition et la littérature se portent bien, malgré la censure et le manque de papier (c'est par exemple sous l'Occupation que Sartre publie *Huis clos* et *l'Être et le Néant*, ou que Camus écrit *le Mythe de Sisyphe* et *l'Étranger*) et, dans un tout autre domaine, la pratique sportive, activement favorisée par les hommes de Vichy (notamment l'ancien champion de tennis Borotra), atteint des sommets jusqu'alors inconnus...

Les résistances

L'horizon du quotidien immédiat n'empêche cependant pas une minorité de marquer son refus de l'Occupation et de s'engager dans les voies de la Résistance, dès le départ caractérisée par l'existence de deux rameaux dont l'unification ne sera que progressive, d'une part la résistance extérieure incarnée par le général de Gaulle, et d'autre part la résistance intérieure des mouvements clandestins.

Nommé sous-secrétaire d'État à la guerre par Paul Reynaud, de Gaulle s'oppose en effet au principe de l'armistice et, dès le 17 juin 1940, gagne Londres dans le but d'y poursuivre le combat. Par son appel radiodiffusé du 18 juin, sur les ondes de la BBC, il développe ainsi une argumentation très exactement contraire à celle du maréchal Pétain, dont il avait longtemps été le protégé durant l'entre-deux-guerres : la guerre n'est pas terminée, l'Allemagne n'est pas assurée de la victoire ultime, et cela d'autant qu'à plus ou moins long terme on peut espérer l'entrée en lice des États-Unis. Il faut par conséquent que la France soit présente au jour de la victoire, de façon à faire valoir ses droits et à maintenir son rang dans le monde. Appelant dans cette perspective à un sursaut national, de Gaulle invite donc tous ceux qui le peuvent à se rallier à lui et à le rejoindre en Grande-Bretagne, où il met rapidement en place les institutions de la « France libre ». Persuadé de représenter la France de la légitimité et de l'honneur, quand Vichy n'incarne qu'une vague légalité et qu'un douteux compromis, il organise peu à peu une esquisse de gouvernement en exil, doté de l'assise militaire que constituent les Forces françaises libres et de la base territoriale que lui apporte, dès août 1940, le ralliement de l'Afrique-Équatoriale française. Luttant sans relâche pour imposer la France libre aux Alliés, surtout face à des États-Unis réticents qui le perçoivent comme une sorte d'apprenti dictateur mégalomane, de Gaulle parvient en même temps à faire peu à peu accepter le principe de sa tutelle sur les divers mouvements de la résistance intérieure.

Apparus à partir de l'automne 1940, ceux-ci revêtent des aspects fort variables. D'une part, la résistance est un état d'esprit, une attitude qui peut se manifester par des actes spontanés et isolés, défilé symbolique des lycéens parisiens qui fêtent l'anniversaire de la victoire le 11 novembre 1940, menus faits et gestes anonymes de tous ceux qui cachent des hommes ou des femmes, parfois des enfants, recherchés par la Gestapo ou par Vichy, qui aident à distribuer les tracts, à transmettre le courrier clandestin, etc. D'autre part, la résistance intérieure passe également par l'engagement spirituel, culturel et intellectuel : résistance chrétienne teintée d'œcuménisme, avec par exemple la création par le père Chaillet des *Cahiers du Témoignage chrétien*, résistance littéraire de l'édition clandestine (les Éditions de Minuit) et de ses romanciers de l'ombre, tel Vercors et son *Silence de la mer*... Enfin, bien sûr, la Résistance s'incarne dans les nombreux mouvements de renseignement, de sabotage ou de lutte armée, « Combat », « Ceux de la Résistance », « Libération », l'« Organisation civile et militaire », etc. A cet égard, l'entrée du parti communiste dans les rangs de la Résistance, à partir de l'invasion de l'URSS par la Wehrmacht en juin 1941, constitue un tournant décisif : si de nombreux communistes s'étaient auparavant engagés à titre individuel, c'est désormais le Parti en tant que tel qui jette tout son poids dans le combat, apportant le nombre, la discipline et l'efficacité de son « Front national » et de ses « Francs-Tireurs et Partisans ». Ainsi, à compter de 1941-42, malgré son morcellement en quantité de mouvements distincts, la résistance intérieure devient une véritable « armée de l'ombre » ; puis, avec la mise en place du Service du travail obligatoire en 1943, elle se militarise plus encore, dans la mesure où les réfractaires qui refusent de partir en Allemagne rejoignent les maquis, dont les effectifs s'étoffent ainsi de manière sensible.

Or, grâce à l'action de Jean Moulin, ancien préfet qui a gagné Londres et que le général de Gaulle a envoyé en France pour y rassembler la résistance intérieure sous sa houlette, les différents mouvements reconnaissent les uns après les autres le chef de la France libre comme commandant suprême. Et, menant à son terme son action fédératrice,

J. Moulin préside en mai 1943 à la création du CNR, le Conseil national de la Résistance, repris en mains par Georges Bidault après l'arrestation de son fondateur en juin 1943. Constituant une sorte de gouvernement de la résistance intérieure, le CNR regroupe les représentants de l'ensemble des mouvements de Résistance, mais également ceux des syndicats, CGT et CFTC, et ceux de certains partis politiques (PCF, SFIO, parti radical, ainsi que diverses personnalités issues des partis conservateurs) : ni de Gaulle ni, pour la plupart d'entre eux, les mouvements de Résistance ne sont pourtant favorables aux partis, qu'ils assimilent aux faiblesses de la IIIe République ; mais leur présence est nécessaire afin de doter la Résistance d'un minimum de légitimité aux yeux des Alliés, surtout à ceux des Américains...

En effet, la préoccupation des hommes de la Résistance ne se limite pas à la perspective de la libération du territoire national. Comme dans nombre de pays européens occupés, la majeure partie d'entre eux ressent le besoin d'une large régénération du pays et d'une profonde refonte de ses structures politiques, sociales et économiques, ainsi qu'en témoigne le programme du CNR, défini en mars 1944. Il s'agit donc non seulement de lutter contre l'occupant et contre le régime de Vichy, mais aussi de préparer les lendemains de la Libération. Pour ce faire, de Gaulle doit mener un constant combat pour s'imposer auprès des Alliés, chez qui le relatif soutien britannique se trouve largement compensé par la forte réticence américaine. Maîtres de l'Afrique du Nord française après leur débarquement de novembre 1942, les Anglo-Saxons refusent ainsi d'y donner le pouvoir à la France libre, et préfèrent installer l'amiral Darlan, ancien Premier ministre de Pétain, qui se trouvait alors à Alger. Puis, celui-ci ayant été assassiné par un monarchiste en décembre 1942, les Alliés confient le pouvoir au général Giraud, bien que ce dernier ne soit nullement représentatif de la Résistance. Il faudra de longs mois d'une lutte intestine sans répit pour que de Gaulle parvienne, en juin 1943, à partager le pouvoir avec Giraud, puis, en novembre, à obtenir sa démission...

Début 1944, la Résistance peut donc s'affirmer comme un véritable contre-pouvoir, prêt à se substituer du jour au lendemain à celui de l'État français. Elle dispose d'un gouvernement en bonne et due forme, le Comité français de Libération nationale, créé dès juin 1943 à Alger, présidé par de Gaulle. Début juin, à la veille du débarquement de Normandie, il se transforme en gouvernement provisoire de la République française, et rassemble les mandataires des divers mouvements de résistance et des diverses familles politiques, y compris le parti communiste. Elle s'est également dotée de deux organes de représentation, le CNR en métropole et une « Assemblée consultative » à Alger. Elle peut enfin s'appuyer sur ses forces armées, les Forces françaises libres, FFL, qui combattent aux côtés des Alliés avec les généraux Juin, Leclerc et de Lattre (guerre des sables, campagne d'Italie, et plus tard campagne de France), et les Forces françaises de l'intérieur, FFI, qui regroupent les branches militaires des mouvements de résistance sous la direction du général Kœnig.

Ainsi prête à assumer le pouvoir à la Libération, la Résistance n'est pas pour autant assurée d'en avoir la possibilité, les États-Unis combinant désormais la crainte d'une trop profonde infiltration communiste à leur méfiance à l'égard du général de Gaulle... Dès lors, la Libération ne consistera pas seulement en une lutte militaire : elle devra aussi constituer une course de vitesse sur le terrain politique.

La Libération
Pour l'essentiel, la libération du territoire français résulte à l'évidence de l'action militaire des Alliés, engagée par les débarquements de Normandie (6 juin 1944) et de Provence (15 août 1944), et intégralement achevée au printemps 1945, une fois brisées les dernières poches de résistance allemande. Toutefois, sa rapidité résulte également de l'action de la Résistance, qui assure directement la libération de certaines régions comme le Limousin ou la région toulousaine, et qui facilite la progression des Alliés en freinant les mouvements de la Wehrmacht et en désorganisant ses opérations. Ce sont

Sur les plages normandes, peu après les premiers combats du débarquement allié

de même les résistants qui prennent en charge la libération de Paris, négligée par le général Eisenhower, commandant en chef des forces alliées. Sous la direction du communiste Rol-Tanguy, la Résistance organise en effet le soulèvement de la population parisienne à partir du 19 août 1944, pendant que la 2e division blindée du général Leclerc se dirige en toute hâte vers la capitale : le 25 août, le général von Choltitz, commandant de la place de Paris, capitule devant Leclerc et Rol-Tanguy et, le 26, de Gaulle descend les Champs-Élysées en triomphateur...

Pour sa part, le régime de Vichy s'écroule et, replié à Sigmaringen, dans le Bade-Wurtemberg, il perd toute réalité dès août 1944. Or les États-Unis songent à installer à sa place une administration militaire chargée de gouverner la France en attendant que puissent être organisées des élections... Face à la vacance du pouvoir et pour contrer ce projet, de Gaulle installe alors des commissaires de la République dans tous

287

les départements déjà libérés, et fait en sorte que ses représentants prennent en mains le pays. Fin octobre, les Américains cèdent enfin, et acceptent de reconnaître le gouvernement provisoire comme le gouvernement officiel et légal de la France.

Marqués par les luttes pour le pouvoir, ces mois de la Libération le sont aussi par un mélange complexe d'euphorie, d'attente impatiente de la fin des hostilités et du retour des prisonniers, d'appétits de consommation frustrés et de rancœurs plus ou moins maîtrisées face au souvenir des années d'occupation. C'est ainsi que la France libérée se lance dans l'épuration à l'encontre des collaborateurs, tout d'abord sous la forme d'une épuration spontanée et incontrôlée qui se solde par 8 à 9 000 exécutions extra-judiciaires, puis sous la forme d'une épuration officielle et légale qui aboutit notamment à environ 1 500 exécutions et à plus de 50 000 condamnations à la dégradation nationale. Si les acteurs de la collaboration économique sont dans l'ensemble assez peu touchés, les symboles du collaborationnisme intellectuel figurent en revanche au premier rang des accusés (par exemple, Brasillach est exécuté), au même titre que les instigateurs de la collaboration d'État : Pierre Laval est exécuté et le maréchal Pétain, condamné à mort, est gracié par de Gaulle en raison de son grand âge et en mémoire de son rôle durant la Première Guerre mondiale (interné à vie à l'île d'Yeu, il décédera en 1951). L'heure est désormais à la reconstruction matérielle et politique du pays...

La France
du temps présent

De la Libération
à la fin des années soixante,
la France des certitudes

La reconstruction politique et économique

L'armistice de 1918 avait placé les Français dans une mentalité de vainqueurs avec des forces de vaincus, générant en cela les fortes difficultés d'adaptation que devait rencontrer la France dans les années 20 et 30 ; à l'inverse, la déroute de 1940 et les jours sombres de l'Occupation provoquèrent pour leur part un puissant appétit de renouvellement et de modernisation qui allait permettre au pays de connaître en l'espace de quelques décennies des mutations particulièrement profondes...

Mais dans l'immédiat, une fois écartée l'éventualité d'une administration militaire alliée chargée de gérer les affaires courantes en attendant la tenue d'élections, la situation politique dans les mois qui suivent la Libération se caractérise de prime abord par deux éléments essentiels, d'une part un certain vide juridique et institutionnel, qui encourage les aspirations au renouveau, et d'autre part le rôle et l'influence du général de Gaulle, qui domine de tout son poids le nouveau paysage politique. Pourtant, les forces issues de la Résistance vont rapidement devoir s'effacer devant le retour des partis politiques traditionnels, cependant que de Gaulle lui-même se trouvera écarté du pouvoir à partir de janvier 1946.

La mise en place de la IVe République
En effet, les différents projets qui visaient à constituer des mouvements politiques directement issus de la Résistance n'aboutissent guère, hormis la petite UDSR, Union démocratique et socialiste de la Résistance, animée notamment par François Mitterrand. Mais à l'inverse, les partis de la IIIe République, pourtant discrédités par la défaite, interdits par Vichy et le plus souvent mal vus par la Résistance, ont su peu à peu recouvrer leur place, en particulier dans le cadre du Conseil national de la Résistance et des organes de représentation mis en place à Alger par la France libre. Si le souvenir du régime vichyssois marginalise pour un temps les tenants de la droite libérale, et bien sûr plus encore ceux de la droite autoritaire, les partis de gauche parviennent donc rapidement à dominer la scène politique. Symbole d'une IIIe République dont il incarne l'impuissance aux yeux de l'opinion, le parti radical fait certes les frais de la volonté générale de rénovation, mais en revanche la SFIO et le parti communiste, auréolé de son prestige de « parti des fusillés », s'affirment comme les principaux courants politiques du pays aux côtés du MRP, Mouvement républicain populaire, qui avec Georges Bidault s'efforce d'implanter une démocratie chrétienne réformiste auparavant fort peu représentée dans la vie politique française.

Après que l'ordonnance du 5 octobre 1944 a doté les femmes du droit de vote et que, la guerre achevée et les prisonniers rentrés dans leurs foyers, la totalité du corps électoral est à même de se faire entendre, les diverses consultations électorales du 21 octobre 1945, les premières depuis les élections législatives du printemps 1936, fournissent ainsi une mesure nouvelle du rapport de force. D'une part, par référendum, 96 % des électeurs se prononcent en faveur de l'élaboration d'une nouvelle Constitution, et 66 % d'entre eux pour une relative limitation des pouvoirs de l'Assemblée dans la future Constitution, affirmant clairement en cela leur volonté de rompre définitivement avec la IIIe République. D'autre part, avec les élections législatives qui ont lieu le même jour, l'électorat consacre la forte prépondérance des trois grands partis, en élisant 160 députés communistes, 142 socialistes et 152 MRP. A eux seuls, PCF, SFIO, et MRP rassemblent 73 % des suffrages, laminant totalement les autres formations politiques.

Mais dès lors s'ouvre rapidement un conflit de plus en plus sensible entre les trois partis dominants, légitimés par le suffrage universel, et le général de Gaulle, fort de sa certitude d'incarner la nation. Certes, le gouvernement provisoire constitué en novembre 1945 est toujours dirigé par de Gaulle ; mais, en dépit des résultats du référendum, le personnel politique, dont la culture s'est le plus souvent forgée sous la IIIe République, conserve comme naturellement sa tendance à faire de la prédominance du pouvoir législatif un critère de démocratie. Aussi, ne pouvant imposer sa volonté aux députés, et soucieux de marquer publiquement sa crainte d'un retour au régime d'assemblée, de Gaulle opte pour l'épreuve de force et démissionne avec éclat le 20 janvier 1946. Alors qu'il comptait vraisemblablement être aussitôt rappelé au pouvoir dans des conditions qui lui auraient été plus favorables, rien de tel ne se produit, les grands partis décidant en effet de s'associer pour gouverner de concert. C'est l'échec de l'expérience gaulliste de compromis entre démocratie et personnalisation du pouvoir, et la naissance effective d'une nouvelle République des partis...

Dirigé par le socialiste Gouin, le nouveau gouvernement provisoire consacre ainsi l'avènement du tripartisme, cette cohabitation au pouvoir du PCF, de la SFIO et du MRP qui se maintiendra jusqu'au printemps 1947 et présidera à ce titre à la mise en place de la nouvelle Constitution. Un premier projet constitutionnel est présenté aux électeurs dès mai 1946 mais, assurant à l'Assemblée une forte domination sur le gouvernement, il est rejeté par 53 % des électeurs. L'Assemblée est alors dissoute, et les nouvelles élections législatives de juin se marquent par la percée du MRP ; c'est donc un gouvernement présidé par Bidault qui inspire l'élaboration d'un nouveau texte constitutionnel. Approuvé par 53 % des électeurs lors du référendum du 13 octobre 1946, il élabore l'officielle Constitution de la IVe République, qui se rapproche en fait de celle de 1875 davantage qu'elle n'en diffère véritablement.

Le pouvoir législatif appartient à l'Assemblée nationale, élue pour cinq ans au suffrage universel direct selon un système de scrutin proportionnel ; à ses côtés, un « Conseil de la République » élu pour six ans au suffrage universel indirect ne détient qu'un simple pouvoir consultatif. Le pouvoir exécutif est placé entre les mains du président du Conseil, désigné par un président de la République élu pour sept ans par les deux chambres réunies en Congrès (le premier président de la IVe République est le socialiste Vincent Auriol, ancien ministre du Front populaire, élu en janvier 1947). Le président du Conseil ne peut exercer son pouvoir qu'après avoir reçu l'investiture de l'Assemblée, devant laquelle il demeure constamment responsable : en d'autres termes, la IVe République se présente très clairement comme un nouveau régime d'assemblée et de partis, à ce titre dénoncé par le général de Gaulle qui, dans son discours de Bayeux (juin 1946), préconisait au contraire un régime présidentiel selon lui plus à même d'assurer la stabilité politique et donc la grandeur de la nation...

La reconstruction structurelle de l'économie française

La Seconde Guerre mondiale, qui faisait suite à des années 30 marquées par une crise non surmontée, a laissé la France dans un état d'affaiblissement généralisé. Le passif démographique s'élève ainsi à environ deux millions de personnes, si l'on prend en compte à la fois les décès directement liés à la guerre (600 000), la surmortalité issue de la difficulté des conditions de vie (500 000) et enfin le déficit de naissances engendré par la situation d'ensemble et par la séparation de nombreux couples (un million). En outre, les multiples pertes matérielles provoquées par les combats, notamment du fait des bombardements alliés, représentent plus du quart de la fortune nationale d'avant-guerre ;

De la Libération à la fin des années soixante, la France des certitudes

La France de la reconstruction
et de la croissance.
Fernand Léger, étude pour
les Constructeurs

les infrastructures de communication souffrent d'un large démantèlement, et la production industrielle est tombée d'une base 100 en 1938 à un indice 48 en 1945... Enfin, le pays a dû subir de très considérables pertes financières, tant en raison des frais d'occupation versés aux troupes allemandes (1 100 milliards de francs) qu'en raison du creusement du déficit budgétaire (460 milliards).

Or, face à une telle situation, l'élément le plus marquant de l'immédiat après-guerre réside dans l'affirmation d'un interventionnisme public de plus en plus étendu. La Première Guerre mondiale avait déjà été l'occasion d'un accroissement du rôle économique de l'État, soucieux d'orchestrer l'effort de guerre (par exemple avec Albert Thomas, ministre de l'Armement) puis d'organiser la reconstruction (notamment avec Louis Loucheur, ministre de la Reconstruction industrielle en 1919). Les années 30 à leur tour avaient vu, face à la crise, se manifester divers courants de remise en cause du libéralisme traditionnel, à travers la réflexion de petits cénacles intellectuels ou syndicaux partisans du « planisme », comme à travers la montée de groupes de jeunes technocrates regroupés notamment dans le mouvement « X-crise » (ainsi nommé parce qu'il émanait d'anciens élèves de l'École polytechnique, l'« X »). Mais c'est bel et bien la Seconde Guerre mondiale qui constitue à cet égard le tournant décisif : du côté de Vichy, quelques ministres modernisateurs (Lehideux, Bichelonne), bien que minoritaires, mènent une action d'extension de l'influence économique de l'État, et on leur doit notamment la mise en place d'un appareil statistique moderne (la création en 1946 de l'INSEE, Institut national de la statistique et des études économiques, prolongera ainsi leur héritage) ; du côté de la Résistance, le programme du CNR insiste pour sa part sur la nécessité d'en finir avec les « féodalités » économiques, et sur le caractère impérieux d'une modernisation économique et sociale qui ne saurait être mise en œuvre que par l'État, seul garant des intérêts nationaux par-delà la diversité des intérêts particuliers.

La configuration politique de la fin des années 1940 favorise plus encore l'avènement de ce type de préoccupations, puisque les représentants de la droite conservatrice se trouvent pour un temps écartés au profit de partis favorables à des réformes structurelles de grande envergure, cependant que de Gaulle campe également sur des positions nettement interventionnistes. Pareille situation n'est d'ailleurs pas spécifique à la France : à la même heure, au Royaume-Uni, les travaillistes au pouvoir se lancent dans la « révolution silencieuse » de l'État-Providence (Welfare State), et d'une manière générale, bien que selon des modalités certes fort variables, la plupart des pays occidentaux se dirigent vers la mise en place d'un « néo-capitalisme » que caractérise notamment l'intervention accrue de l'État dans la sphère économique et sociale...

Dans le cas de la France, la volonté de conférer aux pouvoirs publics une place déterminante se marque tout particulièrement par une active politique de nationalisations, qui doit permettre à l'État de contrôler un nombre suffisant de leviers pour orienter et encadrer l'activité économique. Inaugurées par le gouvernement provisoire du général de Gaulle, puis poursuivies à l'époque du tripartisme, les nationalisations concernent notamment le secteur bancaire et financier (en décembre 1945, la Banque de France, le Crédit lyonnais, la Société générale, le Comptoir national d'escompte de Paris et la Banque nationale pour le commerce et l'industrie ; en avril 1946, une bonne trentaine de compagnies d'assurance), le secteur de l'énergie (création des Charbonnages de France en décembre 1944, d'Électricité de France et de Gaz de France en avril 1946), ainsi que quelques entreprises industrielles (Renault, dont la nationalisation en janvier 1945 constitue une sanction à l'encontre de son attitude de collaboration durant l'Occupation, ou encore le constructeur de moteurs d'avions Gnome et Rhône en mai 1945), etc.

Ainsi pourvu de puissants moyens d'action sur l'activité économique du pays, l'État s'oriente en outre vers le choix d'une politique de planification indicative, avec la création en janvier 1946 d'un Commissariat général au plan, dirigé par Jean Monnet. Initialement destiné à canaliser et à gérer les diverses modalités de l'aide américaine à la reconstruction, ce Commissariat s'affirme rapidement comme un rouage essentiel de l'intervention de l'État, puisque, au terme de travaux préparatoires effectués de concert avec des représentants du patronat et des syndicats, il définit les grands objectifs à suivre et souligne les priorités : lancé en janvier 1947, le premier plan, « plan de modernisation et d'équipement », met ainsi l'accent sur les transports et l'énergie, et vise à retrouver dès 1948 le niveau de production de 1929. Sans remettre en cause les mécanismes du marché et les fondements libéraux de l'économie, le gouvernement peut néanmoins inciter les acteurs économiques à se conformer au plan en jouant de ses subventions, de ses primes, de ses prêts, de sa fiscalité, etc.

Autorisé à bloquer les prix et les salaires (ordonnance de juin 1945), maître d'œuvre des orientations d'ensemble de l'activité, acteur direct de la production et grand argentier du capitalisme français, l'État a donc installé en l'espace de quelques mois décisifs un système de dirigisme souple qui pour des décennies constituera le cadre d'évolution de l'économie française. Faisant de la reconstruction et de la modernisation l'une de ses préoccupations majeures, il engage les Français dans la « bataille de la production », envoie aux États-Unis des « missions de productivité » composées de cadres, d'ingénieurs et d'ouvriers appelés à s'inspirer de l'exemple américain, soutient l'investissement par ses dégrèvements fiscaux ou ses subventions, et investit lui-même directement, notamment dans le domaine des grands travaux et des infrastructures de communication.

Son souci de réformisme social s'intègre lui aussi dans une logique économique de développement de la demande intérieure : si la mise en place de comités d'entreprises dans toutes les entreprises de plus de cent salariés (février 1945) ne peut avoir sur la consommation que des effets assez indirects, il n'en va pas de même des ordonnances d'octobre 1945 et de la loi de mai 1946, qui instaurent avec la Sécurité sociale un système de protection sociale particulièrement ambitieux, de la généralisation et de la majoration des allocations familiales, ou encore de la fixation en 1947 d'un salaire minimum, appelé à devenir le SMIG, salaire minimum interprofessionnel garanti, en 1950...

Toutefois, l'impulsion ainsi apportée par les pouvoirs publics ne saurait à elle seule suffire à assurer une relance rapide de l'économie française et, comme les autres pays d'Europe occidentale, la France doit avant tout la rapidité de sa reconstruction à l'ampleur de l'aide américaine. Déterminée par des impératifs économiques (éviter une crise de surproduction aux États-Unis en permettant aux marchés européens d'absorber le plus grand nombre possible de produits américains), mais plus encore par les considérations géopolitiques de la « doctrine Truman » de l'endiguement (empêcher une dégradation économique et sociale qui, par la montée des mécontentements, ferait le jeu des communistes et favoriserait la progression de l'URSS), cette aide se manifeste de manière précoce par des prêts et par des accords d'annulation partielle de la dette française (accords Blum-Byrnes de mai 1946). Mais c'est surtout avec le plan Marshall qu'elle atteint son point culminant ; annoncé en juin 1947 et effectif à partir du début de l'été 1948, ce plan de soutien massif à l'Europe occidentale profite tout particulièrement à la France, qui en est derrière le Royaume-Uni la principale bénéficiaire. Par l'intermédiaire de ses dons en nature, dans le domaine des biens d'équipement par exemple, le plan Marshall constitue en effet le moteur primordial de la reconstruction de l'économie française, qu'il facilite et accélère considérablement. Ainsi, si après la Première Guerre mondiale le niveau de production de 1913 n'avait été retrouvé qu'en 1924, l'on atteint les scores de 1938 dès 1948, et ceux de 1929, avant la crise, sont dépassés dès 1949 ! La France semble désormais prête à connaître les riches heures de la croissance intensive et de la modernisation structurelle de son économie.

La IVᵉ République : une modernisation difficile

Après la rapide reconstruction de la fin des années 40, les années 50 marquent ainsi l'entrée véritable de l'économie française dans ce que J. Fourastié appellera plus tard, en comptant large, les « Trente Glorieuses », cette phase mondiale de forte croissance qui se maintiendra jusqu'à la crise du début des années 1970. En effet, comme partout dans le monde occidental, un capitalisme moderne, fortement teinté de fordisme et de keynésianisme plus ou moins explicite, préside alors aux mutations structurelles et à l'évolution conjoncturelle d'un paysage économique euphorique ; mais, dans le cas de la France, ses partisans et ses acteurs devront toutefois tenir compte d'un certain nombre de pesanteurs et de blocages qui marqueront cette période de leur empreinte ambiguë.

La France du baby boom et de la croissance économique
L'une des nouveautés majeures qu'apportent les temps nouveaux de l'après-guerre réside dans le retournement spectaculaire de la configuration démographique. Si les années 20 et 30 avaient vu s'affirmer un constant déclin de la vitalité française, la tendance s'inverse en effet, de manière paradoxale, dès les années sombres de l'Occupation, et le taux de natalité, tombé à 14,6 ‰ en 1939, se relève dès 1942 pour atteindre 16,2 ‰ en 1945 et 21,3 ‰ en 1947 !

S'ouvre ainsi, comme dans la quasi-totalité des pays industrialisés, le phénomène du « baby boom » et de la considérable croissance démographique qu'il nourrit. D'une part, le taux de mortalité recule constamment, du fait de l'amélioration du niveau de vie et d'alimentation, comme en raison des progrès médicaux que, surtout, diffuse désormais le système de protection sociale. L'on passe ainsi de plus de 13 ‰ au sortir de la guerre à un peu plus de 11 ‰ à la fin des années 50, et l'espérance de vie moyenne, inférieure à soixante ans vers 1945, approche les soixante-dix ans vers 1960. D'autre part, le taux de natalité se maintient à un niveau élevé, oscillant en permanence entre 18 ‰ et 20 ‰

dans les années 50, grâce à une sensible augmentation du nombre d'enfants par foyer : 1,9 enfant par couple dans les années 30, mais 2,4 enfants par couple entre 1955 et 1960... Pareille évolution peut être soutenue par l'adoption de nombreuses mesures natalistes, comme en particulier l'extension et la généralisation du système d'allocations familiales en avril 1946 ; mais, si ses effets ne peuvent être négligés, le volontarisme démographique ne saurait toutefois être considéré comme le facteur décisif en la matière, l'essentiel résultant bien plutôt d'une dynamique collective qui puise ses sources dans le changement des comportements et des attitudes face à la vie. Les Français se marient plus jeunes (pour les femmes, 25,7 ans en moyenne au milieu des années 30, mais 24,6 au milieu des années 50), et ils adoptent un modèle familial différent de celui de leurs parents ; ainsi, si seulement 27 % des couples mariés en 1920 donnaient naissance à trois enfants et plus, ce sont en revanche 38 % des couples mariés en 1950 qui atteignent ou dépassent ce seuil des trois enfants... Dans ces conditions, l'accroissement naturel de la population française s'accélère de manière particulièrement marquée, passant d'un taux annuel moyen de 0,4 % sur la période 1921-1938 à un taux de 0,8 % par an sur la période 1946-1962.

En outre, cet accroissement naturel est complété par l'apport de l'immigration, rendue nécessaire par les besoins en main-d'œuvre d'une économie qui souffre des héritages malthusiens de l'entre-deux-guerres. Dès novembre 1945, le gouvernement provisoire a créé l'ONI, Office national de l'immigration, chargé de mettre en œuvre une activité politique de drainage de la main-d'œuvre étrangère vers la France, et dans les années 50 ce sont ainsi en moyenne 50 000 nouveaux venus qui s'installent chaque année dans le territoire national. Au total, la population vivant en France passe donc d'environ 40,5 millions d'habitants lors du recensement de 1946 à environ 46,5 millions lors du recensement de 1962, en une croissance globale qui n'avait jamais été aussi forte depuis plus d'un siècle et demi...

Amplifié par l'optimisme qu'entretient le climat de dynamisme économique, l'accroissement démographique du baby boom contribue en retour à nourrir l'intensité de l'expansion, dans la mesure où il génère une sensible augmentation de la demande dans de nombreux domaines, logement, infrastructures collectives, textile, ameublement, biens d'équipement durables, alimentation, etc : par exemple, si 71 000 logements neufs sont construits en France en 1950, il s'en bâtit 320 000 en 1959 ! D'une manière générale, les années 50 constituent en effet une période de forte poussée économique, qui place la France au rang des pays à croissance très rapide ; avec un taux de croissance annuel moyen de 4,6 % de 1950 à 1959, elle fait certes piètre figure face aux « miracles » japonais (9,5 %) ou allemand (8,6 %), mais réalise en revanche un score nettement supérieur à celui, par exemple, des États-Unis (3,5 %) ou de la Grande-Bretagne (3 %).

Remarquable par son intensité, la croissance économique l'est également par sa relative régularité, puisqu'aucune crise véritable ne vient la freiner. Tirée par la construction, par les industries mécaniques, l'automobile ou la sidérurgie, mais aussi par une considérable modernisation agricole, elle se marque notamment par de rapides gains de productivité (5,5 % par an en moyenne) qui soulignent le fait que le capitalisme français, bien que pourtant encore assez peu tourné vers le monde extérieur et la compétition internationale, semble se mettre progressivement à l'heure de la concentration des entreprises, de l'innovation technologique et de la course à l'investissement productif.

Pourtant, beaucoup reste à faire, tant le poids des héritages ralentit la modernisation structurelle de l'économie française. Les mentalités ne suivent pas toujours le rythme de la croissance, en particulier chez ceux qui se sentent plus ou moins exclus de l'euphorie ambiante, petits agriculteurs, petits artisans, petits commerçants, et les réflexes protectionnistes dominent encore assez largement le paysage de la culture économique française. La France reste toujours un pays que caractérise la part importante de son agriculture, avec encore environ 22 % de la population active en 1959 (contre 29 % en 1949) et, en dépit de quelques cas de fusions

La voiture et le tourisme pour le plus grand nombre :
une 4 CV au Salon du camping de 1958

spectaculaires, comme celle qui conduit à la naissance du pôle sidérurgique Usinor en 1948, les entreprises industrielles demeurent fréquemment trop modestes pour s'affirmer sur la scène internationale...

Et surtout, la croissance française souffre d'un mal chronique, l'inflation. Si les mécanismes des Trente Glorieuses font un peu partout, à la notable exception du Japon et de la RFA, une assez large place à une inflation modérée qui favorise l'investissement et la consommation, en allégeant le coût réel du crédit, le cas français s'avère en effet fort spécifique à cet égard, dans la mesure où l'inflation se trouve bien plus qu'ailleurs intrinsèquement associée à la croissance. En effet, face à la spirale inflationniste issue de la Seconde

Guerre mondiale, le général de Gaulle, estimant que la population n'est pas prête à supporter la charge d'une politique de rigueur, refuse en 1945 le sévère programme déflationniste que préconise son ministre de l'Économie, Pierre Mendès France. De ce fait, la reconstruction s'effectue dans le cadre d'une flambée inflationniste particulièrement spectaculaire, le taux d'inflation progressant de 38 % en 1945 à 63 % en 1946, pour ne retomber qu'à 59 % en 1948 ! Si par la suite des efforts sont entrepris pour ramener l'inflation à des niveaux plus supportables, notamment avec l'action du président du Conseil Antoine Pinay en 1952-53, l'essentiel s'est en fait joué dans ces choix décisifs de la Libération, qui ont placé l'inflation au cœur même des rouages de la croissance française. En effet, toutes les politiques déflationnistes se traduisent par de sensibles ralentissements de la croissance, et dès lors l'inflation se maintient donc à peu près systématiquement à des niveaux supérieurs aux moyennes internationales : encore 16 % en 1951, puis, après l'accalmie du milieu des années 50 (moins de 5 %), une nouvelle poussée à la fin des années 50, avec un taux de l'ordre de 12 % en 1958... Véritable « mal français », l'inflation constitue donc l'un des traits majeurs du paysage économique et social de la France de la IVe République.

Sous l'effet de la croissance, celui-ci amorce en ces années 50 un processus de redéfinition qui modifie de manière sensible le profil de la société française. Si la part des ouvriers dans la population active évolue assez peu, se stabilisant à un niveau moyen de l'ordre de 35 %, les besoins nouveaux des entreprises font lentement émerger, surtout à partir de la fin des années 50, une « nouvelle classe ouvrière » au sein de laquelle les manœuvres et ouvriers spécialisés, c'est-à-dire en fait ceux qui sont dépourvus de qualification précise, font peu à peu place aux ouvriers qualifiés et aux contremaîtres, dotés d'une formation professionnelle véritable. Beaucoup plus intégrés aux normes et aux comportements de la société de consommation qui s'affirme alors, ils portent en eux les germes d'une certaine dilution des traditions et des spécificités ouvrières et, phénomène nouveau, peuvent espérer pour leurs enfants, grâce à la démocratisation d'un système scolaire en pleine explosion quantitative, l'insertion dans la nébuleuse des classes moyennes.

Certes, les traditionnelles classes moyennes indépendantes connaissent un sensible recul. Les agriculteurs ne représentent plus qu'un bon cinquième de la population active à la fin des années 50, et la modernisation accélérée de leur activité, marquée par les progrès rapides de la motorisation, de la mécanisation, de la consommation d'engrais, etc, s'accompagne d'un exode si considérable que certaines régions, tel le Massif central, souffrent déjà d'une déprise rurale qui confine à la semi-désertification. De même, la part du petit patronat de l'industrie, de l'artisanat et du commerce régresse, passant d'environ 13 % des actifs au début des années 50 à un peu plus de 10 % dix ans plus tard, sous les coups conjugués de la disparition d'entreprises de moins en moins adaptées à la concurrence et de la concentration de firmes industrielles de plus en plus contrôlées par une « technocratie » de gestionnaires salariés. Mais, en revanche, le monde des classes moyennes salariées ne cesse de s'étendre, puisqu'entre le début des années 50 et le début des années 60 le poids relatif des employés passe de moins de 10 % à plus de 12 % des actifs, cependant que celui des cadres moyens et supérieurs s'élève d'à peu près 10 % à un peu plus de 12 %.

Ces nouvelles classes moyennes en plein essor constituent en fait le fer de lance des mutations de la société française, que caractérisent l'amélioration du niveau de vie et les transformations de l'existence quotidienne qu'elle nourrit. Exprimé en monnaie constante, le revenu par individu s'accroît en effet de 24 % entre 1949 et 1954, puis encore de 18 % entre 1954 et 1959, ce qui permet aux Français de bénéficier d'un progrès matériel particulièrement rapide et considérable, avec l'entrée de bon nombre d'entre eux dans l'ère de la consommation de masse. La part de l'alimentation dans le budget des ménages ne cesse de décliner, au profit de dépenses nouvelles allouées notamment au logement et à son équipement. Le paysage urbain se marque alors par la prolifération des banlieues et des grands ensembles d'habitat collectif, l'automobile commence à se banaliser, le tourisme, favorisé par l'obtention d'une troisième semaine de congés payés en 1956, se développe rapidement, de même que l'univers des loisirs et de la culture de masse... Quand bien même la croissance ne réduit nullement les disparités sociales, qu'elle a bien au contraire tendance à creuser davantage en dépit des dépenses de redistribution sociale effectuées par l'État, elle conduit peu à peu à une relative uniformisation des comportements, de l'habillement, du cadre de vie, etc, qui amène à estomper partiellement les marques visibles de la différenciation sociale. Mais affrontements et tensions n'ont pas pour autant disparu, ainsi qu'en témoignent notamment les considérables difficultés politiques de la IVe République.

Les difficultés politiques et l'échec de la IVe République

De janvier 1946, après le départ du général de Gaulle, jusqu'à mai 1947, la vie politique française est dominée par l'expérience du tripartisme, qui voit le parti communiste, la SFIO et le MRP s'associer pour gouverner de concert. Toutefois, dans le cadre du débat parfois houleux qu'instaure l'élaboration de la nouvelle Constitution, et surtout en raison des paramètres internationaux, cette période se marque rapidement par le retour aux traditions d'instabilité qui caractérisaient déjà la IIIe République, puisqu'en l'espace de quelques mois se succèdent quatre ministères distincts, avec Félix Gouin (SFIO) de janvier à juin 1946, Georges Bidault (MRP) de juin à novembre 1946, Léon Blum (SFIO) de décembre 1946 à janvier 1947, et Paul Ramadier (SFIO) à partir de janvier 1947... En effet, si un assez large accord prévaut en matière de réformes économiques et sociales, la coalition au pouvoir se trouve vite déchirée par l'évolution de la conjoncture internationale, avec d'une part l'affirmation des premiers mouvements d'importance dans le domaine colonial (débuts de la guerre d'Indochine, violences à Madagascar et en Afrique du Nord), et d'autre part et surtout l'émergence progressive de la guerre froide entre le bloc soviétique et le bloc occidental.

Les points de désaccord s'avèrent donc trop nombreux et trop décisifs pour que l'alliance puisse durer davantage, dans la mesure où le PCF dénonce la répression dans les colonies et, plus encore, reproche violemment à ses partenaires de s'aligner systématiquement sur les positions des États-Unis. Inaugurant, phénomène relativement nouveau, une phase durant laquelle les facteurs internationaux détermineront puissamment l'évolution de la vie politique intérieure, la guerre froide et sa logique de bipolarisation condamnent ainsi le tripartisme à l'éclatement et, le 5 mai 1947, le président du Conseil Ramadier renvoie ses ministres communistes. C'est la fin du fragile équilibre sur lequel s'étaient fondés le régime et ses institutions : adaptée à des partis politiques organisés, unis et disciplinés, la Constitution supportera mal en effet le rôle croissant que joueront désormais radicaux et modérés, dont les divisions en clans hétérogènes et rivaux se traduiront par une instabilité politique accrue...

Déterminante en matière politique, la guerre froide l'est aussi dans la sphère intellectuelle et artistique. Certes, Jean Vilar fonde en 1947 le festival d'Avignon, qui bénéficie bientôt du charisme d'un comédien surdoué, Gérard Philipe. Placé en 1951 à la tête d'un nouveau « Théâtre national populaire », Jean Vilar incarne pleinement la volonté d'ouvrir au plus grand nombre les portes de la culture classique, mais l'humanisme optimiste de son action semble en fait relever davantage d'une tradition inaugurée avant la Seconde Guerre mondiale, notamment avec le Front populaire, que des joutes appelées à dominer les années 50. Celles-ci sont en effet marquées par un engagement très actif des milieux intellectuels, alors largement dominés par les « progressistes » et autres « compagnons de route » du parti communiste.

Dès 1945, en lançant sa revue *Les Temps Modernes*, Jean-Paul Sartre formulait — sans pour cela les avoir inventés — les principes du devoir d'engagement des hommes de pensée et de création, et à sa suite écrivains et artistes devaient suivre les voies d'une intense bipolarisation du paysage culturel français. Sans aller jusqu'à imiter le peintre Fougeron, qui explore les chemins d'un « réalisme socialiste » aux formes bien staliniennes, un Picasso, fleuron d'une peinture d'avant-garde de plus en plus reconnue, affirme ainsi haut et fort sa sympathie pour le PC, tout en fécondant avec Matisse ou Fernand Léger une effervescence picturale au sein de laquelle émergent des talents nouveaux, ceux d'un Manessier, d'un Bazaine ou d'un Nicolas de Staël notamment.

Néanmoins, philosophie et littérature constituent bien plus encore les disciplines reines de l'engagement, en un temps où le monde des lettres françaises reçoit la consécration de cinq prix Nobel de littérature en l'espace de deux décennies (Gide en 1947, Mauriac en 1952, Camus en 1957, le poète Saint-John Perse en 1960, et enfin Sartre, qui refuse d'ailleurs le prix, en 1964). Le théâtre notamment se fait volontiers porteur des débats éthiques ou politiques du moment (*les Mains sales* de Sartre en 1948, sur le choix entre existentialisme et militantisme, ou en 1952 *Le colonel Foster plaidera coupable*, de Roger Vailland, contre l'intervention américaine dans la guerre de Corée), cependant qu'apparaît avec Ionesco (*la Cantatrice chauve*, 1950 ; *les Chaises*, 1952) ou Samuel Beckett (*En attendant Godot*, 1953) une dramaturgie de l'absurde dont le succès se fonde sur sa dénonciation implicite du rationalisme et de l'optimisme ambiants. Les romans d'Albert Camus (*l'Étranger* dès 1942, *la Peste* en 1947) illustrent eux aussi ce sentiment de l'absurdité du réel mais expriment tout autant une réaction de révolte face à l'injustice et au mal, en une sorte d'humanisme désenchanté qui tend d'ailleurs à isoler leur auteur par rapport à l'affrontement franco-français de la guerre froide.

A gauche, l'intelligentsia communiste que dominent P. Daix, Paul Eluard ou surtout Louis Aragon, et qu'incarne la revue *Les Lettres Françaises*, s'élargit ainsi en une série d'auréoles concentriques où se mêlent les existentialistes (J.-P. Sartre et S. de Beauvoir), les chrétiens progressistes d'*Esprit* ou de grands noms de la résistance intellectuelle (Vercors). A droite, les adversaires du communisme, tels André Malraux, désormais gagné au gaullisme, ou encore le philosophe et sociologue libéral Raymond Aron, demeurent pour leur part nettement minoritaires. Entre les deux camps, point ou peu de place pour autre chose qu'une littérature ou une pensée de combat, et cela d'autant plus que la situation politique tend à s'obscurcir chaque jour un peu plus...

À partir de la rupture du tripartisme, la IVe République se trouve en effet menacée sur deux fronts, celui de l'opposition communiste d'une part, celui de l'opposition gaulliste d'autre part. La guerre froide conduit notamment à une vive radicalisation du parti communiste, que son secrétaire général, le populaire Maurice Thorez, fait camper sur des positions de violente critique à l'égard des gouvernements successifs comme à l'encontre de l'ensemble des autres forces politiques, tant sur le terrain de leur politique coloniale et étrangère que sur celui de leur politique économique et sociale. Disposant avec la CGT, que depuis la guerre il contrôle très largement, d'un puissant levier syndical, le PC entretient ainsi un climat de vive agitation sociale, en particulier à travers la très intense vague de grèves de 1947-48.

Pour sa part, l'opposition gaulliste prend la forme du RPF, le Rassemblement du peuple français, mouvement fondé par le général de Gaulle en avril 1947. Ouvertement hostile aux institutions de la IVe République, ce mouvement — qui entend ne pas constituer un « parti » — bénéficie de la grande popularité de son animateur comme de l'écho que trouvent dans le climat de guerre froide son anti-communisme et son exaltation de la grandeur nationale ; aussi connaît-il un véritable triomphe lors des élections municipales de l'automne 1947, au point de constituer une source de graves préoccupations pour les adversaires d'un retour du général de Gaulle au pouvoir.

De cette double pression résulte alors la constitution d'une coalition nouvelle significativement appelée « Troisième Force », qui regroupe face aux communistes et aux gaullistes la SFIO, le MRP, les radicaux, les membres de l'UDSR et les modérés du centre droit. Condamnés à vivre ensemble, les éléments de cette hétéroclite Troisième Force ne partagent en fait qu'un seul point commun véritable, leur volonté de défendre la IVe République en barrant la route à la fois au PCF et au RPF ; mais en revanche leurs divergences, notamment en matière économique et sociale, sont trop profondes pour assurer une quelconque stabilité gouvernementale, et de mai 1947 à février 1952 se succèdent ainsi en moins de cinq ans onze cabinets différents, le plus souvent dirigés par des hommes du MRP (Robert Schuman, Georges Bidault) ou par des radicaux (André Marie, le docteur Queuille).

En réalité, la fragilité politique de la Troisième Force condamne ses gouvernements à l'attentisme et à une certaine forme d'immobilisme, le moyen le plus sûr de se maintenir au pouvoir semblant résider dans l'absence d'initiatives et dans le parti pris du statu quo le plus large possible. Seule la sphère de la politique étrangère s'avère capable de souder les rangs de la coalition gouvernementale, unanime à soutenir la signature du traité de l'Atlantique Nord qui scelle l'alliance politique et militaire des États-Unis et des pays d'Europe occidentale (4 avril 1949), et de même homogène lorsqu'il s'agit de mener une politique de fermeté et d'emploi de la force dans les colonies, notamment en Indochine. La cohésion de la Troisième Force s'observe également sur le terrain de la construction européenne naissante, dont les premiers pas doivent beaucoup à l'action des Français Jean Monnet et Robert Schuman : ministre des Affaires étrangères, ce dernier lance en mai 1950 le « plan Schuman » qui conduit, par la signature le 18 avril 1951 du traité de Paris, à la mise en place de la Communauté européenne du charbon et de l'acier, ancêtre de la CEE.

Mais il n'en demeure pas moins que la Troisième Force s'enlise de plus en plus dans ses dissensions internes. Ayant remanié les mécanismes électoraux selon une procédure complexe qui tend à marginaliser ses adversaires, elle parvient certes à surmonter l'épreuve des élections législatives de juin 1951, qui font du RPF le premier parti de l'Assemblée mais permettent à la coalition gouvernementale de se maintenir en place. Son histoire tire pourtant à sa fin, tant s'impose le poids des querelles diverses qui paralysent l'action des gouvernements ; en janvier 1952, les socialistes font par exemple chuter le cabinet dirigé par René Pléven (UDSR), accusé de trop largement favoriser l'enseignement privé ; en février, les modérés obtiennent à leur tour la démission du radical Edgar Faure, qui avait cherché à satisfaire la SFIO en prévoyant une politique d'augmentation des salaires... Début 1952, il s'avère donc de plus en plus clair que la majorité de Troisième Force n'a plus les moyens de durer et, tirant les leçons de cette situation d'impasse et de blocage, le président de la République Vincent Auriol cherche alors des solutions de rechange susceptibles de sortir la IVe République de l'ornière dans laquelle elle s'enfonce peu à peu. En mars 1952, il fait ainsi appel à Antoine Pinay pour former un nouveau ministère soutenu par une majorité de centre droit, cependant que la SFIO gagne les rangs de l'opposition : c'est la fin de la Troisième Force.

Avec Pinay, c'est la droite conservatrice et libérale qui, pour la première fois depuis la Libération, revient au pouvoir. Ancien membre du Conseil national sous Vichy, le nouveau président du Conseil symbolise aux yeux de l'opinion la France des petits notables de province, celle des valeurs traditionnelles du travail, de l'épargne et du mérite individuel ; petit patron, maire de Saint-Chamond (près de Saint-Étienne), il se plaît à incarner le mythe du Français moyen au solide bon sens quotidien et à la banalité rassurante, et bénéficie rapidement d'une popularité fondée sur son image de modestie et de bonhomie tranquille... Outre le soutien dont il dispose ainsi, il peut de surcroît s'appuyer sur un climat politique apaisé, dans la mesure où en mai 1952 le général de Gaulle, après avoir constaté l'échec du RPF à le conduire au pouvoir, se retire officiellement de la vie politique. Certes, le mouvement gaulliste se maintient, sous la forme nouvelle de l'Union des républicains d'action sociale, mais désormais il rentre dans le rang, et soutient même le gouvernement Pinay.

Le président du Conseil a donc les mains libres pour mener une politique de rééquilibrage des pouvoirs au profit de l'exécutif, par exemple à travers l'usage des discours radiodiffusés qui permettent d'établir un rapport direct entre le chef du gouvernement et les Français. Il peut de même s'engager dans la voie du rétablissement de l'équilibre budgétaire et de la stabilisation monétaire, en particulier par le lancement d'un « emprunt Pinay » exonéré de droits de succession et indexé sur l'or, qui en drainant les liquidités réduit la masse monétaire en circulation et ralentit ainsi considérablement le rythme de l'inflation. Par ailleurs marquée par son immobilisme social et par sa nette hostilité à l'égard des syndicats, l'action du gouvernement trouve donc surtout grâce aux yeux des catégories les plus traditionnelles de la population, agriculteurs, artisans, commerçants, petits patrons, et un véritable « mythe Pinay » se développe peu à peu, dont les effets se feront sentir bien au-delà de la IVe République (de façon assez constante, et notamment lors de l'élection présidentielle de 1981, Valéry Giscard d'Estaing cherchera ainsi à se présenter comme une sorte d'héritier de Pinay, dont la personnalité semble pourtant se situer aux antipodes de la sienne).

Pourtant, en dépit de sa réelle popularité, Pinay tombe dès la fin décembre 1952, moins d'un an après son accession au pouvoir. Une fois de plus, ce sont des éléments de politique étrangère qui déterminent le devenir de la politique intérieure, à travers l'affaire de la CED, la Communauté européenne de défense. Signé le 27 mai 1952, le traité de création de la CED visait à mettre en place une véritable « armée européenne », dans la double perspective d'un avancement de la construction communautaire et, dans le cadre de la guerre froide, d'une possibilité détournée de permettre le réarmement de la RFA. Or le projet se transforme rapidement en une intense querelle franco-française qui divise profondément les milieux politiques. D'un côté, le MRP, tout particulièrement favorable à l'édification d'une Europe unie, soutient la CED ; de l'autre, communistes et gaullistes pour une fois en accord s'y opposent violemment, au nom de la défense de l'indépendance nationale ; entre ces deux pôles, toutes les autres forces politiques sont partagées... De ce fait, le débat sur la CED empoisonne bientôt la vie politique d'un régime qui n'en demandait pas tant, en coupant court à l'expérience Pinay et en faisant ressurgir paralysie et instabilité ; Pinay doit ainsi démissionner parce que les partisans de la CED lui reprochent de faire traîner la ratification du traité par le Parlement, puis son successeur Mayer (radical) tombe à son tour en mai 1953 parce qu'on lui fait grief de vouloir l'accélérer ! L'élection présidentielle de décembre 1953 pousse à son paroxysme cette crise qui discrédite le régime aux yeux de l'opinion ; il faut en effet treize tours de scrutin pour aboutir à la victoire du modéré René Coty, qui ne doit son élection qu'au fait qu'il a eu la prudence de ne jamais prendre clairement position pour ou contre la CED...

Ainsi plongée dans le malaise par la querelle de la CED, la majorité de centre droit n'aura donc pas les moyens de résister aux effets de la guerre d'Indochine. Celle-ci trouve ses racines dans la Seconde Guerre mondiale, quand le parti communiste indochinois, fondé en 1930 par Ho Chi Minh, a créé en 1941, pour lutter à la fois contre le Japon et contre la France, une Ligue pour l'indépendance du Viêt-nam communément désignée sous le terme de Viêt-Minh. Dès septembre 1945, le Viêt-Minh proclamait l'indépendance de la « République démocratique du Viêt-nam », mais il se heurta alors au refus d'une France persuadée qu'elle ne pourrait demeurer une grande puissance qu'en conservant ses colonies. Alors que les Français n'avaient longtemps éprouvé qu'un assez piètre intérêt pour leur empire colonial, les années 30 en effet avaient déjà vu se développer un large courant de mise en valeur de la grandeur que les colonies conféraient à la métropole, comme en attestèrent le très considérable succès de l'Exposition coloniale de 1931, qui draina plusieurs millions de visiteurs vers le bois de Vincennes, ou l'essor d'une « mode coloniale » au cinéma, dans la chanson, la littérature ou les arts décoratifs...

Aux lendemains de la Libération puis dans l'atmosphère de la guerre froide, bon nombre de responsables considéraient donc désormais que le maintien de l'Empire constituait une clef pour l'avenir du pays. Des efforts de conciliation devaient certes conduire en mars 1946 à la formation d'une

« Union française » dans le cadre de laquelle les colonies étaient appelées à jouir d'une certaine autonomie locale, mais en même temps l'armée durcissait son attitude, notamment à travers les dramatiques bombardements d'Haiphong, en novembre 1946. S'engage alors une véritable guerre de décolonisation, qui s'intensifie et s'élargit à partir de 1950, puisque les communistes chinois, au pouvoir depuis octobre 1949, soutiennent désormais le Viêt-Minh, cependant que les États-Unis apportent leur concours financier à la France afin d'empêcher une progression du communisme en Asie du Sud-Est... Or, malgré un rapport de force qui pouvait a priori lui sembler favorable, l'armée française ne parvient pas à maîtriser la guérilla des troupes commandées par le général Giap et, finalement, le gouvernement doit accepter l'organisation d'une conférence de négociations, prévue pour avril 1954.

Soucieux d'arriver en position de force à la table de négociations, l'état-major français décide alors d'engager une bataille décisive, en concentrant une large partie de ses troupes dans la cuvette de Diên Biên Phu afin d'y attirer et d'y écraser le Viet Minh. Mais le piège se retourne en fait contre ses auteurs, bientôt encerclés par les hommes du général Giap, et finalement les Français n'ont plus d'autre issue que de se rendre, le 7 mai 1954... Alors qu'auparavant la guerre d'Indochine n'avait suscité, hormis l'opposition des communistes, qu'une assez large indifférence dans l'opinion, le désastre militaire de Diên Biên Phu marque un traumatisme qui, dans la sphère politique, se traduit par la chute du gouvernement Laniel (il avait succédé au cabinet Mayer en juin 1953), début juin 1954. S'ouvre alors une expérience politique nouvelle, qui d'une certaine façon constitue le pendant de l'expérience Pinay, avec l'arrivée de Pierre Mendès France à la tête du gouvernement.

Malgré sa brièveté (juin 1954-février 1955), le passage de Mendès France au pouvoir revêt en effet une portée considérable, tant par les espoirs qu'il nourrit et par les signes de renouveau qu'il apporte que par son échec, lequel signifie pour une part non négligeable des Français l'échec du

Pierre Mendès France
(assis au centre)

régime lui-même. Bien qu'il ait déjà été député sous la IIIe République, sous-secrétaire d'État de Léon Blum à l'époque du Front populaire et ministre de l'Économie dans le gouvernement provisoire du général de Gaulle, ce membre de l'aile gauche du parti radical apparaît comme un homme neuf, pourvu d'une forte personnalité et porteur d'attitudes novatrices, en une synthèse de rigueur, de modernisme économique et de réformisme social et politique qui tranche sur les comportements de la plupart des hommes politiques du moment. Si Pinay incarnait la France traditionnelle et provinciale d'une droite conservatrice, Mendès France représente en quelque sorte l'« autre » France des années 50, celle qui rassemble des citadins, des étudiants, des cadres, des fonctionnaires férus de modernisation, celle d'une gauche libérale soucieuse de redonner de l'élan à l'action du régime. Ainsi, un peu d'ailleurs comme l'avait fait Pinay, le nouveau président du Conseil forme son ministère sans consulter les partis et sans se soucier des savants dosages habituellement

315

de mise en pareille circonstance, manifestant en cela sa claire volonté d'indépendance, et il s'efforce de restaurer l'autorité de l'exécutif en multipliant les occasions de contacts directs et personnels avec l'opinion, tout comme en imposant en novembre 1954 une réforme constitutionnelle qui tend à limiter les possibilités pour les parlementaires de contraindre le gouvernement à la démission.

Toutefois, le poids des circonstances oriente l'essentiel de son action vers les tentatives de résolution des problèmes coloniaux. Dès le 20 juillet 1954, la signature des accords de Genève met un terme à la guerre d'Indochine ; le Cambodge et le Laos deviennent des royaumes indépendants, et le Viêt-nam est divisé de part et d'autre du 17e parallèle, avec au nord le régime communiste de la République démocratique du Viêt-nam, et au sud le régime pro-occidental de l'empereur Bao-Daï. Par son discours de Carthage (août 1954), Mendès France ouvre par ailleurs la porte aux négociations avec les indépendantistes tunisiens du Néo-Destour, le mouvement animé par Bourguiba ; de cette première et décisive impulsion résultera l'accession de la Tunisie à l'indépendance en mars 1956, en même temps et pour les mêmes raisons que celle du Maroc. Si en revanche le gouvernement n'entend pas céder face aux revendications indépendantistes algériennes, la nomination du gaulliste Jacques Soustelle au poste de gouverneur général à Alger témoigne néanmoins d'une réelle volonté d'apaisement et de réformes...

Mais Mendès France se heurte rapidement à un vaste front de mécontents. D'une part, le MRP et les divers partisans de la CED le jugent responsable de l'échec définitif du projet, dans la mesure où il a pris le risque, retardé par tous ses devanciers, d'organiser en août 1954 le débat parlementaire sur la question, et où la conjonction des oppositions a conduit au rejet du principe d'une armée européenne. D'autre part, les conservateurs s'inquiètent des préoccupations sociales du gouvernement et de la relance dirigiste qu'il semble vouloir mettre en œuvre sur le terrain de l'économie. Par ailleurs, principalement mais non exclusivement à droite, l'on reproche au président du Conseil de « brader » les colonies : de là à l'accuser d'être un « mauvais Français », ne serait-ce que parce qu'il est juif, il n'y a qu'un pas, que les groupuscules d'extrême droite franchissent allègrement... Enfin, le style personnel de Mendès France et sa pratique du pouvoir lui gagnent l'hostilité de bon nombre d'hommes politiques de tous bords profondément attachés aux usages traditionnels de la République des partis... Début février 1955, cette hétérogène coalition des mécontents renverse donc le ministère, coupant encore davantage de l'opinion un régime dès lors condamné à fonctionner de plus en plus en vase clos. « Victime » des partis, Mendès France sera néanmoins à l'origine d'un courant mendésiste qui participera activement à la rénovation de la gauche non communiste sous la Ve République, et à l'instar de son anti alter ego Pinay il cristallisera une mythologie elle aussi appelée à de durables échos : en 1981, face à un Valéry Giscard d'Estaing se réclamant de l'héritage de Pinay, le candidat François Mitterrand se présentera pour sa part comme une sorte de fils spirituel de Mendès France, dont il fut d'ailleurs le ministre de l'Intérieur...

Dans l'immédiat, l'échec et le départ de Mendès France placent la IVe République dans une situation d'impasse généralisée. Le radical Edgar Faure, nouveau président du Conseil, se trouve ainsi confronté à un mouvement d'intense opposition au régime, le poujadisme, qui marque avec éclat la complète érosion de l'image des milieux politiques aux yeux d'une part croissante de l'opinion. Initialement, en 1954, le phénomène poujadiste semble ne constituer rien d'autre qu'une protestation antifiscale animée par un petit papetier rural du Lot, Pierre Poujade. Mais la fronde poujadiste prend rapidement une ampleur grandissante, en rassemblant principalement des petits commerçants et artisans, mais aussi des agriculteurs et des membres des classes moyennes urbaines, autour de thèmes sommaires qui reprennent les mots d'ordre traditionnels de l'extrême droite populiste : défense des « petits » contre les « gros », antiparlementarisme virulent et appel à un pouvoir fort, antiintellectualisme, nationalisme exacerbé, xénophobie ouverte et antisémitisme plus ou moins latent, etc. Réaction de dépit face à ce qui est ressenti comme l'effacement de la France (traumatisme de Diên Biên Phu puis perte de l'Indochine, difficultés en Algérie...), réaction d'angoisse des laissés pour compte de la croissance et de la modernisation économiques, qui redoutent une marginalisation accrue, le mouvement poujadiste constitue également le signe d'une désaffection croissante à l'égard d'un régime auquel on n'accorde plus confiance. L'extrême violence de son discours protestataire et le succès qu'il semble connaître dans une fraction non négligeable de l'opinion illustrent ainsi la crise des institutions politiques de la IVe République. Début décembre 1955, E. Faure réagit en prononçant la dissolution de l'Assemblée, et annonce la tenue d'élections législatives anticipées pour janvier 1956, dans l'espoir qu'elles permettront de dégager une majorité politique assez nette et assez solide pour donner les mains libres au pouvoir.

Marquées par un climat confus et souvent fort tendu, ces législatives de janvier 1956 se soldent en fait par un incontestable succès poujadiste. Regroupés au sein d'une « Union de défense des commerçants et des artisans », les candidats poujadistes obtiennent en effet près de 12 % des suffrages et envoient 52 députés à la Chambre (parmi eux, le futur responsable du Front national, Jean-Marie Le Pen). Mais la victoire n'en revient pas moins à une nouvelle coalition formée pour la circonstance, celle d'un « Front républicain » qui rassemble, derrière Mendès France, la SFIO et les ailes gauches du parti radical, de l'UDSR et des gaullistes de l'Action républicaine et sociale. Pourtant, les suites mêmes de cette victoire révèlent une fois de plus la dérive qui sépare le régime de l'opinion. En effet, alors qu'une large part de l'électorat du Front républicain aspire à un retour de Mendès France à la tête du gouvernement, la coalition qui vient de l'emporter se trouve dominée par le poids électoral des 96 élus de la SFIO : dès lors, en conformité avec les traditions, le président Coty appelle donc le socialiste Guy Mollet à la présidence du Conseil.

Alors que la flambée poujadiste s'éteint assez rapidement, diluée par son insertion toute récente dans les sphères d'une représentation parlementaire à laquelle ses animateurs ne sont guère adaptés, le gouvernement Guy Mollet s'efforce de mener une politique réformiste qui se marque notamment par la mise en place d'une troisième semaine de congés payés, la réduction des frais de santé grâce à l'extension du système de la Sécurité sociale, une active incitation, notamment par l'intermédiaire des entreprises nationalisées, à l'augmentation des salaires, ou encore la création d'une taxe sur les automobiles (la « vignette auto ») destinée à financer la retraite des personnes âgées... En outre, c'est à lui qu'échoit, au terme d'un processus engagé bien antérieurement, le tournant majeur que représente, le 25 mars 1957, la signature du traité de Rome qui crée la Communauté économique européenne, alors composée, outre la France, de la RFA, de l'Italie, de la Belgique, des Pays-Bas et du Luxembourg.

Face aux difficultés dans les colonies, une politique de conciliation se traduit par la reconnaissance de l'indépendance de la Tunisie et du Maroc en mars 1956, ainsi que par la loi-cadre de mars 1956 qui, préparée par Gaston Defferre, ministre de la France d'Outre-Mer, prévoit l'octroi progressif de l'autonomie politique aux colonies d'Afrique noire. Mais ces efforts d'apaisement se heurtent très rapidement au poids de plus en plus considérable de la guerre d'Algérie, qui va conduire la IVe République à sa chute.

La crise algérienne et la naissance de la Ve République

Si les Français n'ont éprouvé qu'une sorte de vague indifférence à l'égard de la guerre d'Indochine, s'ils acceptent sans difficultés majeures la perte de la Tunisie et du Maroc, le cas de l'Algérie revêt en revanche une tout autre importance aux yeux de l'opinion comme dans l'esprit de la plupart des responsables politiques. En effet, à l'heure où partout s'effondrent les empires coloniaux, l'Algérie n'est pas perçue comme une simple colonie, mais elle est bien au contraire considérée comme une partie intégrante du territoire français, d'une part en raison de l'ancienneté de sa colonisation — 1830... —, d'autre part et surtout parce que la présence de colons métropolitains, les « pieds-noirs », y est beaucoup plus massive que partout ailleurs. Aussi le processus de décolonisation y prendra-t-il un aspect particulièrement dramatique, connaissant en cela de considérables retombées sur la vie politique intérieure.

La guerre et le retour du général de Gaulle

Après une première insurrection dès 1945, dans le Constantinois, les troubles véritables débutent en 1954, quand de jeunes militants nationalistes fondent un nouveau mouvement, le Front de libération nationale (FLN), qui préconise la lutte armée contre l'occupant français. Début novembre, les attentats et les violences de la « Toussaint rouge » scellent l'acte de naissance de la guerre d'Algérie ; certes, le gouverneur général nommé par Mendès France, Jacques Soustelle, cherche à promouvoir un programme de réformes visant à réduire les archaïsmes et les déséquilibres du système colonial, mais il se heurte au maximalisme d'un FLN hostile à toute perspective d'intégration et d'apaisement. Décidé à créer un choc qui rendra impossible toute solution de compromis, il organise ainsi en août 1955 de sanglantes émeutes dans le Constantinois ; une centaine de colons sont alors massacrés, et les pieds-noirs réagissent à leur tour par une vague de violence qui se solde par environ un millier de victimes au sein de la population dite « musulmane ». Le bain de sang qui sépare désormais les deux communautés rend l'escalade inévitable et Soustelle, abandonnant ses visées réformistes, ne se consacre plus qu'à la lutte contre le FLN.

A partir de 1956, avec la formation du cabinet Guy Mollet, le conflit s'intensifie de manière de plus en plus radicale. En effet, contrairement au programme électoral du Front républicain, le président du Conseil, sous la pression des colons et du lobby colonial, opte pour le durcissement en nommant un gouverneur général partisan de la plus extrême fermeté, Robert Lacoste, et en définissant sa politique algérienne par la formule « Cessez le feu, élections, négociations », signifiant par là que la France n'acceptera de négocier qu'avec des représentants algériens élus, une fois seulement que le FLN aura déposé les armes. Dès mars 1956, le gouvernement obtient le vote des pouvoirs spéciaux en Algérie, bénéficiant ainsi d'une complète liberté d'action, en dehors de tout contrôle parlementaire, dans sa gestion du dossier algérien. Et en octobre 1956, lors de l'« affaire Ben Bella », Guy Mollet soutient une initiative de l'armée, qui a pris sur elle de détourner un avion dans lequel voyageaient Ben Bella et plusieurs autres dirigeants du FLN aussitôt arrêtés.

L'heure n'est décidément plus aux pourparlers, mais à la guerre ouverte, au point que bientôt l'intensité des combats nécessite l'envoi en Algérie des appelés du contingent, qui n'avaient pas été sollicités lors de la guerre d'Indochine. Pour des officiers souvent profondément traumatisés par le désastre de Diên Biên Phu et persuadés d'avoir à défendre la grandeur même de la France, voire celle de l'Occident, face à une subversion qu'ils estiment manipulée par le bloc communiste, cette guerre est en effet perçue comme un enjeu décisif. S'engageant dès lors dans une constante surenchère qui se nourrit de l'engrenage de la violence réciproque, l'armée n'hésite pas à mener de véritables batailles de rue pour briser net l'action du FLN : de janvier à septembre 1957, les parachutistes du général Massu jettent ainsi leurs forces dans une terrible « bataille d'Alger » que marquent notamment, du côté du FLN, la multiplication des attentats aveugles, et, du côté français, l'usage de la torture...

Pourtant, la France ne parvient pas à venir à bout du FLN, et son armée s'enlise peu à peu dans une impasse militaire dont l'issue paraît lointaine. Or la guerre provoque de multiples difficultés, en compromettant l'image du pays aux yeux de l'opinion internationale, en détériorant sa situation financière et économique, mais plus encore en suscitant de profonds clivages intérieurs et en paralysant totalement la vie politique. Des voix prestigieuses et de plus en plus nombreuses se lèvent pour demander la cessation des hostilités, soit au nom du réalisme (Raymond Aron), soit en vertu de positions tiers-mondistes en elles-mêmes favorables à l'indépendance algérienne (Jean-Paul Sartre), soit encore en raison de l'horreur éprouvée à la découverte de la torture (François Mauriac), et la guerre d'Algérie se transforme progressivement en un nouveau conflit franco-français opposant les adversaires de la guerre aux partisans de l'Algérie française.

Le drame algérien brouille ainsi les cartes — déjà confuses... — de la vie politique, notamment dans la mesure où il contribue à un certain éclatement des cadres et des clivages traditionnels : par exemple, en ce qui concerne les tenants de l'Algérie française, un mouvement tel que l'Union pour le salut et le renouveau de l'Algérie française regroupe à la fois des radicaux (Morice), des gaullistes (Soustelle), des membres du MRP (Bidault) et des modérés (Duchet)... Le Front républicain lui-même se divise et, après que Mendès France a démissionné du gouvernement en mai 1956 pour protester contre la politique algérienne de Guy Mollet, ce dernier tombe en mai 1957. Lui succèdent des ministres appuyés sur le parti radical et le MRP, avec Bourgès-Maunoury puis Félix Gaillard, mais aucun d'entre eux ne dispose d'une autorité suffisante pour faire face à la situation... Au total, parce qu'elle met à nu les carences institutionnelles du régime et cristallise tous ses problèmes latents, la guerre d'Algérie débouche ainsi sur une complète crise de la IVe République, dont elle va en ce sens accélérer la mort.

En effet, la paralysie des institutions et le désarroi des partis politiques laissent de plus en plus le champ libre à des forces qui entendent utiliser la guerre pour précipiter la chute du régime. L'on assiste ainsi à un sensible regain d'activisme de la part des groupes d'extrême droite, tels « Jeune nation » en métropole ou « Algérie française » en Algérie ; convaincus que la guerre se joue d'abord à Paris, en ce sens qu'elle ne pourra être gagnée qu'au prix d'un changement de régime, ces mouvements préparent une multitude de complots avortés qui, s'ils ne présentent guère de danger en eux-mêmes, n'en contribuent pas moins à accroître la tension ambiante.

Mais, surtout, les problèmes de l'heure permettent aux gaullistes d'opérer un retour en force aussi efficace que discret, de part et d'autre de la Méditerranée. Retiré de la vie publique depuis sa décision de dissoudre le RPF, le général de Gaulle a su bénéficier de l'écho rencontré par la publication de ses *Mémoires* pour renforcer son image d'ultime recours en cas de crise grave et, grâce à Jacques Chaban-Delmas, ministre de l'Intérieur, il est parfaitement informé de l'évolution de la situation. Chez les partisans de l'Algérie française comme chez ceux qui redoutent un effondrement politique porteur de chaos et d'anarchie, l'idée d'un appel à l'homme providentiel du 18 juin se fait peu à peu jour, habilement favorisée par une propagande d'autant plus porteuse d'effets qu'elle sait jouer sur les silences et les sous-entendus aussi bien que sur les déclarations explicites...

Or, le 13 mai 1958, le MRP Pierre Pflimlin doit solliciter l'investiture des députés pour constituer un nouveau ministère après la chute de Félix Gaillard. Mais, parce que Pflimlin passe pour être partisan des négociations en Algérie, les activistes d'Alger organisent au même moment une vaste manifestation qui, avec la complicité de l'armée, se transforme bientôt en une véritable émeute insurrectionnelle et conduit à la formation d'un « Comité de salut public de l'Algérie française » dirigé par les généraux Salan et Massu. Dans une atmosphère particulièrement enfiévrée, les gaullistes algérois parviennent sans difficultés à convaincre les insurgés de faire appel à de Gaulle et, le 15 mai, Salan et Massu déclarent officiellement qu'il représente la seule personnalité dont ils soient désormais prêts à reconnaître l'autorité.

Face à ce qu'il faut bien appeler le coup de force, le gouvernement légal de P. Pflimlin, totalement dépassé par la tournure que prennent les événements, demeure impuissant. Le 20 mai, le ralliement de la Corse aux insurgés laisse planer la menace d'un débarquement militaire contre la métropole, et tous redoutent une véritable guerre civile... De Gaulle, qui n'a rien fait pour susciter l'insurrection, mais qui n'a rien fait non plus pour l'empêcher, sait alors porter à son plus haut degré son art consommé de la parole pour se présenter à la fois comme le seul recours possible, comme le garant des libertés publiques et comme le sauveur seul à même d'éviter l'embrasement, ce qui n'est d'ailleurs sans doute pas faux.

Finalement, le président Coty n'a plus d'autre choix que celui de céder à la pression des événements, et il appelle le général de Gaulle au pouvoir. Au terme des années de « traversée du désert » qui l'auront pour un temps écarté des responsabilités suprêmes, celui-ci constitue un cabinet qui reçoit l'investiture de l'Assemblée le 1er juin ; dès le 2, il obtient le vote des pleins pouvoirs ; le 3 enfin, il se voit accordé par les parlementaires le droit de réviser la Constitution. Comme la IIIe République l'avait fait en juillet 1940, la IVe République, minée de l'intérieur, s'est sabordée en l'espace de quelques jours à peine.

L'installation de la Ve République

Si le régime qui s'était mis en place à la Libération s'éteint dans une relative indifférence, le retour du général de Gaulle semble en revanche rallier une nette majorité des Français ; ainsi, selon un sondage effectué en juin 1958, 61 % d'entre eux lui font confiance pour restaurer l'unité nationale, 68 % pour résoudre le problème algérien, et 67 % pour rétablir la position internationale de la France... C'est dire à quel point le nouveau chef du gouvernement bénéficie d'une large popularité, qu'expliquent des paramètres affectifs et que renforce le caractère exceptionnel de la situation de crise née du 13 mai ; aussi de Gaulle pourra-t-il, tout en s'attachant à régler la question algérienne, mettre facilement en place le régime fort qu'il réclamait dès juin 1946 dans son discours de Bayeux.

Présenté le 1er juin, le cabinet de Gaulle semble pourtant devoir rassurer les partis politiques, dans la mesure en effet où, hormis le parti communiste et l'extrême droite, tous y sont représentés, par exemple avec le socialiste Guy Mollet, le MRP Pflimlin, ou encore le conservateur indépendant Pinay aux Finances. Toutefois, un premier infléchissement se marque dans le fait que nombre de ministères clefs sont en fait détenus par des « techniciens » davantage que par des hommes politiques traditionnels : ainsi du préfet Pelletier à l'Intérieur, ou du diplomate Couve de Murville aux Affaires étrangères. Un premier pas se trouve ainsi franchi dans la lutte contre la prépondérance des partis...

Le second pas, plus décisif, résulte du projet constitutionnel élaboré sous la direction du garde des Sceaux, Michel Debré. Présenté aux Français par le général de Gaulle le 4 septembre, ce texte maintient bien évidemment un régime parlementaire, mais il vise à renforcer l'autorité de l'État en dotant notamment le président de la République de pouvoirs considérablement accrus. Et, radicalisant en quelque sorte sa démarche de marginalisation des partis, de Gaulle annonce que le projet sera soumis à l'arbitrage de l'ensemble des électeurs par voie référendaire, et non à une simple ratification parlementaire.

Bien rares sont alors ceux qui s'opposent à la nouvelle Constitution proposée : les communistes, une minorité socialiste qui, en rupture de ban avec la vieille SFIO, a formé le parti socialiste autonome, Pierre Mendès France et quelques radicaux, François Mitterrand et quelques membres de l'UDSR, et, dans une tout autre direction, les poujadistes et l'extrême droite... Face à ce noyau de réfractaires qui, pour sa composante majoritaire de gauche, dénonce les risques d'une dérive autoritaire, la plus grande partie des milieux politiques appelle en revanche à voter en faveur du projet, soit par adhésion authentique, soit pour ne pas se trouver en porte-à-faux par rapport à une opinion largement gagnée aux vues du général de Gaulle. De ce fait, lors du référendum du 28 septembre 1958, environ 80 % des votants approuvent le texte qui leur est soumis (en octobre 1946, la Constitution de la IVe République n'avait recueilli pour sa part que 53 % d'assentiments...).

Désormais dotée d'une assise constitutionnelle, promulguée le 5 octobre, la Ve République se donne également une majorité politique nouvelle, large et orientée à droite. Organisées au scrutin majoritaire d'arrondissement et non plus, comme sous la IV⁵ République, au scrutin proportionnel, les élections législatives de la fin novembre consacrent en effet la nette victoire des indépendants, représentants de la droite libérale traditionnelle, et plus encore celle des gaullistes réunis au sein d'une nouvelle formation, l'Union pour la nouvelle république (UNR). Faute d'avoir pu ou su s'adapter au raz de marée gaulliste, les autres forces politiques sont en revanche laminées : si l'UNR obtient 198 sièges, et les indépendants 133, le MRP n'en conserve que 57, la SFIO 44, les radicaux 23, et le parti communiste seulement 10...

Enfin, l'élection présidentielle marque la dernière étape de l'accouchement de la République gaullienne : le 21 décembre 1958, le général de Gaulle est aisément et largement élu par près de 80 % des députés et sénateurs. Puis, début janvier 1959, il nomme Michel Debré « Premier ministre » (et non plus « président du Conseil »...) ; la V⁵ République est pourvue d'une Constitution, d'une majorité que le nouveau mode de scrutin a rendue stable, d'un président et d'un Premier ministre : elle est installée.

Le règlement de la question coloniale et le renforcement de la République gaullienne

Dès son avènement, et en continuité par rapport aux initiatives prises antérieurement, la V⁵ République naissante mène une politique de décolonisation pacifique en Afrique noire. La loi Defferre de 1956 avait déjà mis en place une ébauche de vie politique autonome dans les colonies africaines, et dès 1958 de Gaulle leur propose de choisir entre l'indépendance immédiate et un calendrier plus progressif. Seule la Guinée de Sékou Touré opte pour la première solution, tandis que toutes les autres colonies s'engagent alors dans la voie de la coopération et de la transition négociée vers l'indépendance. Au terme de cette première étape, Madagascar et la totalité des anciennes colonies françaises de l'Afrique-Équatoriale et de l'Afrique-Occidentale accèdent à l'indépendance entre janvier et juillet 1960, tout en conservant des liens étroits avec la France.

Alger, 1960 :
la semaine des barricades

Mais le dossier essentiel reste bien sûr celui de l'Algérie... Or de ce point de vue, si ce sont bien les colons et l'armée qui, avec l'insurrection du 13 mai, l'ont ramené au pouvoir, de Gaulle évolue cependant peu à peu vers des positions d'acceptation résignée de l'indépendance algérienne, dans la mesure où il prend progressivement conscience du fait que la France n'a rien à gagner dans une guerre coloniale à l'issue aléatoire, et qu'en revanche elle a davantage intérêt à s'orienter vers sa modernisation intérieure. Ainsi, après avoir d'abord savamment dosé les déclarations plus ou moins ambiguës (se rendant à Alger dès juin 1958 pour y ramener le calme, il lance à la foule des colons un tonitruant « Je vous ai compris ! » qui permet tous les espoirs aux pieds-noirs...), il admet dès septembre 1959 le droit de l'Algérie à l'« autodétermination ». Puis, sous le poids de l'action du FLN, du désaveu de l'opinion internationale et de l'opposition croissante à la guerre en métropole, il évoque en mars

1960 la possibilité d'une « Algérie algérienne » et engage avec le FLN des négociations qui sont rendues publiques à partir de mars 1961.

Mais ce cheminement vers l'indépendance suscite de très vives oppositions de la part des partisans de l'Algérie française, dont la violence se radicalise alors de plus en plus. En janvier 1960, lors de la « semaine des barricades », de graves émeutes secouent Alger ; puis, en avril 1961, le « putsch des généraux » (Challe, Salan, Jouhaud et Zeller), par lequel les généraux rebelles tentent de s'emparer du pouvoir en Algérie, ne doit son échec qu'au refus des soldats du contingent de suivre leurs officiers... Dès lors, les mécontents se regroupent au sein d'un mouvement armé d'extrême droite, l'OAS, Organisation armée secrète, qui joue la politique du pire et multiplie les exécutions et violences, échouant même de peu dans une tentative d'assassinat du président de la République lors de l'attentat du Petit-Clamart (août 1962).

Cette escalade n'entrave pourtant pas un processus désormais inéluctable, malgré la multiplication des incidents dramatiques, comme la manifestation des Algériens de Paris en octobre 1961, qui se heurte à une répression faisant sans doute plusieurs centaines de victimes, ou encore, en février 1962, la manifestation de dénonciation des crimes de l'OAS qui se solde par huit morts à la station de métro Charonne... Les négociations se poursuivent envers et contre tout et, le 18 mars 1962, elles s'achèvent par la signature des accords d'Évian, qui reconnaissent officiellement l'indépendance de l'Algérie. Après que la population française, à près de 90 %, a approuvé ces accords par le référendum du 1er juillet, l'indépendance de l'Algérie prend effet à compter du 3 juillet : c'est la fin de l'empire colonial français, marquée dès l'été 1962 par le retour des pieds-noirs en métropole...

Sans doute fallait-il un de Gaulle, dont le charisme personnel permettait aux Français de croire encore à la grandeur de leur pays, pour faire accepter une décolonisation en tout état de cause nécessaire. D'ailleurs, en dépit du climat d'extrême tension qui a enveloppé les derniers feux de la guerre d'Algérie, il s'avère que le règlement de la question coloniale n'a fait que renforcer la popularité du général auprès de la majeure partie de l'opinion. Le chef de l'État a donc les mains libres pour infléchir peu à peu le régime, en réduisant le gouvernement à un modeste rôle de simple agent d'exécution, et le Parlement à un rôle plus modeste encore de simple chambre d'enregistrement... Certes, une telle évolution dans la pratique du pouvoir ne peut que profondément heurter les partis traditionnels ; les socialistes quittent ainsi le gouvernement dès la fin 1958, suivis au printemps 1959 par les radicaux ; quant au MRP, qui reproche notamment au général sa méfiance à l'égard de la construction européenne, il rejoint à son tour l'opposition en mai 1962.

Mais, face à la fronde des parlementaires et des partis, de Gaulle refuse de transiger et radicalise bien au contraire ses positions, nommant ainsi Premier ministre en avril 1962 un homme dénué de tout passé parlementaire, Georges Pompidou. Puis, le 12 septembre, il annonce la tenue d'un référendum portant sur l'élection du président de la République au suffrage universel direct, afin d'accroître encore plus la légitimité d'un pouvoir qui résulterait ainsi directement du peuple en court-circuitant la médiation parlementaire. En octobre, l'Assemblée réplique en renversant le gouvernement Pompidou, mais de Gaulle prononce alors immédiatement sa dissolution et convoque des élections législatives anticipées. Le 28 octobre, le référendum constitutionnel oppose ainsi au président de la République et à l'UNR un très large « cartel des non » formé de la totalité des partis politiques ; pourtant, le projet de réforme constitutionnelle est approuvé par 62 % des suffrages, marquant ainsi un net succès pour le pouvoir gaullien. Peu après, les élections de novembre confirment à leur tour la forte suprématie gaulliste puisque, avec 233 élus, l'UNR frôle la majorité absolue, qu'elle obtient grâce au soutien des républicains indépendants, nouveau parti libéral animé notamment par Valéry Giscard d'Estaing. Fort de la révision constitutionnelle et de la pratique politique que lui permet une large majorité à l'Assemblée, le général de Gaulle apparaît bien alors comme le seul maître de la situation...

En effet, la Constitution de la Ve République constitue en quelque sorte un cadre taillé sur mesure pour le chef de l'État. Elle s'inspire essentiellement de deux principes classiques, d'une part celui de l'affirmation d'un régime parlementaire, et d'autre part celui de la mise en avant de l'autorité de l'État dans le cadre de la séparation des pouvoirs. A priori, selon celui des deux principes qui se trouvera privilégié, l'on peut donc s'acheminer soit vers un régime de type présidentiel, soit vers un régime d'assemblée ; mais en réalité le texte de 1958 oriente nettement la Ve République vers la première de ces deux voies.

Ainsi, la Constitution insiste largement sur le rôle du chef de l'État, qui dispose de pouvoirs étendus ; outre celui, traditionnel, de nommer le chef du gouvernement, il peut dissoudre l'Assemblée nationale (au plus tôt un an après son élection), consulter le pays par référendum en ce qui concerne l'organisation des pouvoirs publics ou la ratification d'un traité (article 11), et obtenir les pleins pouvoirs en cas de menace sur les institutions ou sur l'indépendance nationale (article 16). De plus, avec la réforme d'octobre 1962, il est élu pour sept ans au suffrage universel direct et devient, grâce à cette légitimation populaire, une sorte de « monarque républicain »... A l'inverse, le Parlement ne jouit pour sa part que de prérogatives strictement limitées. Élue pour cinq ans au scrutin uninominal majoritaire à deux tours, l'Assemblée nationale est placée sous tutelle et, confinée dans sa fonction législative et budgétaire, elle perd le contrôle de son ordre du jour et ne peut renverser le gouvernement que par une motion de censure rassemblant la majorité absolue de tous les députés (et non plus des seuls députés votants). Pour sa part le Sénat, dont les membres sont élus au suffrage universel indirect par les élus locaux, ne dispose que d'un simple rôle de confirmation des lois. Aux côtés du Parlement, la Constitution crée un nouvel organisme, le Conseil constitutionnel. Composé de neuf membres désignés pour neuf ans, trois par le président de la République, trois par le président de l'Assemblée nationale, trois par le président du Sénat, auxquels peut s'ajouter, de droit, tout ancien président

De Gaulle et la nation. Les voyages en province
(ici, à Lille, avec les mineurs du Nord-Pas-de-Calais)

de la République qui le souhaiterait, ce Conseil a pour mission de contrôler la bonne tenue des élections et de veiller à la constitutionnalité des lois ; par là-même s'affirme implicitement le fait que la Constitution prime sur les décisions du pouvoir exécutif et des parlementaires...

De surcroît, parallèlement au texte même, la pratique institutionnelle renforce encore davantage la personnalisation du pouvoir et la fonction dominante du président de la République. D'une part le gouvernement, bien que responsable devant l'Assemblée, se contente d'appliquer les directives du chef de l'État qui, entouré de conseillers non intégrés aux cadres ministériels, prend seul la plupart des décisions importantes. D'ailleurs, tandis que le personnel politique des IIIe et IVe Républiques se constituait notamment de médecins, d'avocats, de professeurs, etc, l'on assiste sous la Ve République à une montée en force des « experts », « techniciens » et hauts fonctionnaires issus de l'École nationale d'administration. D'autre part, Assemblée et Sénat sont étroitement mis à l'écart ; les « élus-godillots » doivent se contenter d'entériner les initiatives émanant de l'Élysée, et de Gaulle multiplie les occasions de contacts directs avec le pays sans passer par le traditionnel relais parlementaire, tant par ses fréquents voyages en province que par ses nombreuses allocutions radio-télévisées, ou encore par l'usage systématique du référendum. Alors que les présidents de la IIIe ou de la IVe République se bornaient, selon la formule consacrée, à « inaugurer les chrysanthèmes », le président de la Ve République assume donc la fonction essentielle de clef de voûte de tout l'édifice politique. La France des années 60 sera bel et bien une France « gaullienne »...

La France gaullienne, de l'apogée à la remise en question

Si l'économie française avait d'abord construit sa croissance dans un cadre de relatif repli sur elle-même, la fin des années 50 et le début des années 60 constituent à cet égard un tournant décisif, dans la mesure où l'ouverture internationale devient alors au contraire un moteur capital de l'expansion. Le traité de Rome de mars 1957, qui prend effet à compter du 1er janvier 1959, conduit ainsi la France à ouvrir de plus en plus largement ses frontières à ses partenaires européens, en un processus régulier qui se traduit finalement par la disparition intégrale des tarifs douaniers à l'intérieur de la CEE à partir de juillet 1968. Dans le même temps, le choix de l'ouverture se matérialise également par une politique de libre-échange de plus en plus sensible vis-à-vis du reste du monde, en conformité avec les principes définis dès 1947 par les accords du GATT. Par conséquent, au moment même où la France se trouve, certes à son corps défendant, « allégée » du poids que représentaient pour elle ses colonies, elle bénéficie de l'impulsion que représentent l'accession à des marchés dynamiques et le développement d'une concurrence stimulante. De mieux en mieux intégrée aux circuits économiques internationaux, elle peut donc participer davantage à la croissance mondiale, en jouissant notamment du mouvement tendanciel de baisse des cours des matières premières qu'elle importe, tout comme en attirant des capitaux étrangers dont la pénétration est quintuplée entre 1960 et 1970...

L'âge d'or de l'expansion

Cependant que l'arrivée de plus en plus massive de travailleurs immigrés, le développement de l'activité professionnelle des femmes et l'arrivée sur le marché du travail des premières générations nombreuses du baby boom se conjuguent pour nourrir un accroissement régulier du nombre des actifs, l'effort d'investissement atteint donc des sommets jusqu'alors inconnus, en s'élevant à plus de 23 % du produit intérieur brut vers le milieu des années 60 et en progressant de plus de 7,5 % par an en moyenne. Portée par cet élan décisif, l'économie française connaît alors la plus forte croissance de toute son histoire et, si son expansion demeure toujours beaucoup moins rapide que celle du Japon (10,5 % par an), elle affiche pour les années 60 un taux de croissance annuelle moyen de 5,5 %, dépassant même alors sa voisine allemande (4,8 %) et s'affirmant ainsi comme l'une des championnes de la croissance occidentale...

Au total, la part de l'industrie dans la formation du produit intérieur brut passe d'environ 20 % dans les années 50 à plus de 25 % à la fin des années 60, au terme d'un élan industriel sans précédent : par exemple, la production de biens d'équipement s'élève d'une base 100 en 1952 à un indice 416 en 1972 ! De nombreuses réalisations prestigieuses, dont la mise en chantier date de la IVe République, symbolisent ainsi d'année en année la marche triomphante du progrès économique : centre nucléaire de Cadarache en 1963, aéroport d'Orly et tunnel du Mont-Blanc en 1965, usine marémotrice de la Rance en 1966, succès de l'avion « Caravelle » et du paquebot *France*, etc...

Car, malgré des choix parfois hasardeux et peu pertinents, comme par exemple dans le domaine de la production d'ordinateurs, où l'État commet l'erreur de ne pas soutenir le constructeur français Bull absorbé par la firme américaine Honeywell, puis lance alors en 1966 un « plan Calcul » marqué par la naissance de la Compagnie internationale pour l'informatique, qui connaîtra en fait de telles difficultés qu'en 1975 elle sera à son tour absorbée par Honeywell-Bull, l'action des pouvoirs publics continue à contribuer à la croissance. La planification, dont le général de Gaulle fait une « ardente obligation », s'emploie désormais à favoriser l'adaptation de l'économie française aux impératifs de l'ouverture internationale, et le gouvernement s'efforce en particulier de promouvoir une dynamique de concentration susceptible de doter la France du plus grand nombre possible de groupes de dimension internationale, poussant par exemple au regroupement de l'ensemble de la sidérurgie autour de trois pôles, Usinor, Sacilor et Creusot-Loire.

En outre, l'action des pouvoirs publics se traduit par la volonté de corriger les déséquilibres de l'espace français, en une politique d'aménagement du territoire que traduit notamment la création de la DATAR, Délégation à l'aménagement du territoire et à l'action régionale, en 1963. L'interventionnisme de l'État vise ainsi à décongestionner la région parisienne, à industrialiser les régions rurales (l'Ouest en particulier), à aider à la modernisation et à la reconversion de régions industrielles traditionnelles (Nord-Pas-de-Calais) ou à valoriser le potentiel du littoral en y favorisant par exemple la création de vastes complexes pétrochimiques ou sidérurgiques (Fos-sur-Mer, Dunkerque). Notamment à travers l'action de Georges Pompidou, l'État gaullien entend ainsi se faire le champion et le moteur de la modernisation, entraînant dans son sillage des pans entiers d'une société à qui le choix n'est pas vraiment laissé : « quand le chien de garde se fait lévrier, ceux qui se sont toujours cramponnés à la laisse doivent apprendre à courir » (S. Hoffmann)...

Ainsi, la France semble surmonter sans difficultés majeures le choc de l'internationalisation, puisque les exportations constituent même désormais l'un des piliers de sa croissance, en progressant de 12 % par an en moyenne dans les années 60. Et surtout, l'expansion des années 60 s'accompagne d'une modernisation structurelle de plus en plus sensible : de la fin des années 50 au début des années 70, la part des actifs du secteur primaire chute de 22,1 à 10,9 % du total, cependant que celle des actifs du secondaire progresse de 35,2 à 37,8 %, et que celle des actifs du tertiaire s'élève de 42,7 à 51,3 %.

Traversé par une véritable révolution agricole, le monde des campagnes se transforme profondément. L'exode se traduit par le déclin des petites exploitations de polyculture familiale et par l'essor d'une concentration systématiquement favorisée par les pouvoirs publics (lois d'orientation agricole de 1960 et de 1962), les agriculteurs deviennent de véritables entrepreneurs mieux intégrés aux circuits commerciaux, et leur productivité progresse plus rapidement encore que celle de l'ensemble des actifs... La « révolution silencieuse » de l'agriculture française se traduit ainsi par un doublement de la productivité entre la fin des années 50 et la fin des années 60, grâce à la mécanisation, au recours massif aux engrais chimiques, au permanent progrès des recherches biogénétiques, à l'amélioration de la compétence des hommes et à la rationalisation du cadastre rural (opérations de remembrement). L'on commence déjà à évoquer la « fin des paysans », à l'heure où le modèle américain fascine une France qui semble emportée par le tourbillon de la prospérité. Certes, des conflits sociaux parfois fort intenses viennent troubler l'euphorie ambiante, comme par exemple lors de la grande grève des mineurs de charbon, en 1963. Certes encore, les disparités sociales continuent à se creuser ; ainsi, de 1958 à 1967, le pouvoir d'achat du salaire minimum n'augmente que de 6 %, quand celui du salaire moyen augmente pour sa part de 32 %. Mais, globalement, le niveau de vie des Français s'élève progressivement.

Facilité par le crédit à la consommation, désormais mieux admis, l'équipement des ménages progresse à grands pas ; la consommation des particuliers, calculée en francs constants, passe d'une base 100 en 1958 à un indice 130 dès 1965, et les symboles de l'enrichissement général se font de plus en plus visibles : si environ 30 % des ménages possédaient une automobile à la fin des années 50, ils sont plus de 60 % en ce cas à la fin des années 60, cependant que sur la même période le taux d'équipement en réfrigérateurs s'élève de 20 à 85 %, la présence d'un téléviseur progressant quant à elle de 15 % à 70 % des foyers... Symbole de l'entrée dans l'âge de l'automobile pour tous, le réseau autoroutier se développe rapidement (inauguration en 1960 du premier tronçon de l'autoroute du Sud), cependant que s'ouvre en 1963 le premier hypermarché (le *Carrefour* de Sainte-Geneviève-des-Bois). Le confort se généralise : à peine un peu plus de 15 % des logements étaient pourvus d'une salle de bains ou d'une douche au milieu des années 50, mais ils sont plus de 60 % en ce cas à la fin des années 60. Alors que la télévision pénètre peu à peu dans un nombre sans cesse croissant de foyers, les départs en vacances génèrent l'émergence d'un tourisme de masse qui concerne désormais près de 50 % des Français et que souligne le volontarisme des pouvoirs publics, par exemple avec l'aménagement du littoral languedocien, que d'aucuns décrivent comme l'« usine à bronzer » de l'Europe...

La modernisation de la France ne va pourtant pas sans malaise, et conduit notamment à l'opposition de deux systèmes de valeurs dont, à titre purement anecdotique mais néanmoins révélateur, le Tour de France cycliste peut donner une image saisissante. Les deux champions dont l'affrontement passionne alors les foules sont Jacques Anquetil et Raymond Poulidor : par sa personnalité et sa pratique sportive, le premier incarne la rationalité conquérante et productiviste, cependant que le second représente le monde rural et traditionnel des « petits »... C'est Anquetil qui gagne, mais c'est à Poulidor, « Poupou », qu'échoient la popularité et les grâces du public comme si, avec lui, les Français voulaient encore un instant se pencher avec nostalgie vers un univers dont ils commencent à peine à sortir... Tout bouge tellement, et si vite ! Sur le front des générations en particulier : cette société de la croissance voit en effet émerger en son sein, souvent avec stupeur et parfois avec effroi, une « planète jeune » dont elle n'avait pas su observer la montée en force.

Le baby boom portait pourtant en lui les germes mécaniques d'une véritable explosion quantitative de la jeunesse ; le prolongement de la durée de la scolarité (en 1959, la loi Berthoin portait à seize ans l'âge à partir duquel on pouvait quitter l'institution scolaire) et la démocratisation de l'enseignement (près de 12 % d'une classe d'âge atteint le seuil du baccalauréat au début des années 60, contre moins de 5 % dix ans plus tôt) devaient pour leur part contribuer à façonner une strate générationnelle nouvelle, celle d'un entre-deux de plus en plus long entre le monde de l'enfance et celui de l'insertion professionnelle. Portés par le développement de la société de consommation et de la culture de masse qui lui est liée, les jeunes constituent ainsi une catégorie en plein essor, que symbolisent des modes inédites et que visent des médias spécifiques : créé en juillet 1962, *Salut les copains* tire à un million d'exemplaires un an plus tard et, en juin 1963, la « nuit des copains » organisée à Paris, place de la Nation, attire plus de 150 000 spectateurs venus applaudir leurs idoles, Richard Anthony, Sylvie Vartan et, surtout, Johnny Hallyday... S'ouvre alors l'âge d'or de la chanson yéyé, mais plus encore celui d'une poussée juvénile qui de proche en proche va profondément marquer de son empreinte un air du temps rythmé par les succès des Beatles, l'allongement progressif des cheveux des uns et le symétrique raccourcissement de la jupe des autres, cependant que le jean's s'impose comme une norme vestimentaire quasi universelle et que s'affichent des comportements nouveaux avec les « boums », les « flirts » et d'une manière générale une volonté diffuse d'autonomisation de la jeunesse...

Plus largement, la France de la prospérité voit ainsi croître un phénomène de plus en plus prégnant, celui d'une culture de masse que certains dénoncent comme une américanisation aliénante mais que rien toutefois ne semble pouvoir freiner. André Malraux, ministre de la Culture du général de Gaulle, se fait certes alors le chantre d'une large démocratisation culturelle qui s'incarne en particulier dans la création de maisons de la culture dans de nombreuses villes, et qui passe également par une active politique de restauration du patrimoine artistique national. Dans le domaine de la création, la fin des années 50 et le début des années 60 voient en outre fleurir des courants qui aspirent à un large renouvellement des langages artistiques. Des formes romanesques inédites se développent ainsi avec le « nouveau roman » (Alain Robbe-Grillet, *la Jalousie*, 1957 ; Michel Butor, *la Modification*, 1957 ; Nathalie Sarraute, *le Planetarium*, 1959 ; etc), qui cherche à abandonner les rouages classiques du récit linéaire pour explorer les voies d'une écriture ne visant rien d'autre qu'elle-même et que la froide description de la matérialité quotidienne. La frénésie de « nouveau » si caractéristique de l'époque s'étend de même aux rivages du cinéma, dans l'éclosion d'une « nouvelle vague » en rupture avec la tradition. Avec Godard (*A bout de souffle*, 1959), Truffaut (*les Quatre Cents Coups*, 1959), Resnais (*Hiroshima mon amour*, 1959), Rohmer ou Chabrol, tout un foisonnement inventif s'attire la ferveur d'un public à dominante jeune et intellectuelle. Mais les préférences du plus grand nombre continuent toutefois à se porter vers le roman traditionnel ou vers un cinéma populaire où les grands noms du comique familial, Fernandel, Bourvil ou de Funès, le disputent en succès à « la » star du moment, Brigitte Bardot, révélée par Vadim dans *Et Dieu créa la femme* (1956).

Car le volontarisme d'un ministre ou les expérimentations d'une avant-garde parfois fort théorisante pèsent peu face à la progression d'une culture planétaire dont la musique et le vêtement constituent les vecteurs les plus visibles... Si la généralisation des livres de poche permet à un public de plus en plus vaste d'accéder aux œuvres littéraires, la culture de masse en pleine ascension se traduit surtout par l'essor de la presse périodique, magazines féminins qui modèlent, au-delà des frontières sociales, des sensibilités communes, presse sportive qui transcende les clivages traditionnels en attirant des lecteurs de tous les horizons, périodiques illustrés qui désenclavent les mentalités en proposant une ouverture au monde aussi large qu'uniformisée (*Paris-Match* compte environ huit millions de lecteurs au début des années 60), etc. La bande dessinée de l'école franco-belge (*Tintin, Spirou, Astérix le Gaulois*) se popularise dans toutes les couches sociales, cependant que feuilletons télévisés et cinéma de divertissement attirent un public largement diversifié (avec plus de 17 millions de spectateurs, *la Grande Vadrouille* de G. Oury représente le plus grand succès de l'histoire du cinéma français)...

Le triomphe politique du gaullisme

La première moitié des années 60, marquée par la victoire du général de Gaulle sur les partis et par l'installation solide du régime né en 1958, consacre l'apogée de la République gaullienne. Traditionnellement orientés vers l'activité parlementaire, les partis politiques parviennent mal à s'adapter à la pratique institutionnelle du pouvoir, qui ne leur laisse en fait le choix qu'entre une opposition stérile ou une pure et simple soumission. De ce fait, les formations qui refusent de subir l'attraction du gaullisme s'enfoncent progressivement dans le désarroi et dans la crise ; le MRP se délite et disparaît peu à peu, le parti communiste stagne, la SFIO se divise et s'enlise... Parce qu'il brise l'extrême droite, parce qu'il parvient à rassembler derrière sa forte personnalité une part non négligeable des électorats traditionnels de la gauche, parce qu'en outre, d'une certaine façon, il opère une sorte de synthèse entre la France d'Antoine Pinay et celle de Pierre Mendès France, le chef de l'État brouille la configuration politique usuelle et en tire les moyens d'une stabilité depuis longtemps oubliée.

Le Premier ministre, Georges Pompidou, conserve ainsi son poste de 1962 jusqu'à 1968, et les ministères clefs se caractérisent de même par une impressionnante continuité, Maurice Couve de Murville dirigeant par exemple les Affaires étrangères de 1958 à 1968, ou Pierre Messmer détenant le portefeuille des Armées de 1960 à 1969... Mis au service des « grands desseins » du général de Gaulle, les ministres suivent et appliquent, davantage qu'ils ne l'inspirent, une politique que caractérise notamment son permanent souci d'affirmation de l'indépendance nationale.

Estimant que la France ne saura recouvrer le rang qui

lui est dû qu'en se dégageant de la trop forte emprise américaine, de Gaulle entreprend très rapidement de la doter de l'arme nucléaire : la première bombe atomique française explose dans le Sahara dès février 1960. Ainsi assurée des moyens d'une défense indépendante, la France prend ses distances avec l'OTAN ; elle en retire sa flotte en 1963, puis surtout en soustrait l'ensemble de ses forces militaires en 1966, affirmant en cela son autonomie à l'égard du commandement intégré des armées occidentales. Par ailleurs, le président de la République ne perd pas une occasion de se démarquer de la politique des États-Unis, voire de la critiquer ouvertement, qu'il s'agisse de la reconnaissance de la Chine populaire en 1964, de la vive dénonciation de l'attitude américaine dans la guerre du Viêt-nam (discours de Pnom-Penh, en 1966), des relations cordiales entretenues avec des pays du tiers-monde opposés aux États-Unis, de l'amélioration constante des rapports avec l'URSS et ses satellites, ou encore des attaques contre la suprématie du dollar au sein du système monétaire international...

Parallèlement à ses efforts d'émancipation vis-à-vis de l'encombrant allié américain, le général de Gaulle cherche à faire de l'Europe une force autonome face aux deux grands. Viscéralement hostile à la constitution d'une Europe supranationale, il préconise en revanche une Europe confédérale appuyée avant tout sur l'entente franco-allemande, dont il se fait, de pair avec le chancelier Adenauer, le vibrant promoteur. C'est ainsi au nom de l'indépendance européenne qu'à deux reprises (1963 et 1967) il oppose le veto de la France à l'adhésion des Britanniques au Marché commun, dans la mesure où il juge la Grande-Bretagne trop étroitement liée aux positions américaines. Souvent spectaculaires, toutes ses initiatives diplomatiques rencontrent au total une large approbation dans l'opinion, et contribuent par là au maintien de sa popularité... En ce milieu des années 60, rien ne semble donc devoir menacer un pouvoir fort de son prestige et de sa stabilité. Mais va pourtant alors s'ouvrir une première phase de difficultés et de remises en cause, qui conduira peu à peu à un brutal retournement de conjoncture.

Une affiche du candidat de Gaulle
en vue des élections présidentielles
de décembre 1965

Le temps des difficultés

Élu président de la République en décembre 1958, le général de Gaulle peut espérer un succès massif pour décembre 1965, à l'occasion de la première élection présidentielle organisée au suffrage universel direct. Mais c'est compter sans une opposition qui, au fil des expériences et des tâtonnements, a su progressivement retrouver un certain dynamisme, et qui peut donc présenter deux candidats non négligeables, François Mitterrand pour les partis de gauche, et Jean Lecanuet pour le « centre d'opposition », issu du MRP. Ainsi, contre toute attente et à sa plus grande surprise, le général se trouve mis en ballottage à l'issue du premier tour de scrutin, puisqu'il n'obtient qu'environ 48 % des voix, contre 33 % pour F. Mitterrand et 16 % pour J. Lecanuet. Certes, le second tour sanctionne sa victoire (54,5 % des suffrages, contre 45,5 % pour F. Mitterrand) ; mais il n'en demeure pas moins qu'en la matière le succès s'apparente presque à un semi-échec, en l'absence du triomphe escompté... Le prestige et l'autorité d'un chef de l'État vieillissant (75 ans en 1965) s'en trouvent atteints, alors qu'en revanche l'opposition, en cours de renouvellement, peut désormais se présenter comme une force crédible.

Aussi l'échéance des élections législatives de mars 1967 est-elle préparée avec le plus grand soin de part et d'autre. L'UNR se rénove et devient l'UDR, Union des démocrates pour la République ; J. Lecanuet regroupe les anciens du MRP et les modérés d'opposition au sein du Centre démocrate ; F. Mitterrand enfin rassemble les partis et les clubs de réflexion de la gauche non communiste en une Fédération de la gauche démocrate et socialiste, FGDS, qui entend reconstruire sur les ruines de la SFIO en plein déclin une gauche revivifiée par des apports nouveaux, notamment ceux du mendésisme. Or les résultats électoraux de 1967 confirment clairement ceux de 1965, dans la mesure où la majorité gaulliste, à laquelle s'ajoutent les républicains indépendants, ne l'emporte qu'avec une faible avance, disposant de 244 sièges contre 235 pour les oppositions.

Cet effritement de la domination gaulliste peut s'expliquer par des paramètres d'ordre sociologique, avec la montée en puissance des classes moyennes urbaines salariées, dont une bonne partie des membres considèrent de plus en plus le gaullisme comme une force dépassée. Mais il tient au moins autant, si ce n'est plus, à un processus strictement politique d'usure du pouvoir qui suscite un certain malaise jusque dans les rangs de la majorité présidentielle, au sein de laquelle V. Giscard d'Estaing se risque à dénoncer les dangers de « l'exercice solitaire du pouvoir »...

Si les assises mêmes du pouvoir gaullien ne sont certes pas encore remises en cause, elles présentent donc incontestablement une capacité de résistance amoindrie, au moment même où, comme du reste dans la plupart des pays occidentaux, la société française commence à souffrir d'un malaise diffus mais profond. D'une part, le pays n'accepte pas toujours de gaieté de cœur les effets de la modernisation économique, exode rural, entassement dans des banlieues construites à la va-vite, reconversions professionnelles parfois douloureuses, accentuation des disparités sociales, etc. De plus, le pouvoir d'achat ne progresse plus vraiment depuis 1966-67, et un début de chômage structurel, lié notamment à l'arrivée sur le marché du travail de jeunes de plus en plus nombreux, fait son apparition. D'autre part, dans les universités, le triplement des effectifs en moins de dix ans dévalorise les diplômes et dégrade les conditions de travail, engendrant l'émergence d'une insatisfaction estudiantine croissante. Enfin et surtout, à travers la dénonciation de l'action des troupes américaines dans la guerre du Viêt-nam, ou par le biais d'une sorte de romantisme révolutionnaire cristallisé notamment par la figure de Che Guevara, une véritable remise en question des normes et des valeurs de la société de consommation se fait jour au sein de la jeunesse, avec la montée de critiques nouvelles contre les structures traditionnelles de la famille, de l'école, de l'armée ou de l'État, avec le rejet de la religion de la croissance économique à tout prix, avec aussi l'essor des mouvements gauchistes, maoïstes ou trotskystes... De cette complexe conjonction de facteurs de déstabilisation résulte la crise de 1968, qui voit schématiquement se succéder trois phases, une phase estudiantine, une phase sociale, une phase politique.

Couvrant la première moitié du mois de mai, la phase estudiantine débute par la fermeture de la faculté de Nanterre, dans la banlieue parisienne, agitée depuis la fin mars par d'intenses mouvements contestataires. S'étendant alors rapidement à toutes les universités parisiennes, la contestation étudiante se traduit bientôt par de très violentes manifestations, avec notamment la « nuit des barricades » (10 mai), et par une atmosphère fiévreuse de spontanéité ludique et de révolution culturelle où il n'est question que de proclamer le « droit au bonheur permanent » et de réinventer un monde ouvert à l'épanouissement de chacun.

Ce foisonnement où se mêlent les aspirations libertaires des uns, comme Daniel Cohn-Bendit, symbole joyeux de l'effervescence estudiantine, et les rigueurs voire les rigidités gauchistes des autres, se propage en quelques jours au monde des salariés, et ouvre ainsi la porte à la phase sociale des événements de mai. Après une grève générale de solidarité avec les étudiants, le 13 mai, le pays tout entier est gagné par une ample vague de grèves et d'occupations des locaux, tandis que les syndicats, principalement la CGT, s'avèrent largement débordés par leur base. Vers le 20 mai, l'on peut ainsi estimer à environ dix millions le nombre de grévistes ! Le 27 mai, Georges Pompidou tente alors de stopper l'agitation sociale par la signature des accords de Grenelle (du nom de la rue dans laquelle est situé le ministère du Travail) ; prévoyant une forte augmentation des salaires (de 9 à 35 % selon les branches), une diminution du temps de travail et une extension du droit syndical dans les entreprises, ces accords n'en sont pas moins rejetés par la plupart des grévistes qui les jugent insuffisants. Car, face à de profondes mutations qui n'ont pas toujours trouvé leur traduction dans le domaine des structures politiques, administratives, culturelles, scolaires ou sociales, la contestation des étudiants et des salariés constitue plus largement encore « le moment où le corps social cherche à se construire autrement » (D. Borne)...

Les pavés de mai 68

De la fin mai à la fin juin, l'impuissance du pouvoir à ramener le calme nourrit dès lors une phase politique d'autant plus intense que le général de Gaulle, qui semble complètement pris de court par l'évolution de la situation, garde longtemps le silence... Le 27 mai, lors d'un grand meeting organisé au stade Charléty, en présence notamment de Pierre Mendès France et de Michel Rocard, animateur du petit mais actif parti socialiste unifié, étudiants et syndicalistes réclament de profondes réformes sociales. Dès le 28 mai, F. Mitterrand et Mendès France se déclarent prêts à servir conjointement de recours face à ce qu'ils considèrent comme la vacance du

345

pouvoir, cependant que le parti communiste, qui n'a pourtant pas vu d'un bon œil la contestation étudiante, demande la formation d'un « gouvernement populaire »... Mais le président de la République, après avoir effectué un mystérieux voyage éclair en Allemagne pour y rencontrer le général Massu (afin de s'assurer du soutien de la hiérarchie militaire en cas de besoin ?), sort de son mutisme et, le 30 mai, il annonce la dissolution de l'Assemblée et demande solennellement aux Français de lui manifester leur soutien. Le soir même, près d'un million de personnes défilent en sa faveur sur les Champs-Élysées : le reflux s'amorce...

Finalement, le mouvement de mai n'aura apparemment rien laissé dans l'immédiat, mais en fait il a marqué l'irruption d'un état d'esprit nouveau appelé à de durables répercussions. Mouvement contestataire et utopique qui visait la société et la culture, cri dressé contre le rationalisme productiviste et les autorités traditionnelles de l'ordre établi, affirmation d'un individualisme libertaire qui rêvait d'un univers de petites communautés harmonieuses, le phénomène soixante-huitard a en effet profondément imprégné toute une génération et il a, avec elle, déterminé les évolutions culturelles et sociologiques ultérieures d'une large part de la population française.

Mais, dans l'immédiat, les élections législatives anticipées des 23 et 30 juin sont placées sous le signe de la peur sociale. Effrayés par les aspects révolutionnaires de la crise de mai, les électeurs se prononcent en effet massivement pour les candidats gaullistes, désormais rassemblés au sein de l'Union pour la défense de la République, UDR. Avec 294 sièges, l'UDR obtient à elle seule la majorité absolue ; renforcée de plus par les 64 républicains indépendants, la coalition gouvernementale détient les trois quarts des mandats !

Pour massif qu'il soit, ce succès électoral n'en constitue pas moins la dernière victoire du général de Gaulle. Début juillet, il se sépare de Georges Pompidou, « mis en réserve de la République » et ainsi désigné comme une sorte de dauphin officiel, et nomme Maurice Couve de Murville Premier ministre. S'efforçant de relancer le régime en mettant en avant le thème de la « participation », celle des citoyens à la vie politique comme celle des salariés à la gestion de l'entreprise, il fait élaborer durant l'automne diverses réformes qui tentent de prendre en compte les aspirations de mai, comme par exemple la loi Edgar Faure sur un fonctionnement plus souple et plus démocratique des universités. Dans cette perspective, le gouvernement prépare notamment une réforme régionale fondée sur la décentralisation et sur la participation des forces économiques, sociales et culturelles à la gestion des régions. Mais profondément affaibli, malgré le résultat des élections législatives, par la crise de mai 68, le chef de l'État choisit de faire juger ce projet par un référendum afin de ressourcer son autorité dans le bain de la légitimation populaire. Le 10 avril 1969, il affirme ainsi très clairement la nette dimension plébiscitaire du référendum : « De la réponse que fera le pays à ce que je lui demande va dépendre évidemment soit la continuation de mon mandat, soit aussitôt mon départ »...

Or les oppositions s'avèrent nombreuses puisque, outre la gauche politique et syndicale, le général de Gaulle se trouve en effet confronté au mécontentement d'une partie de ses appuis traditionnels, milieux d'affaires hostiles aux hausses de salaires, notables opposés à la régionalisation, gaullistes conservateurs rétifs au thème de la participation, partisans de V. Giscard d'Estaing qui appelle à voter contre le projet, etc. De surcroît, l'opinion ne redoute plus vraiment un éventuel départ du général, dans la mesure où, dès janvier 1969, G. Pompidou a annoncé qu'il serait candidat lorsqu'une nouvelle élection présidentielle adviendrait...

Aussi la conjugaison de ces éléments conduit-elle le général de Gaulle à une défaite que peut-être il appelait de ses vœux : le 27 avril 1969, le projet de régionalisation est rejeté par 53 % des voix. Le lendemain même, 28 avril, le président de la République annonce sa démission par un communiqué bref et laconique ; puis, se retirant définitivement de la vie publique, il garde le silence jusqu'à sa mort en novembre 1970. En 1969, G. Pompidou inaugurera sa campagne électorale en déclarant : « Je ne suis pas le général de Gaulle... » ; en novembre 1970, il annoncera aux Français le décès de son prédécesseur par cette formule : « La France est veuve »... Deux manières différentes d'exprimer un même constat, celui de l'impossibilité pour les successeurs de l'homme du 18 juin de prétendre à une dimension personnelle comparable à la sienne aux yeux de l'opinion. Mais avec de Gaulle ne s'éteint pas seulement une légende ; c'est aussi toute une époque qui peu à peu s'estompe.

Si la seconde moitié des années 60 a vu chanceler puis s'effacer le primat politique du général de Gaulle, le progressif affaiblissement des certitudes politiques s'accompagne en effet d'un certain nombre d'éléments de déstabilisation qui marquent eux aussi, chacun dans leur domaine propre mais le plus souvent étroitement liés les uns aux autres, la fin d'une époque. Sur le terrain de l'économie, l'ampleur et la rapidité de la croissance ne peuvent masquer diverses réalités qui, considérées avec le recul du temps, constituent déjà les signes avant-coureurs de la remise en cause des années 70.

La première difficulté réside dans le maintien de structures inflationnistes devenues de plus en plus préjudiciables au fur et à mesure que, s'ouvrant davantage aux échanges mondiaux, la France doit faire de la compétitivité de ses prix un objectif prioritaire. Or en la matière les héritages de la période antérieure pèsent plus lourdement que les efforts de limitation de l'inflation ; si la naissance en janvier 1960 d'un « nouveau franc » équivalent à cent « anciens » francs avait certes sanctionné un réel assainissement (l'inflation passait alors de 9 % en 1959 à moins de 4 % en 1960), périodes de flambée et périodes d'accalmie ne devaient en effet cesser de se succéder par la suite... Dès septembre 1963, V. Giscard d'Estaing, alors ministre des Finances, avait ainsi dû mettre en place un plan de stabilisation dont l'effet s'était marqué par un net fléchissement de la croissance économique ; puis les événements de 1968 nourrissent un nouveau dérapage qui conduit le taux d'inflation jusqu'à 7 % en 1969, nécessitant en août 1969 une dévaluation de 11 % du franc...

Intrinsèquement associée aux mécanismes de la croissance hexagonale, l'inflation semble donc bel et bien indéracinable, et fragilise l'économie française par rapport à ses principales concurrentes européennes et occidentales. Mais les ombres économiques concernent également divers secteurs d'activité pour lesquels la fin des années 60 se caractérise par des difficultés croissantes ; des branches traditionnelles comme les charbonnages, le textile ou la sidérurgie lorraine commencent en effet à souffrir de leur vieillissement et à voir s'essouffler leur progression.

Plus profondément encore, ce sont en fait l'ensemble des rouages de la croissance qui, sans que l'on y prenne garde, s'acheminent vers le dérèglement et le blocage. La modernisation des structures de production nécessite en effet une constante intensification de l'apport en capital, et par conséquent les besoins financiers des entreprises progressent à un rythme de plus en plus accéléré. Il en résulte concrètement que le volume des investissements augmente plus rapidement que celui de la production ou, en d'autres termes, que le financement de la croissance s'avère de plus en plus onéreux... Ainsi contraintes à un endettement accru, qui n'est guère dangereux tant que se maintient une forte croissance mais qui pourrait le devenir si elle venait à se ralentir, les entreprises se trouvent donc confrontées à une progressive perte d'efficacité du capital, et les gains de productivité amorcent déjà leur décrue, puisque l'on passe d'une augmentation annuelle moyenne de 6,1 % sur la période 1959-1964 à une progression de 4,8 % par an sur la période 1964-1969. Comme dans l'ensemble du monde occidental, un point de saturation est ainsi atteint peu à peu, engendrant un affaiblissement que masque encore la belle santé apparente du taux de croissance du PIB, mais qui prépare en fait la crise...

Or la sphère de l'économie n'est pas la seule à connaître en cette fin des années 60 les prémices de bouleversements profonds : dans le domaine démographique notamment, de considérables renversements de tendance émergent également. Un tournant décisif se dessine en effet, à travers un début de ralentissement de l'accroissement de la population, qui régresse de 1,2 % par an en moyenne dans la première moitié de la décennie à une moyenne annuelle de 0,8 % dans la seconde moitié. Si le taux de natalité demeure encore relativement stable aux alentours de 17 à 18 ‰, l'on observe en effet un tassement de l'indice de fécondité, qui passe de 2,9 vers 1965 à 2,3 vers 1970.

La libéralisation de l'usage des méthodes contraceptives (loi Neuwirth de 1967) ne constitue à cet égard qu'un « moyen » et non une « cause » de la limitation des naissances, mais en revanche divers facteurs plus diffus se conjuguent en effet pour déterminer un tel fléchissement. L'on peut ainsi faire entrer en ligne de compte le mouvement d'urbanisation, dans la mesure où les citadins sont traditionnellement moins natalistes que les ruraux ; l'on peut également évoquer l'essor de l'insertion des femmes dans le monde du travail, puisque l'activité professionnelle féminine s'accompagne systématiquement d'un nombre d'enfants moins élevé. Par ailleurs, la sécularisation croissante de la société française contribue au recul de la fécondité, au même titre que la montée en force de comportements nouveaux influencés par la société de consommation, qui génère un appétit de confort matériel et d'épanouissement individuel considéré par certains couples comme incompatible avec la mise au monde de familles nombreuses. L'essentiel réside en effet dans le fait que les Français ne refusent nullement l'enfant en tant que tel, mais rejettent en revanche désormais le modèle de famille nombreuse qui prévalait à l'heure du baby boom : ce sont en effet les naissances de rang trois, celles d'un troisième enfant, qui chutent le plus considérablement, et non celles d'un premier ou d'un deuxième enfant. Au total, le temps du baby boom est ainsi révolu et, de même qu'elles annoncent la crise économique des années 70, les années 60 finissantes ouvrent la porte au phénomène de « baby krach » qui prendra toute son ampleur dans ces mêmes années 70...

De la fin des années 60 au début des années 90, la France des remises en cause

1969-1981, la République des successeurs

Au départ du général de Gaulle, Georges Pompidou se présente incontestablement comme l'homme fort du jeu politique : Premier ministre de 1962 à 1968, considéré comme l'héritier du général, véritable chef de l'UDR, il est enfin tenu par la majorité comme celui qui a sauvé le régime face à la crise de 1968. Face à lui, la gauche se présente en ordre dispersé, avec notamment la candidature de Gaston Defferre pour la FGDS et celle de Jacques Duclos pour le parti communiste, ou encore, à un niveau nettement plus minoritaire, celle de Michel Rocard pour le PSU. En fait, le seul rival dangereux pour G. Pompidou s'avère être le centriste d'opposition Alain Poher, président du Sénat et constitutionnellement chargé à ce titre d'assurer l'intérim à la tête de l'État en attendant les élections. Mais un second tour sans passion permet au candidat gaulliste de l'emporter facilement, le 15 juin 1969, avec 57,5 % des voix.

Avec lui, le gaullisme se maintient donc au pouvoir ; la majorité politique est toujours la même, mais elle se trouve dorénavant privée du charisme de son chef historique et, bien qu'encore dirigée par des gaullistes, la Ve République n'est déjà plus vraiment gaullienne.

Georges Pompidou et le gaullisme sans de Gaulle
S'il entend certes demeurer fidèle à l'héritage de son prédécesseur, le nouveau chef de l'État cherche ainsi à placer sa politique sous le signe d'une ouverture que symbolise le choix de son Premier ministre, le maire de Bordeaux Jacques Chaban-Delmas, un gaulliste de la première heure connu pour ses positions réformistes. Soucieux d'élargissement, son gouvernement donne des gages aux républicains indépendants, notamment en laissant une large marge de manœuvre à V. Giscard d'Estaing, ministre des Finances, mais il se tourne également vers les centristes, qui ne peuvent en particulier qu'approuver le choix de mettre fin, en décembre 1969, à l'opposition française à l'entrée de la Grande-Bretagne dans la CEE. Entouré notamment de conseillers marqués par le mendésisme, comme par exemple Jacques Delors, le Premier ministre s'efforce de répondre aux problèmes révélés par le choc de 1968, et place ainsi son programme d'action sous le signe de l'avènement d'une « nouvelle société », plus moderne et plus adaptée. L'État libéralise sa pratique du pouvoir en assouplissant la stricte tutelle qu'il exerçait auparavant sur la radio et, plus encore, sur la télévision, il amorce un timide début de décentralisation administrative par la réforme régionale de 1972, il cherche à développer la politique contractuelle entre le patronat et les syndicats, remplace le SMIG par le SMIC, salaire minimum interprofessionnel de croissance indexé sur le taux de croissance de l'économie, etc.

Mais si cette politique trouve un écho favorable dans une assez large fraction de l'opinion, elle suscite en revanche un certain nombre de réserves au sein même de la majorité présidentielle, Pierre Messmer regroupant par exemple dans le groupe « présence et action du gaullisme » les députés qui redoutent une dérive trop sensible par rapport à leur conception, plus autoritaire et plus conservatrice, de l'héritage du général de Gaulle... De son côté, la gauche se réorganise

De la fin des années 60 au début des années 90

Georges Pompidou,
affiche électorale de 1969

Valéry Giscard d'Estaing,
affiche électorale de 1981

353

avec la progressive transformation de la SFIO, achevée en juin 1971 lors du congrès d'Épinay, en un nouveau parti socialiste dès le départ dominé par François Mitterrand. Puis, en juin 1972, le parti communiste, le PS et le Mouvement des radicaux de gauche (issu d'une scission au sein d'une famille radicale de plus en plus marginalisée) signent une vaste plate-forme commune, le « programme commun de gouvernement ». L'heure est donc en même temps au malaise à droite et au dynamisme à gauche : aussi G. Pompidou décide-t-il de reprendre l'initiative, en se séparant de son Premier ministre début juillet 1972.

Afin d'affirmer davantage son autorité personnelle et de mieux rassembler les gaullistes, le président de la République choisit Pierre Messmer pour succéder à Jacques Chaban-Delmas. Relativement peu connu et peu populaire, le nouveau chef du gouvernement laisse en effet Georges Pompidou mener seul les affaires du pays, en une politique que marque avant tout l'abandon des initiatives libérales de la nouvelle société. La majorité y recouvre la cohésion qu'elle avait pu craindre de perdre, et remporte ainsi les élections législatives de mars 1973.

Mais la santé du chef de l'État se détériore peu à peu et, à la surprise générale, Georges Pompidou décède le 2 avril 1974. Homme de l'enracinement des institutions et symbole d'une large volonté de modernisation des structures économiques du pays, il n'aura pas peu contribué — surtout du temps où il était Premier ministre — à faire entrer la France dans un âge nouveau. Mais, à sa mort, ce nouvel âge atteint précisément ses plus extrêmes limites...

Valéry Giscard d'Estaing et le « libéralisme avancé »
à l'épreuve de la crise économique

La disparition brutale du président de la République, qui laisse la majorité sans chef politique, ouvre alors une âpre lutte de succession entre ses deux successeurs potentiels, J. Chaban-Delmas et V. Giscard d'Estaing. Face à F. Mitterrand, candidat unique de la gauche unie, les deux hommes doivent donc se départager lors du premier tour de l'élection présidentielle, le 5 mai 1974. J. Chaban-Delmas y subit l'effet d'une double défection, d'une part celle d'une partie de l'électorat conservateur que rebute son réformisme modernisateur, et d'autre part celle d'un certain nombre de personnalités gaullistes qui suivent Jacques Chirac, le jeune ministre de l'Agriculture de G. Pompidou, et qui comme lui soutiennent la candidature de V. Giscard d'Estaing. Aussi le second tour, le 19 mai, oppose-t-il ce dernier à F. Mitterrand : l'emportant de justesse, avec 50,8 % des voix contre 49,2 % pour son adversaire, V. Giscard d'Estaing devient alors le troisième président de la Ve République.

Lors de son installation à l'Élysée, il déclare que « de ce jour date une ère nouvelle dans la vie politique française, celle du rajeunissement et celle du changement de la France »... Mais son succès apporte en fait surtout une configuration politique inédite et incertaine, dans la mesure en effet où, pour la première fois depuis 1958, le président de la République n'est pas le chef du principal parti de la majorité, alors qu'il n'est pas certain que tous les députés gaullistes seront prêts à le soutenir intégralement, et cela d'autant plus que les représentants du gaullisme originel, les « barons », n'ont pas oublié le rôle tenu par V. Giscard d'Estaing dans l'échec du référendum d'avril 1969... Théoriquement, cette contradiction pourrait trouver sa solution dans l'organisation d'élections législatives anticipées, susceptibles d'assurer la victoire des républicains indépendants et de leurs alliés centristes, que l'union du PS avec les communistes a poussés à se rapprocher des giscardiens ; mais la nette progression des partis de gauche rend trop aléatoire et trop risquée une telle tentative. Aussi le chef de l'État n'at-il pas d'autre choix que celui de composer avec la majorité gaulliste tout en s'efforçant de la neutraliser...

Le gouvernement formé fin mai illustre d'ailleurs pleinement la relative complexité des nouveaux rapports de force puisque, dirigé par Jacques Chirac, il comprend aussi bien des ministres issus de l'UDR que des hommes connus pour leur hostilité au gaullisme, le républicain indépendant Michel Poniatowski, le centriste Jean Lecanuet ou le radical Jean-

Jacques Servan-Schreiber. Toutefois, une clarification semble se faire bientôt jour, à partir du moment où, en décembre 1974, J. Chirac accède à la tête de l'UDR. Le parti gaulliste, désormais contrôlé par le Premier ministre, cesse en effet de constituer une menace directe pour le chef de l'État. Mais en fait la question de l'équilibre politique n'en est pas pour autant véritablement résolue : dans la mesure où V. Giscard d'Estaing se voit contraint de ménager son Premier ministre, sur qui repose la cohésion de la majorité, la primauté absolue du président, clef de voûte du régime mis en place en 1958, n'est-elle pas remise en cause par le rôle essentiel du chef du gouvernement ?

Dans l'immédiat, l'heure est pourtant à la décontraction. Faisant montre de sa volonté de changement et s'appliquant à donner de lui-même une image moderne et détendue, le chef de l'État promeut une politique d'innovations et de réformes fondées sur ses principes de « libéralisme avancé ». Le gouvernement se dote d'un secrétariat d'État à la condition féminine, d'abord confié à la journaliste Françoise Giroud ; il abaisse à dix-huit ans l'âge de la majorité civile et électorale (juin 1974) ; il augmente le minimum vieillesse et le SMIC (juillet 1974) ; au terme d'un débat houleux, son ministre de la Santé, Simone Veil, parvient avec le concours des voix de la gauche à faire adopter la loi sur la légalisation de l'interruption volontaire de grossesse (novembre 1974), etc. Ces réformes parfois spectaculaires touchent dans l'ensemble les mœurs bien davantage que les structures sociales, mais bon nombre d'entre elles n'en heurtent pas moins les rangs les plus conservateurs de la majorité, au point de rapidement freiner les velléités du président de la République.

Si les réformes sont ainsi mises entre parenthèses, c'est aussi et surtout parce que de nouvelles priorités semblent s'imposer au pouvoir, confronté à l'installation de la crise économique mondiale. Issue des progressifs blocages de la croissance des Trente Glorieuses, la crise émerge en fait dès l'été 1971, quand la suspension de la libre convertibilité-or du dollar ouvre la voie à l'implosion du système monétaire international, effective à partir de la généralisation des taux de change flottants au printemps 1973. De la nouvelle donne monétaire résulte en effet la progressive déstabilisation des relations économiques internationales, et c'est donc dans le cadre d'un malaise déjà affirmé qu'éclate à l'automne 1973 le premier choc pétrolier, marqué par un quadruplement des cours du baril qui plonge les économies occidentales dans une crise dont il constitue le catalyseur davantage que le fondement premier. Or, si elle revêt une moindre ampleur que la crise de 29, cette crise mondiale présente en revanche dès son déclenchement un aspect tout à fait inédit, dans la mesure où elle fait se juxtaposer deux phénomènes auparavant considérés comme antinomiques, d'une part la stagnation, voire la chute, de la production, et d'autre part une forte flambée inflationniste. En France, cette « stagflation » se traduit ainsi par un net ralentissement de la croissance, qui ne se situe qu'à un niveau annuel moyen de 3,2 % pour la période 1973-1979, et par une sensible accélération de l'inflation, qui pour le même laps de temps s'élève à 10,5 % par an en moyenne.

Dès lors, les mécanismes en chaîne de la stagflation placent l'économie française dans des difficultés plus profondes encore que celles que subissent la plupart de ses homologues occidentales, du fait notamment des faiblesses et des déséquilibres structurels qui la caractérisaient avant même la crise. Ainsi, les salaires nominaux continuent à progresser plus rapidement que la productivité et au moins aussi vite que les prix, nourrissant en cela la spirale inflationniste et conduisant à une baisse des profits qui engendre une constante réduction du taux d'investissement. Cependant que la balance commerciale, sévèrement touchée par le poids de la facture pétrolière et par le recul des exportations, passe de l'excédent (1,9 milliard de francs en 1973) à un déficit croissant (24,2 milliards dès 1976), de très nombreux secteurs d'activité (la sidérurgie par exemple) s'enfoncent alors dans un marasme grandissant. L'on assiste à une spectaculaire explosion du chômage, qui touche environ 420 000 personnes en 1974 et qui dépasse dès 1977 la barre du million de demandeurs d'emploi, soit 5 % de la population active.

Dans ces conditions, et quand bien même l'on ne prend que très progressivement conscience de l'ampleur et de la gravité de la crise, les préoccupations économiques deviennent bientôt une priorité majeure pour le gouvernement de Jacques Chirac. Confrontés au dilemme que connaissent tous les responsables des pays industrialisés, et qui réside dans le fait qu'une action en faveur de la reprise de l'activité et de la résorption du chômage aura pour effet immédiat de renforcer l'inflation, alors que dans le cas contraire une politique de rétablissement des équilibres budgétaires et de lutte contre l'inflation se traduira automatiquement par un ralentissement de l'activité et par une augmentation du chômage, les pouvoirs publics oscillent donc entre la relance et la rigueur.

Jean-Pierre Fourcade, le ministre des Finances, opte tout d'abord pour la seconde possibilité, en lançant en juin 1974 un programme « de refroidissement » qui vise à briser l'inflation par une forte compression des liquidités, notamment en encadrant strictement le crédit et en alourdissant le poids de la fiscalité sur les profits des entreprises. Mais l'inflation se maintient et la récession s'accroît : aussi le Premier ministre décide-t-il en septembre 1975 de promouvoir un plan de relance plus ou moins inspiré par les principes keynésiens (soutien à l'investissement privé par la baisse des taux d'intérêt, extension des investissements publics financée par un creusement du déficit budgétaire, dynamisation de la consommation par l'augmentation des prestations sociales, etc). Toutefois, si une amorce de reprise se dessine effectivement en 1976, l'inflation et la dépréciation du franc prennent en revanche des proportions de plus en plus inquiétantes...

Inévitablement, l'image du pouvoir se détériore au rythme de l'accentuation des difficultés économiques, en particulier à travers la montée du chômage ; lors des élections cantonales de mars 1976, la gauche rassemble ainsi près de 52 % des suffrages. Face à l'impasse économique et à la dégradation de l'assise politique de la majorité, J. Chirac propose alors au président de la République d'organiser des élections législatives anticipées, afin de couper court à la progression de l'opposition. Mais il se heurte au refus de V. Giscard d'Estaing, dont les déclarations en faveur d'une « décrispation » de la vie politique française font craindre aux gaullistes une éventuelle alliance de gouvernement entre giscardiens et socialistes. Les divergences de plus en plus sensibles qui séparent dès lors le chef de l'État de son Premier ministre conduisent finalement à la spectaculaire démission de J. Chirac, fin août 1976.

Pour lui succéder, ce n'est pas à un homme politique que fait appel V. Giscard d'Estaing, qui choisit de nommer Premier ministre l'économiste Raymond Barre, marquant clairement en cela à quel point la lutte contre la crise fait l'objet de toutes les attentions du pouvoir. Ancien vice-président de la Commission européenne de Bruxelles, fortement imprégné par les théories libérales, R. Barre affirme dès son installation sa volonté de donner la priorité au rétablissement des grands équilibres et à l'assainissement de l'économie française, dans la mesure où il juge que la relance de l'activité et le recul du chômage ne sauraient s'obtenir qu'au prix d'une indispensable maîtrise préalable de l'inflation et de la monnaie. Sa politique de rigueur et d'austérité se marque donc tout d'abord par un blocage des prix et par un gel des salaires les plus élevés à l'automne 1976, afin de juguler la spirale inflationniste, puis par un progressif retour, courant 1978, à une régulation par le libre jeu des mécanismes de la concurrence. Mais, en limitant le crédit par des taux d'intérêt élevés et en réduisant le soutien financier de l'État aux entreprises trop fortement déficitaires (les « canards boiteux »...), le plan Barre se solde à court terme par une sensible augmentation du chômage, qui en 1981 franchit la barre des deux millions de victimes, soit environ 8,5 % de la population active, alors qu'en revanche ses éventuels effets positifs n'ont pas véritablement le temps de se concrétiser... L'action du Premier ministre souffre notamment du second choc pétrolier de 1979-80 qui réduit à néant les efforts de réduction de l'inflation, toujours supérieure à celle de la plupart des partenaires de la France : en 1980, le taux d'inflation s'élève ainsi à 13,6 % ! A travers la constante dégradation de la popularité de Raymond Barre, c'est ainsi l'ensemble de la majorité présidentielle qui se trouve menacée par la progression du mécontentement et de l'aspiration au changement politique.

L'euphorie des Trente Glorieuses a en effet cédé la place à un malaise qu'illustre notamment la dégradation de la situation démographique du pays. Sous le poids de la crise, mais plus encore en fait dans la continuité des infléchissements observés dès la seconde moitié des années 60, le comportement démographique des Français — identique en cela à celui de la plupart de leurs voisins occidentaux — donne ainsi naissance dans les années 70 à un phénomène de marasme, parfois appelé « baby krach » par opposition au baby boom antérieur. L'âge du mariage se fait de plus en plus tardif (pour les femmes, environ 22 ans au début des années 70, mais un peu plus de 23 ans au début des années 80), et la montée en nombre des divorces réduit considérablement la durée effective des unions (à peu près 11 % des couples divorçaient à la fin des années 60, mais ils sont plus de 25 % à le faire à la fin des années 70). Certes, les naissances hors mariage peuvent combler cette crise de l'institution matrimoniale ; mais de manière fort partielle en fait, dans la mesure où les couples dits « illégitimes » ont statistiquement toujours moins d'enfants que les couples mariés. Au total, les ménages donnent donc naissance à des familles de plus en plus réduites : si près de 35 % des couples avaient trois enfants et plus lors du recensement de 1962, ils ne sont plus que 24,5 % en ce cas au moment du recensement de 1982. C'est dire que l'indice de fécondité poursuit sa chute (2,1 en 1974, 1,8 en 1979), traduite par une sensible diminution du taux de natalité, qui régresse de 16,9 ‰ en 1972 à 14 ‰ environ au début des années 80. Dans la mesure où le taux de mortalité demeure quant à lui stable aux alentours de 10 ‰, il en résulte une régulière contraction de l'accroissement naturel et l'amorce d'un mouvement de vieillissement d'ensemble de la population française...

Mais, si ce passage du baby boom au baby krach, voire à un « papy boom » que caractérise le poids croissant du troisième âge, manifeste les sentiments d'incertitude des Français quant à leur avenir, les années 70 sont également touchées par le développement de comportements nouveaux face auxquels le libéralisme avancé se trouve fréquemment pris de court. Le mouvement féministe, l'assouplissement des modèles familiaux et éducatifs ou l'arrivée sur le devant de la scène de la contre-culture contestataire des jeunes figurent ainsi au rang des traits marquants d'une décennie en cela préparée par le choc de 1968. En relèvent de la même façon, face au poids de l'État-nation centralisateur, l'affirmation croissante des mouvements régionalistes (Corse, Bretagne, Occitanie, Pays Basque...) comme l'essor de courants tels que l'anti-militarisme et le pacifisme, le souci de l'écologie, la préoccupation pour les minorités de toutes sortes, etc. Les mœurs se caractérisent par leur « permissivité » sans cesse accrue, notamment dans le domaine des comportements sexuels, dont la libéralisation des différents médias donne une image de plus en plus omniprésente. Et si l'érotisation de l'univers familier et la valorisation d'un épanouissement individuel délivré des normes traditionnelles sont interprétées par certains comme le symptôme d'une véritable crise de civilisation, la majorité semble en revanche y souscrire comme à autant de signes de modernisation. Or la gauche, et plus précisément la gauche socialiste, semble aux yeux de nombreux Français la plus à même de mettre l'action du pouvoir politique à l'heure de toutes ces mutations socioculturelles...

L'alternance de 1981

La première moitié des années 60 avait constitué pour les partis de gauche une phase de considérable recul. Même s'il représentait encore un cinquième de l'électorat, le parti communiste, déjà touché par l'impact de l'intervention soviétique en Hongrie (1956) et par l'effet déstabilisateur de la déstalinisation en URSS (rapport Khrouchtchev en 1956), voyait son influence et son prestige diminuer au sein des milieux intellectuels cependant que les mutations sociologiques apportées par la croissance commençaient à saper les fondements mêmes de son discours ouvriériste. Pour sa part, la SFIO souffrait des divisions qu'avait creusées en son sein la politique algérienne de Guy Mollet, et elle se trouvait largement prise au dépourvu par l'installation triomphale de la République gaullienne. Communistes et socialistes conservaient en outre du temps de la guerre froide le souvenir de rancœurs vivaces et d'affrontements intenses (n'était-ce pas un socialiste, E. Depreux, qui avait déclaré que « les communistes ne sont pas à gauche, mais à l'Est » ?...), alors que de leur côté les héritiers de moins en moins nombreux du radicalisme s'enfonçaient dans une marginalisation désormais ininterrompue.

La gauche syndicale affirmait elle aussi une division de plus en plus marquée. Dès avril 1948, dans le climat de bipolarisation de la guerre froide, la CGT désormais étroitement contrôlée par les communistes avait vu se détacher d'elle un nouveau syndicat anticommuniste, la CGT-Force ouvrière. Pour sa part, la CFTC (Confédération française des travailleurs chrétiens, fondée en 1919) évoluait peu à peu vers une déconfessionnalisation que traduisait, en novembre 1964, sa transformation en une Confédération française démocratique du travail, mais une minorité hostile à cette mutation quittait bientôt cette CFDT pour (re)fonder une nouvelle CFTC en octobre 1965... Toujours plus faible qu'ailleurs en Europe occidentale, le taux de syndicalisation ne profitait guère de cet éclatement du paysage syndical, et stagnait aux alentours de 25 %.

Pourtant, divers éléments de renouveau devaient peu à peu assurer à cette gauche affaiblie un progressif retour sur la scène politique. Derrière le déclin de la gauche socialiste se profile notamment l'émergence de tout un foisonnement doctrinal et militant porté par des hebdomadaires (*France-Observateur*, qui devient en 1964 *Le Nouvel Observateur*, *L'Express*, qui constitue alors une sorte d'organe officieux des milieux mendésistes, ou encore *Témoignage chrétien*), par des clubs de réflexion comme le Club Jean Moulin, par de petits partis comme notamment le parti socialiste unifié, créé en avril 1960, enfin par l'affirmation d'une génération nouvelle, marquée par la guerre d'Algérie et souvent formée par son passage dans les rangs du syndicalisme étudiant ou dans ceux des mouvements catholiques de jeunes, Jeunesse étudiante chrétienne et Jeunesse ouvrière chrétienne en particulier... C'est de cette dynamique nouvelle que profite F. Mitterrand lors de l'élection présidentielle de 1965, c'est elle également qui permet à la gauche non communiste de progressivement prendre en compte les valeurs défendues par la génération de mai 68.

La SFIO, qui est devenue parti socialiste en juillet 1969, donne ainsi naissance au PS de F. Mitterrand à l'occasion du congrès d'Épinay (juin 1971), et ce nouveau parti qui proclame son intention de « changer la vie » signe en juin 1972 un programme commun de gouvernement avec le parti communiste et les radicaux de gauche. Or cette alliance profite surtout aux socialistes, rejoints depuis l'automne 1974 par Michel Rocard et de nombreux militants du PSU ; parce qu'il semble le mieux à même d'exprimer les nouvelles aspirations et les nouveaux comportements des Français, notamment ceux des jeunes et des classes moyennes urbaines, parce qu'il bénéficie du pouvoir de rassemblement qu'exerce la personnalité de F. Mitterrand, parce qu'il présente l'image d'un parti de gauche non révolutionnaire, d'un parti populaire encadré par des hiérarchies traditionnelles, celles des cadres et des enseignants notamment, le PS ne cesse ainsi de progresser au fil des consultations électorales et, aux cantonales de 1976 comme aux municipales de 1977, il obtient davantage de voix que le PC, ce qui n'était jamais arrivé depuis 1945...

Toutefois, sous la direction de son secrétaire général Georges Marchais, le parti communiste qui s'émeut de la percée socialiste radicalise alors ses positions au point de provoquer, en septembre 1977, la rupture de l'Union de la gauche puis de consacrer une large part de son énergie à désormais dénoncer le « virage à droite » du PS. La plupart des observateurs ne s'en attendent pas moins cependant à une victoire de la gauche à l'occasion des élections législatives prévues pour mars 1978, dans la mesure notamment où la majorité s'avère au fond tout aussi divisée que la gauche. Jacques Chirac, après avoir pris de plus en plus nettement ses distances avec un président de la République qu'il n'hésitera pas à accuser de pratiquer une politique de « socialisme rampant », a transformé dès décembre 1976 l'ancienne UDR en un nouveau Rassemblement pour la République (RPR), et donne aux relations entre giscardiens et gaullistes un tour souvent conflictuel, comme par exemple lors de l'élection − pour la première fois depuis la Commune − d'un maire de Paris en mars 1977, où il triomphe du candidat giscardien Michel d'Ornano. Face au RPR les républicains indépendants, qui pour leur part se sont eux aussi rassemblés en mai 1977 au sein d'une nouvelle formation, le parti républicain, lancent en janvier 1978 la formule d'une fédération de l'Union pour la démocratie française (UDF), qui regroupe derrière le président de la République giscardiens, centristes et radicaux ralliés à la majorité.

Mais la désunion de l'opposition pèse finalement plus lourd que les rivalités à droite, et l'échéance électorale de mars 1978, dont l'on attendait un résultat serré et une possible victoire de la gauche, se traduit par une nette victoire de l'UDF et du RPR. Les partis de gauche ont donc manqué l'alternance que pouvaient leur laisser espérer leurs résultats antérieurs, et le parti communiste qui compte désormais moins de députés que le PS durcit de plus en plus ses positions, cependant qu'au sein du PS s'affirment de nombreux clivages opposant notamment les partisans du retour à l'Union de la gauche, tel Jean-Pierre Chevènement, aux tenants d'une évolution de type plus ou moins social-démocrate, tel Michel Rocard. En outre, un débat souvent confus divise les socialistes autour du choix de leur candidat à la prochaine élection présidentielle, et M. Rocard, qui présente ouvertement sa « candidature à la candidature » en octobre 1980, ne la retire qu'après que F. Mitterrand a, à son tour, annoncé la sienne, début novembre.

Le scrutin présidentiel de mai 1981 se présente donc sous des auspices fort indécis. Outre les traditionnelles candidatures plus ou moins marginales qui trouvent dans la campagne électorale l'occasion d'une tribune de choix, droite et gauche s'y engagent en effet en ordre largement dispersé, avec d'un côté G. Marchais pour le parti communiste et F. Mitterrand pour le PS, et de l'autre V. Giscard d'Estaing pour l'UDF, J. Chirac pour le RPR et Michel Debré au nom du gaullisme historique... Au second tour, Mitterrand et Giscard se retrouvent seuls en lice ; mais si le PC, contraint et forcé par la médiocrité de son score, appelle ses électeurs à voter pour le candidat socialiste, J. Chirac se contente de mettre en garde les Français contre les dangers d'une victoire de la gauche, et n'invite pas explicitement ses partisans à porter leurs suffrages vers le président sortant.

Usure du pouvoir, poids de la crise économique et rejet par une large partie de l'opinion de la politique menée par R. Barre, division de la majorité et défection partielle de l'électorat chiraquien au second tour : autant de facteurs qui hypothèquent donc les chances de V. Giscard d'Estaing. Mutations des valeurs et de la société, aspiration au changement, bon report des voix communistes au second tour : autant d'éléments qui favorisent en revanche F. Mitterrand. Le 10 mai 1981, celui-ci est ainsi élu président de la République avec 51,8 % des suffrages contre 48,2 % pour son adversaire. Pour la première fois dans l'histoire de la Ve République, un président de gauche entre à l'Élysée, consacrant ainsi la pérennité d'un édifice constitutionnel auquel pourtant il s'était longtemps opposé...

Un mois plus tard, les élections législatives anticipées des 14 et 21 juin complètent la victoire de la gauche. Au terme de ce que l'on prend alors pour un véritable raz de marée électoral (la « vague rose »), le PS détient en effet à lui seul la majorité absolue des sièges, avec 270 élus. Malgré la confirmation d'un sensible recul communiste (16 % des voix et 44 sièges), la gauche recueille au total 56 % des suffrages et la nouvelle opposition se trouve donc nettement minoritaire, avec seulement 83 députés pour le RPR et 61 pour l'UDF. F. Mitterrand et les socialistes ont ainsi tiré profit de la logique des institutions, qui a d'abord obligé le PC à les soutenir au second tour de l'élection présidentielle, puis qui a favorisé leur large succès aux législatives. Plus profondément, ils ont également bénéficié de l'évolution de leurs relations avec les communistes : par sa construction en 1972, l'Union de la gauche a ancré le PS à gauche ; puis, par sa rupture en 1977, elle lui a permis de s'émanciper et de se rallier une partie de l'électorat centriste, rassuré par le déclin du PC...

1981-1988, les expériences et les tournants du premier septennat Mitterrand

La victoire de François Mitterrand, célébrée par une cérémonie d'investiture qui le voit se recueillir, au Panthéon, devant les tombes des symboles de la culture républicaine, est présentée par le nouveau pouvoir comme une continuation de la longue tradition du « peuple de gauche » et comme le point de départ d'une phase de changements profonds pour la société française, dans le cadre de la « force tranquille » dont le candidat socialiste avait fait son slogan simple et rassurant lors de la campagne électorale. C'est bien dans cette perspective que le gouvernement se voit confié au maire de Lille Pierre Mauroy, un ancien de la SFIO plus soucieux de socialisme pratique et convivial que de débats théoriques, qui au lendemain des élections législatives de juin s'entoure de ministres issus des différentes tendances du PS, mais incorpore également à son équipe quatre ministres communistes relégués à des postes relativement mineurs, comme par exemple Charles Fiterman aux Transports.

De l'« état de grâce » au changement de cap
Assuré, grâce à l'ampleur de sa majorité parlementaire, de pouvoir disposer d'un délai suffisant et d'une large marge de manœuvre, le gouvernement peut donc s'employer à appliquer le programme des « 110 propositions » défendues par F. Mitterrand durant la campagne électorale, en profitant de l'« état de grâce » provoqué par l'euphorie de la victoire électorale pour mettre en train le chantier des réformes. Il y a d'ailleurs en la matière une relative méprise que seul le

François Mitterrand,
affiche électorale de 1981

temps mettra peu à peu en évidence ; alors que l'étude minutieuse des élections législatives de juin révèle en effet que le « raz de marée » socialiste résulte bien plus en fait d'une large abstention des électeurs de droite que d'une véritable progression de la gauche, celle-ci croit bénéficier d'un assentiment beaucoup plus large qu'il ne l'est en réalité... Mais, partiellement trompé par des apparences que renforce le silence d'une droite en état de choc, le Premier ministre entend bien bâtir au plus vite le « socle du changement », de manière à créer une dynamique ensuite irréversible ; aussi les premiers mois de l'après 10 mai sont-ils marqués par une activité législative particulièrement intense, par laquelle le gouvernement socialiste met en place un ensemble de réformes dont l'étendue ne trouve d'équivalent que dans l'œuvre des fondateurs de la IIIe République ou dans celle des hommes de la Libération.

En premier lieu, le pouvoir s'attaque à divers symboles de ce qu'il estime être les blocages et les archaïsmes de la législation française. Par exemple, la peine de mort est abolie en septembre 1981, le système pénal et pénitentiaire fait l'objet de mesures d'assouplissement de la part du garde des Sceaux Robert Badinter, le monopole de l'État sur les ondes de radiodiffusion est abrogé et la loi de juillet 1982 vise à dégager radio et télévision de la tutelle du pouvoir politique, en instaurant une Haute Autorité de l'audiovisuel, etc.

En second lieu, le ministre de l'Intérieur Gaston Defferre mène une action particulièrement décisive en opérant une large rupture avec toute la tradition française de centralisation politique et administrative. Par les lois de décentralisation de mars 1982, janvier 1983 et juillet 1983, les régions bénéficient en effet d'un vaste transfert de compétences qui fait passer le pouvoir exécutif des mains des préfets, agents du pouvoir central, à celles des présidents des conseils généraux et régionaux, issus du suffrage universel ; l'État abandonne à leur profit un certain nombre de ses prérogatives traditionnelles (formation professionnelle, action sociale, constructions scolaires, ports et voies d'eau, etc), et dans cette perspective il leur donne la possibilité de se doter d'un budget considérablement accru, soit par le biais de la fiscalité locale, soit par celui de dotations indirectes émanant du Budget central. Bien que peu spectaculaire sans doute aux yeux de l'opinion, cette décentralisation-Defferre, qui érige ainsi les régions en véritables collectivités de droit, constitue donc en fait une véritable révolution...

En troisième lieu enfin, l'action du gouvernement Mauroy s'attache tout particulièrement aux questions économiques et sociales, en partant du principe qu'une politique socialiste devrait permettre d'assurer *en même temps* davantage de justice sociale et une relance efficace de l'activité économique. Globalement inspirée des schémas keynésiens, cette politique prend donc le contre-pied du plan Barre, en faisant du soutien à la consommation et de la lutte contre le chômage ses priorités majeures. Afin d'améliorer l'existence des salariés, et dans l'espoir que s'en dégageront les possibilités d'un partage de l'emploi propice à la réduction du chômage, le pouvoir instaure ainsi une cinquième semaine de congés payés et réduit à 39 heures la durée hebdomadaire du travail tout en imposant, contre l'avis du ministre de l'Économie et des Finances Jacques Delors, le maintien d'un salaire équivalent à 40 heures effectives. L'âge de la retraite est de même ramené de 65 à 60 ans, le SMIC et les prestations sociales sont revalorisés, cependant que l'embauche de nouveaux fonctionnaires s'accélère considérablement et que le ministre du Travail Jean Auroux fait voter diverses lois visant à démocratiser le fonctionnement des entreprises par l'extension des procédures de concertation.

Mais les mesures économiques passent également par une active politique de nationalisations, qui relève pour partie de la volonté de donner à l'État les moyens d'intervenir plus efficacement contre la crise en restructurant et en redynamisant le tissu économique du pays, et pour partie d'une sorte de surenchère symbolique inconsciemment destinée à bien marquer l'ancrage à gauche du gouvernement. Au terme d'un débat parlementaire particulièrement long et houleux, qui a vu les députés gaullistes, dans une logique de bipolarisation qui les mène à s'écarter quelque peu de leur tradition, défendre des thèses libérales, le texte de loi sur les nationalisations est voté le 18 décembre 1981. Nombreuses, les nationalisations concernent le secteur financier (la Banque de Suez, la Banque de Paris et des Pays-Bas et divers petits établissements de crédit) et s'étendent à de puissants groupes industriels, Usinor et Sacilor (que le gouvernement de R. Barre, face à la crise de la sidérurgie, avait déjà dû nationaliser à 85 % dès 1978), la CGE, Thomson, Saint-Gobain, Rhône-Poulenc, Péchiney-Ugine-Kuhlmann, ou encore Dassault et Matra (qui ne sont pas intégralement nationalisés mais font l'objet d'une prise de participation majoritaire de la part de l'État). Considérablement accru, le poids du secteur public passe ainsi de 10 % des actifs (agriculture exclue) en 1980 à 16 % en 1982, sa part dans le chiffre d'affaires global des entreprises françaises progresse de 21 à 28 %, cependant que le contrôle de l'État sur les dépôts bancaires s'élève de 60 à 90 %...

Au total, les réformes économiques du gouvernement Mauroy se traduisent par un sensible accroissement du déficit budgétaire, qui passe de 30,3 milliards de francs en 1980 à 80,9 milliards dès la fin 1981, mais les effets que l'on en escompte ne sont guère probants. L'augmentation du chômage se ralentit un peu, mais le mouvement de créations d'emplois n'a pas vraiment été réamorcé ; la consommation progresse mais, en raison de l'incapacité de l'économie française à suivre le rythme de la demande, il en résulte surtout une pénétration accrue des produits étrangers sur le marché national et une vive dégradation de la balance commerciale, dont le déficit passe de 54 milliards de francs en 1981 à 103,8 milliards en 1982. L'inflation quant à elle se maintient à un niveau élevé, de l'ordre de 11,8 % en 1982, et elle nourrit une dépréciation du franc qui engendre en l'espace de dix-huit mois trois dévaluations successives, d'un ordre cumulé d'à peu près 20 %, dans le cadre du système monétaire européen.

Ainsi, se trouvant en complet décalage par rapport aux politiques de rigueur suivies au même moment par les principaux partenaires de la France, la relance Mauroy n'a certes pas fait entrer le pays dans la voie du collectivisme, comme l'en accusent alors ses adversaires, ni même accru les difficultés conjoncturelles ; mais en revanche, eu égard à l'optimisme initialement affiché et par rapport à l'ampleur de ses ambitions de sortie de la crise, elle constitue bel et bien un échec.

Dès l'automne 1981, des voix s'étaient d'ailleurs levées au sein même du gouvernement pour réclamer un infléchissement, notamment celles de J. Delors ou de M. Rocard, ministre du Plan. Et à partir du printemps 1982, de manière d'abord implicite et discrète, la politique gouvernementale commence en fait à s'orienter vers des choix radicalement contraires à ceux qui avaient été adoptés au départ... L'heure est en effet désormais à la rigueur et à la lutte contre l'inflation : les prix et les salaires sont bloqués de juillet à novembre 1982, et surtout le gouvernement commence à s'efforcer de briser les mécanismes inflationnistes en favorisant une progressive désindexation des salaires par rapport aux prix. Tournant majeur, cette désindexation doit permettre de sortir du cercle vicieux par lequel l'augmentation des salaires et celle des prix ne cessaient jusqu'alors de s'entretenir mutuellement ; mais elle ne peut évidemment qu'entraîner dans l'immédiat une baisse du pouvoir d'achat moyen ; en ce sens, on peut d'ailleurs se demander si un gouvernement de gauche, surtout dans la mesure où la présence en son sein de ministres communistes contraignait en quelque sorte la CGT au silence, n'était pas le seul à même de faire accepter aux Français une telle évolution...

Entre relance et rigueur, le débat n'est pourtant pas définitivement tranché. Les partisans de la première, comme Jean-Pierre Chevènement, préconisent de laisser libre cours à la dépréciation du franc en sortant du système monétaire européen et en optant pour un actif volontarisme au sein d'une économie largement repliée sur l'hexagone ; les défenseurs de la seconde, représentés par J. Delors, plaident au contraire pour le choix de la compétitivité internationale au prix de sévères efforts d'assainissement intérieur. Longtemps hésitant, le président de la République tranche finalement, en mars 1983, pour le maintien d'une politique de rigueur qui marque un virage absolument décisif des socialistes français par rapport à toutes leurs positions antérieures. Le « plan Delors » de mars 1983 passe en effet par un effort de stricte limitation des dépenses de l'État et par une politique de taux d'intérêts relativement élevés, tout en s'engageant dans la voie d'un progressif allégement de la pression fiscale sur les entreprises, et il donne ainsi la priorité à la lutte contre l'inflation et au soutien à l'initiative privée, en une démarche qui s'apparente de plus en plus aux postulats de l'analyse libérale... Mais le risque est alors de se trouver confronté, un peu comme l'avait été R. Barre en son temps, à l'impopularité d'une politique dont les fruits ne peuvent éclore que lentement, à l'heure même où l'opposition refait progressivement surface.

La montée des difficultés

Si le contexte très spécifique des élections législatives de juin 1981 avait pu faire croire à un effondrement des partis de droite, ceux-ci redressent en fait rapidement la tête, portés par le ton souvent virulent d'une presse conservatrice (*Le Figaro, Le Quotidien de Paris*) qui désormais se fait volontiers militante comme par l'éclosion de divers groupes de réflexion comparables à ceux qui avaient nourri le renouvellement de la gauche non communiste dans les années 60. La défaite de 1981 a apporté avec elle les éléments d'un rajeunissement des hommes, cependant que le succès des théories ultra-libérales incarnées par Margaret Thatcher ou Ronald Reagan donne aux giscardiens, mais aussi à des gaullistes fraîchement convertis aux vertus du libéralisme, la possibilité de se présenter comme les tenants de la modernité face à un socialisme dont ils dénoncent l'archaïsme.

Dès le début 1982, les élections pour le renouvellement de la moitié des conseils généraux confirment le partage d'un électorat au sein duquel gauche et droite font jeu égal (49,9 et 49,7 %) ; en mars 1983, les élections municipales consacrent de même les bons résultats de l'opposition, qui l'emporte nettement dans les villes de plus de 30 000 habitants où elle recueille environ 55 % de voix. Forts de ces succès, l'UDF et le RPR s'engagent alors dans une permanente guérilla parlementaire qui vise à freiner les réformes socialistes par une spectaculaire multiplication du nombre d'amendements proposés (1 400 à propos du projet de loi sur la réorganisation de l'enseignement supérieur, 2 500 sur le projet de loi relatif au respect du pluralisme de l'information et à la lutte contre les monopoles des grands groupes de presse !).

Mais, surtout, les partis de droite jettent toutes leurs forces dans l'opposition au projet présenté par Alain Savary, ministre de l'Éducation nationale, à propos de l'intégration de l'enseignement privé aux structures de l'enseignement public. Le programme du candidat Mitterrand comportait en effet la mention d'un « grand service unifié et laïc de l'enseignement public », mais toutefois le président et son ministre ont pris garde de ne rien brusquer en la matière et de s'entourer du maximum de précautions. Un premier projet Savary, présenté en décembre 1982, est pourtant immédiatement repoussé par les responsables de l'enseignement catholique qui l'interprètent comme une atteinte à la liberté de l'enseignement ; puis de nouvelles propositions plus conciliantes, rendues publiques en octobre 1983, sont cette fois rejetées par le camp laïc des syndicats d'enseignants (Fédération de l'Éducation nationale), de la Fédération des conseils de parents d'élèves de l'école laïque et du Comité national d'action laïque. S'ouvre ainsi, au grand dam d'un pouvoir qui ne l'a pas voulu, une véritable « guerre scolaire » dans laquelle les responsables de l'épiscopat catholique et de l'enseignement privé ne peuvent empêcher une exploitation politique du débat cependant que le gouvernement ne peut lui non plus faire taire le maximalisme de la base du parti socialiste... L'ultime projet présenté par A. Savary en mars 1984 recherchait pourtant les voies d'un compromis qui, jugé avec le recul du temps, aurait vraisemblablement pu s'avérer acceptable par tous ; mais la radicalisation d'un conflit passionné aboutit à dénaturer le texte initial sous la pression des amendements imposés par les députés socialistes. A partir de l'hiver 1983-84, les partisans de l'école privée se mobilisent pour leur part activement, organisant de multiples manifestations de masse qui culminent en juin 1984, où se regroupent à Paris plus d'un million de manifestants venus de toute la France : finalement, début juillet, le président de la République annonce publiquement le retrait du projet de loi, cependant qu'Alain Savary, qui n'avait pas été consulté, démissionne aussitôt.

La guerre scolaire aura ainsi marqué le premier échec du septennat de F. Mitterrand, et permis à l'opposition de proclamer que les « déçus du socialisme » (l'expression est lancée par V. Giscard d'Estaing) sont désormais majoritaires dans le pays. Fin juin 1984, à l'occasion du renouvellement de l'Assemblée européenne de Strasbourg, les premières élections européennes organisées au suffrage universel direct confirment certes ce sentiment, puisque la liste unique de l'opposition, conduite par Simone Veil, l'emporte avec 41 % des suffrages contre un peu moins de 21 % pour la liste présentée par le PS. Mais ces élections marquent surtout le très considérable recul du parti communiste, qui tombe à

11,2 % des voix, et plus encore la spectaculaire percée de l'extrême droite, le Front national de Jean-Marie Le Pen obtenant, avec près de 11 % des votes, presqu'autant de voix que les communistes...

Face à l'évolution de la conjoncture politique, le président de la République réagit alors par un profond remaniement gouvernemental. Acceptant la démission de Pierre Mauroy le 17 juillet 1984, il le remplace aussitôt par l'ancien ministre de l'Industrie, Laurent Fabius, qui à trente-huit ans devient ainsi le plus jeune Premier ministre que la France ait connu. Cet ancien élève de l'École normale supérieure et de l'École nationale d'administration, dont les origines sociales et la personnalité se situent aux antipodes de celles de son prédécesseur, incarne la génération des nouvelles élites socialistes qui n'ont pas connu la vieille SFIO et qui défendent l'idée d'un socialisme gestionnaire et modernisateur. Il présente ainsi un programme largement dépourvu de toute référence idéologique, scellant en cela de manière parfaitement claire la profonde mutation qui s'était esquissée avec le changement de politique économique : les socialistes de 1984 ne sont plus les mêmes que ceux de 1981, et dorénavant ils acceptent de l'admettre. L'arrivée du nouveau Premier ministre à la tête du gouvernement consacre en outre, de manière fort logique, une nouvelle et prévisible rupture de l'Union de la gauche ; le parti communiste, qui désapprouve en effet le choix de la rigueur économique, refuse de prendre part au nouveau ministère et adopte bientôt une attitude d'opposition ouverte au pouvoir.

Avec Pierre Bérégovoy, successeur de J. Delors au ministère de l'Économie et des Finances, le cap de la rigueur est fermement maintenu, et permet à la France de bénéficier des effets de la désinflation mondiale et de la reprise américaine. Ramenée à 7,4 % en 1984, l'inflation continue à fléchir pour n'atteindre « que » 5,8 % en 1985 et seulement 2,1 % en 1986, cependant que la situation financière des entreprises commence à s'assainir et à s'améliorer et qu'une politique très libérale à l'égard des marchés financiers stimule un vif dynamisme de la Bourse. En revanche, les choix opérés se traduisent par une relative contraction du pouvoir d'achat moyen et, plus encore, par une continuation de la montée du chômage, avec plus de deux millions et demi de demandeurs d'emploi dès 1985, soit plus de 10 % de la population active. Le gouvernement s'efforce certes de promouvoir l'insertion professionnelle des chômeurs ; mais sa politique de « traitement social du chômage » ne peut en fait apporter que de partiels palliatifs, symbolisés depuis 1984 par les TUC, travaux d'utilité collective proposés aux jeunes dépourvus d'emploi. La croissance demeure très fortement ralentie (1,5 % par an en moyenne dans la première moitié des années 80), et la sortie de la crise semble encore lointaine, cependant que les difficultés dramatiques de régions (le Nord, la Lorraine) et de secteurs entiers (mines, sidérurgie, chantiers navals) engendrent une inquiétude peu propice à la popularité du gouvernement.

1986-1988 : l'expérience de la cohabitation

En mars 1985, le renouvellement de la seconde moitié des conseils généraux se marque à nouveau par la progression de l'opposition, massivement majoritaire à tous les échelons du pouvoir local, municipalités des grandes villes, départements, régions et, de ce fait, Sénat. L'opposition, qui parvient à conclure en avril 1985 un accord de gouvernement, peut en outre profiter d'une dynamique unitaire dont elle a testé les vertus lors des élections européennes, et elle entend bien remporter haut la main les législatives prévues pour mars 1986. Mais, en dépit de la vive opposition de M. Rocard, qui démissionne avec éclat de son poste de ministre de l'Agriculture en avril 1985 pour protester contre une réforme qu'il désapprouve, le président de la République s'efforce de limiter les effets de la probable victoire de la droite en faisant mettre au point par le ministre de l'Intérieur, Pierre Joxe, une loi électorale remplaçant le scrutin majoritaire par un système de représentation proportionnelle comparable à celui de la IVe République (juin 1985).

Si ce changement du mode de scrutin, qui en tout état de cause constituait depuis longtemps une revendication du parti socialiste, vise notamment à réduire l'ampleur du succès de l'UDF et du RPR, les élections de mars 1986 n'en représentent pas moins un tournant essentiel. Au soir du 16 mars, le PS s'affirme certes comme le premier parti de France avec près de 33 % des voix, mais la chute du parti communiste en dessous de la barre des 10 % s'avère telle que, en y ajoutant diverses petites listes, l'ensemble des partis de gauche n'obtient que 44 % des suffrages, alors que l'UDF et le RPR en recueillent 44,7 %. Vainqueurs, les partis de droite sont donc pourtant bien loin de réaliser le score qu'ils espéraient, du fait surtout de la confirmation de la percée du Front national, qui frôle de peu le seuil des 10 %. Le mécanisme de la représentation proportionnelle aidant, la nouvelle majorité ne pourra disposer que de trois ou quatre sièges de plus que la gauche à l'Assemblée : à défaut de pouvoir reconduire une majorité socialiste, F. Mitterrand est bel et bien parvenu à restreindre le succès de la droite, qui sait dès lors qu'elle devra compter avec le président de la République dans sa gestion du pays.

Puisque « le corps électoral a voté comme s'il avait voulu contraindre les deux camps à rechercher l'entente, en ôtant le pouvoir aux socialistes et en refusant à la droite la victoire éclatante qui lui permettrait d'imposer sa loi » (R. Rémond), les conditions se trouvent donc réunies pour l'expérience originale d'une cohabitation entre un président et une majorité qu'a priori tout oppose. D'ailleurs, contrairement à R. Barre, J. Chirac avait très tôt affirmé que rien selon lui n'interdisait une telle cohabitation et, dans la mesure où le RPR compte davantage de députés que l'UDF (139 contre 127), c'est donc lui qui succède logiquement à L. Fabius le 20 mars. Avec notamment Édouard Balladur à l'Économie, aux Finances et, dénomination révélatrice, aux Privatisations, Charles Pasqua à l'Intérieur et Philippe Seguin au Travail, les gaullistes dominent le nouveau gouvernement, mais les libéraux du parti républicain ne sont pas oubliés, tels François Léotard à la Culture ou Alain Madelin à l'Industrie, cependant que Pierre Méhaignerie, président du Centre des démocrates sociaux, reçoit l'Équipement, l'Aménagement du territoire et le Logement.

A ce nouveau gouvernement qui reflète fidèlement les rapports de force à droite, il appartient désormais d'inventer les règles du jeu d'une configuration politique inédite. Le président de la République entend pour sa part conserver un large rôle dans le domaine des relations internationales, mais de ce point de vue ne se posent guère de problèmes véritables, tant les positions du Premier ministre et de son ministre des Affaires étrangères, le diplomate Jean-Bernard Raimond, correspondent pour l'essentiel à celles de F. Mitterrand. En revanche, les divergences s'avèrent évidemment profondes en matière économique et sociale, notamment en ce qui concerne le large programme de privatisations qu'entendent mettre en œuvre J. Chirac et E. Balladur.

Ainsi, F. Mitterrand refuse systématiquement de signer les ordonnances de privatisation (juillet 1986) ou l'ordonnance sur l'aménagement du temps de travail (décembre 1986), contraignant de ce fait le gouvernement à recourir au débat parlementaire pour toutes les questions qu'il estime primordiales, et n'acceptant de signer des ordonnances que si elles concernent des points plus mineurs. Mais, au total, l'expérience de la cohabitation démontre cependant la capacité d'adaptation de la Constitution bien davantage qu'elle ne la remet en cause, et si le président de la République ne se prive pas du droit de déclarer ouvertement son hostilité ou sa réserve à l'égard de telle ou telle mesure gouvernementale, il n'empêche nullement le Premier ministre de suivre la politique de son choix.

Pour J. Chirac, qui ne fait pas mystère de ses ambitions présidentielles, il s'agit en l'occurrence de faire vite puisque, le mandat de F. Mitterrand devant s'achever en mai 1988, le gouvernement ne dispose donc que de deux ans pour mettre en œuvre son programme libéral. Votée dès le 2 juillet 1986, la loi de privatisation relève de la volonté de fonder la prospérité économique sur un retour aussi large que possible aux mécanismes du marché et de l'initiative privée, mais procède également d'une sorte de fétichisme libéral relativement comparable au fétichisme interventionniste qui prévalait en 1981. Il est ainsi prévu de privatiser l'ensemble des entreprises nationalisées par le gouvernement Mauroy, mais aussi de revenir sur certaines des nationalisations de la Libération, en particulier dans le domaine bancaire.

Lancées à partir de l'automne, les privatisations Balladur concernent par exemple la CGE, les Assurances générales de France, Saint-Gobain, Suez et Paribas, la Société générale ou la chaîne de télévision TF1. Dominées par des « noyaux durs » composés de groupes industriels ou financiers souvent proches du RPR, ces opérations rencontrent un large succès dans le public des petits porteurs, mais en fait elles ne modifient pas véritablement la situation de l'économie française. Nationalisations du gouvernement Mauroy et privatisations du gouvernement Chirac auront donc animé des débats intenses pour des résultats économiques concrets de faible envergure dans un cas comme dans l'autre ; mais sans doute était-ce le prix à payer pour que s'apaise un vieux conflit symbolique appelé par la suite à peu à peu s'estomper...

Dans le même temps et dans le même esprit, le gouvernement s'en prend à diverses mesures socialistes, supprimant l'impôt sur les grandes fortunes, relâchant la progressivité de l'impôt en supprimant les taux les plus élevés sur les tranches supérieures de revenus, remplaçant la loi Quilliot, qui cherchait à avantager les locataires de logements par rapport à leurs propriétaires, par une loi Méhaignerie qui libéralise notamment l'évolution des loyers, etc. Toutes ces mesures, souvent mal accueillies par une assez large partie de l'opinion, s'intègrent avant tout à une démarche économique libérale qui fait de l'initiative individuelle et des mécanismes de la concurrence la clef de la reprise. Revenant par exemple sur une procédure qui avait été mise en place en 1975 (par le gouvernement Chirac de l'époque), l'on assouplit ainsi les contraintes administratives qui visaient à contrôler les mécanismes de licenciement, de même que l'on s'efforce de promouvoir une flexibilité du travail supposée accroître, par l'aménagement du temps de travail comme par celui des contrats d'emploi, la marge de manœuvre et donc le dynamisme des entreprises. E. Balladur abroge également en décembre l'ordonnance de 1945 qui permettait aux pouvoirs publics de bloquer les prix et les salaires, et d'une manière générale il s'efforce systématiquement d'alléger la réglementation administrative et le poids de l'État.

Mais la libéralisation, qui revêt en tout état de cause une ampleur bien moindre que celle que peut connaître par exemple la Grande-Bretagne thatcherienne, ne se traduit pas par le salutaire coup de fouet que l'on attendait d'elle. Les entreprises tardent à réinvestir, le déficit du commerce extérieur continue d'autant plus à se creuser que la balance industrielle devient elle-même déficitaire et, si l'inflation s'avère désormais relativement contrôlée, le chômage continue sa progression, culminant en 1987 à plus de 2 650 000 demandeurs d'emploi, soit 11 % de la population active... Confronté en outre à l'allongement de la durée moyenne du chômage, qui dépasse la barre symbolique d'un an, le ministre du Travail Philippe Seguin en est réduit à développer largement les diverses modalités du traitement social du chômage, TUC, stages divers et, selon sa propre expression, « petits boulots » variables, mais il ne peut empêcher une précarisation croissante de l'emploi, qui départage de plus en plus des Français intégrés aux circuits du travail et des Français en cours de marginalisation économique et sociale accélérée. Enfin, le krach boursier mondial du « lundi noir », le 19 octobre 1987, ébranle si profondément la Bourse que le gouvernement doit décider de suspendre pour un temps le processus des privatisations, se privant ainsi d'une dynamique qui, si elle ne comportait guère d'impact effectif majeur, pouvait du moins lui donner l'image d'une action susceptible de modifier le cours des choses...

Or, au même moment, l'assise politique du Premier ministre souffre d'une remise en question de plus en plus sensible. Si l'épreuve de la vague d'attentats terroristes de l'automne 1986, en écho aux complexes tensions qui agitent le Proche et le Moyen-Orient, nourrit un mouvement de large cohésion nationale, l'hiver se marque en effet par une contestation massive des lycéens et des étudiants. Présenté par Alain Devaquet, le secrétaire d'État à l'Enseignement supérieur et à la Recherche, un projet de réforme du fonctionnement des universités provoque en effet, à partir de novembre, un large mouvement de refus de la part de jeunes qui redoutent en particulier l'accentuation de la sélection à l'entrée dans les universités. Attirant plusieurs centaines de milliers de participants, les manifestations prennent rapidement un tour dramatique, quand début décembre un jeune étudiant, Malik Oussekine, décède des suites de violences policières. Comme le gouvernement Mauroy avait dû céder à la pression de l'opinion à propos du projet Savary, le gouvernement Chirac se voit dès lors à son tour contraint de retirer le projet Devaquet, puis, affaibli par ce dernier échec, il subit immédiatement une nouvelle épreuve sociale avec une vaste grève des cheminots, qui commence à la mi-décembre et paralyse le pays durant quatre semaines.

Dès la fin 1986 se marque donc alors un net coup d'arrêt à son élan global et à sa volonté de réformes, et dorénavant la politique gouvernementale se borne d'autant plus à la simple gestion du quotidien que s'approche à grands pas l'échéance de l'élection présidentielle de mai 1988...

Le pouvoir et sa politique à la fin des années 80 et au début des années 90 : de Mitterrand à Mitterrand

A la veille de l'élection présidentielle de 1988, le premier à annoncer sa candidature est J.-M. Le Pen, qui se déclare dès avril 1987 et se présente comme le porte-parole des Français trahis par la « bande des quatre », en l'occurrence le PC, le PS, mais aussi l'UDF et le RPR, conjointement accusés de faire passer les basses manœuvres politiciennes avant les intérêts supérieurs de la nation. À cet égard consciente du fait que sa victoire ou sa défaite peuvent éventuellement dépendre de l'attitude de l'électorat lepéniste au deuxième tour, la majorité hésite d'ailleurs quant à l'attitude à adopter face au chef du Front national, en un débat interne peu ou prou comparable à celui qu'avaient pu connaître les socialistes à propos de leurs relations avec les communistes. Ces derniers annoncent pour leur part la candidature d'André Lajoinie, mais doivent compter avec la

Juin 1988, Michel Rocard, nouveau Premier ministre, aux côtés du président de la République

dissidence d'un courant « rénovateur » qui entre en lice en la personne de Pierre Juquin. En janvier 1988, J. Chirac ne surprend guère en rendant publique sa décision de se présenter au verdict des urnes, pas plus que R. Barre ne crée l'émoi en suivant ses traces en février. L'attente la plus longue concerne en fait le choix de F. Mitterrand, qui ne fait part qu'au dernier moment, à la fin mars, de son choix de solliciter un second mandat présidentiel.

L'élection présidentielle de 1988 et le gouvernement Rocard

Mis à part les campagnes électorales du parti communiste et du Front national, dont les candidats obtiennent au premier tour respectivement 6,7 % (confirmation de l'effondrement communiste) et 14,3 % (confirmation de l'essor de l'extrême droite) des voix, cette élection n'oppose plus, contrairement à celles de 1974 ou de 1981, deux projets de société radicalement antagonistes. Selon des modalités certes variables, un certain consensus règne en effet quant au maintien d'une politique économique de rigueur, les ques-

381

tions internationales ne font guère l'objet de dissensions majeures, et seul au fond le non négligeable domaine des questions sociales, prises au sens le plus large du terme, départage essentiellement gauche socialiste et droite républicaine. Aussi le second tour, qui le 8 mai 1988 oppose le président sortant à son Premier ministre, voit-il les Français voter sans doute pour un homme bien plus que pour un programme. Avec 54 % des voix contre 46 % pour J. Chirac, F. Mitterrand est finalement réélu facilement, dans la mesure notamment où il a su drainer vers son nom une partie des 16 % d'électeurs qui s'étaient prononcés en faveur de R. Barre au premier tour.

Reconduit dans ses fonctions, le président de 1988 n'est pourtant pas le même que celui de 1981. S'affichant volontiers comme un rassembleur beaucoup plus que comme un chef de parti, il s'aligne sur les vœux de l'opinion en choisissant de nommer Premier ministre un Michel Rocard dont tous les sondages attestent la popularité, et prône avec lui une politique d'« ouverture » que doit concrétiser l'élargissement du gouvernement à des personnalités issues de la « société civile » et à des représentants de la famille centriste. Mais la double réticence du parti socialiste et des centristes rend pourtant nécessaire, en l'absence de majorité parlementaire viable, la dissolution de l'Assemblée (14 mai) et l'organisation début juin de nouvelles élections législatives, dans le cadre d'un scrutin majoritaire rétabli en 1986 par le gouvernement Chirac.

Or, marquées par un considérable taux d'abstention (30 % au second tour...), elles déjouent tous les pronostics en ne dégageant aucune majorité claire. Le PS et ses alliés radicaux, avec 275 élus, gagnent certes 61 sièges, mais n'atteignent pas la majorité absolue ; à droite, l'UDF, associée au RPR au sein d'une nouvelle Union du rassemblement et du centre (URC), conserve ses 132 sièges et devance désormais un parti gaulliste qui en a perdu 27 ; le PC n'a plus que 27 députés (huit de moins qu'auparavant) et le Front national, laminé par un mode de scrutin qui lui est éminemment défavorable, passe de 32 à un seul représentant.

Le nouveau gouvernement Rocard constitué au lendemain des élections consacre donc la modestie de l'« ouverture » ; dominé par les caciques du parti socialiste, Jean-Pierre Chevènement à la Défense, Pierre Bérégovoy à l'Économie, Lionel Jospin à l'Éducation nationale ou Jack Lang à la Culture, il ne comporte en effet que quelques rares personnalités extérieures au PS, comme Jean-Pierre Soisson, ancien ministre de V. Giscard d'Estaing, au Travail. Aussi la tâche du Premier ministre s'avère-t-elle complexe, dans la mesure où il devra constamment manœuvrer entre la nécessité de s'assurer le soutien des députés socialistes et celle de se gagner le concours ponctuel de renforts variables, qui pourront être selon les cas ceux des communistes ou, plus souvent, ceux des centristes dont il suffit qu'ils ne s'opposent pas aux projets gouvernementaux pour leur permettre d'être adoptés. Dans la pratique, M. Rocard contournera d'ailleurs la difficulté en ayant fréquemment recours à l'article 49-3 de la Constitution, qui par une procédure de vote bloqué permet au gouvernement de faire voter ses projets de loi sans examen par le Parlement...

En effet, le gouvernement doit en outre compter avec une constante montée des tensions au sein même de la famille socialiste, dont le houleux et confus congrès de Rennes, en mars 1990, manifestera avec éclat les divisions en courants qu'opposent à la fois des rivalités de personnes (par exemple L. Fabius contre M. Rocard) et des divergences de fond sur la nature même du socialisme, contre les partisans d'une sorte de social-démocratie libérale et moderniste (M. Rocard, mais aussi L. Fabius !) se dressant notamment les défenseurs d'une tradition de volontarisme interventionniste et de rupture avec le capitalisme (J.-P. Chevènement ou J. Poperen par exemple)... La politique économique du Premier ministre, qui en dépit d'une réelle amélioration conjoncturelle demeure systématiquement fidèle à la rigueur, à la lutte contre l'inflation et à la préservation de la bonne tenue du franc, suscite en particulier la fronde d'un certain nombre de parlementaires socialistes déçus de voir le gouvernement se consacrer davantage aux équilibres économiques qu'à de grandes réformes sociales. L'effort de solidarité n'est pourtant pas oublié, ainsi qu'en témoigne notamment la mise en place, en novembre 1988, d'un « revenu minimum d'insertion » destiné à assurer aux plus démunis les moyens de subvenir aux besoins matériels les plus élémentaires.

Mais la rigueur gestionnaire semble effectivement l'emporter sur les préoccupations réformatrices, et globalement il est clair qu'avec M. Rocard le gouvernement entend remplacer l'interventionnisme d'antan par une action nouvelle, aussi intense mais plus discrète, qui vise à favoriser les conditions de l'activité et à jouer sur l'environnement économique bien plus qu'à exercer un rôle direct. Par exemple, les successifs « plans pour l'emploi » de septembre 1988, septembre 1989 et septembre 1990 abandonnent partiellement la logique du traitement social du chômage pour lui substituer une logique économique qui s'efforce surtout de soutenir la dynamique des entreprises, notamment par une progressive réduction de la fiscalité sur leurs profits et par une série de mesures favorables aux petites et moyennes entreprises.

Une politique économique peu à peu confrontée au retour de la question sociale

Dans le cadre d'une relative embellie mondiale l'économie française, ainsi soutenue par une politique pragmatique dont les grandes lignes font l'objet d'un assentiment désormais non superposable aux barrières partisanes (par exemple de la part de R. Barre), fait d'ailleurs preuve d'une amélioration dont l'on peut déceler les indices en de nombreux domaines. L'inflation est maintenue à un niveau moyen de l'ordre de 3 à 3,5 %, mais surtout, car c'est là l'essentiel, elle cesse de constituer un « mal français » puisque les efforts entrepris depuis 1982-83 par les gouvernements successifs ont permis de la ramener au plus près de l'inflation allemande, bien au-dessous par exemple des inflations américaine ou britannique. Le taux de croissance, nourri par un net mouvement de reprise de l'investissement, se redresse peu à peu pour se stabiliser lui aussi aux alentours de 3 %, ce qui reste certes bien inférieur aux rythmes des années 60 mais n'en constitue pas moins un véritable progrès par rapport à la situation du début des années 80. Si le franc affiche une sereine stabilité au sein du système monétaire européen, le chômage semble pour sa part amorcer pour la première fois un timide et lent mouvement de repli, puisqu'en 1990 il représente un peu moins de 9 % de la population active, touchant environ deux millions et demi de demandeurs d'emploi. Mais subsiste un considérable point noir, celui d'une balance commerciale dont le déficit se maintient encore, au début des années 90, au-dessus de la barre des quarante milliards de francs...

Prônant une « méthode Rocard » faite de pragmatisme et de concertation, le gouvernement enregistre de surcroît de non négligeables succès politiques, obtenant par exemple à la fin de l'été 1988 l'apaisement des vives tensions qui depuis 1984 ensanglantaient la Nouvelle-Calédonie, déchirée entre partisans et adversaires de l'indépendance. Mais le primat donné aux questions économiques s'accompagne en fait surtout d'une relative stabilisation des rapports de force politiques, en un temps où le recul des grands affrontements idéologiques conduit certains observateurs à considérer que la vie politique française a perdu les spécificités qui faisaient d'elle un champ clos passionné. Aux élections municipales de mars 1989, les socialistes retrouvent pour une large part l'implantation qu'ils avaient perdue en 1983, mais l'opposition demeure stable par rapport à son niveau des élections législatives et cantonales de 1988. En juin, les élections pour le Parlement européen consacrent la pérennité des équilibres électoraux et se traduisent par la victoire de la liste RPR-UDF (28,9 % des voix) sur la liste socialiste (23,6 %), mais en fait elles semblent illustrer avant tout la désaffection d'une part croissante des Français pour les partis traditionnels : le taux d'abstention atteint un record (51,2 % !), et les forces peu ou prou situées à l'écart de la scène politique dominante rencontrent un non négligeable succès, puisque le Front national obtient près de 12 % des suffrages cependant que la liste écologique des « Verts » en rassemble plus de 10 %...

Fin août 1989, après un mois de juillet dominé par la célébration du bicentenaire de la Révolution, le Premier ministre s'efforce alors de donner davantage d'élan à son action, en présentant sous l'appellation des « travaux d'Hercule » un programme orienté notamment vers la modernisation sociale du pays. Il se heurte pourtant à un malaise croissant, qu'illustrent tour à tour, après une longue grève des infirmières un an auparavant, des conflits du travail souvent fort intenses dans l'industrie (grève des ouvriers de Peugeot) ou dans la fonction publique tout au long de l'automne... Pour des salariés ou pour des agents de l'État qui observent le redressement financier des entreprises et l'amélioration de la conjoncture économique, la nécessité de la politique d'austérité paraît en effet de moins en moins facile à accepter, et l'apparence d'immobilisme social que semble, à tort ou à raison, donner l'action du gouvernement nourrit dès lors des frustrations croissantes.

L'automne 1990 voit ainsi s'affirmer la montée de tensions telles qu'elles s'accompagnent de véritables flambées de violence. En octobre, la mort d'un jeune motard après une collision avec une voiture de police suscite de graves scènes d'émeutes à Vaulx-en-Velin, une commune de la banlieue lyonnaise où se concentrent populations immigrées et couches sociales défavorisées. En novembre, des manifestations de lycéens qui protestent contre la dégradation des locaux et les sureffectifs scolaires tournent elles aussi à de spectaculaires actes de vandalisme et de violence... De ce point de vue, l'engagement de la France dans la guerre du Golfe en janvier 1991 aura certes pu reléguer pour un temps au second plan la question d'une « relance sociale » : elle ne saurait en tout état de cause la faire oublier, ainsi qu'en témoigneront par la suite les diverses manifestations du « malaise des banlieues » populaires, ou encore les amples mouvements de grève de l'automne 1991, par exemple de la part des infirmières et des assistantes sociales.

Un paysage et des enjeux politiques en cours de redéfinition ?

Sous le poids conjugué de divers facteurs structurels tels que la crise économique et sociale, les mutations sociologiques et culturelles, ou encore l'impact de l'environnement international, mais aussi sous l'effet de l'événement, choc de mai 68 ou départ et décès du général de Gaulle par exemple, les années 70 et 80 ont conduit à une progressive et partielle modification du paysage politique français, qui en ce début de la décennie 90 présente l'aspect d'un complexe enchevêtrement d'héritages et d'éléments nouveaux.

L'évolution des grandes familles politiques
A gauche, le premier trait marquant réside assurément dans le déclin, que tout autorise à considérer comme définitif, du parti communiste. S'il avait réalisé une première percée au moment du Front populaire, il devait surtout s'imposer comme une force politique de tout premier plan à la Libération, et représenter dès lors autour d'un quart (au début de la IVe République) à un cinquième (dans les années 60) de l'électorat français. Or les années 70 et plus encore les années 80 l'on vu en revanche suivre une pente constamment descendante, puisque les diverses consultations récentes le situent au mieux aux alentours de 10 à 12 % des suffrages, et parfois moins encore...

Les explications d'un dépérissement aussi spectaculaire s'avèrent multiples. On relève en premier lieu le déclin de l'implantation sociale du PC : ses bastions traditionnels, tels par exemple que la métallurgie ou les mines, sont les secteurs industriels les plus sévèrement touchés par la crise et par les restructurations qu'elle engendre, et d'une manière générale le Parti ne parvient guère à s'adapter à l'évolution d'une société au sein de laquelle les spécificités ouvrières se diluent au point d'emporter avec elles les derniers vestiges d'une conscience de classe désormais plus ou moins obsolète... En second lieu, son organisation rigide et bureaucratique va de plus en plus clairement à l'encontre des aspirations de la plupart des Français, notamment les plus jeunes, et, souffrant ainsi d'un vieillissement accéléré de ses cadres et de ses militants, il est fréquemment perçu comme un pôle d'autoritarisme et de conservatisme culturel en complet déphasage par rapport aux comportements de la société d'aujourd'hui. Par ailleurs, son alignement longtemps fort systématique sur les positions de l'URSS, comme lorsqu'il approuve l'intervention de l'armée soviétique en Afghanistan (décembre 1979) ou soutient la promulgation de l'état d'urgence en Pologne (décembre 1981), éloigne de lui une part croissante de l'opinion. Enfin, son discours mécaniste ne rencontre qu'un écho de plus en plus modeste, à l'heure où le marxisme se trouve très profondément ébranlé par l'évolution de la vie culturelle et intellectuelle... Enlisé dans un complexe de citadelle assiégée, le parti communiste semble dès lors incapable de faire face à son déclin en recherchant les voies d'une éventuelle adaptation, comparable par exemple à celles que promeut le mouvement communiste italien. Bien au contraire, son secrétaire général Georges Marchais pratique une politique de systématique exclusion des contestataires qui réclament un renouvellement interne : les « rénovateurs », puis les « reconstructeurs », se trouvent en permanence réduits au silence, et n'ont d'autre alternative que la soumission ou le départ. Si une disparition complète du parti communiste demeure à l'heure actuelle hautement improbable, l'on est donc en droit de s'attendre à le voir dorénavant stagner au niveau qui est devenu le sien, et cela d'autant plus que la fonction contestataire qu'il avait pu exercer tend à se déplacer paradoxalement en direction de l'extrême droite...

Pour sa part, le parti socialiste a donc réussi à s'assurer une nette domination à gauche, profitant d'un recul communiste auquel il aura pris une part non négligeable. Dominé par des représentants des professions libérales, des cadres supérieurs ou du monde enseignant qui, représentant environ 5 % à 7 % de la population active totale, constituent environ 15 % de ses adhérents et surtout plus des trois quarts de son groupe parlementaire, il incarne le type même du parti fondé sur un électorat de milieux populaires et de classes moyennes mais encadré par une sorte d'aristocratie du savoir... Aussi peut-on le considérer comme le symbole d'une sorte de « néo-radicalisme » (H. Portelli), dans la mesure notamment où l'épreuve du pouvoir l'a progressivement amené à se défaire de son eschatologie révolutionnaire pour évoluer vers des positions gestionnaires et réformistes qui, en dépit du poids du passé et de la diversité des cultures nationales, tendent peu ou prou à le rapprocher du modèle social-démocrate de l'Europe du Nord. Mais il demeure toutefois traversé par de multiples courants contradictoires, et son premier secrétaire Pierre Mauroy n'a pu ainsi empêcher qu'au congrès de Rennes (mars 1990) se manifestât au grand jour le malaise de militants tiraillés au gré des ambitions des uns et des positions de principe des autres. En fait, la difficulté que rencontre aujourd'hui le PS, désormais dirigé par Laurent Fabius, tient à la juxtaposition de deux questions distinctes dont les entrelacs dominent son existence : d'une part celle du choix de son futur candidat à l'élection présidentielle, et d'autre part celle de la définition de son programme, qui pour l'heure reste en panne faute d'un véritable consensus intérieur... En d'autres termes, la mue du socialisme français n'est donc vraisemblablement pas encore pleinement parvenue à son terme.

A droite aussi, le thème de l'adaptation s'affirme avec force, mais au prix de considérables difficultés qui ne sont guère favorables à l'image de l'UDF et du RPR. La famille libérale affiche en effet une division qui tient aussi bien à des rivalités personnelles qu'à d'authentiques divergences, tant en raison de la volonté de R. Barre de constamment afficher sa singularité par rapport au jeu des partis que du fait de l'indécision engendrée par la lutte pour la domination de l'UDF. Ainsi, si les personnalités centristes, P. Méhaignerie ou S. Veil, adoptent comme R. Barre une attitude d'« opposition constructive » que traduit leur refus de critiquer systématiquement l'action du gouvernement, les stratégies parfois confuses et souvent contraires de V. Giscard d'Estaing ou de F. Léotard ne contribuent guère à clarifier une situation que rend plus complexe encore la question des relations entre l'UDF et le RPR. En avril 1989, divers députés de l'opposition, les gaullistes Alain Carignon, Michel Noir ou Philippe Seguin, les centristes Dominique Baudis ou Bernard Bosson, les membres du parti républicain François d'Aubert ou Charles Millon, lancent un appel à la « rénovation » par l'union et le rajeunissement de leurs forces respectives, mais ils sont aussitôt déboutés par les états-majors de l'UDF et du RPR. Au lendemain des élections européennes de juin, V. Giscard d'Estaing préconise quant à lui la fusion pure et simple des deux grands groupes de l'opposition en un vaste parti libéral et conservateur, cependant qu'en janvier 1990 Charles Pasqua et Philippe Seguin s'attaquent avec éclat au secrétaire général du RPR, Alain Juppé, en une fronde qui vise indirectement J. Chirac lui-même, auquel ils reprochent notamment d'avoir fait dévier le gaullisme de sa dimension populaire et sociale initiale... En mars, François Léotard (UDF) et Michel Noir (RPR) ajoutent un nouvel épisode à l'imbroglio en proposant la constitution d'une « Force unie » de l'opposition, mais en novembre le désaccord entre V. Giscard d'Estaing et J. Chirac met un terme aux négociations qui visaient à organiser un système de « primaires » pour la désignation d'un candidat commun à la prochaine élection présidentielle. En décembre, le maire de Lyon Michel Noir, ancien ministre du Commerce extérieur dans le gouvernement Chirac, quitte alors le RPR, accompagné notamment de l'ancienne ministre de la Santé, Michèle Barzach, pour marquer son désaccord avec ce qu'il juge être l'enlisement de la droite dans le carcan de traditions et de positions périmées.

Au risque de paraître anecdotique et fastidieuse, pareille énumération illustre ainsi le fait que, à l'instar du parti socialiste et peut-être plus encore que lui, les partis de l'opposition, passablement englués en des joutes internes relativement mal perçues par l'opinion, souffrent en fait du primat donné par la Constitution à la fonction présidentielle, qui les transforme en machines à faire élire leur candidat au prix parfois de l'affaiblissement de leur capacité de réflexion et d'expression des tendances présentes au sein de la société...

Quand bien même tout laisse à penser que les élections cantonales et régionales de mars 1992 seront marquées par un sensible recul du PS, il n'est donc pas certain qu'elles constitueront pour autant le signe d'une véritable progression de l'UDF et du RPR, vraisemblablement appelés à l'emporter « par défaut » plutôt que grâce à une réelle dynamique.

Face au déclin du parti communiste et aux difficultés de la recomposition interne au PS comme à droite, l'élément qui domine les mutations du paysage politique consiste dès lors dans la « résurgence » d'une extrême droite en plein essor, avec le Front national. En fait, sans doute est-il permis d'avancer l'hypothèse selon laquelle l'existence en France d'une extrême droite populiste et autoritaire qui représenterait schématiquement autour de 10 % du corps électoral constitue au fond une sorte d'invariant quasiment structurel. Le phénomène surprenant n'est donc peut-être pas tant le retour de l'extrême droite que sa disparition antérieure, et de ce point de vue le facteur déterminant tient vraisemblablement avant tout à la personnalité du général de Gaulle, qui permettait de rallier tout un électorat susceptible de souscrire à l'autoritarisme populiste d'une certaine tradition d'extrême droite. Que le gaullisme gaullien s'estompe — au point de voir ses héritiers du RPR se réclamer, dans les années 80, d'une pensée libérale a priori fort étrangère à la tradition gaulliste —, que le parti communiste soit de moins en moins à même d'assumer la fonction d'expression contestataire qui avait pu être la sienne, que la crise économique et les mutations sociales déstabilisent profondément des milieux qui craignent la paupérisation et la marginalisation, que la présence de la gauche au pouvoir tende à radicaliser les positions, et l'extrême droite anesthésiée par de Gaulle peut réussir une spectaculaire progression.

Fondé en octobre 1972 pour fédérer les divers groupuscules d'extrême droite, le Front national avait pourtant d'abord connu des débuts fort médiocres. Lors de l'élection présidentielle de mai 1974, J.-M. Le Pen n'obtenait ainsi que 0,7 % des suffrages ; en mai 1981, il ne pouvait même pas se présenter devant les électeurs, faute d'avoir pu bénéficier, ainsi que l'exige la Constitution, de la signature de parrainage d'au moins cinq cents élus locaux ; en juin 1981 enfin, les candidats du Front national aux élections législatives recueillaient seulement 0,18 % des voix... Or dès les élections européennes de juin 1984 le Front national rassemble près de 11 % des électeurs ! Le « national-populisme » incarné par J-M. Le Pen doit en fait son succès au désarroi de milieux populaires ou de classes moyennes que désemparent la montée du chômage, la présence d'une importante population d'origine étrangère sur le territoire national, les mutations des mœurs et des comportements, bref un sentiment de perte d'identité qui mène à donner écho aux thèses simples et donc rassurantes du Front national. Porté par les dons de tribun et la pugnacité de son président, celui-ci dénonce la « décadence nationale » engendrée par la trahison des élites, des partis, des intellectuels et de la presse, s'en prend à l'« invasion » du pays par les immigrés et au « pouvoir occulte » des juifs, et vise à rassembler tous les mécontents, les « petits », en un vaste mouvement protestataire seul à même selon lui de sauver la France. Si les composantes du Front national s'avèrent en réalité fort variées, voire hétérogènes, avec par exemple les représentants d'un catholicisme intégriste et réactionnaire, les nostalgiques du maréchal Pétain ou de l'Algérie française, les partisans d'une extrême droite intellectuelle et moderniste violemment anti-égalitariste et anti-chrétienne (la « nouvelle droite » du GRECE, Groupe de recherche et d'étude sur la civilisation européenne), etc, il n'en demeure pas moins que, stabilisant ses résultats électoraux à un niveau moyen de l'ordre de 10 à 12 % et développant constamment son implantation municipale et régionale, le parti de Jean-Marie Le Pen est plus qu'un simple feu de paille... Mais la virulence de son propos contestataire ne peut cependant masquer la progressive atténuation des querelles politiques en France, dont elle constitue peut-être d'ailleurs une sorte de corollaire.

Les transformations de la culture politique française et le déplacement des enjeux

En effet, quelque deux cents ans après la Révolution française, de profondes mutations sont probablement en train de conduire à l'émergence d'une culture politique radicalement nouvelle en France. Avec la Révolution, l'État s'était installé en arbitre de toutes les tensions à l'œuvre au sein de la société, et la sphère du politique en était devenue une instance autonome de traitement des conflits de tout ordre ; aussi la vie politique française s'est-elle depuis lors caractérisée par l'affrontement plus ou moins manichéen de grands principes systématiquement antagonistes : « c'est parce qu'elle opposait des essences et non des grandeurs mesurables que la politique française a pris, depuis le XVIIIe siècle, le caractère inexpiable qu'on lui connaît (...). La pente naturelle de la politique conçue comme tribunal public, autonome, universel de la société est de faire prévaloir les passions sur les intérêts et d'ériger la gestion des affaires de la cité en guerre civile permanente » (J. Julliard)... Une culture politique à bien des égards spécifique à la France se traduisait ainsi par sa propension de tous les instants à placer le moindre débat sur le terrain des valeurs universelles et absolues, à le transcrire en termes d'opposition entre le Bien et le Mal, la Vérité et l'Erreur, le Passé et le Futur, etc.

Or cet héritage longtemps essentiel semble aujourd'hui en cours de disparition au moins partielle. Les grands systèmes idéologiques à vocation globalisante s'estompent sous l'effet notamment des mutations économiques et sociales, qui manifestent l'impuissance du politique à déterminer l'ensemble des réalités collectives, et dès lors le discours politique tend à s'apaiser. La culture du conflit subit ainsi l'érosion des contraintes objectives et du pragmatisme ambiant, le débat y perdant en dimension métaphysique ce qu'il y gagne en capacité d'alternance. S'il serait assurément abusif d'y voir le signe d'un consensus généralisé, et si le poids des traditions continue par exemple à laminer les possibilités d'existence d'un parti centriste dynamique et puissant, l'on peut en revanche en conclure à l'avènement d'une sorte de « banalisation » du politique, qui rapprocherait le modèle français de celui de ses voisins et aboutirait à l'extinction probable des récurrentes guerres franco-françaises... Mais il ne s'agit bien évidemment pas d'une disparition des conflits en tant que tels : si ceux-ci désertent pour partie le terrain du politique, de nouveaux enjeux font leur apparition sur de nouveaux lieux d'inscription.

Les questions de société, considérées au sens extensif du terme, revêtent ainsi une ampleur telle que désormais elles semblent seules susceptibles de mobiliser une proportion importante de la population française, qui par exemple fait un accueil de plus en plus favorable à l'expression des mouvements écologistes, les Verts d'Antoine Waechter ou Génération Écologie de Brice Lalonde. L'écho largement positif, notamment chez les jeunes, d'initiatives telles que la constitution du mouvement anti-raciste « SOS-racisme » ou le lancement par l'humoriste Coluche de « restaus du cœur » destinés aux plus nécessiteux, marque par exemple la volonté de traiter les problèmes en dehors des structures partisanes. Et, d'une manière générale, les débats sur les libertés, la culture quotidienne, l'école ou les mœurs engendrent un intérêt apparemment plus considérable que les déclarations de ténors politiques à tort ou à raison considérés comme de plus en plus éloignés des problèmes quotidiens de la population. Si le poids croissant du taux d'abstention lors des élections et les indications données par tous les sondages d'opinion révèlent donc assez clairement une certaine désaffection des Français à l'égard des partis politiques, le succès de mouvements ou de personnalités qui se présentent comme extérieurs au champ politique traditionnel illustre une sorte de déplacement du débat vers des acteurs nouveaux et multiples, comme si le temps était dorénavant aux engagements « à la carte », aux prises de positions individuelles et ponctuelles, davantage qu'aux adhésions entières et définitives.

Un exemple révélateur de cette évolution peut être fourni par le malaise généralisé que connaissent les grandes organisations syndicales. Héritée de l'histoire, la culture syndicale française a en effet toujours donné une place considérable à la dimension politique, les principales centrales se définissant par un véritable projet de société tout autant que par une action concrète dans le domaine de l'entreprise et des relations sociales. Étroitement liée au parti communiste, la CGT d'Henri Krasucki et de Louis Viannet campe ainsi sur des positions de rupture avec le capitalisme et demeure fidèle à une logique d'affrontement ; la CFDT, dirigée par Edmond Maire de 1970 à 1988, puis depuis lors par Jean Kaspar, a évolué d'un « socialisme autogestionnaire » vers une stratégie de « recentrage » qui, quelle que soit son incontestable indépendance, semble plus ou moins la rapprocher des thèses rocardiennes ; FO quant à elle fut sous la houlette d'André Bergeron, à sa tête de 1963 à 1989, le symbole d'un syndicalisme réformiste prônant la concertation et la politique contractuelle, mais avec Marc Blondel elle adopte aujourd'hui une pratique de durcissement qui paraît bien souvent l'orienter vers une sorte de conservatisme de la défense des avantages acquis par lequel elle s'avère plus proche de la CGT que de la CFDT ; la petite CFTC enfin demeure trop marginale pour parvenir à peser réellement. Or il est frappant de constater à quel point ces syndicats souffrent tous d'une désaffection croissante de la part des salariés. Le taux de syndicalisation — l'un des plus faibles en Europe — recule en effet de manière considérable, et chute d'environ 20 % au début des années 80 à environ 11 % au début des années 90, s'effondrant notamment, signe éminemment inquiétant pour les syndicats, chez les salariés les plus jeunes. En outre, un certain nombre de grands conflits sociaux récents, comme celui des infirmières, se marquent par l'affirmation de « coordinations » qui encadrent et mobilisent les salariés en lieu et place des organisations syndicales traditionnelles. Si la CGT, qui reste le premier syndicat français, ne cesse d'enregistrer un déclin de ses résultats lors des diverses consultations électorales professionnelles, c'est donc en fait l'ensemble des syndicats qui se trouvent déstabilisés par le mouvement de déplacement des formes d'expression des conflits et des tensions, dans le cadre d'une montée des corporatismes de tous bords susceptible d'entraîner une dégradation constante du climat social...

Les Français au quotidien

Les déséquilibres démographiques

Après publication des premiers résultats du recensement effectué en 1990, il apparaît que la France métropolitaine compte environ 56 556 000 habitants, et que sa population s'accroît chaque année d'à peu près 0,5 % en moyenne. Mais si l'indice de fécondité, de l'ordre de 1,8 enfant par femme en âge de donner la vie, s'affiche désormais comme l'un des moins faibles de toute l'Europe occidentale, cette population n'en présente pas moins l'aspect d'un ensemble de plus en plus vieillissant. Avec un taux de mortalité qui se stabilise autour de 10 ‰ et un taux de natalité oscillant entre 13,5 et 14 ‰, le marasme démographique apparu à la charnière des années 60 et 70 se maintient et la part relative des jeunes au sein de la population totale ne cesse de reculer. Alors que les moins de 20 ans représentaient ainsi le tiers des Français au milieu des années 60, ils n'en constituent plus aujourd'hui qu'un quart, cependant qu'à l'inverse l'espérance de vie (un peu plus de 80 ans pour les femmes et près de 75 ans pour les hommes) s'allonge au point de faire passer la part des plus de 60 ans de moins d'un sixième au milieu des années 60 à près d'un cinquième au début des années 90.

Pareil vieillissement serait d'ailleurs plus marqué encore si la présence d'étrangers ou de Français d'origine étrangère récente ne venait partiellement pallier la faiblesse nataliste ambiante. Déjà considérable dans l'entre-deux-guerres, l'immigration a en effet connu un sensible accroissement durant l'âge d'or économique des Trente Glorieuses, connaissant notamment un apogée durant les années 60, avec alors environ 150 000 arrivées par an en moyenne. Si les étrangers représentaient un peu plus de 4 % de la population totale au lendemain de la Seconde Guerre mondiale, leur poids s'est ainsi stabilisé à un niveau de l'ordre de 7 % depuis le début des années 80. Alors qu'elle n'avait auparavant cessé de

De la fin des années 60 au début des années 90

La France de la pauvreté
et des Restaurants du Cœur

stimuler ces flux migratoires indispensables, en raison de ses besoins en main-d'œuvre, la France a certes progressivement fermé ses portes à partir du moment où, sous le poids de la crise, elle se trouvait elle-même confrontée à un chômage en forte hausse. Dès juillet 1974, l'immigration a ainsi fait l'objet de mesures d'arrêt que le gouvernement Mauroy, tout en s'efforçant de régulariser la situation des immigrés entrés clandestinement sur le territoire national, a systématisées en 1981 et 1982 ; aussi dorénavant le nombre des immigrés, mis à part le cas particulier des réfugiés politiques, n'augmente-t-il plus que sous l'effet des naissances. Majoritairement issus de la péninsule Ibérique et du Maghreb (Portugais et Algériens constituent les deux groupes les plus représentés), ils forment en effet une population jeune aux comportements généralement plus natalistes que ceux du reste de la population, puisque leur part dans les naissances enregistrées en France, de l'ordre de 11 à 12 % du total, excède leur part dans la population.

Si les immigrés se concentrent très majoritairement dans les centres urbains, il en va de même de l'ensemble d'une population dont le taux d'urbanisation s'est stabilisé aux alentours de 75 %. Le Français moyen, si tant est qu'il existe, se présente de plus en plus sous les traits d'un banlieusard, surtout s'il vit dans une agglomération parisienne dont l'hypertrophie, avec environ 9 millions d'habitants, se maintient nettement (Lyon, numéro deux de la hiérarchie urbaine, reste fort loin derrière Paris, avec seulement 1,2 million d'individus...). Les grandes agglomérations, dont la croissance s'était quelque peu ralentie durant les années 70, polarisent en effet à nouveau la plus grande partie des flux migratoires internes, dont profitent notamment les régions méridionales, Languedoc-Roussillon et Provence-Côte d'Azur en particulier. Une nouvelle organisation de l'espace français s'ébauche ainsi peu à peu : traditionnellement caractérisé par une structure auréolaire (hypertrophie de la capitale et centralisation à son bénéfice) et dissymétrique (de part et d'autre d'une ligne Le Havre-Marseille s'opposaient, au nord et à l'est, une France densément peuplée, fortement urbanisée et précocement industrialisée et, au sud et à l'ouest, une France à tous points de vue plus traditionnelle et plus marginale), cet espace voit en effet s'affirmer le dynamisme croissant de régions nouvelles, Ouest atlantique ou Midi, qui accueillent des activités industrielles de pointe et les salariés du tertiaire supérieur, cependant qu'à l'inverse de vieux bastions industriels comme le Nord-Pas-de-Calais ou plus encore la Lorraine sont devenus des pôles stagnants ou répulsifs... A cet égard, l'évolution spatiale constitue d'ailleurs une illustration des mutations sociales enregistrées durant ces dernières années.

Société bloquée ou société uniformisée ?

La population active française, affectée du milieu des années 30 jusque vers le milieu des années 50 par une constante diminution, a connu en revanche une sensible augmentation depuis lors, passant d'un peu plus de 21 millions d'actifs en 1931 à un peu moins de 19 millions en 1954 mais à environ 25 millions de nos jours. Une telle croissance a pu résulter de l'apport des travailleurs immigrés, de même que d'un simple phénomène générationnel qui voyait les classes pleines du baby boom arriver sur le marché du travail au moment où les départs à la retraite étaient ceux des classes creuses de l'entre-deux-guerres ; mais en outre elle s'est également nourrie d'une insertion accrue des femmes dans le monde du travail, leur taux d'activité progressant de 35 % dans les années 60 à un peu plus de 45 % aujourd'hui. Fréquemment cantonnées dans des postes subalternes (elles représentent environ 75 % des employés mais moins de 30 % des professions libérales et des cadres supérieurs), elles font encore l'objet de discriminations sensibles mais bénéficient cependant d'un lent mouvement de rééquilibrage : par exemple, si en 1978 les différences de salaires entre les hommes et les femmes pour des postes de cadres supérieurs, à qualification et à responsabilités équivalentes, s'élevaient jusqu'à 48 %, en 1989 elles étaient retombées à « seulement » 29 %...

Augmentation et féminisation de la population active s'accompagnant par ailleurs d'un processus de tertiairisation commun à l'ensemble des sociétés occidentales ; du début des années 80 au début des années 90, la part respective des secteurs primaire, secondaire et tertiaire est ainsi passée de 8 à 6 %, de 31 à 30 % et de 62 à 64 %. Quand bien même ce type de classification sommaire ne fournit qu'une image imparfaite des mutations réelles, l'on peut du moins y lire la trace d'une autre évolution tout aussi essentielle, à savoir la constante amélioration du niveau de qualification des actifs : par exemple, environ 16 à 17 % d'entre eux sont aujourd'hui passés par les rangs de l'enseignement supérieur, contre seulement 2 % au début des années 60 et 10 % au début des années 70...

Au vu de ces tendances, l'on pourrait considérer que la société française, à l'instar d'ailleurs de ses homologues occidentales, présente de plus en plus le profil d'une homogénéisation globale autour d'un noyau central de classes moyennes salariées, dont les modes de vie et les comportements constitueraient désormais la norme dominante. Tel est effectivement le cas, mais cependant le constat doit être nuancé par la mise en évidence du maintien et même de l'accroissement d'un certain nombre de disparités sociales non négligeables.

Si les années 70 avaient vu les écarts de revenus s'atténuer, les années 80 ont en effet apporté, notamment sous le poids de la crise et de la désindexation des salaires, les éléments d'un nouveau creusement des déséquilibres. Les agriculteurs, souvent surendettés du fait de la permanente course à la modernisation qu'implique leur intégration aux circuits marchands, ont ainsi été sévèrement touchés par une crise de surproduction qui a orienté leurs revenus vers une baisse constante (de l'ordre de 3 à 4 % par an en moyenne). Du côté des citadins, le niveau de vie des ouvriers a progressé d'environ 0,3 % par an en moyenne pour l'ensemble des années 80, alors que celui des employés gagnait chaque année 0,5 % et celui des cadres supérieurs 0,6 %. Les écarts de consommation s'ouvrent ainsi d'une base 100 pour un ménage ouvrier à un indice 190 pour un ménage appartenant au monde des cadres supérieurs ou des professions libérales.

Plus précisément, il apparaît d'ailleurs que les disparités sont plus faibles en ce qui concerne les besoins élémentaires (pour l'alimentation et pour la santé, les écarts de consommation entre ces deux types de ménages vont de 100 à 140 et de 100 à 149), mais qu'en revanche elles atteignent des proportions considérables dans des domaines tels que l'habillement (de 100 à 213) ou le bloc culture-loisirs-vacances (de 100 à 298)... Au total, et quand bien même les transferts sociaux effectués par l'État apportent une considérable correction à l'éventail des revenus, la société française continue donc à s'avérer plus inégalitaire que la plupart des sociétés occidentales.

De surcroît, la fluidité sociale demeure médiocre. Ainsi, si 93 % des enfants de cadres supérieurs entrent dans l'enseignement secondaire sans avoir dû effectuer le moindre redoublement préalable, la proportion chute à 51 % pour les enfants d'ouvriers spécialisés et à 36 % pour les enfants de manœuvres, et l'on peut estimer que la probabilité d'accéder à l'enseignement supérieur est à peu près vingt fois plus élevée pour un enfant de cadres supérieurs ou de membres des professions libérales que pour un enfant issu du monde ouvrier. En d'autres termes, dans un monde où la maîtrise d'un capital culturel adéquat constitue un facteur majeur de détermination professionnelle et sociale, les mécanismes de la reproduction sociale l'emportent largement sur les paramètres de fluidité, et si les transformations économiques expliquent seules le recul de certaines catégories sociales (agriculteurs, classes moyennes indépendantes) et le progrès spectaculaire de certaines autres (classes moyennes salariées), la société française des années 80-90 se marque donc par de notables éléments de blocage.

Elle se caractérise également par un récent phénomène de dualisation, qui substitue aux clivages traditionnels une ligne de partage sans doute plus profonde encore. Si des expressions telles que « nouvelle pauvreté » ou « société à deux vitesses » relèvent en partie de raccourcis hâtifs, elles n'en correspondent pas moins en effet à des réalités de plus en plus sensibles, celles de l'exclusion partielle ou totale d'une frange particulièrement démunie de la population. Plus que les écarts de revenus, le fossé entre actifs employés et actifs à la recherche d'un emploi sépare en effet de la communauté sociale une proportion croissante de jeunes et d'adultes marginalisés : l'on ne peut à cet égard qu'être frappé par le fait que par exemple plus de 30 % des chômeurs sont depuis plus d'un an à la recherche d'un emploi, alors même que l'année 1991 a été marquée par une inquiétante progression du nombre de chômeurs. Dans la mesure où une telle durée de la période de chômage signifie concrètement que les intéressés n'ont en fait que sans doute peu de chances de trouver un emploi stable, notamment faute de qualification appropriée ou en raison d'un âge jugé excessif par les employeurs potentiels (près de 60 % des demandeurs d'emploi de plus de cinquante ans restent plus d'un an au chômage), il faut en conclure que coexistent deux chômages distincts, ou plus précisément deux catégories de chômeurs. D'une part, les uns parviennent à s'intégrer ou à se réintégrer dans la vie professionnelle ; d'autre part, les autres se trouvent plus ou moins condamnés à ce que les spécialistes appellent le « chômage enkysté »...

Or les diverses estimations effectuées sur la question tendent à faire observer que ce sont aujourd'hui un bon tiers des chômeurs qui ne perçoivent strictement aucune indemnité : quand bien même la création en 1988 du revenu minimum d'insertion vise précisément à apporter le minimum à ces représentants d'un « quart-monde » aux conditions d'existence plus que précaires, les conditions de l'enlisement dans la marginalité sociale sont en ce cas trop pesantes pour ne pas être suivies d'effets. Difficile à mesurer de façon précise et fiable, ce phénomène de nouvelle pauvreté pourrait vraisemblablement concerner quelque trois millions de personnes : au-delà des querelles d'experts sur les chiffres, il y a là une donnée particulièrement préoccupante du paysage social. Alors que l'on s'interroge sur l'avenir de l'édifice de la protection sociale, menacé par le vieillissement de la population et par le déficit du budget de la Sécurité sociale, de nouvelles modalités de cohésion et de solidarité nationale ne devront-elles pas être définies et mises en place ?...

Mais pourtant, si la société française a donc ses exclus, les marques de la différenciation sociale semblent paradoxalement s'estomper, dans le cadre d'un univers quotidien que la culture de masse et l'homogénéisation des comportements paraissent mener vers une relative uniformisation. Par le biais de la télévision, du cinéma, des modes musicales ou vestimentaires, les comportements des Français ne sont-ils pas appelés à se couler dans un moule commun à tous ? Ainsi, alors qu'en 1976 68 % des personnes interrogées estimaient « appartenir à une classe sociale », un sondage similaire effectué en 1987 ne fournissait plus que 56 % de réponses positives : le développement d'un « village planétaire » caractérisé par la mondialisation d'une culture partiellement standardisée pèse à l'évidence lourdement sur une telle évolution. En ouvrant la voie à une consommation culturelle qui transcende largement les clivages sociaux, la télévision constitue notamment un élément dont le poids ne cesse de s'accroître dans la vie des Français ; environ 95 % des ménages sont en effet équipés d'un téléviseur, et l'on a calculé que chaque individu consacre par jour un peu plus de trois heures à suivre les programmes télévisés (contre, il est vrai, plus de quatre heures trente aux États-Unis, ou encore plus de trois heures trente en Grande-Bretagne ou en Espagne...) ! Certes, le large succès d'estime rencontré par quelques rares émissions culturelles constitue une relative singularité française par rapport à d'autres télévisions occidentales (par exemple, de janvier 1975 à juin 1990, Bernard Pivot anima avec « Apostrophes » un carrefour hebdomadaire entièrement consacré aux livres). Mais d'une manière générale les ambitions didactiques des pères fondateurs de la télévision française, qui dans les années 60 rêvaient de diffusion et de démocratisation culturelle, ont fait place à une programmation de plus en plus fortement orientée vers le pur divertissement, évolution d'ailleurs accélérée par le processus de privatisation mis en branle par François Léotard, ministre de la Culture du gouvernement Chirac.

Loisirs et vacances occupent eux aussi une place croissante dans l'existence des Français. Si plus de 55 % d'entre eux consacrent une partie de leur temps libre à des activités somme toute traditionnelles, comme le bricolage et le jardinage, la France contemporaine accorde ainsi une place considérable au sport, tant comme spectacle que comme activité personnelle. Symboles du sport populaire, cyclisme et football dominent toujours, mais sont désormais concurrencés par des rivaux de plus en plus accessibles à tous tels que le ski, le tennis ou la planche à voile, cependant que, venue d'outre-Atlantique, la vogue du jogging ne cesse de multiplier le nombre de ses adeptes : confirmation de la tendance au déclin des pratiques collectives et au développement des comportements individualistes ?... Les vacances constituent pour leur part un phénomène de plus en plus considérable ; si 41 % des Français partaient en vacances en 1965, ils sont ainsi aujourd'hui près de 55 % à le faire. Souvent raillé mais toujours en essor, le Club Méditerranée, fondé en 1949, symbolise avec ses villages de vacances cette aspiration à l'évasion et à l'exotisme qui fait désormais de chaque période estivale une sorte d'espace hors du temps, comme si les pesanteurs et les rigidités du quotidien nécessitaient pour être acceptées l'existence de fenêtres ouvertes vers un ailleurs peut-être illusoire mais du moins tangible... De nettes différenciations sociales caractérisent certes encore ce tourisme de masse, dans la mesure par exemple où les taux de départ varient de 23 % pour les agriculteurs ou de 52 % pour les ouvriers à 63 % pour les employés ou à 83 % pour les cadres supérieurs et les membres des professions libérales. Il n'en demeure pas moins que se manifeste en la matière un mouvement de nivellement par le haut qui, sans nullement les faire disparaître (les vacances des uns et celles des autres ne sont pas nécessairement les mêmes...), atténue partiellement l'effet visible des écarts sociaux.

    La culture de masse passe de même par le vecteur des médias de masse, dont le poids s'avère infiniment plus considérable que celui de la sphère traditionnelle de l'intelligentsia. Alors que dans les années 70, avec Barthes, Foucault, Lacan, Lévi-Strauss ou Althusser, sciences humaines et philosophie marquaient de leur structuralisme et de leur dénonciation du sujet une vie intellectuelle parfois bien rigide, l'heure semble certes être aujourd'hui à la (re)découverte de la subjectivité et de l'individu. La sociologie englobante d'un Pierre Bourdieu demeure assurément active et féconde, mais en effet la tendance est dorénavant à l'éclatement des savoirs et des recherches, comme si nulle problématique commune ne venait désormais unifier l'ensemble des réflexions et des travaux. Dans le même temps, la figure de l'intellectuel engagé, cette spécificité très française, s'estompe au fur et à mesure que s'effritent les certitudes idéologiques et la croyance en des engagements collectifs porteurs d'avenir. De manière révélatrice, les pétitions ou prises de position publiques des hommes de lettres ou de culture se trouvent d'ailleurs reléguées au second plan par les déclarations des vedettes du cinéma, de la chanson ou du monde des sports, et par exemple lors de la campagne présidentielle de 1988 l'engagement du chanteur Renaud ou du comédien Gérard Depardieu sous la bannière de F. Mitterrand a très vraisemblablement rencontré un écho plus large que celui de maints philosophes, romanciers ou universitaires de renom, et cela d'autant plus qu'il a pu s'appuyer sur le pouvoir amplificateur de la presse.

 Les journaux quotidiens sont certes fort loin de connaître le dynamisme qui avait pu être le leur au début du siècle ; le premier quotidien français, *Ouest-France*, présente un tirage moyen de l'ordre de 6 à 800 000 exemplaires, et le quotidien national le plus prestigieux, *Le Monde*, oscille entre 4 et 500 000. Si, par rapport à leur nombre, les Français ne sont donc que les trente-et-unièmes lecteurs de quotidiens au monde, la presse périodique affiche en revanche une santé plus affirmée, d'une part avec les grands hebdomadaires d'information, *L'Express, Le Nouvel Observateur, Le Point* ou *l'Événement du Jeudi*, d'autre part et surtout avec les périodiques spécialisés. La presse télévisuelle rencontre ainsi un succès massif (*Télé sept jours*, champion toutes catégories de la presse française, atteint chaque semaine plus de onze millions de lecteurs), dont bénéficient à un degré moindre les mensuels féminins (*Elle, Marie-Claire, Femme actuelle,*

Modes et Travaux, etc) ou les magazines encore plus spécifiques (*Auto-Moto, Santé magazine, Maison et jardin, Le Chasseur français, Science et Vie,* etc). Adolescents et jeunes adultes constituent pour leur part la clientèle des magazines de bandes dessinées (dès les années 60 et 70, *Pilote* avait donné l'exemple), de musique (*Rock and Folk*) ou de reportages plus ou moins spectaculaires sur l'air du temps (*Actuel*), cependant qu'à l'autre extrémité de la pyramide des âges se développe une presse orientée vers le public des retraités (*Notre temps*)... Sportifs, bricoleurs, gastronomes, amateurs d'histoire, de musique ou de cinéma, jeunes et moins jeunes, etc, tous ou presque disposent ainsi d'un ou de plusieurs titres accessibles dans tous les kiosques à journaux.

L'éventail des médias s'ouvre donc chaque jour un peu plus, marquant en cela l'éclatement et la diversification des aspirations au sein d'une culture de masse qui par conséquent standardise moins les comportements que ses contempteurs ne l'estiment peut-être un peu trop vite. Mais l'affirmation individualiste qu'exprime un tel phénomène illustre une crise globale de l'ensemble des structures d'encadrement, qui se fait sentir en bien des domaines. Les solidarités socio-culturelles traditionnelles ont fait long feu, les appartenances syndicales ou politiques ne génèrent plus des sociabilités et des visions du monde aussi spécifiques et aussi mobilisatrices qu'autrefois, et les institutions établies, école, armée, justice, État, etc, se sont trouvées affaiblies par la contestation amorcée dès la seconde moitié des années 60... Les années 80 furent ainsi marquées par la montée en force de valeurs individualistes rétives à tout engagement collectif globalisant et méfiantes à l'égard de tout ce qui s'apparentait de près ou de loin à un système de pensée de portée universelle. Face à un avenir incertain, l'heure était au repli sur la sphère privée, sur le confort intérieur et ses nouvelles normes (magnétoscope, platine laser), sur le souci de l'apparence vestimentaire (le « look »), sur une consommation culturelle soucieuse d'évasion ludique et de plaisir immédiat...

Qu'il faille en cela déplorer un nivellement porteur de déclin culturel, de perte de capacité à communiquer et de déficit communautaire, ou au contraire y voir le signe d'une indépendance accrue de citoyens toujours plus libres de leurs choix et de leurs pratiques, le constat qui s'impose est donc celui d'un morcellement de plus en plus intense, la culture de masse et la « civilisation des mœurs » (H. Mendras) faisant voler en éclats les sociétés closes pour leur substituer une sorte de kaléidoscope, au sein duquel chacun se définit par des comportements pluriels qui ne présentent plus nécessairement de cohérence d'ensemble. La France des nouveaux rites populaires, le Tiercé (1954), le Loto (1976), le jogging ou les émissions télévisuelles de divertissement entre-t-elle dans l'ère de la « culture du zapping », où les individus se déterminent à chaque instant par des gestes quotidiens et par des manières de vivre susceptibles d'être révisés d'un moment à l'autre ?

Les réalités demeurent sans doute en fait plus complexes... De même que les frontières sociales demeurent, en dépit de la pénétration d'une culture de masse qui ne saurait en tout état de cause masquer les disparités de patrimoine, de revenus, de conditions de vie, etc, la dimension éthique et collective n'a en effet pas véritablement disparu, mais elle semble plutôt s'être déplacée ou avoir changé d'aspect, comme en témoigne par exemple la question des croyances et des pratiques religieuses. A priori, le mouvement de sécularisation amorcé depuis la fin du XVIIIe siècle n'a certes cessé de se développer jusqu'à nos jours puisque, si environ 80 % des Français se déclarent encore catholiques (contre à peine 1 % de protestants et 1 % de juifs pratiquants), la proportion de pratiquants ne dépasse guère aujourd'hui 12 à 13 %... Le nombre d'ordinations est ainsi passé d'environ un millier par an au début des années 50 à une petite centaine annuelle à la fin des années 80, entraînant par là même un constant vieillissement du clergé, et le catholicisme est devenu un fait social largement minoritaire. Quand bien même le concile Vatican II (1962-1965) a certes visé à mettre l'Église à l'heure du monde moderne, quand bien même le catholicisme français a depuis lors connu de larges mutations par rapport à son passé, en donnant notamment une place sans cesse accrue à l'initiative des laïcs, l'influence du paramètre religieux sur les comportements des individus se fait donc de plus en plus modeste. Et, divisés sur le plan strictement religieux (peu nombreux mais actifs, les intégristes combattent une évolution qu'ils perçoivent comme une trahison) comme sur le plan éthique, social ou politique, les catholiques français semblent par conséquent peser d'un poids chaque jour plus restreint.

Mais l'affirmation identitaire aujourd'hui incarnée par Jean-Paul II et, en France, par Mgr Lustiger, archevêque de Paris, paraît pourtant leur donner les moyens d'un dynamisme renouvelé. Ainsi, s'il est certes trop tôt pour évoquer un quelconque « retour du religieux » en France, sans doute est-il permis d'observer, à travers l'essor des communautés charismatiques par exemple, ou le regain de mouvements plus anciens comme le scoutisme, à tout le moins un arrêt du déclin et peut-être même un certain processus de reflux du catholicisme, comme si se manifestait une sorte de virage en douceur par rapport aux expériences des décennies antérieures... Le temps n'est-il pas d'ailleurs, de manière plus générale, à un relatif mouvement de repli vers des valeurs et vers des pratiques décriées il y a peu encore ? Par exemple, la peur du SIDA affecte ainsi les comportements sexuels, cependant que les jeunes, qui dans les années 70 paraissaient ne rêver que d'émancipation, vivent aujourd'hui de plus en plus longtemps chez leurs parents et semblent adhérer à des modèles familiaux plus traditionnels... Peut-on en conclure que les années 90 présenteront un profil profondément différent de celui de leurs devancières ? S'il serait prématuré de hasarder un jugement sur la question, l'on peut du moins souligner — de manière non exhaustive — le poids croissant d'un certain nombre d'interrogations dont certaines relèvent précisément du domaine de l'éthique et qui, déjà très présentes à l'heure actuelle, devraient vraisemblablement faire l'objet de larges préoccupations dans un proche avenir.

La France des banlieues
et de l'immigration

Les enjeux de demain

Dans la France des années 80 et 90, la question de l'intégration des immigrés ou des enfants de la « deuxième » voire « troisième » génération se pose ainsi avec une acuité accrue par le discours xénophobe de l'extrême droite. Contrairement à certaines idées reçues, il apparaît à cet égard que les immigrés de l'entre-deux-guerres, Européens façonnés par une culture catholique, n'ont en fait pas éprouvé moins de difficultés à s'intégrer que ne peuvent en rencontrer aujourd'hui des immigrés ou des Français d'origine maghrébine et de culture musulmane ; en revanche, c'est sans doute la capacité intégratrice de la société française qui s'est entre-temps affaiblie. Le système scolaire, les organisations syndicales, la culture ouvrière, autant de vecteurs d'insertion qui, chacun à sa manière, ne sont plus en effet à même de jouer le rôle qui avait pu auparavant être le leur : aussi de nombreux et souvent vifs débats se polarisent-ils désormais autour du problème immigré, l'appel des uns à la défense de l'identité nationale se heurtant à la valorisation par les autres d'une pluralité ethnique et culturelle porteuse d'enrichissements mutuels. Par exemple, des affrontements tels que celui qu'a provoqué durant l'automne 1989 l'« affaire des tchadors », où de jeunes élèves musulmanes d'un collège de la région parisienne entendaient porter le voile dans l'enceinte scolaire, manifestent s'il en était besoin le fait que cet enjeu de l'intégration constitue bel et bien l'un des défis les plus considérables auxquels se trouve confrontée la France de cette fin du XXe siècle.

Issues d'une crise de la régulation sociale et de la montée des inquiétudes individuelles et collectives face à un présent parfois traumatisant et à un avenir souvent redouté, des réactions de racisme et d'antisémitisme affectent en effet, à des degrés et selon des proportions fort variables, une société dont les malaises s'expriment par des actes de rejet et de violence. Ainsi, si la profanation en mai 1990 d'une sépulture au cimetière juif de Carpentras devait certes susciter un vif émoi et de vastes manifestations de réprobation, elle illustre bien, du moins à titre symbolique (car en fait les circonstances de cette affaire demeurent aujourd'hui encore fort mal élucidées...), la réalité de comportements qui pour être très largement minoritaires n'en révèlent pas moins un phénomène de perturbation des mécanismes sociaux et politiques.

La question scolaire cristallise elle aussi des tensions et des enjeux essentiels pour la société française. Depuis les années 60 s'est en effet développé un mouvement d'explosion scolaire face auquel les structures matérielles, administratives et pédagogiques du système éducatif ont connu et connaissent encore de considérables difficultés d'adaptation. L'enseignement primaire a ainsi changé de nature, cessant de constituer un monde clos et autonome pour devenir une simple étape vers le secondaire, pour sa part transformé peu à peu en enseignement de masse (un million d'élèves au début des années 50, mais cinq millions dans les années 80 !). Le baccalauréat, longtemps réservé à une élite, se banalise au point que les objectifs officiels visent à ce que 75 % à 80 % d'une classe d'âge l'obtiennent d'ici à la fin du siècle (contre par exemple 20 % à la fin des années 70), et l'enseignement supérieur s'ouvre donc à des populations de plus en plus nombreuses (entre les années 50 et le début des années 90, le nombre d'étudiants a été à peu près multiplié par douze...). Mais le rythme de la construction de locaux, malgré de considérables efforts, ne suit pas cette croissance quantitative, les classes s'avèrent fréquemment surchargées, et surtout les changements, volte-face et hésitations des modes et des pratiques pédagogiques contribuent à accroître les multiples problèmes de fonctionnement d'un système scolaire que d'innombrables réformes et contre-réformes n'ont pas toujours réussi à mettre à l'heure de son public d'aujourd'hui. Quand bien même les zones d'ombre ne doivent pas faire oublier la qualité d'ensemble d'un univers scolaire qui supporte aisément la comparaison avec celui de la plupart des pays occidentaux, un réel malaise s'empare donc du corps enseignant, qui souffre d'un sentiment de dévalorisation de sa fonction et de relative médiocrité de ses revenus, et de réelles difficultés de recrutement obscurcissent dorénavant l'avenir de l'édifice pédagogique français. A la fois critiquée et investie d'une demande sociale considérable, l'école se trouve en fait au carrefour des contradictions et des blocages de la société : aussi son évolution et son adaptation, qui ne sauraient résulter que d'un nouveau consensus sur sa mission, représentent-elles sans doute l'une des clefs du devenir de la France.

Par ailleurs, alors que l'enseignement technique et les filières de l'apprentissage professionnel ont toujours constitué, malgré de récents efforts, l'une des carences de l'enseignement français, les interrogations plus générales ne manquent pas en ce qui concerne les mutations de l'économie française, notamment face aux conditions nouvelles qu'apportera à partir de janvier 1993 le fonctionnement du Marché unique européen. Si la France de F. Mitterrand a activement participé, aux côtés en particulier de la RFA d'H. Kohl, à la relance de la construction communautaire, elle doit en effet réaliser des efforts parfois difficiles et faire des choix souvent délicats, la démission de Michel Rocard en mai 1991 et son remplacement immédiat par une fidèle du président de la République, Édith Cresson — la première femme placée à la tête du gouvernement de la France... — ne semblant pas dans ce domaine devoir apporter de modification majeure quant aux grandes lignes de la politique adoptée.

Dans le domaine de l'agriculture, qui constitue aujourd'hui un pilier de l'activité et un fer de lance des exportations, la coexistence d'un univers moderne, intégré et capitalistique, avec un secteur intermédiaire surendetté et un monde traditionnel en crise nourrit un permanent malaise paysan — illustré une fois de plus par les spectaculaires manifestations de l'été et de l'automne 1991 — face auquel l'attitude des pouvoirs publics s'avère constamment hésitante et ambiguë. Dans le domaine industriel, la France oscille de même entre une politique de créneaux, qui consisterait à délaisser les secteurs anciens dans lesquels ses chances de compétitivité régressent pour se concentrer sur les secteurs les plus porteurs, notamment ceux des activités à haut degré technologique, et une politique de filières qui viserait au contraire à maintenir une palette industrielle aussi large que possible. En un temps où la médiocre spécialisation de l'appareil industriel français constitue l'un des fondements du déficit des échanges de biens manufacturés, la solution d'un vaste redéploiement en faveur des branches d'avenir semble a priori plus cohérente ; mais doivent pourtant être pris en compte les impératifs d'indépendance nationale (ou, au moins, européenne), de même que ne peuvent être négligés les problèmes sociaux nécessairement entraînés par les processus de reconversion.

Sans doute à cet égard le chemin de l'adaptation passe-t-il par le développement de la coopération communautaire : sans pour cela faire fi du rôle et du poids non négligeables des autres membres de la CEE, l'on pourrait ainsi envisager une sorte de triangle européen associant le capitalisme financier britannique, le capitalisme industriel allemand et un capitalisme français dont l'atout résiderait dans sa plus grande diversification. Mais quand bien même se multiplient aujourd'hui les accords entre entreprises françaises et entreprises des pays voisins, il reste encore beaucoup à faire pour que les acteurs de l'économie française fassent de la dimension communautaire un critère décisif de leurs décisions et de leurs pratiques... Du moins les accords de Maastricht (décembre 1991) ont-ils conféré à la marche vers l'Union économique et monétaire un caractère dorénavant irréversible : aujourd'hui plus que jamais, l'horizon de la France a le visage de l'Europe.

S'agira-t-il d'une Europe à vocation fédéraliste ? D'une Europe à douze ou d'une Europe élargie ? D'une Europe limitée au capital et aux entreprises ou également d'une Europe des hommes et de la culture capable, comme elle n'a pas encore su vraiment le faire à l'occasion de la crise yougoslave, de parler d'une seule voix et de se faire entendre en dehors de ses frontières ? Il appartient aux Européens, et parmi eux aux Français, dont désormais l'avenir ne se dessine plus exclusivement à l'intérieur de l'hexagone, d'en décider ensemble.

Conclusion

Solidement arrimée au camp occidental, au sein duquel elle demeure pourtant fidèle à l'héritage gaullien de l'affirmation de son indépendance, plus étroitement encore intégrée aux difficiles mécanismes de la construction communautaire, la France de cette fin de siècle n'est certes plus la puissance de premier ordre qu'elle a longtemps constitué. Pourtant, forte d'un rayonnement culturel qu'elle a souvent tendance à surestimer mais qui n'en demeure pas moins réel, riche de sa traditionnelle politique en faveur du dialogue Nord-Sud comme du prestige que son histoire lointaine ou récente lui confère en maintes régions du monde, appuyée sur les ferments de dynamisme que recèlent, malgré leurs faiblesses, sa population et son économie, elle possède néanmoins les moyens de jouer un rôle international plus important que ne pourraient le faire croire les indicateurs purement quantitatifs.

Si de ce point de vue les clefs de son avenir résident plus que vraisemblablement dans l'équilibre entre le nécessaire maintien de l'identité nationale et l'indispensable approfondissement de la construction européenne, il lui reste toutefois à inventer les chemins d'une cohésion sociale et culturelle renouvelée. L'ampleur et la difficulté d'un tel défi s'avèrent certes considérables ; mais, en un pays où l'on se plaît parfois à affirmer qu'« impossible n'est pas français », l'histoire a fréquemment montré que les enjeux qui paraissaient les plus lointains n'étaient pas pour autant inaccessibles.

Chronologie

Vers **−6000** : début de l'ère néolithique
Vers **−1800** : début de l'âge du bronze
Vers **−700** : début de l'âge du fer
−58/−50 : guerre des Gaules (**−52** : défaite de Vercingétorix à Alésia)
406 (décembre) : invasion générale des Gaules par les barbares
481 : Clovis succède à Childéric
714 : Charles Martel maire du palais
732 : bataille de Poitiers
800 : le pape Léon III couronne Charlemagne empereur
843 : traité de Verdun sur le partage de l'héritage de Charlemagne
987 (juillet) : élection et sacre d'Hugues Capet
Fin du **Xe siècle** et début du **XIe siècle** : apparition de l'architecture romane
Vers le milieu du **XIIe siècle** : débuts de l'art gothique
1163 : lancement de la construction de Notre-Dame de Paris
1179 : avènement de Philippe II Auguste
1214 : bataille de Bouvines
1208-1213 : croisade contre les Albigeois
1226 : avènement de Louis IX (Saint Louis)
1285 : début du règne de Philippe IV le Bel
1337-1453 : la guerre de Cent Ans
1348 : début de la peste noire
1429 : Jeanne d'Arc rencontre le dauphin à Chinon ; elle délivre Orléans puis fait sacrer Charles VII à Reims
1461 : Louis XI succède à Charles VII ; François Villon, le *Testament* et la *Ballade des pendus*
Vers **1470** : apparition de l'imprimerie en France
1526 : débuts de la construction du château de Chambord
1532 : Rabelais, *Pantagruel*

1539 : l'ordonnance de Villers-Cotterêts (François Ier) institue le français comme langue obligatoire de tous les documents officiels)
1562-1598 : guerres de religion
1580 : première édition (non définitive) des *Essais* de Montaigne
1589 : Henri IV succède à Henri III
1598 : édit de Nantes
1610 : assassinat d'Henri IV et avènement de Louis XIII (régence de Marie de Médicis)
1636-1637 : Corneille, *le Cid* ; Descartes, le *Discours de la méthode*
1643 : mort de Louis XIII et régence d'Anne d'Autriche (Mazarin)
1648 : traités de Westphalie ; débuts de la Fronde
1670 : Racine, *Bérénice* ; Molière, *le Bourgeois gentilhomme* ; première publication partielle des *Pensées* de Pascal
1678 : Mme de La Fayette, *la Princesse de Clèves*
1685 : révocation de l'édit de Nantes
1715 : Louis XV succède à Louis XIV (de 1715 à 1723, régence du duc d'Orléans, Law contrôleur général des Finances)
1748 : Montesquieu, *De l'Esprit des lois*
1751 : parution du premier volume de l'*Encyclopédie* (Diderot, d'Alembert)
1762 : Rousseau, *le Contrat social*
1774 : Louis XVI succède à Louis XV ; Turgot aux Finances
1784-1785 : David, *le Serment des Horaces*
1789 (20 juin) : serment du Jeu de Paume
    (14 juillet) : prise de la Bastille
    (4 août) : abolition des privilèges et suppression de la féodalité
    (26 août) : Déclaration des droits de l'homme et du citoyen
1790 (15 janvier) : division de la France en 83 départements
1791 l'Académie des Sciences établit le système métrique
    (14 juin) : loi Le Chapelier
1792 (22 septembre) : proclamation de la République
1793 (21 janvier) : exécution de Louis XVI
    (septembre) : la Terreur
1794 (9 thermidor) : chute de Robespierre
1799 (18 brumaire) : coup d'État de Bonaparte
1800 (17 février) : institution des préfets
1801 (15 juillet) : signature du Concordat
1802 : Chateaubriand, *le Génie du christianisme*
1804 (21 mars) : promulgation du Code Civil
    (2 décembre) : sacre impérial de Napoléon

1814 (2 avril) : le Sénat proclame la déchéance de Napoléon qui abdique le **6 avril**
1815 (1ᵉʳ mars-18 juin) : retour de Napoléon en France puis bataille de Waterloo
1825 : Charles X succède à Louis XVIII
1830 : Berlioz, *la Symphonie fantastique* ; Hugo, *Hernani*
    (5 juillet) : prise d'Alger
    (27, 28, 29 juillet) : les Trois Glorieuses
    (2 août) : abdication de Charles X, remplacé par Louis-Philippe
1831 : Delacroix, *la Liberté guidant le peuple* ; Stendhal, *le Rouge et le Noir*
1834 : Balzac, *le père Goriot*
1836 : ligne de chemin de fer Paris-Saint-Germain-en-Laye
1848 (24 février) : chute de Louis-Philippe
    (10 décembre) : Louis Napoléon Bonaparte élu président de la République
1851 (2 décembre) : coup d'État bonapartiste
1852 (7 novembre) : rétablissement de l'Empire
1857 : Faidherbe fonde le port de Dakar ; Baudelaire, *les Fleurs du mal* ; Flaubert, *Madame Bovary*
1859 : les Français occupent Saïgon ; Ingres, *le Bain turc*
1863 : Manet, *le Déjeuner sur l'herbe*
1864 (25 mai) : loi légalisant le droit de grève
1870 (19 juillet) : la France déclare la guerre à la Prusse
    (4 septembre) : déchéance de l'Empire et proclamation de la IIIᵉ République
1871 (18 mars) : révolte parisienne et débuts de la Commune
    (10 mai) : traité de Francfort ; annexion de l'Alsace-Lorraine par l'Allemagne
1872-1873 : Rimbaud, *Une saison en Enfer*
1874 : Monet, *Impression, soleil levant* ; Mallarmé, *Après-midi d'un faune*
1875 (24 février, 25 février et 16 juillet) : vote des lois formant la Constitution de la IIIᵉ République
1876 : mise au point du téléphone
1877 : Zola, *L'assommoir*
1881 (29 juillet) : loi sur la liberté de la presse
1882 (28 mars) : loi J. Ferry sur l'instruction primaire obligatoire
1884 (21 mars) : loi Waldeck-Rousseau sur les syndicats
    (27 juillet) : loi Naquet légalisant le divorce

1887 : premières grandes manifestations boulangistes
1888-1889 : Van Gogh, *Autoportrait à l'oreille coupée* ; Gauguin, *Le Christ jaune* ; Claudel, *Tête d'or*
1889 : Exposition universelle de Paris et édification de la Tour Eiffel
1890 : Peugeot réalise une automobile à essence ; Clément Ader fait voler son aéroplane *Éole*
1894 (décembre) : premier procès du capitaine Dreyfus (après un deuxième procès, il sera réhabilité en **1906**)
1895 : fondation de la CGT ; constitution de l'Afrique Occidentale Française ; Louis Lumière effectue la première démonstration publique du cinématographe ; loi Millerand portant à dix heures la durée de la journée de travail
1900 : Debussy, *Nocturnes* ; inauguration à Paris de la première ligne du Métropolitain
1901 (1er juillet) : loi sur le droit d'association
1905 (9 décembre) : séparation de l'Église et de l'État
1906-1907 : Picasso, *les Demoiselles d'Avignon*
1910 : organisation de l'Afrique-Équatoriale Française
1912 : protectorat français sur le Maroc
1913-1927 : Proust, *À la recherche du temps perdu*
1914 (3 août) : l'Allemagne déclare la guerre à la France
1916 (21 février-21 juin) : bataille de Verdun
1918 (11 novembre) : armistice de Rethondes
1919 (28 juin) : traité de Versailles
1924 : Breton, premier *Manifeste du surréalisme*
1932 : Céline, *Voyage au bout de la nuit*
1934 (6 février) : manifestation des ligues et démission de Daladier
1936 (mai) : victoire du Front populaire
    (7 juin) : accords Matignon
1937 : Carné, *Drôle de drame* ; Renoir, *La grande illusion*
1938 (30 septembre) : accords de Munich
1939 (3 septembre) : l'Angleterre et la France déclarent la guerre à l'Allemagne
1940 (18 juin) : appel du général de Gaulle sur les ondes de la BBC
    (22 juin) : signature de l'armistice
    (10 et 11 juillet) : mort de la IIIe République et naissance de l'État français
1942 (11 novembre) : l'armée allemande occupe la zone libre

1943 : Sartre, *l'Être et le néant*
1944 (6 juin) : débarquement de Normandie
  (5 octobre) : droit de vote pour les femmes
1945 (4 et 19 octobre) : ordonnances sur la Sécurité Sociale
  (21 décembre) : création du Commissariat Général au Plan
1946 (20 janvier) : démission de de Gaulle
  (13 octobre) : référendum sur la Constitution de la IVe République
1949 (4 avril) : signature du Pacte Atlantique
1950 : Ionesco, *la Cantatrice chauve*
1951 (18 avril) : traité de Paris créant la CECA
1953 : Beckett, *En attendant Godot*
1954 (7 mai) : chute de Diên Biên Phu
  (20 juillet) : accords de Genève
  (1er novembre) : la « Toussaint rouge » (début de la guerre d'Algérie)
1956 (mars) : indépendance de la Tunisie et du Maroc
1957 (25 mars) : signature du traité de Rome
1958 (1er juin) : de Gaulle président du Conseil à la suite de l'émeute algéroise du 13 mai
  (28 septembre) : référendum sur la Constitution de la Ve République
1959 : Godard, *A bout de souffle* ; Truffaut, *Les quatre cents coups*
1960 (janvier-juillet) : indépendance des anciennes colonies françaises d'Afrique noire
1962 (18 mars) : signature des accords d'Évian
  (14 avril) : Pompidou Premier ministre
  (28 octobre) : référendum sur l'élection du chef de l'État au suffrage universel direct
1968 (22 mars) : débuts de l'agitation à la faculté de Nanterre
1969 (28 avril) : démission de de Gaulle
  (15 juin) : Pompidou président de la République
1974 (19 mai) : V. Giscard d'Estaing président de la République
1974 (29 novembre) : loi Veil sur l'interruption volontaire de grossesse
1976 (25 août) : démission de J. Chirac ; R. Barre Premier ministre
1981 (10 mai) : F. Mitterrand président de la République
1982 (mars, janvier et juillet 1983) : lois Defferre sur la décentralisation
1984 (17 juillet) : démission de P. Mauroy, remplacé par L. Fabius
1986 (mars) : élections législatives, J. Chirac Premier ministre

1987 (1ᵉʳ janvier) : entrée en vigueur de l'Acte unique européen
1988 (8 mai) : F. Mitterrand réélu président de la République
(juin) : M. Rocard tente de constituer un gouvernement d'« ouverture »
1991 (janvier-février) : participation française à la guerre du Golfe
(16 mai) : formation du gouvernement d'E. Cresson
(10 décembre) : accords de Maastricht.

Les rois de France

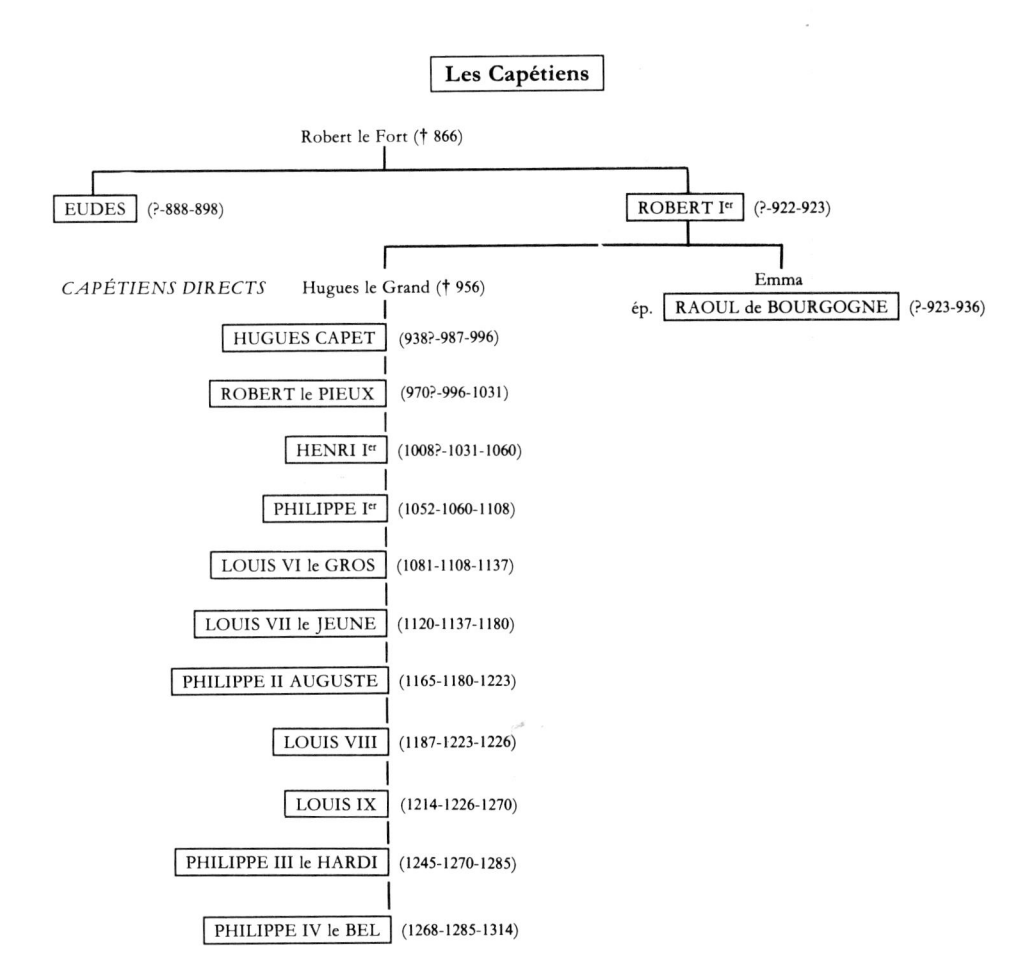

Les Capétiens

Robert le Fort († 866)

- EUDES (?-888-898)
- ROBERT Ier (?-922-923)
  - Hugues le Grand († 956) [*CAPÉTIENS DIRECTS*]
  - Emma ép. RAOUL de BOURGOGNE (?-923-936)

- HUGUES CAPET (938?-987-996)
- ROBERT le PIEUX (970?-996-1031)
- HENRI Ier (1008?-1031-1060)
- PHILIPPE Ier (1052-1060-1108)
- LOUIS VI le GROS (1081-1108-1137)
- LOUIS VII le JEUNE (1120-1137-1180)
- PHILIPPE II AUGUSTE (1165-1180-1223)
- LOUIS VIII (1187-1223-1226)
- LOUIS IX (1214-1226-1270)
- PHILIPPE III le HARDI (1245-1270-1285)
- PHILIPPE IV le BEL (1268-1285-1314)

Quand il y a trois dates, la seconde est celle d'accession au trône.

Les Valois

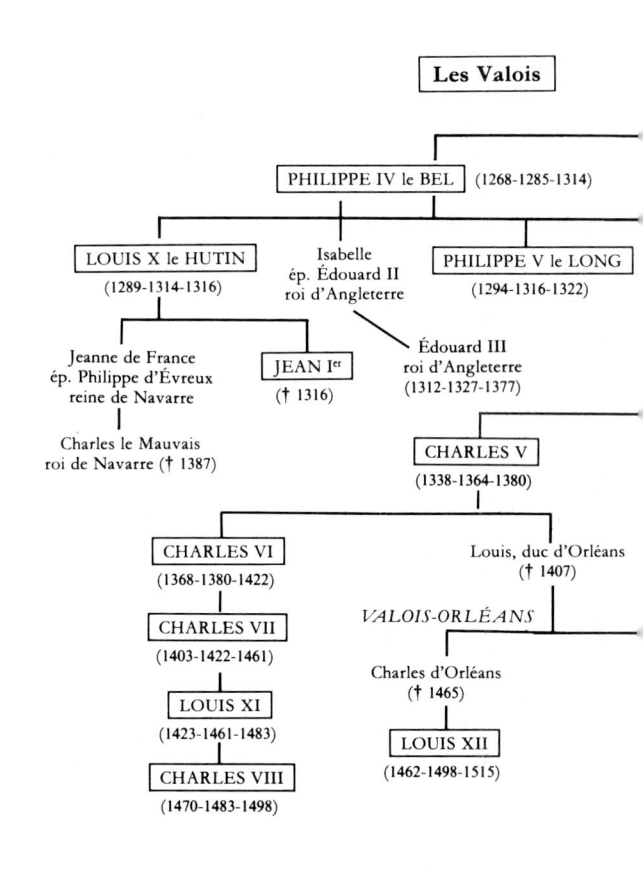

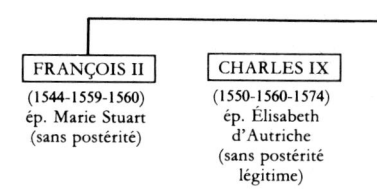

```
PHILIPPE IV le BEL (1268-1285-1314)
├── LOUIS X le HUTIN (1289-1314-1316)
│   ├── Jeanne de France
│   │   ép. Philippe d'Évreux
│   │   reine de Navarre
│   │   │
│   │   Charles le Mauvais
│   │   roi de Navarre († 1387)
│   └── JEAN Iᵉʳ († 1316)
├── Isabelle
│   ép. Édouard II
│   roi d'Angleterre
│   │
│   Édouard III
│   roi d'Angleterre
│   (1312-1327-1377)
└── PHILIPPE V le LONG (1294-1316-1322)
```

CHARLES V (1338-1364-1380)
├── CHARLES VI (1368-1380-1422)
│   └── CHARLES VII (1403-1422-1461)
│   └── LOUIS XI (1423-1461-1483)
│   └── CHARLES VIII (1470-1483-1498)
└── Louis, duc d'Orléans († 1407)

VALOIS-ORLÉANS

Charles d'Orléans († 1465)
└── LOUIS XII (1462-1498-1515)

FRANÇOIS II (1544-1559-1560)
ép. Marie Stuart
(sans postérité)

CHARLES IX (1550-1560-1574)
ép. Élisabeth d'Autriche
(sans postérité légitime)

424

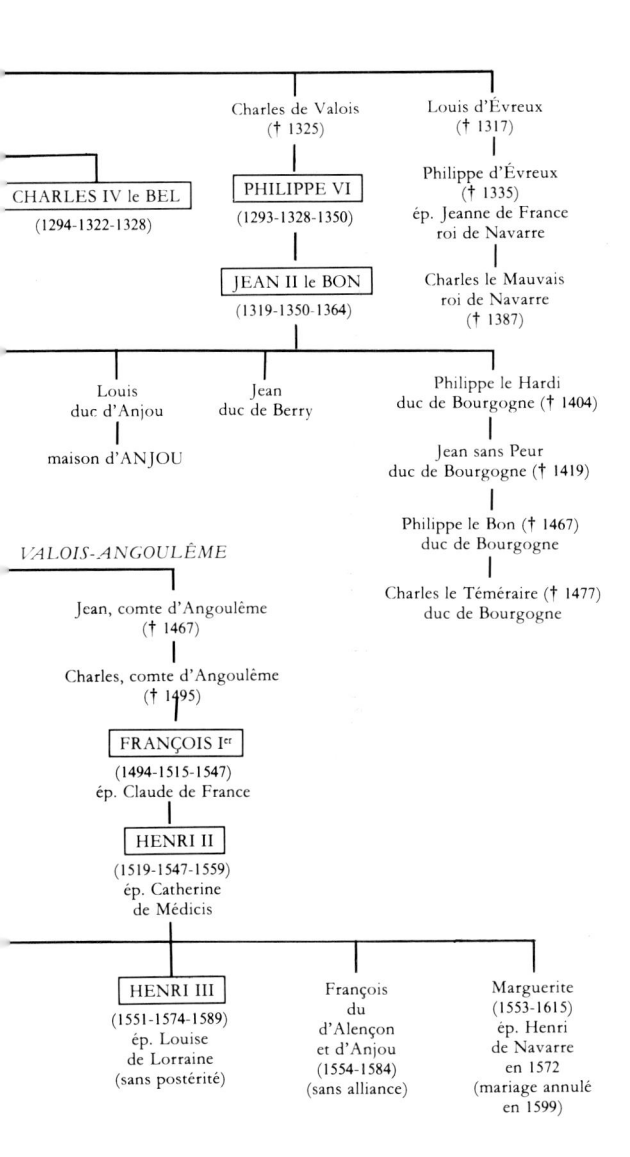

```
                        Charles de Valois        Louis d'Évreux
                            († 1325)                († 1317)
                               │                       │
   ┌───────────────────────────┤            Philippe d'Évreux
   │                           │                    († 1335)
┌──────────────────┐   ┌──────────────┐      ép. Jeanne de France
│ CHARLES IV le BEL│   │  PHILIPPE VI │          roi de Navarre
└──────────────────┘   └──────────────┘                │
   (1294-1322-1328)      (1293-1328-1350)       Charles le Mauvais
                               │                  roi de Navarre
                       ┌──────────────┐              († 1387)
                       │ JEAN II le BON│
                       └──────────────┘
                        (1319-1350-1364)
                               │
┌──────────────┬───────────────┬──────────────────────────────┐
│              │               │                              │
Louis         Jean        Philippe le Hardi
duc d'Anjou   duc de Berry  duc de Bourgogne († 1404)
│                                     │
maison d'ANJOU                  Jean sans Peur
                              duc de Bourgogne († 1419)
                                      │
                              Philippe le Bon († 1467)
VALOIS-ANGOULÊME                 duc de Bourgogne
┌─────                                │
│                              Charles le Téméraire († 1477)
Jean, comte d'Angoulême            duc de Bourgogne
      († 1467)
         │
Charles, comte d'Angoulême
      († 1495)
         │
    ┌──────────┐
    │FRANÇOIS Iᵉʳ│
    └──────────┘
     (1494-1515-1547)
    ép. Claude de France
         │
    ┌──────────┐
    │ HENRI II │
    └──────────┘
     (1519-1547-1559)
     ép. Catherine
       de Médicis
         │
┌────────┼──────────────┬──────────────┐
│                       │              │
┌──────────┐        François       Marguerite
│ HENRI III│            du          (1553-1615)
└──────────┘        d'Alençon       ép. Henri
 (1551-1574-1589)   et d'Anjou      de Navarre
 ép. Louise         (1554-1584)      en 1572
 de Lorraine       (sans alliance) (mariage annulé
 (sans postérité)                    en 1599)
```

Les Bourbons

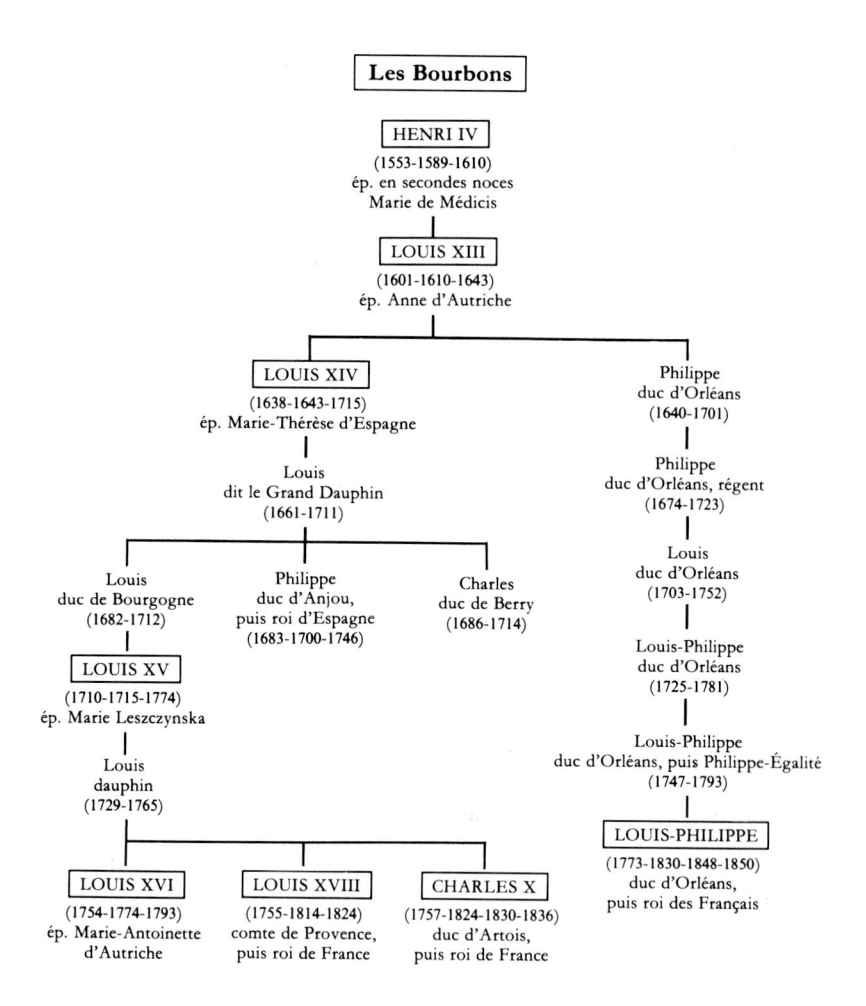

HENRI IV
(1553-1589-1610)
ép. en secondes noces
Marie de Médicis
│
LOUIS XIII
(1601-1610-1643)
ép. Anne d'Autriche
├───┐
LOUIS XIV   Philippe
(1638-1643-1715)   duc d'Orléans
ép. Marie-Thérèse d'Espagne   (1640-1701)
│   │
Louis   Philippe
dit le Grand Dauphin   duc d'Orléans, régent
(1661-1711)   (1674-1723)
│   │
├──────────────┬──────────────┐   Louis
Louis   Philippe   Charles   duc d'Orléans
duc de Bourgogne duc d'Anjou, duc de Berry (1703-1752)
(1682-1712)   puis roi d'Espagne (1686-1714)   │
│   (1683-1700-1746)   Louis-Philippe
LOUIS XV   duc d'Orléans
(1710-1715-1774)   (1725-1781)
ép. Marie Leszczynska   │
│   Louis-Philippe
Louis   duc d'Orléans, puis Philippe-Égalité
dauphin   (1747-1793)
(1729-1765)   │
├────────────┬────────────┐   **LOUIS-PHILIPPE**
LOUIS XVI **LOUIS XVIII** **CHARLES X**   (1773-1830-1848-1850)
(1754-1774-1793) (1755-1814-1824) (1757-1824-1830-1836) duc d'Orléans,
ép. Marie-Antoinette comte de Provence, duc d'Artois, puis roi des Français
d'Autriche   puis roi de France puis roi de France

Les présidents de la République

IIe RÉPUBLIQUE
Louis Napoléon Bonaparte, décembre 1848-décembre 1851 (coup d'État)

IIIe RÉPUBLIQUE
Adolphe Thiers, février 1871-mai 1873 (démission)
Maurice de Mac-Mahon, mai 1873-janvier 1879 (démission)
Jules Grévy, janvier 1879-(réélection)-décembre 1887 (démission)
Sadi-Carnot, décembre 1887-juin 1894 (assassinat)
Jean Casimir-Perier, juin 1894-janvier 1895 (démission)
Félix Faure, janvier 1895-février 1899 (décès)
Émile Loubet, février 1899-janvier 1906
Armand Fallières, janvier 1906-janvier 1913
Raymond Poincaré, janvier 1913-janvier 1920
Paul Deschanel, janvier 1920-septembre 1920 (démission)
Alexandre Millerand, septembre 1920-juin 1924 (démission)
Gaston Doumergue, juin 1924-juin 1931
Paul Doumer, juin 1931-mai 1932 (assassinat)
Albert Lebrun, mai 1932-(réélection)-juillet 1940 (déposition)

IVe RÉPUBLIQUE
Vincent Auriol, janvier 1947-décembre 1953
René Coty, décembre 1953-décembre 1958 (démission)

Ve RÉPUBLIQUE
Charles de Gaulle, décembre 1958-(réélection)-avril 1969 (démission)
Georges Pompidou, juin 1969-avril 1974 (décès)
Valéry Giscard d'Estaing, mai 1974-mai 1981
François Mitterrand, mai 1981-(réélection)

Lexique

Adoubement : cérémonie par laquelle est armé un chevalier.

Apanage : domaine territorial donné par le roi à ses fils cadets ou à ses frères.

Assignats : créés en décembre 1789, les assignats constituent initialement des bons du Trésor garantis par la confiscation des biens du clergé, mais ils se transforment en papier-monnaie et connaissent une constante dépréciation jusqu'à leur suppression en février 1796.

Baillis : officiers royaux chargés de contrôler les prévôts (XIIe siècle), les baillis deviennent au XIIIe siècle des représentants permanents du pouvoir royal dans des circonscriptions fixes : les baillages (ou sénéchaussées dans le Midi).

Ban : le ban représente le pouvoir d'ordonner et de punir que se sont arrogé les seigneurs durant le haut Moyen Age ; il se traduit par le droit de justice et de police, par la perception des impôts, la surveillance des routes et des marchés ou encore la réquisition des hommes pour divers travaux.

Bénéfice : terre accordée par un roi ou un prince à un homme qu'il veut récompenser ; le bénéfice peut être temporaire ou définitif.

Cahiers de doléances : rédigés dans le cadre des paroisses ou des corporations avant la réunion des états généraux, ils expriment les griefs et les vœux des habitants du royaume.

Catharisme : courant religieux dérivé du manichéisme oriental et du christianisme, le catharisme développe une vision du monde dans laquelle l'opposition du Bien et du Mal régit toute réalité et réduit à néant toute possibilité de libre arbitre. L'hérésie cathare, implantée dans le Languedoc à partir du XIIe siècle, est combattue d'abord par la prédication (saint Dominique) puis par la force (croisade des Albigeois).

Charbonnerie : mouvement clandestin d'opposition républicaine au régime de la Restauration.

Commune : association des habitants d'une ville pour la défense de leurs intérêts communs ; reconnue par le seigneur, la commune est chargée de l'administration de la cité.

Compagnonnage : association de compagnons travaillant au service d'un maître, qui défend les intérêts de ses membres et contrôle souvent le marché de l'emploi.

Comte : d'abord compagnon du souverain, puis (sous les Mérovingiens) représentant de son autorité dans un territoire donné, le comte obtient peu à peu l'hérédité de sa charge et devient à partir du IXe siècle un prince territorial.

Concordat : accord signé entre un chef d'État et la papauté pour régir les rapports entre l'Église et l'État.

États généraux : assemblées réunissant les représentants des trois ordres (clergé, noblesse, tiers état), ils sont réunis par le roi quand bon lui semble pour donner conseil ou entériner la création d'impôts nouveaux.

Ferme : système d'administration qui consiste pour le pouvoir royal à déléguer à un fermier l'exercice d'un droit ou la perception d'un revenu en échange d'une somme forfaitaire. En 1680, Colbert afferme ainsi à un groupe de financiers, les fermiers généraux, la levée de l'ensemble des impôts indirects, aides et gabelles.

Fief : le plus souvent représenté par des terres ou un château, le fief constitue un don du seigneur à son vassal.

Fordisme : organisation du travail définie par le lien entre production de masse et consommation de masse, par l'intermédiaire notamment de salaires élevés.

Franchises : concessions par lesquelles un seigneur supprime ou restreint les droits qu'il exerçait auparavant sur une communauté rurale ou urbaine.

GATT (General Agreement on Tariffs and Trade) : signés en 1947, les accords du GATT visent à établir à l'échelle mondiale un libre-échange aussi large que possible afin de favoriser la croissance du commerce international.

Jansénisme : courant qui entend se fonder sur la pensée de saint Augustin pour développer une théologie rigoriste et austère, le jansénisme insiste sur les principes de la prédestination et de la grâce et minore la place du libre arbitre.

Keynesianisme : courant inspiré par les travaux de l'économiste britannique Keynes (1883-1946), qui tend à insister sur la demande plutôt que sur l'offre comme moteur de l'activité et comme pilier du plein-emploi, et qui préconise à ce titre un interventionnisme public associant paramètres économiques et paramètres sociaux.

Office : terme désignant toute fonction assurée au service du roi ou d'un seigneur.

Ordonnance : texte à valeur législative émanant directement du pouvoir exécutif et non du pouvoir législatif.

Parlement : sous l'Ancien Régime, Cours supérieures jouissant de la possibilité de juger en appel, d'enregistrer les actes royaux et d'exercer un droit de remontrance à leur égard. Aux côtés du Parlement de Paris, l'on compte une douzaine de Parlements provinciaux au XVIIIe siècle.

Paulette : du nom du financier Paulet qui en afferma le premier la perception, la Paulette (1604) constitue un impôt prélevé sur tous les détenteurs d'offices en échange du droit dont ils disposent de transmettre héréditairement leur charge.

Plébiscite : consultation électorale par laquelle les citoyens sont conviés à donner ou à refuser leur confiance à celui qui incarne le pouvoir.

Prévôt : au Moyen Age, régisseur chargé de l'administration des terres d'un seigneur ; les prévôts royaux assurent en outre des fonctions fiscales, judiciaires et militaires.

Remembrement : Remodelage d'un cadastre communal dans la perspective du regroupement et de la rationalisation des parcelles d'exploitation agricole.

Référendum : vote par lequel les électeurs approuvent ou rejettent une mesure proposée par le pouvoir.

Saint-Simonisme : courant de pensée inspiré par les écrits de Saint-Simon (1760-1825), qui se caractérise par son industrialisme optimiste et son attention aux problèmes sociaux.

Scrutin majoritaire : mode de scrutin uninominal par lequel seul le candidat arrivé en tête des suffrages est élu.

Scrutin proportionnel : mode de scrutin plurinominal qui consiste à répartir les sièges à pourvoir de manière proportionnelle au nombre de voix obtenues par chacune des listes en présence.

Système monétaire international : mis en place lors de la conférence de Bretton-Woods (juillet 1944), le SMI a pour objectif de garantir une stabilité monétaire mondiale propice à l'activité économique. Fondé sur le double étalon or-dollar, il organise un mécanisme de taux de change fixes entre les différentes devises, mais la fragilisation progressive du dollar conduit à sa remise en cause puis à sa disparition définitive en 1973 (généralisation des taux de change flottants).

Système monétaire européen : créé en 1979 pour faire face aux effets néfastes de la disparition du SMI, le SME vise à maintenir un minimum de stabilité monétaire au sein de la CEE, selon un mécanisme de « cours-pivots » par rapport auquel les monnaies ne peuvent varier que dans de faibles proportions. L'unité de référence du SME est l'ECU, Unité de compte européenne.

Taylorisme : organisation du travail fondée sur la parcellisation des processus de conception, de fabrication et de gestion, dans le cadre d'un productivisme qui se traduit pour les ouvriers par l'uniformisation de tâches répétitives (travail à la chaîne).

Éléments bibliographiques

Jean CARPENTIER et François LEBRUN (sous la direction de), *Histoire de France*, Paris, Le Seuil, 1987, 507 p. Une synthèse comparable au présent ouvrage, à ceci près que, fondée sur le choix d'un strict équilibre entre les différentes périodes historiques, elle s'avère plus approfondie que lui sur les temps plus anciens et plus rapide sur les époques plus récentes.

Jean FAVIER (sous la direction de), *Histoire de France*, Paris, Fayard ; six épais volumes qui font bien le point des acquis de la recherche :
Karl Ferdinand WERNER, *Les origines*, 1984, 540 p.
Jean FAVIER, *Le temps des principautés*, 1984, 499 p.
Jean MEYER, *La France moderne*, 1985, 536 p.
Jean TULARD, *Les révolutions (1789-1851)*, 1985, 501 p.
François CARON, *La France des patriotes (1851-1918)*, 1985, 665 p.
René REMOND (avec la collaboration de Jean-François SIRINELLI), *Notre siècle (1918-1988)*, 1988, 1012 p.

André BURGUIÈRE et Jacques REVEL (sous la direction de), *Histoire de la France*, Paris, Le Seuil ; quatre volumes représentatifs d'une volonté de délaisser les formes linéaires pour viser l'analyse des structures profondes :
Jacques REVEL (sous la direction de), *L'espace français*, 1989, 872 p.
Jacques LE GOFF (sous la direction de), *L'État et les pouvoirs*, 1989, 656 p.
Jacques JULLIARD (sous la direction de), *L'État et les conflits*, 1990, 672 p.
André BURGUIÈRE (sous la direction de), *Les formes de la culture*, à paraître.

Yves LEQUIN (sous la direction de), *Histoire des Français, XIXe-XXe siècles*, Paris, Armand Colin, 1983 ; trois volumes qui proposent une riche et stimulante synthèse thématique : tome 1, *Un peuple et son pays*, 587 p. Tome 2, *La société*, 623 p. Tome 3, *Les citoyens et la démocratie*, 523 p.

Chacun des quelques ouvrages indiqués ici comporte lui-même une riche bibliographie susceptible de guider le lecteur vers des titres plus spécialisés.

Index

Aiguillon (duc d') 135
Alcuin 67
Alembert (Jean le Rond d') 142
Alençon (François d') 112
Alexandre Ier 174
Alibert (Raphaël) 274
Aliénor d'Aquitaine 76
Althusser (Louis) 404
Ambiorix 43
Anne d'Autriche 120, 121
Anquetil (Jacques) 336
Arago (François) 187, 192
Aragon (Louis) 308
Arioviste 42
Arminius 44
Aron (Raymond) 309, 322
Artois (comte d')
   voir Charles X
Attila 57
Aubert (François d') 390
Auguste 43
Aurélien 52
Auriol (Vincent) 267, 311
Auroux (Jean) 369
Ausone 55

Babeuf (Gracchus) 160
Badinter (Robert) 368
Balladur (Édouard) 376, 378
Balzac (Honoré de) 182
Barbès (Armand) 183, 187
Bardot (Brigitte) 338

Barère (Bertrand) 158
Barras (Paul de) 157, 161
Barre (Raymond) 359, 360, 365, 381, 389
Barrot (Odilon) 181, 188
Barry (Jeanne Bécu, comtesse du) 135
Barthes (Roland) 404
Barthou (Louis) 212
Bartoldi (Frédéric Auguste) 216
Barzach (Michèle) 390
Baudelaire (Charles) 234
Bazaine (Jean) 308
Beauvoir (Simone de) 308
Beckett (Samuel) 308
Belin (René) 276
Bellay (Joachim du) 108
Benoît (saint) 66, 87
Bergeron (André) 395
Beregovoy (Pierre) 374, 383
Berlioz (Hector) 182
Bernanos (Georges) 267
Bernard (saint) 85
Bernhardt (Sarah) 239
Bidault (Georges) 285, 292, 293, 306, 310
Bismarck (Otto von) 195
Bituit 38, 41
Blanc (Louis) 184, 186, 187
Blandine (sainte) 50
Blanqui (Louis-Auguste) 183, 187
Blondel (Marc) 395

435

Blum (Léon) 255, 265, 268, 276, 306, 315
Bonald (Louis de) 178
Bonaparte 160, 161, 163, 164, 165, 166, 167, 168. voir aussi Napoléon Ier
Bonaparte (Louis-Napoléon) 187, 190. voir aussi Napoléon III
Bonaparte (Lucien) 161
Boniface VIII 89
Bosson (Bernard) 390
Bossuet (Jacques Bénigne) 129
Boulanger (Georges) 205, 206
Bourbon (Antoine de) 112
Bourdieu (Pierre) 405
Bourgeois (Léon) 215
Bourgès-Maunoury (Maurice) 322
Braque (Georges) 236
Brasillach (Robert) 281, 288
Brazza (Pierre Savorgnan de) 244
Breton (André) 257
Briand (Aristide) 211, 212, 248, 250, 256
Briçonnet (Guillaume) 110
Brissot (Jacques Pierre) 155
Broglie (Achille Léon, duc de) 181, 203
Broussel (Pierre) 121
Bruant (Aristide) 239
Brune (Guillaume) 160, 168
Bruno (saint) 85
Bugeaud (Thomas) 242
Butor (Michel) 338

Cabet (Étienne) 187
Cadoudal (Georges) 168
Caillaux (Joseph) 210, 212, 251
Calonne (Charles Alexandre de) 29, 137
Calvin (Jean) 110
Cambacérès (Jean-Jacques de) 154, 158, 161, 165
Camus (Albert) 282, 308
Carignon (Alain) 390
Carné (Marcel) 268
Carnot (Lazare) 157
Catherine de Médicis 111, 112
Cavaignac (Jean-Baptiste) 180, 187
Céline (Louis-Ferdinand) 281
César (Jules) 38, 40, 42, 43
Cézanne (Paul) 236
Chaban-Delmas (Jacques) 323, 352, 354
Chabrol (Claude) 338
Chagall (Marc) 268
Chaillet 284
Challe (Maurice) 328
Charette (François de) 160
Charlemagne 19, 63, 66, 67
Charles Quint 29
Charles V, le Sage 98, 104
Charles VI 98, 99
Charles VII 99, 100, 104, 105, 117
Charles IX 111, 112
Charles X 135, 168, 178, 180
Charles le Chauve 19, 68, 70
Charles le Mauvais 98
Charles le Simple 71, 73
Charles le Téméraire 100
Charles Martel 62

Chateaubriand (François René de) 170, 182
Chambord (Henri de Bourbon, comte de) 198, 201
Chautemps (Camille) 263
Chevalier (Jacques) 274
Chevènement (Jean-Pierre) 364, 371, 383
Chirac (Jacques) 355, 358, 364, 365, 376, 377, 381, 390
Choiseul (Étienne François, duc de) 134, 135
Cinq-Mars (Henri Coiffier de Ruzé, marquis de) 119
Claudel (Paul) 241, 267
Clemenceau (Georges) 208, 212, 250, 251
Clément (Jacques) 114
Clotaire Ier 61
Clovis 58 61, 84
Cocteau (Jean) 268
Cœur (Jacques) 105
Cohn-Bendit (Daniel) 344
Colbert (Jean-Baptiste) 123, 124, 127, 128
Coligny (Gaspard de) 112
Coluche 394
Combes (Émile) 210, 211
Concini (Concino) 118
Condé (Louis de) 112, 121, 122, 128
Condorcet (Marie Jean Antoine de) 214
Constance 54
Constant (Benjamin) 180
Constantin 54, 55
Corneille (Pierre) 129
Coty (René) 313, 318, 324

Courbet (Gustave) 234
Courteline (Georges) 239
Cousin (Victor) 191
Couve de Murville (Maurice) 325, 339, 346
Crassus 43
Cresson (Édith) 412

Dagobert 61
Daix (Pierre) 308
Daladier (Édouard) 263, 268, 270, 271, 276
Danton (Georges Jacques) 155, 157
Darlan (François) 275, 280, 285
Daudet (Alphonse) 234
Daumier (Honoré) 234
David (Louis) 170
Déat (Marcel) 281
Debré (Michel) 325, 326
Debussy (Claude) 235
Defferre (Gaston) 319, 351, 368
Degas (Edgar) 234
Delacroix (Eugène) 182
Delcassé (Théophile) 210
Delescluze (Charles) 194, 200
Delorme (Philibert) 108
Delors (Jacques) 352, 369, 370, 371
Denis (saint) 60
Depardieu (Gérard) 405
Desmoulins (Camille) 150, 155, 157
Devaquet (Alain) 379
Diderot (Denis) 140, 142, 143
Dioclétien 54
Doriot (Jacques) 281
Doumergue (Gaston) 256, 264

437

Dreyfus (Alfred) 207, 208, 210, 211
Drieu la Rochelle (Pierre) 281
Duclos (Jacques) 351
Ducos (Roger) 161
Dufaure (Jules Armand) 203
Dufy (Raoul) 236
Duruy (Victor) 236
Edouard III 96, 97
Eluard (Paul) 308
Enghien (Louis Antoine de Bourbon-Condé, duc d') 168
Eudes 73

Fabius (Laurent) 374, 389
Faidherbe (Louis) 242
Falloux (Frédéric de) 188
Faure (Edgar) 311, 317, 318
Favre (Jules) 191
Ferry (Jules) 194, 201, 204, 236, 242, 244
Feydeau (Georges) 239
Fiterman (Charles) 366
Flandin (Pierre-Étienne) 274
Flaubert (Gustave) 233
Fleury (André, cardinal de) 132, 133
Foch (Ferdinand) 251
Foucauld (Charles de) 241
Foucault (Michel) 404
Fouché (Joseph) 157, 161, 165, 169
Fould (Achille) 188, 221
Fouquet (Nicolas) 122, 123
Fourcade (Jean-Pierre) 358
France (Anatole) 235
François Ier 107, 108, 116
François II 111

François-Ferdinand 213
Frédéric II de Prusse 133

Gaillard (Félix) 322, 323
Gambetta (Léon) 194, 201, 204
Garnier-Pagès (Étienne) 187
Gauguin (Paul) 234
Gaulle (Charles de) 30, 270, 280, 283, 284, 285, 287, 288, 291, 293, 294, 297, 304, 306, 309, 311, 315, 323, 324, 326, 327, 328, 329, 332, 340, 342, 346, 347, 351
Géricault (Théodore) 170, 182
Gerlier (cardinal) 278
Gide (André) 267, 308
Giraud (Henri) 285
Giraudoux (Jean) 267
Giroud (Françoise) 356
Giscard d'Estaing (Valéry) 312, 317, 329, 343, 347, 348, 352, 354, 355, 365, 390
Godard (Jean-Luc) 338
Godefroi de Bouillon 78
Goethe (Johann Wolfgang von) 182
Goncourt (Edmond et Jules de) 234
Gondi-Retz (Paul de) 121
Gouin (Félix) 293, 306
Grande Mademoiselle (Anne Marie Louise d'Orléans, dite la) 122
Grégoire VII 84
Grévy (Jules) 203
Guadet (Marguerite Élie) 155
Guesclin (Bertrand du) 98
Guesde (Jules) 207, 248

438

Guillaume le Conquérant 74
Guise (François de) 112
Guise (Henri de) 112, 113
Guizot (François) 180, 181, 183, 184, 191, 227, 236

Haussmann (Georges) 233
Hébert (Jacques) 157
Henri Ier 74
Henri II 111
Henri III 112, 113
Henri IV 114, 115, 116, 117, 118
Henri V d'Angleterre 98, 99
Herriot (Édouard) 256
Hilaire (saint) 56, 60
Hugo (Victor) 182, 192, 214
Hugues Capet 19, 73, 74

Ingres (Dominique) 182
Ionesco (Eugène) 308
Irénée 51

Jaurès (Jean) 207, 211, 247
Jean le Bon 98, 99, 104
Jeanne d'Arc 29, 99
Jean sans Peur 98, 100
Jean sans Terre 86, 89
Joffre (Joseph) 250
Jospin (Lionel) 383
Jouhaud (Edmond) 328
Jouhaux (Léon) 247
Joxe (Pierre) 375
Juin (Alphonse) 286
Juppé (Alain) 390
Juquin (Pierre) 381

Kaspar (Jean) 395
Kœnig (Pierre Marie) 286

Krasucki (Henri) 395

Labiche (Eugène) 239
Lacan (Jacques) 404
La Chalotais (Louis René de) 134
Lacoste (Robert) 320
La Fayette (Gilbert Motier, marquis de) 136, 148, 150
Laffitte (Jacques) 172, 181, 227
Lajoinie (André) 380
Lalonde (Brice) 394
Lamartine (Alphonse de) 182, 184, 187
Lamennais (Félicité Robert de) 180, 192
Lang (Jack) 383
Laniel (Joseph) 314
La Rocque (François de) 263
Larousse (Pierre) 214
Lattre de Tassigny (Jean-Marie de) 286
Laval (Pierre) 260, 262, 273, 280, 288
Lavisse (Ernest) 214
Law (John) 132
Lebrun (Charles François) 165
Lecanuet (Jean) 342, 355
Leclerc (Philippe de Hauteclocque, dit) 286, 287
Leconte de l'Isle (Charles Marie) 234
Le Corbusier (Édouard) 268
Ledru-Rollin (Alexandre Auguste) 187
Lefèvre d'Étaples (Jacques) 110
Léger (Fernand) 236, 308
Léon III 63

Léon XIII 207
Léotard (François) 376, 389, 390, 403
Le Pen (Jean-Marie) 30, 318, 374, 380, 391, 392
Leroux (Gaston) 239
Lescot (Pierre) 108
Leszczynski (Stanislas) 133
Lévi-Strauss (Claude) 404
Le Tellier (Michel) 127
Leygues (Georges) 210
Littré (Émile) 214
Loménie de Brienne (Étienne de) 137
Lothaire Ier 68, 73
Loucheur (Louis) 296
Louis IV 73
Louis V 73
Louis VI le Gros 75
Louis VII 75, 76
Louis VIII 88, 89
Louis IX (Saint Louis) 88, 89, 90, 95, 104, 113
Louis X le Hutin 96
Louis XI 100, 102, 104
Louis XIII 118, 119, 120
Louis XIV 120, 122, 123, 124, 126, 127, 128, 131, 133
Louis XV 132, 133, 134, 135
Louis XVI 29, 135, 136, 137, 147, 148, 151, 177
Louis XVIII 177, 178
Louis le Germanique 68, 70
Louis le Pieux 68
Louis-Philippe 181, 183, 184
Louvois (François-Michel, marquis de) 127
Luern 38

Lulli (Jean-Baptiste) 129
Lustiger (Jean-Marie) 408
Luther (Martin) 110
Luynes (Charles d'Albert de) 118
Lyautey (Louis Hubert) 245

Machault d'Arnouville (Jean-Baptiste de) 133
Mac-Mahon (Patrice de) 201, 203
Madelin (Alain) 376
Magnence 56
Maire (Edmond) 395
Maistre (Joseph de) 178
Malesherbes (Chrétien Guillaume de Lamoignon de) 143
Mallarmé (Stéphane) 234
Mallet (Isaac) 172, 221
Malon (Benoît) 200
Malraux (André) 267, 308, 337
Malvy (Louis) 247, 251
Manessier (Alfred) 308
Manet (Édouard) 234
Marat (Jean-Paul) 155
Marcel (Étienne) 102
Marchais (Georges) 363
Marguerite de Navarre 110, 112
Maric 44
Marie (André) 310
Marie-Antoinette 135
Marie de Bourgogne 100
Marie de Médicis 118, 119
Marie-Louise d'Autriche 174
Marie-Thérèse d'Autriche 123, 128
Marie-Thérèse, impératrice 133

Marius (Caius) 42
Martin (saint) 56, 60
Massu (Jacques) 323, 346
Matisse (Henri) 236, 308
Maupassant (Guy de) 234
Maupeou (René Nicolas de) 135
Maurepas (Jean Frédéric de) 135, 136
Mauriac (François) 308, 322
Mauroy (Pierre) 366, 368, 369, 374, 389
Maurras (Charles) 218, 274
Maximien 54
Maximilien d'Autriche 100
Mayer (René) 313
Mazarin (Jules) 120, 121, 122, 123
Méhaignerie (Pierre) 376, 389
Mendès France (Pierre) 304, 314, 315, 316, 317, 318, 320, 325, 339, 345
Mérovée 58
Messmer (Pierre) 339, 352, 354
Michelet (Jules) 184, 191
Michelin (André et Édouard) 224
Millerand (Alexandre) 207, 210, 256
Millet (Jean-François) 234
Millon (Charles) 390
Mirabeau (Honoré Gabriel Riqueti, comte de) 150
Mitterrand (François) 292, 317, 325, 342, 345, 354, 363, 364, 365, 366, 373, 376, 377, 381
Molé (Louis Mathieu) 183

Molière (Jean-Baptiste Poquelin, dit) 129
Mollet (Guy) 318, 320, 321, 322, 324, 362
Monet (Claude) 234
Monnet (Jean) 297, 310
Montaigne (Michel de) 108
Montcalm (Louis Joseph, marquis de) 133
Montesquieu (Charles de) 140, 142, 143
Montmorency (connétable de) 111
Montmorency (Henri, duc de) 119
Moulin (Jean) 284
Mun (Albert de) 240
Musset (Alfred de) 182

Navarre (Henri de) voir Henri IV
Napoléon Ier 169, 172, 174, 175, 177
Napoléon III 191, 193, 194, 195
Necker (Jacques) 136, 137, 148
Nivelle (Robert) 250
Nogaret (Guillaume de) 88
Noir (Michel) 390
Norbert (saint) 85

Ollivier (Émile) 191, 193, 194
Orgétorix 38
Orléans (Gaston d') 119
Ornano (Michel d') 364
Orry (Philibert) 132
Orsini (Felice) 192
Otton Ier 19, 72
Ozanam (Frédéric) 240

441

Painlevé (Paul) 250, 256
Panhard (René) 224
Paris (Henri d'Orléans, comte de) 198, 201
Pascal (Blaise) 126
Pasqua (Charles) 376, 390
Péguy (Charles) 215
Pelletier (Émile) 325
Pépin de Herstal 62
Pépin le Bref 62, 63
Pereire (Jacob et Isaac) 222
Périer (Casimir) 227
Pétain (Philippe) 250, 256, 271, 273, 277, 279, 280, 288
Pétion (Jérôme) 155
Pflimlin (Pierre) 323, 324
Philipe (Gérard) 307
Philippe Ier 74
Philippe II Auguste 86, 89, 90, 94
Philippe III le Hardi 88, 89
Philippe IV le Bel 29, 88, 89, 92, 96, 104, 117
Philippe IV d'Espagne 120, 128
Philippe V d'Espagne 131
Philippe VI de Valois 96, 97
Philippe d'Orléans, dit le Régent 131
Philippe le Bon 99, 100
Picasso (Pablo) 236, 268, 308
Pierre de Pise 67
Pierre l'Ermite 78
Pie VI 151
Pie VII 169
Pinay (Antoine) 274, 304, 311, 312, 313, 314, 315, 317, 324, 339
Pissarro (Camille) 234

Pivot (Bernard) 403
Plantagenêt (Henri II) 76, 86
Pléven (René) 311
Poher (Alain) 351
Poincaré (Raymond) 212, 213, 247, 250, 255, 257, 260
Polignac (Jules Auguste, prince de) 178
Pompadour (Antoinette Poisson, marquise de) 133, 134
Pompidou (Georges) 329, 339, 344, 346, 347, 351, 354
Poniatowski (Michel) 355
Poperen (Jean) 383
Pothin (saint) 50
Pottier (Eugène) 217
Poujade (Pierre) 317
Poulidor (Raymond) 336
Proudhon (Pierre Joseph) 187
Proust (Marcel) 227, 235
Provence (comte de) voir Louis XVIII
Pucheu (Pierre) 275

Queuille (Henri) 310
Quinet (Edgard) 191

Rabelais (François) 108
Racine (Jean) 129
Raimond (Jean-Bernard) 377
Ramadier (Paul) 306, 307
Raspail (François) 180, 187
Ravaillac (François) 116
Raymond de Toulouse 78
Rémi (saint) 58
Renaud 405
Renault (Louis) 224

Renoir (Auguste) 234
Renoir (Jean) 268
Resnais (Alain) 338
Retz (Jean-François Paul de Gondi, cardinal de) 121, 122
Reynaud (Paul) 269, 271, 276, 283
Ribot (Alexandre) 250
Richard-Lenoir (François Richard, dit) 172
Richelieu (Armand Jean Du Plessis, cardinal de) 118, 119, 120
Rimbaud (Arthur) 234
Robbe-Grillet (Alain) 338
Robert le Fort 72
Robert Ier 73
Robert II le Pieux 73, 74
Robespierre (Maximilien de) 155, 156, 157, 158
Rocard (Michel) 345, 351, 363, 364, 370, 375, 382, 383, 384, 411
Rochambeau (Jean-Baptiste de) 136
Rochefort (Henri) 194
Rohmer (Éric) 338
Roland 63
Rolland (Romain) 248
Rollon 71
Rol-Tanguy 287
Romain (Jules) 267
Ronsard (Pierre de) 108
Rostand (Edmond) 239
Rothschild (Meyer Amschel) 221, 227
Rouget de Lisle (Claude) 152
Rouher (Eugène) 188, 194

Rousseau (Jean-Jacques) 140, 142, 143, 182
Royer-Collard (Pierre Paul) 180

Sadi-Carnot (Marie François Sadi, dit) 205, 207
Saint-Cyran (abbé de) 126
Saint-John Perse (Alexis Léger, dit) 308
Saint-Just (Louis-Antoine) 155, 158
Salan (Raoul) 323, 328
Salengro (Roger) 268
Sand (George) 182
Sarraute (Nathalie) 338
Sartre (Jean-Paul) 282, 307, 308, 322
Savary (Alain) 372, 373
Say (Jean-Baptiste) 227
Schnaebelé (Guillaume) 205
Schneider (Eugène) 224
Schuman (Robert) 310
Seguin (Philippe) 376, 379, 390
Sembat (Marcel) 248
Servan-Schreiber (Jean-Jacques) 356
Sieyès (Emmanuel) 144, 158, 161
Simon (Jules) 203
Soisson (Jean-Pierre) 383
Soult (Nicolas) 183
Soustelle (Jacques) 316, 320, 322
Staël (Germaine de) 170, 182
Staël (Nicolas de) 308
Stavisky (Alexandre) 263
Stendhal (Henri Beyle, dit) 182
Stofflet (Jean) 160
Suger 75, 95

443

Sully (Maximilien de Béthune, duc de) 115
Syagrius 58
Talleyrand (Charles Maurice de) 161, 169
Tallien (Jean Lambert) 157
Tardieu (Jean) 260
Terray (Joseph Marie) 135
Théodulf 67
Thérèse de l'Enfant-Jésus (sainte) 241
Thiers (Adolphe) 180, 183, 192, 198, 200, 201
Thomas (Albert) 296
Thorez (Maurice) 309
Tibère 44
Tocqueville (Alexis de) 184
Truffaut (François) 338
Turenne (Henri de) 122, 128
Turgot (Anne Robert) 135, 136

Urbain II 78

Vailland (Roger) 308
Valéry (Paul) 253
Vallat (Xavier) 274
Van Dongen (Kees) 268
Van Gogh (Vincent) 234
Varlin (Eugène) 200
Vauban (Sébastien de) 128
Veil (Simone) 373, 389
Vercingétorix 38, 43
Vercors (Jean Bruller, dit) 284, 308
Verlaine (Paul) 234
Vespasien 44
Viannet (Louis) 395
Vilar (Jean) 307
Villèle (Jean-Baptiste) 178
Villon (François) 102
Vincent de Paul (saint) 126
Viviani (René) 213, 248
Voltaire (François Marie Arrouet, dit) 140, 142, 143

Waechter (Antoine) 394
Waldeck-Rousseau (Pierre) 205, 210, 231
Wendel (Ignace de) 224
Weygand (Maxime) 271
Wilson (Thomas) 205

Zeller (André) 328
Zola (Émile) 208, 234

CRÉDIT PHOTOGRAPHIQUE

P. 35 : ph. © De Sazo-Rapho. P. 39 : ph. © Edimedia. P. 45 : ph. © Lauros-Giraudon, musée de Picardie Amiens. P. 53 : ph. © Edimedia. P. 69 : B.N. ph. © Archives Hatier. P. 79 : ph. © Archives Hatier. P. 83 : ph. © Archives Hatier. P. 91 : ph. © B.N. Paris. P. 97 : ph. © Giraudon. P. 109 : a, b ph. © Bulloz. P. 113 : ph. © Lauros-Giraudon. P. 125a, b : ph. © Bulloz. P. 141 : ph. © Lauros-Giraudon, musée Condé Chantilly. P. 149 : ph. © Bulloz. P. 159 : ph. © Bulloz. P. 171 : ph. © Lauros-Giraudon. P. 179 : ph. © Bulloz. P. 185 : ph. © Bulloz. P. 193 : ph. © Bulloz. P. 199a, b : ph. © Bulloz. P. 209 : ph. © Collection Viollet. P. 217 : ph. © Lauros-Giraudon. P. 225 : ph. © Edimedia. P. 235 : ph. © Bulloz. P. 237 : ph. © Giraudon / © 1992 by SPADEM, Paris. P. 243 : ph. © Bulloz. P. 249a : E.C.P. Armées ph. © Archives Hatier. P. 249b : B.N. ph. © Archives Hatier. P. 259 : ph. © Lauros-Giraudon, musée d'Art moderne Paris / © 1992 by ADAGP ; Paris. P. 265 : ph. © Roger-Viollet. P. 275 : ph. © Keystone. P. 287 : ph. © Boyer-Viollet. P. 295 : ph. © Collection Viollet / © 1992 by SPADEM, Paris. P. 303 : ph. © Edimedia. P. 315 : A.F.P. ph. © Archives Hatier. P. 327 : E.C.P. Armées ph. © Archives Hatier. P. 331 : ph. © Keystone. P. 341 : ph. © A. Gesgon/CIRIP. P. 345 : Roger-Viollet. ph. © Archives Hatier. P. 353a, b : ph. © A. Gesgon/CIRIP. P. 367 : ph. © A. Gesgon/CIRIP. P. 381 : ph. © G. Merillon/Gamma. P. 397 : ph. © Daniel Giry-Réa. P. 409 : ph. © Lounes/Gamma.

CARTOGRAPHIE : Krystyna Mazoyer.

Imprimé en Italie par G. Canale & C. S.p.A. - Borgaro T.se - Torino